THE BIRTH OF PLENTY
OF

부의 세계사

THE BIRTH OF PLENTY

부의 세계사

윌리엄 번스타인 지음 | 장영재 옮김

포레스트북스

우리는 어떻게 번영하게 되었을까

홍춘욱_이코노미스트, 『50대 사건으로 보는 돈의 역사』 저자

30년 넘게 경제분석가 생활을 하다, 프리즘 투자자문 대표가 된 지 만 2년 되었습니다. 국민연금에서 운용하던 다양한 자산 배분 전략을 개인 투자자들도 손쉽게 이용할 수 있는 앱을 개발하는 회사입니다. 물론 아직은 병아리 신세를 벗어나지 못했지만, 많은 투자자의 도움으로 무럭무럭 성장하는 중입니다.

이 대목에서 한 가지 의문이 제기됩니다. 저는 왜 사업을 시작했고, 또 투자자들은 신생 기업에 투자한 이유가 어디에 있을까요?

제가 사업을 시작한 배경은 '경험'과 '지식'을 가지고 있기 때문이지만, 제 전 재산을 털어 넣어야 한다면 아마 시작하지 않았을 것입니다. 선친이 토목업 종사하시면서 두 차례나 큰 어려움을 겪고 병에 걸려 일찍 돌아가셨기에, 저는 사업이라는 것 자체를 두려워했습니다. 그럼에도 사업을 시작한 이유는 '패가망신'에 대한 두려움이 제어되었기 때문입니다. 주식회사의 형태로 설립하면, 만에 하나 이 사업에 문제가 생기더라도 제가

가진 주식만 포기하면 그만입니다.

　더 나아가 벤처캐피털 같은 금융회사들이 신생 기업에 투자하는 이유는 바로 '분산'의 장점을 누릴 수 있기 때문입니다. 어떤 기업의 성공 확률이 20%이지만, 성공하는 순간 10배의 성과를 기대해 볼 수 있다고 가정해 보겠습니다. 이런 환경에서 벤처캐피털은 투자 회사를 5개 혹은 10개로 늘리는 선택을 할 것입니다. 대부분의 투자는 어려움을 겪겠지만, 한두 기업이 성공하는 순간 투자 수익률은 20%로 뛰어오를 것이기 때문입니다.

　실제로 벤처캐피털 같은 사모펀드, 즉 소수의 투자자에게 돈을 받아서 특수한 영역에 집중적으로 투자하는 회사의 연 성과는 15~20%에 이르는 경우가 많습니다. 더 나아가 정부도 벤처캐피털을 적극 지원합니다. 신생 기업들이 나중에 테슬라나 애플 같은 회사로 성장할 수 있는 데다, 창업가가 우대받는 분위기가 조성되어야 경제가 발전한다는 사실을 알기 때문이죠.

　어떻습니까? 멋진 환경이죠?

　그런데, 윌리엄 J. 번스타인 박사는 이런 환경이 지구에 출현한 지 200년이 채 되지 않았다고 합니다. 1820년 영국에서 처음 출현했고, 영국의 성공을 모방한 나라는 아직도 많지 않습니다. 번스타인 박사는 ①재산권, ②과학적 합리주의, ③자본시장, ④빠르고 효율적인 통신과 운송 수단의 발달이 번영의 조건이라고 주장합니다. 금융업계에 종사하는 사람으로서 저는 ①번과 ③번 조건이 참으로 가슴에 와닿았습니다.

왜냐하면 한국도 아직 재산권의 보호 면에서 완전하지 못한 나라이기 때문입니다. 한샘의 대주주 지분 매각 과정에서 보는 것처럼, 대주주가 보유한 주식 가치는 소액 주주의 2배로 계산되곤 하죠. 즉 기업의 경영권을 행사하는 주주는 다른 주주에 비해 훨씬 더 높은 지위를 가지는 셈이죠. 반면, 어떤 문제로 회사가 어려움에 처하면 '사재를 투입하는 성의를 보여라.' 같은 이야기들이 들리곤 합니다. 이 모든 것은 주식회사의 취지와 상충합니다.

이 결과, 벤처캐피털의 분석가들은 경영자의 태도와 경험에 많은 관심을 기울이죠. 이 사람이 나중에 딴 주머니를 찰 사람인지, 그리고 나중에 주주들의 의견을 무시할 승냥이 같은 사람일 가능성은 없는지 판단하기 위해 다양한 정보를 취합합니다. 물론 미국 같은 선진국이라고 승냥이 같은 창업자가 없는 것은 아닙니다만, 재산권의 보호가 잘 되어 있고 정보가 투명하게 흐르는 사회에서는 이 비용이 상대적으로 저렴할 것으로 생각합니다.

그러나 ③번 조건에서는 한국도 세계 최고 수준이 아닌가 생각합니다. 많은 벤처캐피털이 적극적으로 투자하며, 창업가들을 지원하기 위한 다양한 제도가 존재하기 때문입니다. 특히 정부도 신생 기업 육성을 위해 팔을 걷어붙이고 있죠. 따라서 불균등한 재산권의 문제만 잘 풀면, 한국 경제의 미래는 밝을 것으로 보입니다.

신생 기업 대표로 일하다 보니, 깊게 감명받은 부분으로 추천사를 편향되게 쓴 느낌이 있어서 덧붙입니다. 이 책은 경제에 대해 잘 모르는 이들도 흥미를 느낄 수 있는 다양한 사례로 가득한 데다, 번스타인 박사의 맛깔나는 글솜씨가 더해져 "우리는 어떻게 번영하게 되었는가?"에 대해 관심을 가진 대부분의 독자를 만족시킬 것으로 생각합니다. 더불어, 이 책을 읽다 보면 부자 나라와 가난한 나라의 운명은 아주 오래전부터 정해져 있다고 생각하게 될 것입니다.

끝으로 원서의 묘미를 살려서 번역한 장영재 님과 귀한 책을 발굴히고 건시히여 출간한 포레스트북스 관게자에게 감사하다는 말씀 전합니다.

신선한 눈으로 찾아낸 현대사회 풍요의 원천

강남규_중앙일보 국제경제 선임기자, 삼프로TV〈글로벌 머니토크〉 진행자

경제학에서 가장 곤혹스러운 질문 가운데 하나가 '산업혁명이 섬나라 영국에서 발생한 이유는 무엇인가?'다. 이에 못지않은 난제가 있다. 바로 '어떤 나라는 잘 사는데, 왜 다른 나라는 못사는가?'다. 이코노미스트라면 답을 제시하겠다며 도전해보고 싶은 주제다. 오죽했으면 '성배Holy Grail'라고 표현했을까. 두 난제가 누구나 차지하기 위해 덤비는 성배를 떠올리게 해서다.

그런데 경제학 전공자가 아닌 인물이 이 질문에 답을 제시하고 나섰다. 주인공은 윌리엄 번스타인이다. 그의 『부의 세계사The Birth of Plenty』는 경제학의 지루하고 건조한 언어가 아니다. 생생하게 살아있는 문체로 현대사회 풍요의 원천이 무엇인지 제시한다. 바로 '제도institutions'다. '사람들이 생각하고 상호작용하며 비즈니스를 하는 무형의 틀'이다.

번스타인은 한 걸음 더 들어가 국가의 성패를 결정한 네 가지를 제시한다. 사유재산제와 과학적 방법론, 자본시장, 통신이다. 이들을 개발해 발전시킨 나라 또는 문명은 번영했고, 하나

라도 결핍한 나라는 쇠락했다는 게 번스타인의 설명이다.

실제 스페인은 근대 초기 유럽의 패권국가였다. 하지만 네 가지 가운데 하나를 갖추지 못해 패권은 단명에 그쳤다. 바로 자본시장이다.

번스타인은 시각은 요즘 경제사의 대표적인 패러다임인 제도학파를 떠올리게 한다. 정작 번스타인은 신경과 전문의다. 경제학 경계 밖에 있는 이방인의 신선한 눈이 찾아낸 주옥같은 에피소드와 참신한 해석, 평범하지만 생동감 넘치는 문체, 구분을 뛰어넘는 통섭과 해박함 등이 판박이 같은 온라인 문체에 찌든 독자들에게 고전적인 재미를 느끼게 해준다.

부자의 나라, 빈자의 나라를 정하는 네 가지 조건

왜 어떤 나라는 부유하고, 왜 어떤 나라는 가난할까? 나는 450년 전부터 지금까지 역사가들을 괴롭혔던 문제에 관하여 생각했고. 그 결과물이 2004년 출간한 『부의 세계사 The Birth of Plenty』다.

나는 이 책이 미국에서 좋은 반응을 얻어 기뻤지만, 특히 한국 독자들이 보여줬던 깊은 반응이 무척 놀라웠다. 아마도 이 책이 한국 국민의 아픈 곳을 건드린 것 같다. 2004년 당시 한국은 이미 세계의 부자 나라 클럽인 경제협력개발기구OECD에 가입한 지 8년이나 되었음에도, 진정한 부자를 의미하는 마법의 수치인 연간 1인당 GDP 2만 달러에 도달하지 못했기에, 한국인들에게 이 책이 그 가시적인 목표를 달성하기 위한 로드맵을 제시한 것은 아니었을까.

한국은 곧 그 목표를 넘어섰다. 이 책이 출간된 이후 19년 동안 한국의 1인당 GDP는 두 배로 늘어났다. 저자로서 한국이 엄청난 경제적 행운을 누리게 된 근본적인 이유를, 최선을 다해서 설명하는 일은 나에게는 정말 큰 기쁨이다.

* * *

순진한 역사 관찰자에게 경제적 번영의 가장 명백한 이유는 도둑질과 약탈, 아마도 마르크스주의자라면 식민지 착취일 것이다. 특히 가장 사악한 형태로 나타난 노예제다.

그러나 이는 사실과 다르다. 예를 들어, 포르투갈은 수 세기동안 자국민의 인구에 비해 유럽에서 가장 큰 식민지 인구를 보유했지만, 현재는 유럽 대륙에서 가장 가난한 국가에 속한다. 이와 대조적으로 스위스와 노르웨이는 식민 제국이 없었지만, 현재 세계에서 가장 부유한 국가 그룹에 속한다. 다른 관점으로 생각해보자. 식민지 착취가 경제적 재앙이라면 완전히 국가가 정복된 적이 없는 에티오피아와 아프가니스탄은 부유해야 하고, 최근까지 식민지였던 싱가포르와 홍콩 같은 도시국가는 가난해야 한다.

애덤 스미스는 가장 먼저 법치의 중요성에 주목한 사람은 아니었다. 하지만 그는 평화, 가벼운 세금, 용인될 만한 사법 관리와 같은 번영을 추동하는 단순한 레시피로 법치의 중요성을 가장 설득력 있게 지적한 사람임에는 분명하다.

그러나 애덤 스미스의 시대에 나타난 상대적 번영의 유형과 거의 끊임없는 경제성장의 현대적 번영 사이에는 분명한 차이가 있다. 1820년대 이전 세계에서 가장 앞선 나라들의 1인당 GDP는 거의 늘어나지 않았다. 하지만 그 이후부터는 매년 GDP가 2퍼센트씩 성장하기 시작했고, 세대가 바뀔 때마나 서의 두 배가 될 정도로 풍요로워졌다.

이에 대한 명백한 이유는 19세기 초·중반에 폭발적인 영향을 미친 기술의 발전이다. 운송 속도가 단번에 10배로 증가했고, 거의 즉각적으로 전 세계적 통신이 이루어졌다. 20세기에도 내연기관, 전력망, 전자 및 디지털 통신과 함께 기술의 발전이 계속되었다. 이들과 기타 여러 가지 발전의 결과로 세계가 점점 부유해졌다. 그렇다면 기술의 발전과 그에 따른 경제성장을 뒷받침하는 요소는 무엇일까?

첫 번째 원칙은 무엇보다 먼저 기업가에게는 적절한 인센티브, 즉 최소한 자신이 일궈낸 것으로부터 얻는 이익의 일부를 누릴 수 있다는 확신이 필요하다. 애덤 스미스가 말한 용인될 만한 사법 관리 시스템, 다시 말해 부패가 없고 정직하게 지적 재산권을 포함한 모든 유형의 재산권을 보호하는 법률 시스템이 있어야 한다. 물론 지난 수십 년 동안 극적으로 법률과 정부의 민주적 개혁을 이뤄냈고, 북쪽의 가난한 동포를 심각하게 인식하는 한국인들은 이런 말을 들려줄 필요가 없을 정도로 이 사실을 잘 알고 있을 것이다.

기술의 발전에는 물리적 세계에 대한 정확한 모델의 획득, 즉 과학적 방법이 요구된다. 이것이 두 번째 원칙이다. 나중에 자세히 살펴보겠지만, 과학적 방법의 기원은 1620년에 출간된 프랜시스 베이컨의 『신기관』으로 정확한 설명이 가능하다. 베이컨의 방법론적 처방은 영국의 왕립협회와 전 세계의 추종자들에게 빠르게 받아들여졌다. 짧은 기간 동안 엄청난 규모로 과학자와 엔지니어를 끊임없이 배출한 한국의 교육 시스템은 국가의 번영에 중추적 역할을 했다.

세 번째 원칙은 튼튼한 자본시장의 존재다. 기업가가 자신의 발명이나 서비스의 원형을 만든 후에는 규모를 확장해야 한다. 대부분 기업가에게는 이를 위한 자금이 없기에 자금에 대한 접근, 즉 견고한 자본시장의 존재가 필수적이다. 그리고 이 점에서도, 국제적 자본에 대한 접근성이 좋고, 국내의 금융 시스템이 점점 더 정교해지는 한국은 번영을 위한 훌륭한 자질을 갖추고 있다.

마지막 원칙은 이러한 서비스와 상품을 광고하고 보급하기 위해 필요한 첨단의 통신 및 운송 기술이다. 한국은 이 원칙도 잘 지켜내고 있다. 지금 한국은 통신과 운송의 하드파워hard power뿐만 아니라 문화적인 소프트파워soft power에서도 세계적으로 앞서가는 성취를 이루었다.

* * *

물론 한국만 극적인 경제발전을 이룬 나라는 아니다. 대부분의 서유럽 국가와 일본, 홍콩, 싱가포르처럼 오랜 법치의 전통이 있는 국가들은 계속 번영을 누리고 있다. 최근에는 이전에 공산국가였던 동유럽 국가들, 특히 발트해 연안 국가들도 마찬가지로 풍요의 사회로 향하고 있다.

앞서 언급했듯이, 한국은 재산권과 법치주의 부재에 따른 결과를 가늠하기 위하여 북쪽만 바라보지 않아도 된다. 그 밖의 지역, 특히 아프리카와 남아메리카의 대부분 나라에서는 열악한 법률 제도로 인하여 경제성장이 저해되고 있다.

좋은 소식만 있는 것은 아니다. 경제성장은 필연적으로 승자와 패자를 낳고, 그에 따른 소득과 부의 불평등을 초래한다. 이 분야에 대한 토마 피케티Thomas Piketty의 연구가 널리 알려지기 10년 전에, 나는 『부의 세계사』에서 이 선구적인 경제학자의 초기 연구에 대하여 광범위하게 논의한 바 있다. 그 이후로 피케티의 우려는 매우 근거가 있다는 것으로 밝혀지고 있다. 경제적 불평등의 심화는 필연적으로 포퓰리즘적 때로는 민족주의적인 반발을 불러일으킨다. 이는 선진국 특히 내 조국인 미국에서 점점 더 경각심을 불러일으키는 현상이 되고 있다.

나는 이 책에서 국부의 증가가 민주주의 발전에 미치는 영향에 대하여 밝은 낙관론을 제시했다. 나는 "부유한 국민은 지도자들에게 더 많은 정치적 자유를 요구하고, 국가가 부유해질수록 더 민주적인 국가가 된다"고 주장한 고 로널드 잉글허트의 근대화 가설에 크게 의존했다. 분명 여러 나라, 특히 한국에서도 이런 현상이 일어났지만, 민주주의가 퇴보하고 지역의 지정학적 안정을 위협하는 중국에서는 그와 반대되는 현상이 벌어지고 있는 것 같다.

한국에 대해서는 좋은 소식과 나쁜 소식이 공존한다. 좋은 소식은 한국이 이미 부유한 나라가 되었다는 것이다. 한국의 1인당 GDP는 머지않아 프랑스와 영국의 GDP를 넘어설 것이고, 현재의 성장률로 보면 수십 년 안에 미국의 GDP에 근접할 것이다. 안타까운 점은 한국의 과거 경제발전 모델의 대부분이 기존의 선진 기술을 채택하면서 빠르게 앞서간 나라를 따라잡는 식이었다는 점이다.

오늘날 삼성전자로 대표되는 한국의 산업계는 마이크로칩 기술의 최첨단을 달리고 있다. 만약 2나노 마이크로칩 개발 경쟁에서 한국의 반도체 산업이 대만의 반도체 제조 산업을 따라잡거나 심지어 추월할 수 있다면 세계에서 가장 중요한 기술을 선도하는 국가가 될 것이다. 그러나 그 시점에서 도달하면 필연적으로 성장이 둔화할 수밖에 없다.

세속해서 성장을 지속하려면 한국은 재산권, 개인의 자유, 법치주의에 대한 약속을 지킴과 동시에 전 국민, 특히 가장 취약한 계층에 교육의 기회를 보장함으로써 인적 자본의 잠재력을 극대화해야 할 것이다.

이 책을 통해 한국 독자들과 더 깊은 소통을 할 수 있기를 기대한다.

2023년 12월

William Bernstein

윌리엄 번스타인

번영하는 지역과 궁핍해지는 지역은 무엇이 다른가

몇 년 전에 아내가 도서관에서 P. J. 오루크O'Rouke의 『부자를 먹어라Eat the Rich』를 빌려왔을 때, 이 책에서 역사적 통찰을 발견하는 것에 큰 기대를 하지 않았다. 그 책은 흥미 위주로 되어 있어 세계 경제의 성공과 실패에 관한 이야기를 가볍게 읽을 수 있었다. 가장 기억에 남는 것은 신용의 위험에 관한 설명이었다. "정크본드junk bond는 당신이 동생에게 빌려준 돈이고 우량 채권은 감비노 패밀리Gambino Family (뉴욕의 5대 마피아 조직 중 하나-옮긴이)가 당신의 동생에게 빌려준 돈이다."

오루크의 허풍스러운 글에는 공들인 발품이 숨어있었다. 1820년경 세계 경제의 성장과정에서 놀랄 만한 불연속성이 존재한다는 사실을 발견한 앵거스 매디슨Angus Maddison이 이 수집한 데이터를 간략하게 언급한 문장을 비롯해 "세계경제는 그 시점 이전에는 기본적으로 성장이라는 게 존재하지 않은 반면 이후에는 활기차고 지속적인 성장이 이루어졌다"는 잘 연구된 문장들이 들어있었다. 매디슨의 『세계 경제 모니터링, 1820~

1992_{Monitoring the World Economy, 1820~1992}』을 훑어보는 데는 시간이 좀 걸렸다. 제본된 책은 가장 난해한 법률 개요서 만큼이나 지루하고 어렵게 보이지만, 그 안에서 매디슨의 객관적인 데이터가 현대 세계의 경제적 탄생이라는 역사상 가장 위대한 이야기를 펼쳐 보인다. 일본의 메이지유신과 2차 세계대전 이후의 번영에 관하여 쓰인 글도 매우 훌륭하지만 매디슨이 책에 제시한 숫자는 더 훌륭하다. 1차 세계대전이 발생하기 전 40년 동안 일본은 인플레이션을 조정 후 국내총생산GDP가 6퍼센트 성장했고, 평균 수명은 두 배로 늘어났으며, 교육 수준은 네 배 정도 높아졌고, 문맹률이 급속히 낮아졌다.

　나는 서구 세계의 번영을 이끈 급격한 변화에 매혹되었다. 매디슨은 기술적 진보, 무역·금융·인적자본의 개선, 천연자원의 개발을 간략히 언급하고 '성장 회계growth accounting' 같은 보다 모호한 개념을 제시함으로써 어설픈 설명을 시도했지만 그중 어느 것도 나를 만족시키지 못했다. 기술의 변화가 경제 발전을 낳는다는 평범한 믿음은 아무것도 설명하지 못한다. 경제성장이 기술 혁신의 산물이라는 말은 거의 정의가 되다시피 했다. 전자공학, 운송, 과학의 발전이 갑자기 멈춘다면 경제성장도 거의 자동으로 중단될 것이다.

　질문이 나를 괴롭혔다. 세계의 경제성장과 그 밑바탕에 깔린 기술적 진보는 왜 특정한 시기에 갑자기 폭발적으로 일어났을까? 피렌체 사람들은 왜 다빈치가 고안한 비행기와 증기기관을 발명하지 못했을까? 야금 기술이 있었던 로마인이 왜 전기를 발견하거나 전신을 발명하지 못했을까? 수학의 전문지식을 갖추었던 그리스인은 왜 현대적 자본시장이 기능하는 데 필수적인 확률의 법칙을 설명하지 않았을까? 그와 관련하여 아테네인들은 민주주의, 재산권, 자유로운 중산층이라는 일반적인 경제성장의 조건을 갖추었음에도 왜 페르시아를 패퇴시킨 후에 알렉산더 대왕에게 포위될 때까지 2세기 동안 극도의 빈곤에 시달렸을까? 19세기까지 대다수 사람의 삶이 어떠했는지를 완벽하게 포착한 홉스는 자연 상태의 삶을 기록하며 "고독하고 가난하고 추악하고 잔인하고 짧다"라고 묘사했는데, 왜 이러한 상태가 그로부터 두 세기가 지나기 전에 서유럽에서 사라졌을까?

폴 존슨Paul Johnson은 『근대의 탄생The Birth of Modern』에서 이러한 질문에 가장 근사하게 답변한다. 19세기 초의 과학, 정치, 문학, 예술의 혁명에 관한 그의 설명은 매디슨의 책에 비할 데 없이 훌륭하며 시인을 위한 초기 근대 발달사Early Modern Developmental History for Poets라 할 수 있다. 그러나 존슨은 왜 모든 역사적 전환 중에서 가장 중요한 전환이 바로 그 시기에 일어났는가라는 궁극적 질문에 침묵을 지켰다. 다른 맥락에서 재러드 다이아몬드Jared Diamond의 『총, 균, 쇠Guns, Germs, and Steel』에는 어떻게 백인은 저 모든 화물cargo을 갖고 있냐는 얄리의 질문Yali's Question이 나온다. (얄리는 뉴기니 부족민이고 화물은 현지말로 강철 도끼, 청량음료, 우산을 포함하여 기술적으로 진보한 모든 발명품을 가리킨다.)[1]

다이아몬드의 책은 인류 역사에서 생물학적·지리적 요인이 어떤 역할을 했는지 탁월하게 개괄하고 있지만 부족민 얄리의 애처로운 질문에는 제대로 답하지 못했다.

그렇다면 내가 할 일은 19세기 초에 거대한 경제적 도약에 불을 붙인 문화적·역사적 요인을 밝혀내는 것이다. 효과적인 논픽션nonfiction은 사실과 이야기narrative의 단순한 설명을 초월해 독자들에게 주변 세계를 이해하는 데 유용한 도구를 제공한다. 세계적 번영의 기원에 관한 모든 접근법에는 두 가지 문제가 있다. 첫번째는 그 이야기를 다루는 문제다. 세계가 어떻게 지금의 모습에 이르렀는지에 관한 이야기는 작가가 다룰 수 있는 가장 본질적인 주제다. 이 이야기로 독자의 흥미를 끌지 못하면 그 책임은 전적으로 작가에게 있다. 두 번째 문제는 이 책에서 다루는 나라뿐만 아니라 어떤 나라가 부유하거나 가난한 이유, 민주적이거나 전체주의적인 이유, 약하거나 강한 이유, 그 시민들이 삶에 만족하는지의 여부를 독자들에게 설명할 수 있는 프레임워크framework를 제공할 수 있느냐다.

만약 이 문제를 풀어낸다면 독자들은 지구와 우리의 미래를 조금이나마 엿볼 수 있을 것이다.

이 책은 자연스럽게 왜why, 어떻게how, 어디로whither의 세 부분으로 나뉜다. 우리는 우선 경제성장의 궁극적 원천에 대한 정의를 시도할 것이다. 다음에는 이러한 요소들이 여러 국가에서 어떻게 작용했는지를 설명하고, 마지막으로 현대 세계의 폭발적인 경제성장이 야기한 주요 사회적·정치적·군사적 결과에 초점을 맞추려 한다. 성장의 원천에 대한 이해는 우리 시대의 다른 중요한 질문에 대한 강력한 통찰을 제공한다.

- 더 부유해질 뿐만 아니라 더욱 복잡하고, 빠르게 돌아가고, 스트레스가 심한 세계에서 보통 사람의 전반적 웰빙well-being과 만족도는 어떻게 달라지게 될까?

- 부와 민주주의의 발전 사이에 무슨 관계가 있을까? 경제의 발전과 그에 따른 국가간 부의 불평등 심화는 세계의 정치적 미래에 어떤 영향을 미칠까? 이라크와 아프가니스탄 같은 국가에 민주주의를 전파하는 데 성공할 가능성은 얼마나 될까?

- 현대 번영의 진화가 오늘날 세계의 권력의 균형에 어떤 영향을 미쳤을까? 미국의 군사적 우위는 역사적 우연일까, 그리고 계속될 것으로 기대할 수 있을까? 비서구인, 특히 이슬람 세계는 정치적·군사적 파워power를 얼마나 효과적으로 행사할 수 있을까?

* * *

경제학은 물론이고 법률, 역사, 철학, 천체역학, 신학, 공공

정책, 사회학 등 세계 경제성장의 역사에 포함된 이 모든 분야를 통달했다고 주장 가능한 사람은 아무도 없다. 이 중 어느 분야에도 전문가가 아닌 나를 위해 올바른 방향을 제시하고, 길을 안내하고, 결과물을 편집하고, 격려해준 사람들에게 감사를 드리고 싶다.

에드 타워는 이 여정을 거의 처음부터 함께한 동반자다. 그는 나에게 복잡한 무역 이론을 설명해주었을 뿐아니라, 수십 년 동안 학부생과 대학원생을 음울한 학문의 신비로 이끌면서 얻은 지혜를 나에게 전수해주었다. (3년 전 그는 내가 이미 경제학의 역사에 관한 책을 쓰는 작업을 착수했다는 사실을 모른 채 나에게 경제사 책을 써보라는 제안을 했다. 그의 제안은 내가 집필을 계속하는 데 필요한 힘을 주었다.) 로버트 엘릭슨은 비옥한 초승달Fertile Crescent 지대의 재산권에 관한 미발표 자료를, 마크 로는 재산권의 집행 비용에 관한 미발표 자료를 제공해주었다. 빅터 핸슨은 재산권법에 대한 그리스인의 기여에 관한 도움을 주었고, 리차드 이스털린은 돈과 행복의 관련성에 대하여 나를 이끌었다. 스티븐 던은 대법원의 영향력의 역사에 관한 나의 견해를 다듬어주었고, 알렉스 존슨은 지적 재산의 역사를 더 깊이 파고들도록 나를 자극했다. 로버트 아노트는 다가오는 세대 간 폭풍generational storm에 대한 나의 견해를 다듬어주었으며, 칼 애펀은 성장의 시대에 관한 중세기의 선례에 대한 나의 평가를 비판했다. 로버트 배로는 성장의 상관관계에 대한 데이터와 도표, 그레고리 클라크는 여러 세기에 걸친 영국의 번영에 관한 윤곽, 에마뉴엘 시즈는 소득의 분배, 짐 히라바야시는 미국 특허청의 활동에 관한 데이터를 제공했다. 왈도 토블러, 잭 골드스톤, 제이 파사초프, 로버트 어퍼스, 닐 퍼거슨, 폴 케네디, 도널드 모그리지, 로버트 스키델스키, 래리 닐, 제인 앨퍼트, 리차드 실라는 이야기의 역사적 측면에 대하여 아낌없는 도움을 주었다. 경제, 문화, 종교의 상호작용에 대한 혼란을 혼란을 정리하는 데 도움을 주고, 여러 삽화를 제공해 준 론 잉글하트에게는 특별히 감사를 표하고 싶다.

　나는 또한 금융 및 경제 저널리즘의 대가들로부터도 도움을 받았다. 윌리엄 슐티스는 초기에 중요한 조언을 제공해주었다. 아이오와 공영라디오의 버나드 셔먼은 거의 처음부터 끝까지 편집 과정에 참여했고, 특히 공공 정책과 관련된 분야에서, 셀 수 없을 정도로 여러 차례 나를 당혹감에서 구해냈다. 「월스트리트저널Wall Street Journal」의 조나단 클레멘츠는 문체와 구조에 대한 조언부터 이 책의 여러 장에서 중심을 이루는 영국의 지적 역사에 관한 훌륭한 안목에 이르기까지 폭넓은 도움을 아낌없이 해주었다. 월간지 「머니Money」의 제이슨 츠바이그는 문체에 관한 전문지식, 경외 성서에 대한 안목, 짓궂은 유머 감각, 그리고 거의 모든 것에 대한 백과사전적 지식을 빌려주었다. 제작 과정에서 원고를 다듬는 데 비할 데 없는 도움을 준 존 단토니오는 필요할 때면 엄격한 작업 책임자가 되었다.

　주디 브라운은 완성된 책에 전문가의 안목과 예술적 재능을 부여했고, 돈 고예트도 그래픽의 상당 부분을 제작하고 다듬는 데 도움을 주었다. 캐서린 다소풀러스는 경제학의 렌즈를 통해서 현대 세계의 모습을 설명하려는 야심 찬 노력에 자신의 인상적인 재능뿐만 아니라 맥그로힐McGrow-Hill 출판사의 재능까지 빌려주었다.

친구와 가족도 이 책에 힘을 보탠 사람들의 목록에서 빠질 수 없다. 늘 그렇듯이 구문론뿐만 아니라 유럽 및 그리스 고어에 관한 찰스 할로웨이 박사의 지식이 매우 유용했고, 딸 캐서린 지글러는 사회학 측면의 전문적 조언을 제공했다. 캐시와 릭 그로스먼은 최종본을 꼼꼼하게 검토했다. 마지막으로 형태를 갖추지 못한 내 글을 읽을 수 있는 장으로 만들고, 전문용어와 약칭을 더 이해하기 쉬운 말로 가차 없이 바꾸었으며, 혼란스러운 글의 흐름과 논리에 반복적으로 이의를 제기한 아내 제인 지글러가 없었다면 이 책이 나오지 못했을 것이다. 그녀는 각 장의 수많은 초고를 끊임없이 다듬고 재정렬하면서 항상 함께했다. 하지만 그런 엄청난 노력조차도 집착에 빠진 남편에 대한 아낌없는 관용과 지원에 비하면 빛을 잃는다.

2004년 4월
오레곤주 노스 벤드North Bend에서

William Bernstein
윌리엄 번스타인

부의 시곗바늘이 움직인 순간

영국 전함 센츄리온Centurion의 함장은 1737년 늦은 봄의 첫 시험항해에 자신이 제작한 항해용 시계 H-1(경도 계산에 사용되는 크고 매우 비싼 시계)과 함께 승선한 시계 제작자 존 해리슨John Harrison에게 감사해야 할 충분한 이유가 있었다. 영국의 해안선이 희미하게 수평선 위로 사라지면서 센츄리온의 항해사는 전통적 추측항법에 의존하여 배가 다트머스Dartmouth 남쪽의 안전한 바다에서 항해하고 있다고 계산했다. 해리슨은 동의하지 않았다. 그의 시계는 센츄리온이 다트머스에서 약 80마일 떨어진, 잉글랜드 남서쪽 끝단에 있는 리저드Lizard 반도 바로 앞의 위험한 수역에 있음을 알려주었다. 프록터Proctor라는 이름의 함장은 만일의 경우를 염려하여 동쪽으로 방향을 틀었고 몇 시간 후에 해리슨의 계산이 정확했음을 확인했다.

동시대의 뱃사람이라면 누구라도 쉽게 프록터의 조심성을 이해할 수 있었다. 30년 전에 같은 항법 오류를 범했던 해군 제독 클로디슬리 쇼벨Clowdisley Shovell경은 자신의 함대를 실리제도

Scily Isles로 몰아넣어 2천 명이 넘는 장병을 익사시켰다. 이 참사는 개선된 항해기술의 필요성에 대한 영국 대중의 관심을 촉발했다. 7년 뒤인 1714년에 의회는 경도위원회를 설립하고 누구든지 0.5도(약 30마일) 이내의 오차로 동서 방향의 위치를 결정하는 방법을 제공하는 사람에게 2만 파운드(오늘의 화폐 가치로 약 100만 달러)의 상금을 수여하는 경도법Longitude Act을 통과시켰다.[1]

프록터는 해리슨 덕분에 목숨을 구했을 뿐만 아니라 자신도 모르게 증기기관의 발명, 대의 민주주의의 발전, 또는 워털루 전투에 비견할만한 중요한 역사적 전환점을 목격했다. 믿을 수 있는 항해용 시계의 출현은 불확실성이 크고 종종 매우 위험한 벤처사업이었던 해양 무역을 부를 창출하는 믿음직한 수단으로 바꾸는 데 도움을 주었다.

인간의 삶이 혁명적으로 뒤바뀐 이유

2세기 반이 지난 지금도 그리니치의 국립해양박물관에 전시되어 여전히 하루에 1초 미만의 오차로 정확한 시간을 가리키고 있는 해리슨의 시계는 경이로운 발명품이지만, 1730년부터 1850년까지 이어진 이 시대의 놀라운 기술적 진보 중에 사실상 가장 눈에 띄지 않은 것이었다. 항해용 시계를 본 적이 있는 일반인이 거의 없는 반면에, 현대적 운하 시스템, 증기기관, 전신과 같은 그 시대의 다른 중요한 진보적 산물은 누구나 쉽게 볼수 있었다.

근대가 시작된 이래로 당대의 기술적 진보가 독특하고 혁명적이라는 자만심은 항상 있었다. 물론 우리의 시대도 예외가 아니다. 그러나 이런 생각은 착각이다. 과학의 진보가 인간사에 미친 완전한 효과를 보기 위해서는 그 120년 동안에 일어나서 사회구조의 꼭대기부터 밑바닥까지 인간의 삶을 변화시킨 기술의 폭발로 눈을 돌려야 한다. 순식간에 이동 속도가 열 배로 증가했고 거의 즉각적인 통신이 이루어졌다. 19세기 초만 해도 토머스 제퍼슨이 몬티첼로Montichello에서 필라델피아까지 여행하는 데 열흘이 걸렸고 상당한 비용, 육체적 고통, 위험이 수반되었다. 1850년에는 증기기관차의 등장으로 같은 여행을 이전보다 훨씬 적은 비용, 불편함, 위험으로 하루 만에 할 수 있게 되었다. 스티븐 앰브로즈Stephen Ambrose의 『불굴의 용기Undaunted Courage』에 나오는 다음 구절을 생각해보라.

> 1801년의 세계에서 중요한 사실은 말의 속도보다 빠르게 움직이는 것이 없었다는 것이다. 인간, 제조된 물건, 밀, 쇠고기, 편지, 정보 또는 그 어떤 명령이나 지시도 말보다 빠르지 않았다. 제퍼슨과 동시대 사람들이 알기로 말보다 빨리 움직이는 것은 과거에도 없었고 미래에도 없을 것이었다.[2]

1837년에 영국에서 윌리엄 포더길 쿠크William Fothergill Cooke
와 찰스 휘트스톤Charles Wheatstone이 전신을 발명하면서 즉각적
인 통신이, 금세기에 비행기와 컴퓨터에 의해 일어난 변화가 왜
소하게 보일 정도로, 경제·군사·정치적 문제의 면모를 갑작스
럽게 바꾸어 놓았다. 전신이 나오기 전에는 원시적 통신기술이
일상적으로 크고 작은 비극을 낳았다. 앤드루 잭슨Andrew Jackson
이 1815년에 뉴올리언스에서 영국군에게 승리를 거둔 것은 헨
트Ghent에서 평화조약이 체결된 지 2주 후에 일어난 일이었다.
1850년 이후에는 기술이 진보하는 속도가 가속되지 않고 느려
졌다. 1950년에 생존했던 서구 세계의 평균적 거주자는 2000
년의 기술을 이해하는데 아무런 어려움이 없었을 것이다. 반면
에, 1800년에 살았던 사람은 50년 후의 일상생활에 엄청난 혼
란을 겪었을 것이다.

역사의 정성적인 조사를 통해서 알 수 있는 것에는 한계가
있다. 진보의 궁극적 척도는 결국 통계다. 국가의 문맹률, 수명,
그리고 부wealth에 어떤 측정 가능한 개선이 이루어졌는가? 숫
자를 보면 19세기 초의 어느 시점에선가 중요한 일이 일어났다
는 사실이 명백해진다. 그 전에는 인류의 발전 속도가 느리고
간헐적이었지만 이후에는 실질적이고 꾸준했다.

이는 르네상스 이후 3세기 동안의 지적·과학적 진보를 평가
절하하는 말이 아니다. 그러나 르네상스와 초기 계몽주의 시대
가 보통 사람들의 운명을 개선하는데 극히 미미한 역할에 그쳤

다는 것은 분명한 사실이다. 이는 경제사의 연구를 통해서 알 수 있다. 지적·과학적 진보의 영향력을 측정하는 가장 좋은 방법은 지상에 남겨진 발자국을 살펴보는 것이다. 이탈리아, 프랑스, 네덜란드, 영국의 1인당 경제 생산량이 수 세기에 걸쳐서 얼마나 증가했을까? 기대 수명은 얼마나 늘어났을까? 교육 수준은 얼마나 나아졌을까?

지난 수십 년 동안 경제사학자들의 노력 덕분에 인류의 진보에 관한 정량적 초상화가 서서히 모습을 드러냈다. 숫자는 놀라운 이야기를 들려준다. 대략 1820년까지 인류의 물질적 진보에 관한 최선의 단일 지표라 할 수 있는 세계의 1인당 경제성장률은 거의 0에 머물렀다. 로마가 멸망한 후 수 세기 동안 여러 가지 중요한 기술이 허무하게 사라지면서 유럽의 부가 실제로 감소했다. 그중 가장 중요했던 시멘트는 13세기가 지난 뒤에야 다시 발견되었다.

근대 이전의 엄청난 비극은 대량의 지식이 천 년 동안 소실되었다는 것이다. 구텐베르크와 베이컨 이전의 발명가들에게는 오늘의 우리가 당연하게 여기는 두 가지 이점, 즉 탄탄하게 저장된 정보와 과학 이론의 확고한 기반이 부족했다. 과학적 방법의 결여는 기술의 발전이 순전히 시행착오에 의존했음을 의미했다. 따라서 기술의 진보가 매우 드물게 오랜 간격을 두고 이루어졌다. 게다가 발명가와 제조업자들이 자신의 작업을 기록할 수 있는 수단이 매우 제한적이었다. 결과적으로 종종 발명을 잃어버리게 되었고, 고대의 기술적·경제적 상황이 발전에 못지않게 자주 퇴보했다.

서기 1000년경부터 인류의 웰빙이 개선된 것은 사실이지만, 보통 사람의 25년 생애 동안에는 눈에 띄지 않을 정도로 느리고 신뢰할 수 없는 개선이었다. 그러다가 1820년이 얼마 지나지 않아서 끊임없이 증가하는 번영의 급류가 흐르기 시작했다. 세대가 이어지면서 아들의 삶이 아버지의 삶보다 더 편안하고 정보가 풍부하고 예측 가능한 삶이 되었다.

풍요의 탄생, 현재 그리고 미래

이 책에서 이러한 변화의 본질, 원인, 결과를 살펴볼 것이다. 제1부에서는 새로운 데이터가 말해주는 설득력 있는 이야기가 전개된다. 나는 수천 년의 잠에서 깨어나 경제성장이 활기를 띠게 된 시간과 공간을 식별하려 한다. 그리고 경제성장과 인류의 진보를 촉발하고 유지하는데 필수적인 네 가지 요소인 재산권, 과학적 합리주의, 자본시장, 운송과 통신 개선의 역사도 살펴보면서 설명할 것이다.

제2부에서는 이러한 요소들이 처음에는 네덜란드, 다음에는 영국과 그 문화적 후손, 이어서 나머지 유럽, 일본, 그리고 마지막으로 동아시아의 나머지 지역에서 차례대로 언제 어떻게

작용했는지에 대한 이야기가 전개된다. 나는 각각의 경우에 대한 성장의 도약을 해부하고, 앞에서 언급한 네 가지 요소가 모두 갖추어질 때까지는 국가가 번영할 수 없다는 사실을 증명할 것이다.

전반적으로 세계적 관점을 유지하려는 노력을 기울이기는 했지만, 많은 독자가 이 책의 초점이 지나치게 유럽 중심적임을 알게 될 것이다. 종이, 인쇄기, 화약을 발명한 중국인은 근대 이전 시대의 위대한 혁신적 기술자들이 아니었을까? 유럽이 암흑시대Dark Ages에 머물러 있는 동안에 초기 아랍제국은 학문과 문화의 오아시스가 아니었던가? 인도의 수학자들이 0의 개념이 통합된, 그리스-로마의 문자기반 시스템보다 훨씬 더 발전된, 숫자 시스템을 고안해내지 않았나? 이 모든 질문에 주저 없이 '그렇다'고 답할 수 있다. 그렇지만 이들 중 어느 사회도 근대 서구처럼 시민의 삶의 수준을 지속적·영구적으로 끌어올리는 일을 해내지 못했다. 더욱이 근대적 부의 원천이 된 네 가지 요소인 관습법과 관련된 재산권, 과학적 합리주의, 선진 자본시장, 운송과 통신의 엄청난 발전은 대부분 유럽에서 유래했다. 번영이 세계적인 현상이 되었음에도 불구하고 현대적 부의 기원이 글래스고와 제노바 사이에 있는 지역이라는 사실에는 변함이 없다.

마지막으로 제3부에서는 풍요의 탄생으로 개인과 국가간에 부의 거대한 차이가 발생함에 따른 사회적·정치적·경제적·군사적 결과와 성장의 결과가 미래에 어떤 영향을 미칠지를 살펴볼 것이다.

우리는 어디로 가고 있는가

근래에 이루어진 사회과학의 발전이 우리에게 사회적 가치, 부, 정치의 복잡한 상호작용을 들여다보는 흥미로운 창문을 제공한다. 우선 나쁜 소식부터 말해보자. 점점 번영하는 세계에서 사람들 특히 서구인이 반드시 더 행복해지는 것은 아니다. 그러나 반가운 소식은 개발도상국에서 개인의 복지에 상당한 개선이 이루어지고 있다는 사실이다. 제3세계 국가가 선진세계로 들어설 때 실제로 국민의 만족도가 증가한다. 더욱이 우리는 경제의 발전이 민주주의를 낳는 것이지 민주주의가 경제를 발전시키는 것이 아님을 알게 될 것이다. 실제로 과도한 민주주의가 경제성장에 해로울 수도 있다. 법의 지배rule of law는 튼튼한 재산권 시스템에 핵심적인 보루이고 재산권은 번영을 위하여 필수적인 요소다. 결과적으로 번영은 민주주의가 꽃을 피우는 데 대단히 중요한 비옥한 토양이다. 따라서 이라크와 아프가니스탄처럼 전통적인 문화적 가치가 법의 지배와 상반되는 국가의 민주주의 발전에 대한 낙관론은 비용이 많이 들고 위험할 소지가 있다.

나는 전쟁, 문화, 정치의 변화보다 경제적 역동성이 국가의 운명을 결정하는데 훨씬 더 중요하다고 주장할 것이다. 군사력에 힘입어 미국이 확보한 오늘날의 세계적 헤게모니hegemony는 우연이 아니다. 역사는 모든 위대한 세계적 강대국의 운명이 쇠퇴와 몰락임을 가르친다. 그러나 미국의 경제적 생산성을 앞지르고 미국을 능가할 권력을 행사하는데 관심을 가질 때까지는 미국은 쇠퇴하지 않을 것이다. 이와 같은 일이 가까운 시일 안에 일어나지도 않을 것이다.

우리는 세계가 언제 어디서 어떻게 번영했는지를 조사함으로써 어쩌면 우리가 어디로 가고 있는지를 더 잘 예측할 수 있을지도 모른다.

통화에 관한 간략한 설명

모든 금융의 역사가 그래야 하듯이, 이 책은 당시의 통화-몇 가지 예를 들자면 영국의 파운드pounds, 스페인의 페소pesos, 베네치아의 두카트ducats, 피렌체의 플로린florins, 프랑스의 리브르livres-를 다룬다. 나는 모든 금액을 현대의 통화로 바꾸는 항상 부정확할 수밖에 없는 작업으로 글을 어지럽히지 않기로 했다.

이에 관한 정보를 원하는 독자에게는 다음의 대략적인 근사치가 도움이 될 것이다. 유럽의 역사를 통틀어 대부분 국가에서 통화의 표준 단위는 1/8온스ounce(무게의 단위, 1온스는 28.35그램-

옮긴이)짜리 작은 금화-(1파운드보다 약간 더 나가는) 영국의 기니 guinea, 리브르, 플로린, 두카트 같은-였고, 이는 오늘날의 기준으로 약 40달러의 가치에 해당한다. 1500년과 1800년 사이에 영국 신사의 연간 생활비는 총액 300파운드 정도였고, 농부와 노동자는 15~20파운드로 꾸려나갔다. 그러나 통화 가치의 하락으로 인하여 이러한 근사치조차도 아주 빈번하게 매우 부정확하게 측정된다.

주된 예외는 기니와 리브르의 약 절반 정도 가치를 지닌 네덜란드의 길더guilder다. 또한 고대 그리스의 드라크마drachma는 대략 노동자나 농부의 하루 임금과 대략 비슷했다.

차례

1부 ※ 성장의 원천

1부

*

성장의 원천

번영은 단순히 수력 댐, 도로, 전화선, 공장, 비옥한 농지, 심지어 거액의 돈을 소유하는 것만으로 이루어지지 않는다. 경제 인프라의 핵심 요소를 이전하는 방법으로 한 국가에서 다른 국가로 번영을 이식할 수도 없다. 가장 예외적인 경우를 제외하고 국가의 번영은 물리적 대상이나 천연자연의 문제가 아니다. 상호작용하고 비즈니스를 수행하는 프레임워크를 제공하는 제도와 관행 institutions의 문제다. 1부에서는 이러한 제도와 관행이 그들이 서로 어떻게 연관되어 있는지를 설명한다.

경제성장의 전제조건으로 다음과 같은 네 가지 제도와 관행이 부각된다.

- 안전한 재산권. 여기에는 물리적 재산뿐만 아니라 지적 재산과 자신의 신체에 대한 권리가 포함된다-시민권
- 세계를 탐구하고 해석하기 위한 체계적인 절차-과학적 방법
- 새로운 발명품을 개발하고 생산하기 위한 광범위하고 개방적인 자금원-현대적 자본시장
- 중요한 정보를 신속하게 전달하고 사람과 재화를 운송하는 능력

1장에서는 위의 네 가지 모델의 논리를 설명하고, 근대 초기의 안타까운 상황을 살펴본다. 2장부터 5장까지는 이 네 가지 요소 각각의 역사적 발전 과정을 설명한다. 6장에서는 그들 사이의 상호의존성을 논의한다. 여기서 언급되는 이야기 중 일부는 과학적 합리주의의 역사처럼 대부분 독자에게 친숙한 이야기도 있고, 고대 세계에서의 현대적 재산권의 탄생됐다는 친숙하지 않은 이야기도 있다. 네 가지 요소 모두에 대한 실용적 지식을 알고 나면, 우리는 세계가 어떻게, 언제, 그리고 왜 부유해졌는지를 이해하게 될 것이다.

01 부의 가설

—

부르주아지bourgeoisie는 100년이라는
짧은 통치 기간에 이전의 모든 세대를 합친 것보다
더 거대하고 엄청난 생산력을 창출했다.

- 칼 마르크스, 『공산당 선언』

세계의 상황을 한탄하고 싶은 유혹은 너무도 크다. 특히 폭력적 갈등, 대규모 불법행위와 실패, 인류 역사에 스며 있는 해묵은 인종 및 종교적 증오가 불러온 최근의 상황에 초점을 맞출 때는 더욱 그렇다.

그렇게 흔히 거론되는 비관론의 전형은 언론인으로서 길고 뛰어난 경력의 끝에서, 반세기 전에 세상을 취재하기 시작한 이후로 세계가 더 나은 곳이 되었느냐는 질문을 받은 앤서니 루이스Anthony Lewis의 대답에서 볼 수 있다.

나는 진보라는 이상에 대한 믿음을 잃었다. 인류가 더 현명하고 나아지고 있다는 능 20세기 초에 사용된 의미의 진보 말이다. 르완다와 보스니아를 비롯한 여러 지역에서 이렇게 끔찍한 일들이 일어난 상황에서 도대체 어떻게 그런 생각을 할 수 있는가?[1]

루이스의 문제는 그의 주관적인 기준이 너무 높다는 점이다. 그는 인류가 아이비리그Ivy League 대학교와 「뉴욕타임스」 사설에서나 논의될 듯한 도덕적 완전성의 경지에 도달하지 못했다고 여기는 듯하다. 아마도 그는 인류의 복지를 측정할 수 있다는 점을 모르는 것 같다. 루이스의 인류를 바라보는 암울한 인상과는 달리 20세기 후반기는 전반기보다 훨씬 덜 살인적인 시기였다. 더욱이 지난 두 세기 동안 전체주의, 집단학살, 기아, 전쟁, 역병 등에 시달리는 비율도 지구상에서 꾸준히 감소하고 있다. 이러한 사회적 진보는 대부분 루이스를 그토록 우울하게 했던 반세기 동안에 이루어졌다.

1950년부터 1999년까지 선진국 국민의 평균 수명이 66세에서 78세로 늘어났다는 사실을 생각해보라. 개발도상국의 평균 수명 역시 44세에서 64세로 증가했다. 서양에서는 이미 거의 보편적인 현상이 된 노령화는 우연의 결과라기 보다는 지난 반세기 동안 인류가 이룩한 가장 위대한 성취라고 할 수 있다. 또한 같은 기간에 평균적인 사람의 인플레이션이 보정된 재화 및 서비스 생산량을 나타내는 세계의 1인당 실질 국내총생산GDP이 거의 세 배로 증가했다는 것을 생각하라. 2000년에 멕시코의 실질 1인당 GDP는 1900년 당시 세계의 선두에 섰던 영국보다 훨씬 더 높아졌다. 지난 반세기 동안 인류가 달성한 물질적 진보를 달러와 센트 같은 화폐적 기준으로 측정하는 점을 달가워하지 않는 이들이라도, 최소한 검토 대상이 될 만한 사회적 진보의 거의 모든 척도-유아 사망률, 문맹률과 사망률, 또는 교육 수준-가 아직도 미개한 지구의 몇몇 구석을 제외하고 극적으로 개선되었다는 사실에 주목해야 한다.[2]

멜서스 함정에서 벗어나기

현대 세계는 먹여살려야 하는 입이 해마다 수천만 개씩 늘어나면서 끊임없이 증가하는 인구의 짐을 지고 비틀거리는 것 같다. 그리스도 탄생 당시 지구의 인구는 2억 5000만 명보다 약간 많았고 1600년에는 약 5억이 되었다. 1800년 전후의 어느 시점에선가 10억에 도달했고 1920년에 20억, 1960년에 30억이 되었다. 현재 우래 행성의 인구는 60억이 넘는다.[3] 점증하는 도시 생활의 혼잡, 특히 제3세계의 혼잡은 세계의 인구가 지난 반세기 동안의 연간 증가율 1.85퍼센트보다 더 빠르게 늘어나고 있다는 인상을 준다.

우리 행성의 인구 과밀은 최근의 현상이고 새로운 세계적 번영의 결과물이다. 근대 이전시대에는 기근, 질병, 전쟁이 인간의 출산 성향을 압도하는 경우가 많았다. 인류 역사의 처음 200만 년 동안에는 인구증가율이 연간 0.001퍼센트를 크게 넘어서지 못했다. 1만년 전에 농업이 출현한 후에는 인구증가율이 연간 약 0.036퍼센트로 증가했고 서기 1세기에 연간 0.056퍼센트에 도달했다. 1750년 이후에는 성장률이 연간 0.5퍼센트로 높아졌지만 1퍼센트를 넘어선 것은 20세기 초가 되어서였다.[4]

근대 이후에 인구증가의 암울한 경제학은 사실상 토머스 맬서스와 동의어다. 1766년에 지역의 상류층에서 태어난 그는 1788년에 케임브리지를 우등으로 졸업했다. 당시에 영국과 스코틀랜드에서 대학에 다닌 수많은 명석한 젊은이와 마찬가지로 애덤 스미스의 정치경제학political economy이라는 새로운 학문의 영향을 받은 맬서스는 인류에 관한 정량적 연구에 일생을 바쳤다.

경제학자 지망생의 성장기에 영국은 식량 부족이 악화하고 적지 않은 기근이, 특히 이웃한 아일랜드에서, 발생한 시기였으며 스미스적Smithian인 만큼이나 홉스적Hobbesian으로 보인 나라였다. 전쟁과 흉작이 겹친 1795~1796년과 1799~1801년에는 영국에서 식량 폭동이 일어났다.[5] 맬서스에게 식량 부족의 근본 원인은 명백했다. "인구의 힘이 인간의 생존을 위한 지구의 생산력보다 무한히 크다." 인간은 빠르게 번식할 수 있는 반면에, 농업은 수확 체감의 법칙law of diminishing returns에 지배된다. 그렇다면 인구가 식량 공급을 넘어서는 것이 자연스러운 추세다. (맬서스 이론의 일반적인 개념은 인구가 기하학적으로 증가하는 반면에 식량은 산술적으로 증가한다는 것이다.)

맬서스의 악명 높은 긍정적 견제positive checks는 고전적인 기근, 역병, 전쟁에 국한되지 않고 덜 사악한 악의 숙주-건강에 해로운 노동조건, 몹시 고된 노동, 과밀하고 비위생적인 주거, 열악한 자녀 양육-에도 적용된다. 만약 일시적으로 식량이 풍부해진다면 인구도 빠르게 증가할 것이다. 그러나 노동력의 공급이 늘어나면 곧 임금이 낮아지게 된다. 그에 따라 식량 비용의 부담이 늘어나고 결혼이 억제되면 인구 증가가 느려질 것이다. 저임금에 따라 농부들이 더 많은 노동자를 고용하고 더 많은 토지가 생산에 투입되면서 인구와 식량 생산이 약간 더 늘어난 수준에서 전체 과정이 다시 시작된다. 이것이 악명높은 맬서스 순환Malthusian Cycle이다.

맬서스의 가혹한 세계에서는 국가의 인구와 식량 공급이 서서히 증가하게 마련이므로 생활 수준이 먹여 살릴 입의 수에 반비례한다. 인구가 증가하면 유통할 식량이 충분치 않게 되고 물가가 오르는 한편으로 임금과 일반적인 생활 수준이 하락하게 된다. 반면에 14세기 중반에 흑사병이 유행했을 때처럼 인구가 급격히 감소한다면 살아남은 사람들에게 공급되는 식량, 임금, 그리고 생활 수준이 극적으로 상승한다.

직접 목격한 18세기 후반의 기근으로 인하여 이러한 일련의 사건이 맬서스의 의식 속에서 구성되었다. 그림 1-1은 1265년부터 1595년까지 영국의 1인당 GDP 대비 인구 규모를 보여주는 도표다. 얇은 초승달 모양의 데이터 분포가 맬서스 함정 Malthusian Trap을 나타낸다. 역사학자 필리스 딘Phyllis Deane은 맬서스 함정의 개념을 깔끔하게 요약했다.

그림 1-1 | 영국의 맬서스 함정, 1265-1595

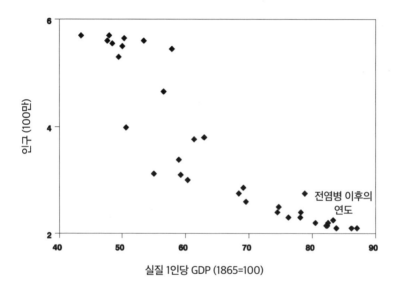

출처: 인구 데이터, 『흑사병으로부터 오늘날까지 영국 인구의 역사(British Population History from the Black Death to the Present Day)』, 마이클 앤더슨 편집 (케임브리지 대학교 출판부, 1966), 77; 1인당 GDP, 그레고리 클라크, 「산업혁명의 감춰진 역사(The Secret History of the Industrial Revolution)」, 조사보고서, 2001.

산업화 이전의 영국에서는 인구가 증가하면 1인당 생산량이 감소했고, 어떤 이유로든 (예컨대 새로운 생산 기술이나 자원의 발견, 또는 새로운 시장의 출현) 생산량이 증가하면 인구도 따라서 빠르게 증가하여 결국 1인당 소득의 초기 증가분을 상쇄했다.[6]

이 영구적인 순환 속에서는 농업 생산의 증가에 발맞춰 인구도 증가하기 때문에 인류가 근근이 생계를 유지하는 수준의 생존에 머무를 수밖에 없다.

이런 암울한 상황이 1798년에 맬서스가 「인구의 원리에 관한 에세이Essay on the Principle of Population」라는 논문에서 불멸성을 부여하고 얼마 후에 서유럽에서 갑작스러운 종말을 맞았다는 것은 역설적이다. 그림 1-2는 1600년 전후의 어느 시점에선가 초승달 모양에 팽창된 부분이 생겼음을 보여주고, 그림 1-3은 1800년 이후에 인구가 초승달 모양에서 완전히 벗어나 다시는 굶주림의 위기로 돌아가지 않았음을 설명한다. 그림 1-3에서는 세로축의 인구 척도가 확대되어 원래의 초승달이 도표 하단의 평평한 팬케이크처럼 보인다. 함정에서 탈출할 수 있었던 것은 출생률이 증가했기 때문이 아니라 급속한 경제성장에 따라 생활 수준이 빠르게 개선된 결과로 사망률이 40퍼센트 감소했기 때문이었다.[7]

그러한 성장의 본질은 1600년 이후 수 세기 동안에 극적으로 변화했다. 처음에는 평균적인 시민의 부나 물질적 안락함의 실질적 개선이 이루어지지 않고 순전히 인구 증가로 인하여 국가 경제가 확대되는 '확장적extensive 성장'이었다. 역사상 처음

그림 1-2 | 1600년 이후에 부서진 멜서스 함정

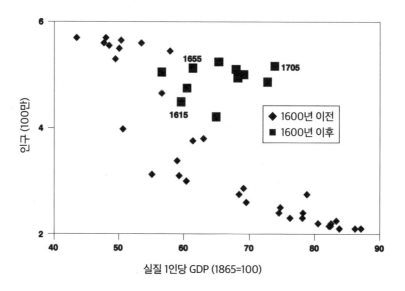

그림 1-3 | 1800년 이후의 멜서스 함정 탈출

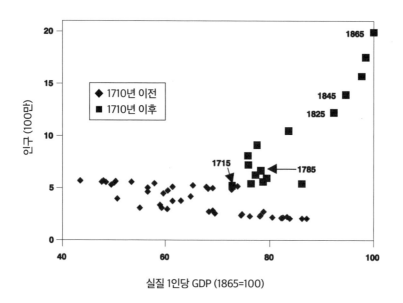

출처: 인구 데이터, 『흑사병으로부터 오늘날까지 영국 인구의 역사』, 마이클 앤더슨 편집 (케임브리지 대학교 출판부, 1966), 77; 1인당 GDP, 그레고리 클라크, 「산업혁명의 감춰진 역사」

으로 영국의 경제가 인구수에 보조를 맞추기에 충분한 성장을 달성했다. 그러나 19세기에는 1인당 소득과 개인 차원의 물질적 웰빙이 늘어나면서 인간의 번식 욕구까지 앞지르는 '집중적intensive 성장'이 되었다.[8]

국가는 어떻게 부유해질까

1820년경부터 경제 발전의 속도가 눈에 띄게 빨라지고 세상이 더 살기 좋은 곳이 되었다. 무슨 일이 일어났을까? 이전에 본 적이 없었던 폭발적인 기술 혁신이 일어났다. 산업혁명을 정의하도록 요구받은 어느 남학생은 "1760년에 기계의 물결이 영국을 휩쓸었다"고 답했다고 한다.[9] 그 익명의 소년은 무언가를 알고 있었다. 새로운 기술은 1인당 경제성장의 원동력이다. 신기술이 없이는 생산성과 소비가 증가하지 않는다. 그렇다면 원리적으로 기계를 개발하는 데 필요한 것은 무엇인가? 라는 질문을 제기할 수 있다. 답은 네 가지다.

- 재산권: 혁신가와 장인들은 노력의 결실이 국가, 범죄자, 또는 독점자에 의하여 임의로 몰수되지 않을 것이라고 안심할 수 있어야 한다. 자신의 정당한 보상을 대부분 지킬 수 있다는 확신은 모든 다른 권리를 보장하는 권리다. 대

부분이라는 단어가 강조된 것에 유의하라. 재산권은 결코 절대적인 권리가 아니다. 싱가포르와 홍콩같이 경제적으로 가장 자유주의적인 정부도 세금을 부과하고, 특정한 형태의 수용권을 행사하고, 상업 활동의 자유에 대하여 일부 제한을 유지한다. 마찬가지로, 몰수는 봉건사회나 사회주의국가에서 발생하는 것보다 더 미묘할 수 있다. 1980년대의 브라질이나 현재의 짐바브웨처럼 인플레이션을 통제하는데 실패하거나 은행을 적절하게 통제하지 못하는 국가는 에드워드 3세나 스탈린과 다름없이 국민의 돈을 훔치는 것이다. 근대 이전의 유럽에서는 정부가 부여한 독점권이 행사하는 사람들에게 막대한 수익을 안겨주면서 나머지 국민에게 돌아가야 할 보상을 빨아들였다.

• 과학적 합리주의 : 경제의 발전은 아이디어의 개발과 상업화에 달려있다. 발명의 과정에는 지적 프레임워크, 즉 경험적 관찰과 기술적 진보를 뒷받침하는 수학적 도구에 기반을 둔 합리적 사고의 인프라가 필요하다. 우리가 당연하게 여기는 근대 서구의 과학적 방법은 비교적 새로운 현상이다. 지난 400년 동안에 서구인은 전체주의적·아리스토텔레스적 사고방식의 압박에서 벗어났다. 오늘날에도, 특히 아프리카, 아시아, 중동의 일부 지역에서는 정직한 지적 탐구가 국가와 종교의 폭정으로 인하여 심각한

위험에 직면한다.

- 자본시장 : 새로운 제품과 서비스의 대량 생산에는 다른 사람의 막대한 자금 즉 '자본capital'이 요구된다.* 혁신을 위한 자원과 능력이 확보되더라도 계획과 아이디어의 개발을 위하여 여전히 자본이 필요하다. 자신의 발명품을 대량 생산하기에 충분한 돈이 있는 기업가는 거의 없으므로 외부 자금원으로부터 상당한 자본이 공급되지 않으면 경제성장이 불가능하다. 19세기 이전에는 사회에서 가장 탁월하고 똑똑하고 야심에 찬 사람들이 자신의 꿈을 현실로 바꾸는 데 필요한 막대한 자금에 접근하는 것이 거의 불가능했다.

- 빠르고 효율적인 통신과 운송 : 신제품을 창조하는 마지막 단계는 수백 또는 수천 마일 떨어진 구매자에게 제품을 광고하고 유통하는 것이다. 기업가가 재산권, 적절한 지적 도구, 충분한 자본을 확보하더라도 제품을 빠르고 값싸게 소비자에게 전달하지 못한다면 그들의 혁신이 사그

---

* '자본'이라는 용어는 다양한 경제적 의미를 내포한다. 경제학자들은 종종 인적자본, 지식, 또는 "지적(intellectual) 자본'을 비롯하여 공장과 장비 같은 불리석 사본을 포함하는 폭넓은 성의를 새낙한다. 이 책에서는 '자본'이 투자를 위하여 가용한 돈이라는 가장 좁은 의미로 정의된다.

라지고 말 것이다. 해상 운송이 안전하고 효율적이고 값싸게 된 것이 불과 2세기 전의 일이었다. 육상 운송은 약 50년이 지난 후에야 그 뒤를 따랐다.

네 가지 요소-재산권, 과학적 합리주의, 효율적인 자본시장, 그리고 효율적인 운송과 통신-가 모두 갖추어지기 전에는 국가가 번영할 수 없다. 네 요소는 16세기 네덜란드에서 잠시 합쳐졌으나 영어권 세계에서는 1820년경까지 안정적으로 자리를 잡지 못했고, 오랜 시간이 지난 뒤에야 나머지 세계로 확산하기 시작했다.

이들 요소 중 하나라도 빠지면 경제 발전과 인간의 복지가 위태로워진다. 네 개의 다리 중 하나만 걷어차더라도 국가적 부의 기반이 되는 플랫폼이 전복되는 것이다. 영국 해군의 해상 봉쇄를 당한 18세기의 네덜란드, 재산권이 상실된 공산주의 국가들, 자본시장과 서구적 합리주의가 없는 여러 중동 국가에서 이런 일이 일어났다. 가장 비극적으로, 아프리카의 여러 지역에서는 여전히 네 가지 요소 모두가 사실상 존재하지 않는다.

숫자로 본 경제사

이 정량적 이야기의 영웅은 인류의 웰빙에 대한 개요와 윤곽을 밝히는데 일생을 바친 경제사학자들이다. 그중에 으뜸이 앵거스 매디슨이라는 스코틀랜드의 경제학자다. 대공황 시대에 뉴캐슬에서 태어난 매디슨의 성장 과정은 그가 경제 발전에 매혹된 근원을 암시한다.

> 아버지에게는 철도정비공이라는 안정된 직업이 있었지만 두 명의 삼촌은 실업자였다. 이웃에도 실업자가 많았다. 실업자들은 가난할 뿐만 아니라 의기소침했다. 많은 사람이 초췌한 모습으로 머플러와 천 모자를 쓰고 담배 꽁초를 피우면서 길모퉁이에서 정처없이 배회했다. 그들의 병약한 아이들은 종종 폐결핵을 앓았다.[10]

학교 성적이 뛰어났던 매디슨은 청년기를 전시의 케임브리지라는 지적 분위기 속에서 보냈다.[11] 그는 스승의 한 사람인 다르마 쿠마르Dharma Kumar 교수의 말을 즐겨 인용했다. "시간은 모든 일이 한꺼번에 일어나는 것을 막는 장치이고, 공간은 모든 일이 케임브리지에서 일어나는 것을 막는 장치다." 위의 네 가지 중요한 요소 각각의 발전은 이 전설적인 대학과 밀접하게 연결된다. 영국이 근대적 번영의 탄생지였다면 케임브리지가 그 출산병동이었고 프랜시스 베이컨, 아이작 뉴턴, 법학자 에드워드 코크Edward Coke를 비롯하여 이 책에서 이야기의 중심을 이루는 수십 명의 중요한 산파를 배출했다. 아이러니하게도 20세기 동안 케임브리지는 반자본주의 수사학과 때로는 전체주의적 동조sympathies에서 태어난 반역의 온상이 되었다.

1948년에 대학을 졸업한 매디슨은 2차 세계대전이 끝난 뒤에 마셜 플랜Marshall Plan 자금을 관리하기 위하여 설립된 유럽경제협력기구OEEC와 그 후신인 경제협력개발기구OECD에서 25년 동안 일했다.[12] 제3세계 국가, 특히 브라질, 기니, 몽골, 파키스탄, 가나를 오가면서 많은 시간을 보낸 그는 여행을 통해서 발견한 국가 간의 부와 웰빙의 엄청난 차이에 여러 차례 충격을 받았다. 1978년에 매디슨은 네덜란드 그로닝겐Groningen 대학교의 교수직을 수락하고 세계의 경제 발전에 관한 일관성 있는 비전vision을 구축하기 시작했다.

매디슨을 비롯한 경제사학자들이 그린 초상화는 예상치 못한 것만큼이나 놀라웠다. 실질 1인당 GDP로 측정된 평균적 개인의 운명이 그리스도 탄생 이후 1000년 동안 전혀 변하지 않았던 것이다. 서기 1000년과 1500년 사이의 500년 동안에도 상황이 별로 나아지지 않았다. 서기 1년 이후 세계의 1인당 GDP에 대한 매디슨의 추정치를 도표로 나타낸 그림 1-4는 보통 사람의 복지에 초점을 맞춘다. 1820년 이전에는 수십 년 또는 수세기에 걸쳐서 극히 미미한 물질적 진보만이 이루어졌다. 1820년 이후에는 세계가 꾸준하게 번영하는 곳이 되었다.

데이터는 1820년을 기적의 해annus mirabilis로 식별하는 것이 상당히 임의적일 정도로 '잡음'이 많다. 앞으로 살펴볼 것처럼

그림 1-4 | 세계의 1인당 GDP (인플레이션 보정 후)

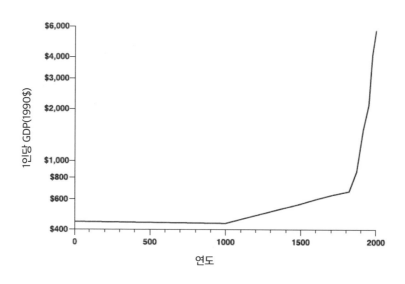

출처: 매디슨, 『세계 경제: 천 년의 관점(The World Economy: A Millennial Perspective)』, 264

영국의 데이터는 성장의 발화점을 조금 늦게 잡았고 미국의 데이터는 약간 일찍 잡았다. 그러나 어느 쪽을 선택하든, 19세기 전반의 어느 시점에선가 세계적 경제성장의 도약이 시작되어 전쟁, 내전, 혁명의 반복적인 황폐화에도 불구하고 번영을 불러왔다는 것은 분명한 사실이다.

전 세계 실질 1인당 GDP의 연평균 성장률을 요약한 그림 1-5는 1820년경에 발생한 상황을 다른 관점에서 보여준다. 다시 한번, 1820년 이전에는 보통 사람의 물질적 복지가 거의 개선되지 않았다. 이 그림은 대학의 인문학부에서 일반적으로 가르치는 내용과 상반된다. 로망스어Romance language 전문가나 미술사학자의 관점에서 볼 때는 르네상스가 제2천년기의 중추적 시점으로 보인다. 그렇지만 당시의 위대한 작가와 예술가들은 영양을 개선하고 운송을 강화하고 역병을 예방하는 데 거의 도움을 주지 못했다. 평범한 사람들이 태어난 곳에서 몇 마일 이상 밖으로 나가보지 않던 시대에는 시스티나 성당의 프레스코화가 집단적 인간 정신을 고양하는 데 별로 도움이 되지 않았다.

경제학자들은 여러 세기 전인 과거의 소득과 생산에 관한 매디슨의 추정을 쉽게 비판해왔다. 어쨌든 그는 그리스도 탄생 당시 일본의 연간 1인당 GDP가 200달러나 800달러가 아니고 400달러였다고 어떻게 확신할 수 있었을까? 매디슨 자신도 문제점을 인정한다. "과거로 돌아가려면 더 빈약한 증거를 사용하고 단서와 추측에 더 많이 의존해야 한다."[13]

현대는 더 근본적인 문제를 제기한다. 가장 정확한 경제 데이터조차도 새로운 발명의 진정한 가치를 측정할 수 없다. J. P. 모건은 뉴욕의 J. F. 케네디공항에서 런던의 히스로공항으로 가는 점보제트기의 저렴한 좌석에 얼마를 지불했을까? 셰익스피어는 매킨토시 컴퓨터에서 하루에 5000단어를 써내어 수십 명의 친구에게 이메일로 보낼 수 있는 능력에 어떤 가치를 두었을까? 서구의 선진국에서는 가장 가난한 시민들까지도 신뢰할 수 있는 자동차, 텔레비전, 인터넷 같은 한 세기 전에 아무리 돈이 많더라도 이용할 수 없었던 상품과 서비스에 접근한다. 현대의 많은 상품과 서비스의 가치가 미심쩍은 것은 사실이지만 그렇지 않은 것도 있다. 오늘날에는 몇 달러의 항생제로 예방할 수 있는 폐렴과 뇌막염이 1940년대까지도 가난한 사람들에 못지않게 종종 부와 권력의 정점에 있는 사람들까지도 쓰러뜨렸다. 다른 맥락에서 20세기 초의 위대한 엔지니어와 물리학자에게 개인용 컴퓨터가 있었다면 무슨 일을 할 수 있었겠는지를 상상해보라.

경제사학자들은 고대 로마나 카롤루스Carolingian 제국의 GDP를 어떻게 측정할까? 어쨌든 1000년 전에는 상무부도 경제분석국도 없었다. 17세기가 되어서야 존 그란트John Graunt와

그림 1-5 | 연간 1인당 세계 GDP 성장률 (인플레이션 보정 후)

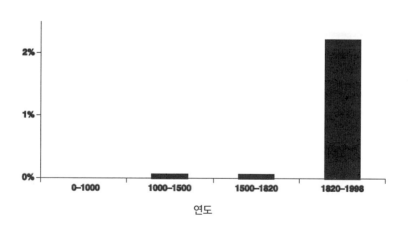

출처: 매디슨, 『세계 경제: 천 년의 관점(The World Economy: A Millennial Perspective)』, 264

카스파르 노이만Caspar Naumann 같은 초창기 인구통계학자들이 보험 통계 자료를 조사하기 시작했고, 2세기 뒤에야 처음으로 경제학자들이 개별 국가에 대한 재무 데이터를 정확하게 집계하기 시작했다.

여러 세기에 걸친 경제 발전을 측정하고 싶다면 먼저 최저 생활 수준의 생계를 유지하는 데 얼마나 많은 돈이 필요한지를 물어야 한다. 매디슨은 1990년의 저개발 국가에서 연간 약 400달러가 필요할 것으로 추정했다. 다음으로, 경제사학자들은 가용한 모든 데이터를 사용하여 이 수준에서 살아가는 인구의 비율을 결정한다. 인구의 거의 100퍼센트가 농업에 종사하고 농산물의 상당 부분을 수출하지 않는 사회는 정의에 따라 연간 400달러의 생계 수준에 매우 근접하는 삶을 살아간다. 매디슨처럼 1인당 400달러의 GDP를 1세기 초의 유럽, 1950년의 중국, 또는 오늘날의 부르키나파소Burkina Faso에 일률적으로 할당하는 것은 대단히 임의적이지만, 그렇게 함으로써 최소한 경제 성장을 비교하고 측정하는 기준점을 확보할 수 있다.

이 문제를 바라보는 또 다른 방법은 '도시화 비율urbanization ratio', 즉 인구 1만 명 이상인 도시에 사는 인구의 비율을 살펴봄으로써 농업에 종사하는 인구 비율을 추론하는 것이다. 그리스와 로마의 전성기에도 인구가 1만 명 이상인 도시에 사는 사람의 비율이 극히 미미했다. 1500년까지 유럽에서 가장 큰 도시가 15만 명의 주민이 있는 나폴리였다. 86만 5000명의 유럽인, 다시 말해서 대륙 인구의 약 1퍼센트만이 인구 5만 이상의 도시에 살았고 6퍼센트는 인구 1만 명 이상의 소도시에서 살았다. 따라서 중세 시대에는 유럽인의 90퍼센트 이상이 농업에 종사했다. 중세기에 유럽보다 훨씬 발전한 아시아의 위대한 문명권에서는 농업에 종사하는 비율이 100퍼센트에 더 가까웠고, 극소수 지배 엘리트의 막대한 부가 이 지역의 전반적 번영의 수준을 높이는 데 별로 도움이 되지 못했다. 따라서 1500년 이전에는 전 세계의 1인당 GDP가 매디슨이 정의한 400달러의 생계 수준에 근접했을 가능성이 크다.

미국에서는 1820년까지도 70퍼센트에 달하는 노동 인구가 농장에서 일했다. (미국은 농산물의 상당 부분을 수출했기 때문에 낮은 도시화 비율이 시사하는 것보다 생활 수준이 훨씬 더 높았다.) 1998년에 이 수치가 2퍼센트로 떨어졌다. 농장 생활을 낭만적으로 바라보는 사람들은 현대 세계에서 농업에 종사하는 인구의 비율이 빈곤의 강력한 지표라는 사실에 유념해야 한다. (문명의 여명기에는 상황이 반대였다. 인류는 훨씬 덜 생산적인 수렵과 채집에 종사하는 유목민의 삶에서 상대적으로 풍요롭고 정착된 농부의 삶으로 전환하고 있었다. 아마도 당시의 수렵-채집가들은 농부의 부드럽고 새롭고 영혼이 없는 삶의 방식을 한탄했을 것이다. 많은 아메리카 원주민에게 농업은 여자들의 일로 업신여겨졌다.)

최근 몇 년 동안, 경제사학자들이 여러 국가에서 1500년 이전의 지속적인 경제성장 시기를 확인했다. 경제학자 E. L.

존스는 송나라 시대의 중국(960~1279)과 도쿠가와 시대 일본(1603~1867)에서 활발한 성장이 이루어졌음을 지적한다.[14] 송나라 말기에는 철 생산량이 유럽에서 1700년대 중반까지도 달성하지 못한 수준에 도달했다. 캘리포니아 대학교 데이비스의 잭 골드스톤Jack Goldstone은 그렇게 기술과 생활 수준이, 최소한 지배계급에서, 급속하게 발전한 시기를 '백화기efflorescences'라 부른다.[15] 그러나 존스와 골드스톤까지도 근대 이전 시대의 성장이 취약하고 궁극적으로 덧없는 것이었음을 인정한다. 몽골의 침략 이후에 중국 경제는 여러 세기에 걸친 혼수상태에 빠졌고 이제 다시 일어서고 있다.

유럽에서도 로마가 몰락한 이후에 다소간의 경제성장이 이루어졌다. 중세 초기에 이모작이 삼모작 시스템으로 전환되고 편자와 말 목걸이, 물레방아, 풍차가 발명되었으며, 이륜 수레가 다양한 사륜 수레로 대체되었다.[16] 언제부터 이러한 변화가 성장으로 이어지기 시작했는지에 대해 의견이 분분한 경제사학자들의 추정은 8세기에서 15세기까지 걸쳐 있다.

확장적 성장이 이루어지기는 했지만 그러한 발전이 단지 인구의 증가로 이어졌을 뿐이고 일반 시민의 웰빙에는 변함이 없었다. 로마 시대 이후 성장의 르네상스 시기를 추정하는 견해가 광범위하다는 것은 당시의 1인당 성장(개인적 웰빙의 개선을 측정하는 최선의 지표)이 실질적이거나 지속할 수 있는 성장이 아니었음을 말해주는 훌륭한 증거다,

아주 긴 역사적 발자취를 조사하는 일의 유리한 점은 성장에 관한 커다란 불확실성까지도 '씻겨나간다'는 것이다. 예를 들어 1000년이라는 기간에 대하여 1인당 GDP의 시작이나 끝을 두 배로 과대평가하더라도 연간 성장률에는 0.07퍼센트의 오차밖에 발생하지 않는다. 다시 말해서 그리스도 탄생 이후의 세계 1인당 GDP 성장률이 예컨대 0.5퍼센트 정도까지 높을 수 없었다. 성장률이 0.5퍼센트였다면 1인당 GDP가 오늘의 달러 가치로 400달러에서 2000년에 860만 달러로 늘어났을 것이다! 따라서 우리는 이 기간의 대부분 동안 성장이 실제로 0에 매우 가까웠다고 확신할 수 있다.

또 다른 방식으로 말하자면, 가장 극단적인 낙관적 추정치조차도 서기 1년부터 1000년까지의 기간 동안 세계 1인당 GDP의 두 배 또는 세 배 성장을 시사하지 않는다. 그에 반해서 1820년 이후 172년 동안에는 세계 1인당 GDP가 여덟 배로 성장했다. 같은 172년 기간에 영국의 1인당 GDP가 10배, 미국은 20배로 늘어났다.

안정적인 2퍼센트 생산성

현대 경제성장의 활력은 놀라울 정도다. 1800년대를 통하여 오늘날 선진국으로 물리는 국가들의 실질 1인당 GDP가 서서히

표 1-1 | 연간 1인당 GDP 성장률, 1900~2000년

전쟁의 피해를 본 국가	1인당 GDP 성장률
벨기에	1.75퍼센트
덴마크	1.98퍼센트
프랑스	1.84퍼센트
독일	1.61퍼센트
이탈리아	2.18퍼센트
일본	3.13퍼센트
네덜란드	1.69퍼센트
스페인	1.91퍼센트
전쟁의 피해를 본 국가의 평균	2.01퍼센트

전쟁의 피해를 보지 않은 국가	1인당 GDP 성장률
오스트레일리아	1.59퍼센트
캐나다	2.17퍼센트
아일랜드	2.08퍼센트
스웨덴	1.96퍼센트
스위스	1.72퍼센트
영국	1.41퍼센트
미국	2.00퍼센트
전쟁의 피해를 보지 않은 국가의 평균	1.85퍼센트

출처: 매디슨, 『세계 경제: 천 년의 관점』, 276~279; 매디슨, 『세계 경제 모니터링, 1820~1992』, 194~197; 경제협력개발기구

연간 약 2퍼센트까지 가속되었고, 격동의 20세기 전반에 걸쳐서 그 속도가 유지되었다. 20세기 동안 15개 국가의 실질 1인당 GDP 성장률을 보여주는 표 1-1에는 전쟁이나 내전으로 심각한 물리적 피해를 본 국가와 그렇지 않은 국가가 구분되어있다.

성장률이 2퍼센트 주변에 밀집된 것에 주목하라. 15개 국가 중 13개국의 1인당 GDP가 연간 1.6~2.4퍼센트 증가했다. 마치 일종의 경제적 크루즈 컨트롤 같은 저항할 수 없는 힘이 이들 국가의 생산성을 해마다 더 빠르지도 느리지도 않고 거의 정확하게 2퍼센트씩 밀어 올리는 것 같다. 전쟁의 심각한 피해를 본

그림 1-6 | 성장 vs 부의 시작

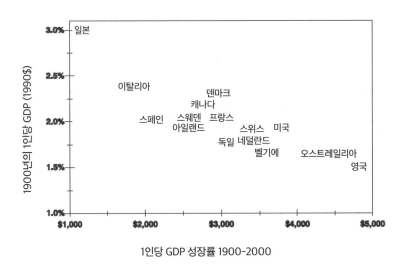

출처: 출처: 매니는, 『세계 경제: 천 년의 관점』, 276~279, 매니는, 『세계 경제 모니터링, 1820~1992』, 194~197; 경제협력개발기구

국가와 그렇지 않은 국가의 평균적 성장률에 차이가 없음에도 주목하라. 전쟁의 참화는 선진국 경제에 장기적 피해를 주지 않는 것으로 보인다.

표 1-1과 그림 1-6은 서구 경제의 또 다른 흥미로운 특징, 즉 1900년에 가장 부유했던 국가들이 20세기에 가장 느리게 성장하는 동안에, 가장 가난했던 국가들이 가장 빠르게 성장한 추세를 보여준다. 다시 말해서 최선진국의 1인당 부는 수렴하는 경향이 있다. 나열된 국가 중에 가장 가난하게 20세기를 시작한 일본의 생산성이 매년 3퍼센트씩 증가하는 동안에 1900년에 선두주자였던 영국의 성장은 연간 1.4퍼센트에 불과했다.

서구 경제의 복원력, 즉 따라잡는catch up 경향을 보여주는 가

그림 1-7 | 미국 대비 1인당 GDP (미국 = 100퍼센트)

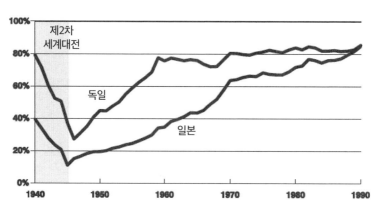

출처: 매디슨, 『세계 경제 모니터링, 1820-1992』, 194~197

장 인상적인 예가 전후에 회복된 독일과 일본의 1인당 GDP다. 전쟁 기간에 주축국의 경제가 겪었던 참상을 그림 1-7의 왼쪽 가장자리에서 분명하게 볼 수 있다. 일본은 미국의 40퍼센트 인 1인당 GDP로 2차 세계대전을 시작했지만, 전쟁이 끝났을 때 그 수치가 15퍼센트로 떨어졌다. 같은 기간에 독일의 1인당 GDP는 미국의 80퍼센트에서 40퍼센트로 떨어졌다. 그러나 두 나라 모두 1960년대까지 전쟁 전의 미국 대비 GDP 가치를 회복했다.

근대 이전 시대에는 그런 재난으로부터의 회복이 불가능했을 것이다. 중국의 1인당 GDP는 송 왕조 치세에서 꽃을 피운 뒤에 몽골의 침략 이후 7세기 동안 제자리걸음을 했다. 그에 반해서 서구의 성장 기계는 정복의 재앙을 단순한 역사적 딸꾹질로 축소한다. 1990년까지 일본의 상대적 1인당 GDP가 미국에 근접할 정도로 성장했다. 2차 세계대전 승전국들의 계몽적인 정책이 일본과 독일의 급속한 회복을 이끈 중요한 요소였지만, 그러한 혜택이 1차 세계대전에서 패배한 뒤에 베르사유 조약으로 부과된 처벌에도 불구하고 유럽 대부분을 정복할 정도로 회복하는 데 불과 20년밖에 걸리지 않았던 독일의 성과를 설명하지는 못한다.

19세기의 시작이 세계 모든 지역의 변화를 예고하지는 않았다. 처음에는 유럽과 유럽에서 갈라져 나온 신세계만이 번영했다. 그렇지만 이후 200년 동안에 서구의 다양한 성장이 나머지 세계로 퍼져나갔다.

1820년 이전에도 다가오는 번영의 조짐이 있었다. 매디슨은 서기 1500년에 유럽의 1인당 GDP가 평균 774달러였고 르네 상스 이탈리아는 1100달러에 도달했던 것으로 추정한다.[17] 그 러나 이탈리아의 상대적 번영은 오래가지 못했다. 1500년 이후 에 이탈리아 경제가 침체하는 동안에 네덜란드가 완만하더라 도 지속적인 경제성장을 시작했다. 기의 같은 시기에 영국도 네 덜란드보다 느리긴 했으나 성장률이 증가하기 시작했다.

1688년의 명예혁명Glorious Revolution으로 안정적인 입헌군주 제를 갖추고 네덜란드인 왕을 수입한 영국으로 네덜란드의 금 융제도와 발전된 자본시장의 크림이 북해를 건너왔다. 하지만

그림 1-8 | 1인당 GDP (인플레이션 보정 후)

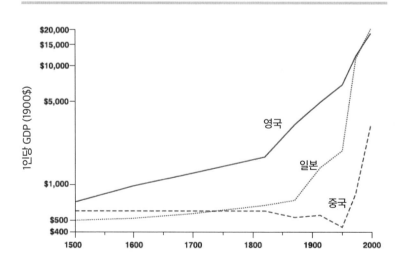

영국의 성장이 급격하게 가속되기까지는 한 세기가 넘는 시간이 걸렸다. 19세기 중반이 되어서야 평균적인 영국인의 삶이 평균적인 네덜란드인보다 나아졌는데, 그것도 영국이 수십 년 동안 네덜란드에 대한 해상봉쇄를 시행한 후에 나폴레옹의 네덜란드 공화국 해체와 착취가 뒤따랐기 때문이었다.

영국은 해외 식민지에 사람뿐만 아니라, 더욱 중요하게, 법적·지적 관행과 금융제도의 씨를 뿌렸다. 거대한 경제적 변혁은 훨씬 뒤에야 나머지 유럽과 아시아로 퍼지기 시작했다. 따라서 영국, 일본, 중국의 부상take off이 각각 1820년, 1870년, 1950년에 일어난 것을 그림 1-8에서 볼 수 있듯이 그 효과가 매우 불균일했다.

왜 이러한 초기 근대사의 후미진 시기를 조사해야 할까? 1820년경의 어느 시점에선가 세계의 중심축이 뒤집힌 것처럼 보이기 때문이다. 그 시점 이전에 인류의 경제발전 과정은 성장이 저해된 덤불로 가장 잘 비유될 수 있고, 이후에는 참나무의 활기차고 꾸준한 성장과 비슷했기 때문이다. 그리고 재산권, 과학적 합리주의, 자본시장, 근대적 운송과 통신이 마침내 19세기에 결정적으로 결합하여 어떻게 근대적 부를 창출한 기계를 만들어냈는지에 대한 이야기가 현대의 삶과 중요한 관련이 있기 때문이다.

우리는 우선 경제성장을 위한 네 가지 전제조건을 염두에 두고 1600년 이전 서유럽의 일상생활을 살펴볼 것이다. 중세 시대는 네 가지 필수적 성장요소 측면에서 느슨하게 구성된 몇몇 간단한 삽화로 요약할 수 있다.

근대 이전 시대 재산권의 부재

완전한 노예제도를 제외하고 중세의 봉건제도처럼 재산권과 개인의 자유를 부정한 시스템은 없었다. 오늘날 '봉건제도feudalism'라는 단어 자체에는 이전 영향력의 그림자만이 남아있다. 잠시 당신이 전형적인 11세기의 농부라고 상상해보라. 당신이 주인 앞에 무릎을 꿇고 주인이 당신의 손을 잡는다. 그러면 당신은 그에게 독점적이고 끊임없는 서비스를 제공할 것을 맹세한다. 당신의 서약은 재정적 또는 상업적 약속이 아니다. 오히려 당신의 삶과 명예를 서약하는 것이다. 당신은 노동은 물론 종종 생명까지 외부 세계에 대한 주인의 보호와 맞바꾸면서 돈 없이 살아간다.

봉건적 관계의 본질은 재정적 관계가 아니라는 것이다. 봉건 영지에서는 판매를 위한 여분의 생산이 거의 없었고 거의 모든 거래가 물물교환이었다. 자신의 세습재산을 금전적 개념으로 생각하는 봉건 영주가 드물었고 농노들은 동전을 거의 사용하지 않았다. 애덤 스미스는 1745년까지도 영지의 연간 수입이 500파운드에 미달하는 스코틀랜드의 지주가 전투를 위하여

800명의 병사를 동원할 수 있었다는 사실에 놀라움을 금치 못했다.[18] 파리 인근의 몇몇 지역에는 프랑스 혁명 초기에 마침내 폐기되기 전까지 봉건적 권리의 흔적이 남아 있었다.[19]

영주도 농노만큼이나 노예 같은 처지였다. 마르크스가 말한 대로, 근대 이전 세계의 대표적 자산인 토지가 영주를 물려받는 것이지 영주가 토지를 물려받지 않는다는 것이 사실에 더 가까웠다. 앞으로 살펴보겠지만, 쉽사리 분할하고 거래하고 개선할 수 없는 토지는 사회적 부를 축적하는 주요 창고로서의 심각한 결함이 있었다.

게다가 봉건 국가의 돈이 없는 사회에서는 저장할 수 없는 상품이 상하기 전에 소비되어야 했다. 현대 사회는 물질적 소유를 통해서 부를 나타내고 봉건 사회는 소비의 향연을 통해서 부를 과시했다.

돈이 없는 사회에서는 재산권이라는 개념 자체를 생각할 수 없었다. 농부의 오두막과 도구는 자기 자신의 연장선에 불과했고, 유럽에서 개인의 이름으로 주거를 제공하는 경향에 오늘날까지 남아있는 개념이다. 어쨌든 오두막은 주인에게 속했고 도구는 구매자, 공공 시장, 또는 돈 자체가 없었기 때문에 어떤 가격으로도 팔 수 없었다. 농부의 운명에 대한 애덤 스미스의 묘사를 생각해보라.

토지의 점유자는 일반적으로 인격과 소유물 모두 주인(영주)

의 재산인 노예(농노)였다. 노예가 아닌 사람은 소작인이었는데 그들이 내는 임대료는 종종 명목상으로 면역지대quit-rent보다 약간 많았지만, 실제로는 토지의 산출물 전체에 해당했다. 영주는 언제든지 그들에게 평시의 노동과 전시의 복무를명령할 수 있었다. 그들은 멀리 떨어져 살았지만, 영주의 집에거주하는 하인과 마찬가지로 영주에게 의존했다. 토지의 전체 산출물이 의심의 여지 없이 토지에 매여있는 모든 사람의노동과 서비스를 처분할 수 있는 영주의 소유였다.[*]

따라서 중세의 농노에게는 영지에서 부과된 의무를 초과하여 작물을 생산하거나 자신이 일하는 토지의 생산성을 높일 인센티브가 거의 없었다. 영주가 자신과 산출물 전체를 소유한다면, 혁신은 고사하고 힘들게 일해야 할 이유가 있을까? 더욱 중요하게, 봉건적 사회 구조가 국민의식nationhood의 여지를 거의남기지 않았다. 정치가 실제로 엄밀하게 지역적이었다. 바바라터크먼Barbara Tuchman은, "국가와 시민이 아니라 영주와 신하의유대가 정치의 기반이었다. 국가는 아직 태어나기 위하여 애쓰고 있었다"고 했다.[20]

봉건제도는 소유권을 보호하지 못하고 법에 따른 평등을 인

---

[*] 스미스, III: 355. 면역지대는 농노가 영주에게 제공해야 하는 서비스 대신에 지불하는 금전적 임대료였다.

정하지 않았을 뿐만 아니라 기본적인 소비 활동도 제한했다. 지위와 소득에 따라 무슨 옷을 입을 수 있는지를 명시한 규제법이 섬유 제품이 주요 생산물인 경제를 질식시켰다.

피렌체에서는 귀족, 의사, 치안판사에게만 족제비 모피가 허용되었고 프랑스에서는 영주나 귀부인이 한 해에 네 벌의 의상만 사들일 수 있었고-그중 한 벌은 여름옷이어야 했다-그것도 연간 수입이 6,000리브르보다 많은 경우에 한했다. 영국의 법도 특정한 의상의 착용에 대하여 엄격한 소득 수준을 규정했는데, 귀족의 소득은 두 배로 계산된 것 같다. 영국의 귀족은 연간 수입이 500파운드이면 특정한 의상을 입을 수 있었지만, 상인이 동일한 특권을 누리기 위해서는 1000파운드의 수입이 필요했다.[21]

제2천년기 초기에 확산한 화폐 경제가 봉건제도를 잠식하고 결국 파괴했다. 농부가 최고 가격을 제시하는 사람에게 자신의 노동력을 팔 수 있게 된 순간 하인과 주인을 묶던 유대가 사라졌다. 그때가 되어서야 중요한 국가적 법률과 자본 제도가 발전할 수 있었다. 개인이 왕국의 동전으로 자신의 자유를 살 수 있었을 뿐만 아니라, 1197년에 프랑스 북부의 도시 코키샤토 Chacy-le-Château가 무일푼인 영주의 미망인으로부터 140리브르에 자유 헌장charter of liberties을 사들인 것처럼, 때로는 마을 전체가 자유를 살 수 있었다.[22]

과세 정책의 실패

모든 국가에는 수입이 필요하다. 정부가 세금을 걷는 방식은 국가의 존망이 달린 문제다. 근대 이전 세계에서는 가장 가난하고 힘이 없는 구성원에게 세금의 짐을 지우는 것이 상례였다. 그 모두는 필연적으로 실패했다. 성공하는 국가는 소유권을 결정할 때 공정성을 요구하여 재산권을 보장하는 것과 마찬가지로 부와 소득에 세금을 부과하는 방식을 결정하는데도 동일한 공정성을 입증해야 한다. 귀족이 자신의 농노를 물리적으로 보호하는 대가로 토지세를 면제받았던 중세의 세계는 확실히 그렇지 않았다. 귀족뿐만 아니라 성직자도 면세 대열에 합류했다. 봉건제도의 과세 구조는 종종 거대한 부의 소유가 낯설지 않았던 성직자에게도, 농노를 영적으로 보호한다는 명분으로, 세금을 면제해 주었다.

비열한 거리

효과적인 재산권은 범죄로부터의 보호가 필요하다. 중세의 도시는 상상할 수도 없는 위험한 곳이었고, 살인이 사고사의 두 배에 달할 정도로 일상적인 폭력이 만연했다. 치명적인 다툼이 일상 생활의 일부였고, 장궁longbow과 공성 투석기 때문에 일자리를 잃은 기사들에게 무술 활동의 대용품을 제공한 마상시합은 종종 대량 학살로 얼룩졌다. 살인자의 1퍼센트만이 정의의 심판을 받았다. 유괴가, 특히 일자리를 잃은 기사들에게, 인기 있는 생계 수단이었다.[23]

다른 길이 있을 수 없었다. 1500년에는 정부가 책임지는 법의 집행이라는 개념 자체를 상상할 수 없었다. 런던 보비bobby(경찰관의 별칭-옮긴이)는 먼 훗날 1829년에 세계 최초의 대도시 경찰력을 탄생시킨 로버트 필Robert Peel 총리에게서 얻은 이름이다.[24] 그전에는 신중한 신사라면 자신의 격납고(검), 단검, 권총이 없이 런던의 거리로 나서는 모험을 감행하지 않았다.

도시의 성벽 바깥은 완전한 무법천지였다. 홀로 또는 떼를 지어 횡행한 노상강도가 거의 처벌되지 않았다. 십자군 전쟁, 왕조의 다툼, 또는 교황의 야망에 동원되지 않은 군인들이 주기적으로 노상강도의 수를 부풀렸다. 도시의 성벽만이 무법천지에 대한 효과적인 보호를 제공했다. 성벽에는 비용이 많이 들었기 때문에 가능한 대로 좁은 공간에 도시의 삶이 빽빽이 들어찼다. 좁고 개방된 하수도에 지나지 않았던 거리에 사람과 질병이 가득했다. 초창기 인구통계학자들은 성벽 안의 전염병으로 인한 사망률이 바깥의 두 배에 달하는 것으로 기록했다.

사람들 대부분이 작은 마을에서 살면서 인접한 작은 밭에서 일했다. 1500년이 되어서야 농부들이 늑대가 우글거리는 숲을 개간했다. 유아부터 노인까지, 대개 쟁기의 도움도 없이, 등골이 휘도록 밭일을 했다. 서기 900년까지 목줄을 채운 마소를 밭일에 부릴 여유가 있는 농부가 드물었다.

중세 시대 주거지의 불결한 상태는 상상할 수 없을 정도였다. 가장 위대한 르네상스 인본주의자인 로테르담의 에라스무스에 따르면,

> 거의 모든 바닥이 습지의 골풀을 깐 진흙이었고 때로는 침과 구토물, 개와 사람의 오줌, 맥주……생선 찌꺼기, 기타 뭔지도 모를 오물을 품고 20년 동안 방치될 정도로 개선에 신경 쓰지 않았다. 따라서 날씨가 바뀌면 건강에 대단히 해롭다고 판단되는 증기가 내뿜어진다.[25]

더러운 침대 하나에서 온 식구가 함께 잤고 굴뚝이 있는 집도 거의 없었다. 새로 지은 오두막을 제외하고 모든 벽에 그을음이 덮여 있었다. 적절한 배기시설의 부족으로 인한 주택의 화재로 수많은 마을 사람, 특히 가연성이 높은 드레스를 입고 장작불 구덩이와 난로를 돌보는 여성들이 비참하게 목숨을 잃었다.

지난 몇 단락은 비교적 형편이 좋았던 농부들의 상황을 설명한다. 더 불운한 사람들은 주거다운 주거가 거의 또는 전혀 없었다. 최저생활 수준의 근대 이전 사회에서 기근과 역병이 끊임없이 문을 두드렸다. 극심한 기근이 계속될 때 인육을 먹는 일까지 일어났다. 여행자들이 때때로 고기를 얻기 위하여 살해

되었고, 심지어 목숨을 지탱하기 위하여 교수대를 습격했다는 보고도 있었다.[26]

전염병이 정기적으로 대륙을 뒤덮었다. 가장 유명한 사례는 1347년에 제노바의 상선단이 장화처럼 생긴 이탈리아 반도의 발끝에 있는 메시나Messina에 정박했을 때였다. 선단의 선원 대부분이 나중에 흑사병으로 알려지는 이상하고 새로운 질병으로 죽었거나 죽어가고 있었다. 몇십 년 안에 흑사병은 거의 유럽인 세 사람 중에 한 사람을 죽이게 된다.

근대 이전 과학적 합리주의의 부재

오늘날 교회와 국가의 분리는, 현대와의 관련성이 학교에서의 기도나 공공의 성탄절 장식 같은 부수적 문제의 사법적 처리에 국한되는, 건국의 아버지들Founding Fathers 시대의 진기한 문구처럼 보인다. 그러나 근대 이전 시대의 유럽에서는 교회가 숨 막히는 편재자ubiquity, 즉 어디에나 있고 사실상 강제적인 중세 생활의 모체이자 법칙이었다. 현대에는 아무리 독실한 기독교인이라도 영혼과 사후 세계의 삶이 지금 이곳의 삶보다 우월하다는 교회의 고집스러운 원칙을 공유하지 않는다.[27]

교회와 국가의 관계에 대한 제퍼슨과 매디슨의 집착은 근대 이전 세계의 조직적 종교의 만연성에 기초한 것이있다. 역설적으로 교회와 국가의 분리는 초창기부터 기독교에 내재한 개념이다. 예수는 바리새인에게, "그런즉 가이사의 것은 가이사에게, 하느님의 것은 하느님께 바치라"고 말했다.[28] 하지만 그러한 분리를 실현하는 데는 시간이 걸렸다. 콘스탄티누스 대제가 개송한 이래로 국가가 신의 세속적 대리인들에게 토지와 부를 쏟아부었다. 교회는 부유해질수록 더 부패하고 고립되었다.

오늘날에는 이단, 신성모독, 공개적 속죄auto-da-fé같은 말이 풍자적 맥락에서 가장 흔하게 사용되지만, 1600년 이전의 500년 동안에는 모든 유럽인을 두려움에 떨게 한 말이었다. 홉스가 특징 지은, '고독하고 가난하고 고약하고 잔인하고 짧은' 자연 상태의 삶이 중세기의 세속적 삶에 대한 적절한 묘사다. 인간의 궁극적 보상은 오직 사후 세계에서만 이루어졌다. 종교 지도자의 불쾌감을 유발하는 사람은 맹렬하게 타오르는 장작더미에 묶일 수도 있었지만, 그런 형벌도 다양한 종교재판이 연출해내는 끔찍한 죽음에 비하면 빛을 잃었다. 가장 악명 높은 고문 도구는 희생자의 몸에 수백 개의 창을 서서히 밀어 넣는 장치인 늙은 철제 하녀old iron maid였다. 이 고문을 당한 사람은 피투성이가 되어 간신히 살아있는 상태로 칼날이 회전하는 구덩이로 던져졌다.[29] 그렇지만 가장 고통스럽게 삶을 마감하는 것조차도 영원한 지옥 불에 던져지는 두려움보다는 선호되었다.

어떤 종류의 범죄가 그토록 끔찍한 운명을 촉발할 수 있었을까? 교회의 권위와 신념, 그리고 가장 중요하게, 부에 의문을 제기하는 것을 포함하여 교회의 권력에 도전하거나 교회를 불쾌하게 하는 거의 모든 행위였다. 위반의 내용은 놀라울 정도로 편향될 수 있었다. 예를 들어, 오늘날에는 라틴어 이름 코페르니쿠스로 더 잘 알려진 폴란드의 천문학자 미콜라이 코페르니크Mikolaj Kpoernik는 지구가 사실은 우주의 중심이 아니라 태양의 주위를 도는 천체라고 추론했다. 당시에는 이단적인 견해라도 학자들의 보편적 언어인 라틴어로 출간되는 한 어느 정도 허용되었다. 교회, 왕실, 상인 엘리트의 지배계층 밖에서는 이 고대의 언어를 이해하는 사람이 거의 없었기 때문에 그러한 논쟁이 농민에까지 도달하지 않았다. 바티칸은 현명하게 라틴어 혹은 토착어의 선을 넘지 않은 코페르니쿠스의 행위를 용인했다. 그러나 에라스무스와 토머스 모어를 비롯하여 당시의 가장 계몽된 학자들까지도 그의 새로운 우주론을 비판했다. 흥미롭게도 코페르니쿠스는 마르틴 루터를 포함한 종교개혁의 지도자들이 그의 머리를 요구한 알프스 북쪽에서 덜 환영받았다.

이탈리아의 철학자 조르다노 브루노Giordano Bruno가 어리석게도 코페르니쿠스 시스템에 대한 지지를 포함하여 여러 이단적 견해를 옹호하는 모국어로 쓰인 소책자를 유포했을 때 바티칸의 종교재판은 그를 화형대에서 태워 죽였다. 이후 수십 년 동안 교회는 태양중심설을 옹호하는 승산 없는 싸움을 벌였고, 마침내 지구중심설의 가장 권위있는 지지자 갈릴레오를 종교재판에 회부하게 된다. 고문 도구와 마주한 갈릴레오는 수상을 철회했다.

중세 후기에 교회는 스탈린, 히틀러, 또는 폴 포트도 부러워할 만한 절대적인 이념적ideological 권력을 보유했다. 격언이 말하듯이 모든 권력은 부패하기 마련이고 절대 권력은 절대적으로 부패한다. 1500년에는 교회의 핵심에 있는 약점이 가장 독실한 신자에게도 명백했다. 뇌물 수수, 성직 매매, 갈취가 성직생활의 표어가 되었다. 부패는 추기경의 모자에서 순례자의 유물까지 교회에 속한 모든 것을 팔았던 아비뇽 유수Avignon papacy(14세기에 교황청이 로마에서 아비뇽으로 옮겨져 약 60년 동안 머무르게 된 사건-옮긴이) 시절에 절정에 달했다.[30] 주교와 추기경들이 십일조와 면죄부(교회에서 구입한 죄에 대한 용서) 판매로 엄청난 재산을 긁어모았다. 1316년부터 1334년까지 교황관을 썼던 요한 22세 교황이 보여준 금 의상과 모피에 대한 욕구는 전설적일 정도였다. 귀족 가문이 어린아이들을 위하여 사제직을 사들였고 20세의 대주교도 등장했다.[31] 1342~1343년에 교황이 부여한 624건의 법적 면책권 중에 484건이 성직자의 자손에게 부여되었다. 16세기 영국의 일부 지역에서는 전체 성범죄의 거의 1/4에 대하여 성직자가 기소되었는데, 이는 인구 대비 성직자 비율의 10배에 달하는 기소율이었다.

교회의 부패에 대한 저항이, 비교적 조용하고 산발적이었지만, 특히 14세기의 전염병 발발에 이어진 종말론적 분위기에서 서서히 성장했다. 대중적 반문화운동인 베가드Behgards는 성직자가 없이 구원으로 가는 길, 귀족과 교회의 재산에 대한 권리, 자유로운 사랑을 주장했다. 교회도 지배계급도 운동의 구성원들을 곱게 보지 않았고 많은 사람이 화형에 처해졌다. 당시에 가장 인기 있었던 시 「농부 피어스의 꿈Piers the Plowman」은 성직자에게 중요한 지위를 부여하면서 중세기 인간의 실패에 대한 목록을 제공한다.

교회의 지배에 대한 저항의 피난처를 영국과 로마의 오랜 불화에서 찾아낸 14세기 옥스퍼드의 탁월한 신학자 존 위클리프John Wyclif에 의하여 더욱 견고한 저항의 기반이 마련되었다. 마르틴 루터의 직접적인 지적 조상으로서 그는, 바바라 터크먼의 표현을 빌리자면, 「시민 정부에 관하여On Civil Government」라는 논문으로 비유적으로 자신의 주장을 벽에 못 박았다. 그의 글은 교회의 재산을 몰수하고 성직자를 정부에서 배제할 것을 제안했다. 위클리프는 결국 베가드와 마찬가지로 성변화transubstantiation의 교리와 사제직 자체의 필요성을 부인했다. 이러한 행동은 그의 여러 이단을 공격한 영국인이나 로마 성직자들의 환심을 사지 못했다.

위클리프는 또한 성경을 모국어로 번역했다. 다행히도 구텐베르크 이전 시대에 살았기 때문에 그의 범죄가 인쇄기를 통해서 확대되지는 않았다. 1381년에 발리올 칼리지Balliol College가 학장인 그에게 추방이라는 비교적 가벼운 제재를 가했다. 그렇게 함으로써 옥스퍼드는 스스로 위클리프보다 더 심한 피해를 초래했다. 대학이 2세기 동안의 쇠퇴기로 들어선 반면에, 매우 유능한 설교자 위클리프는 3년 뒤에 자연사할 때까지 영향력을 유지했다.[32] 그가 추방된 후에 추종자들, 이른바 롤라드Rollards는 지하로 들어갔다. 그리하여 영국의 오랜 청교도/저항자의 전통이 시작되었다.

틴들 사건Tyndale Affairs은 위클리프의 영어 성경에 구텐베르크 이후의 북엔드bookend를 제공했다. 1457년에 마인츠의 요하네스 구텐베르크가 인쇄기를 발명함에 따라 독일에서 이단자들의 목소리가 대대적으로 증폭되었다. 케임브리지와 옥스퍼드의 고전학자 윌리엄 틴들은 처음에 교회에 대한 왕권의 우월성에 관한 견해로 헨리 8세를 기쁘게 했다. 1525년에 틴들은 위클리프(그리고 그들 이전의 수많은 장난꾸러기 수도사들)와 마찬가지로 신약 성경을 영어로 번역했다. 위클리프와 틴들 사이의 한 세기반 동안에 모든 것을 바꿔놓은 인쇄기가 틴들의 이단을 1000배로 확대했다. 성직자들은 이제 교육받지 못한 농부도 성경을 읽고 토론할 수 있다는 생각 자체를 혐오했다. 그들이 인구의 90퍼센트에게 기대한 것은 문맹 상태와 맹목적 복종이었다.

틴들의 모국 영국의 출판업자들은 원고에 손을 대려 하지 않았다. 그는 독일로 달아났고, 그의 성경은 쾰른에서 거의 인쇄될 뻔했다가 지역의 성직자들에게 발각되었다. 마침내 신교도의 거점인 보름스Worms에서 인쇄에 성공한 틴들이 영국으로 보낸 성경 6000부가 불티나게 팔려나갔다. 당시에는 독실했던 헨리 8세의 주장에 따라 대륙의 성직자들이 틴들을 16개월간

투옥하고 이단 혐의로 재판한 다음에 공개 교수형에 처했다. 단지 성경을 출판했기 때문에. 영어로. (이때는 아라곤의 캐서린과의 결혼이 무효가 되면서 헨리 8세가 교회와 결별하기 전이었다.)

위클리프의 성경은 175부가 오늘날까지 남아있으므로 적어도 수백 부가 제작되었을 것이 분명하다. 성경 한 부를 소유하는 것만으로도 이단으로 처벌되기에 충분했다. 여러 부를 필사하는 사람은 화형을 당할 수도 있었지만, 손으로 베껴 쓰는 작업이었기 때문에 공개적 속죄의 가능성이 비교적 낮았다. 틴들의 인쇄기 사용은 양쪽 모두의 판돈을 높였다. 인쇄술을 이용한 이단자들이 비유적으로나 문자적으로나 불장난을 하고 있었다.[33]

마침내 구텐베르크 인쇄기를 교회의 권위를 무너뜨리기 위한 파성퇴battering ram로 사용한 마르틴 루터가 교회의 권위를, 부패는 덜할지 몰라도 그에 못지않게 혐오스러운, 폭정으로 대체했다. 이러한 프로테스탄트Protestant 열정의 전형을 제네바에서의 장 칼뱅John Calvin의 역할에서 볼 수 있다. 순회선교사 기욤 파렐Guillaume Farel은 망명 중인 목사를 호반의 새로운 신교도 도시로 초청했다. 장 칼뱅은 현대 사학자들이 흔히 표현하는 것처럼 도시의 독재자가 아니었다. 대신에 그는 단지 대부분 평신도로 구성되어 공화국의 도덕성을 수호하는 임무를 맡은 위원회Consistory의 수장으로 일했을 뿐이었다. (실제로 제네바는 칼뱅이 사망하기 5년 전까지 그에게 시민권조차 부여하지 않았다.) 칼뱅이 이끈 16년 동안에 위원회가 89명을 사형에 처했는데 대부분 마법에 대한 혐의였다. 이는 당시의 기준으로 이례적인 숫자가 아니었다. 이웃한 가톨릭 국가들은 훨씬 더 많은 이단자를 끔찍할 정도로 잔인한 고문을 가한 뒤에 처형하는 것이 보통이었다. 그에 반해서 제네바의 당국자들은 대체로 잔인한 고문을 삼갔다. 아마도 그 시대의 가장 유명한 사법 사건은 삼위일체와 아기의 탄생을 부정한 이단자 미카엘 세르베투스Michael Servetus에 대한 제네바의 1553년 재판과 처형일 것이다. 제네바에서 재판을 받기를 원하는지 프랑스에서 받기를 원하는지를 물었을 때 그는 무릎을 꿇고 제네바의 정의를 간청했다.

칼뱅과 그의 위원회가 만들어낸 것은 보모국가nanny state의 전근대적 버전이었다. 좀생이micromanager라는 용어가 잘 어울리는 이 즐거운 그룹에는 너무 작은 문제라는 것이 없었다. 1562년에 그들은 프랑수아 드 보니바르François de Bonivard라는 최근에 홀아비가 된 노인에게 훨씬 더 젊은 여성과 결혼할 것을 강요했다. 새로운 아내가 필연적으로 젊은 남자의 애정을 구했을 때, 도시는 그녀의 애인을 참수하고 그녀를 물에 빠뜨려 죽였다. 신교도 신앙을 적절하게 설명하지 못하는 노인 다섯 사람을 발견한 일도 있었다. 위원회는 그들에게 다음번 공개 성찬식 전에 가정교사를 고용하고 교리문답을 시연할 것을 명령했다.[34]

정부의 권력이 국왕과 의회로 분할되고 사법부가 개인의 자유, 법의 지배, 재산권을 보장하기 전부터 하느님과 가이사는 산산조각이 나야 했다. 이념적 열정으로 촉발된 종교전쟁—구교도 대 신교도, 신교도 대 신교도-은 거의 200년 동안 유럽 전역을 불태웠다. 이러한 갈등이 참여자들을 지치게 하고 약화시켜서 독립적인 세속정부와 보다 관용적인 계몽주의의 메시지를 위한 길을 열었다.

근대 이전 효율적 자본시장의 부재

현대의 사업가들은 손쉽게 이용할 수 있는 다른 사람의 돈-자본-을 당연하게 여긴다. 오늘날 가장 평판이 좋은 대기업은 채권시장에서 연리 5퍼센트 정도로 경영 개선과 기업 확장을 위한 장기 대출을 받을 수 있고, 담보가 확실한 소기업도 약간의 이자만 추가하면 된다.

5000년 전에 돈이 처음으로 등장하기 전에도 인간은 빌려주고 빌렸다. 수천 년 동안, 빌려준 곡물과 가축에 이자가 붙었다. 겨울에 빌린 곡식 자루나 송아지를 수확기에 두 배로 갚아야 했다. 이러한 관행은 저개발 사회에서 여전히 널리 퍼져있다.

고대 신용시장의 역사는 광범위하고 깊다. 비옥한 초승달-수메르, 바빌론, 아시리아-지대의 초기 역사기록에서 많은 부분이 돈을 빌려주는 일에 관한 기록이다. 함무라비의 유명한 바빌로니아 법전-최초로 알려진 포괄적 법전-도 상업적 거래를 다뤘다. 몇 가지 작은 예를 들면 충분할 것이다. 기원전 3000년부터 1900년까지 수메르에서 보리를 빌려주는 통상적 금리는 33퍼센트, 은을 빌려주는 금리는 20퍼센트였다. 두 금리의 차이는 보리를 빌려주는 것이 은을 빌려주는 것보다 위험하다는 사실을 반영했는데, 후자는 소비되거나 부패할 수 없고 은 수확silver crop이 흉작일 수도 없기 때문이었다.[35]

그런 금리는 장기적 프로젝트의 엄두도 내지 못할 정도로 높은 이자율이다. 연 20퍼센트의 이자율이면 4년도 안 되어 빚진 돈이 두 배가 된다. 분별 있는 사업가나 기업이라면 그렇게 엄청난 미래의 부담을 지면서, 대규모의 상업적 시도가 대부분 그렇듯이, 5년 또는 10년 동안 수익을 내지 못할 프로젝트에 자금을 대려고 돈을 빌리지 않을 것이다.

경제사학자 리처드 실라Richard Sylla에 따르면 이자율이 사회의 건전성을 정확하게 반영한다. 시간의 경과에 따른 이자율 도표는 사실상 사회의 열 곡선fever curve이다. 불확실한 시기에는 공공의 안전성과 신뢰감이 떨어지기 때문에 이자율이 상승한다. 광범위한 역사를 살펴보면 고대의 모든 주요 문명에서 U자형 금리 패턴이 나타났다. 역사의 초기에는 이자율이 높았고 문명이 성숙하고 안정되면서 서서히 낮아졌다. 이는 발전의 정점에서의 낮은 성장률로 이어졌고 마침내 문명이 쇠퇴함에 따라 이자율이 다시 상승했다. 예를 들어 서기 1세기와 2세기 로마 제국의 절정기에는 이자율이 4퍼센트 정도로 낮았다. 이러한 과정은 장기적·평균적으로만 유지되고 단기적 변동이 심하다. 1세기와 2세기에 팍스 로마나Pax Romana가 절정에 달했을 때도 위기가 닥쳤을 때는 단기적으로 이자율이 12퍼센트까지 치솟았다.

로마의 몰락(전통적으로 서기 476년으로 보는) 이후에 제국의 이자율이 급상승했다. 약 2세기 후에 서구의 상업 활동은 무함마드의 헤지라Hejira(무함마드가 박해를 피하여 메카에서 메디나로 이주한 사건-옮긴이)와 이베리아반도 대부분을 장악한 아랍제국의 부상으로 또 한 차례 엄청난 충격을 받았다. 지브롤터 해협의 통제권을 확보한 아랍인들이 지중해 무역을 실질적으로 차단했다.

이자율의 역사적 흔적은 로마시대 후기에 홀연히 사라졌다가 거의 1000년이 지난 뒤에야 영국에서 다시 나타난다. 12세기 영국에는 40퍼센트를 훨씬 넘는 이자율의 기록이 있고, 이탈리아에서도 같은 세기 후반의 평균적 이자율이 약 20퍼센트였다. 보다 합리적인 미래를 예고하는 최초의 희미한 빛은 일찍이 1200년경에 이자율이 8퍼센트까지 떨어진 네덜란드에서 나타난다.

그렇게 높은 이자율은 자본시장의 실질적 부재를 의미했고, 수 세기 동안 벗어날 수 없는 상업적·경제적 구속복이 되었다. 종교적 교리가 지적 진보의 목을 조른 것과 마찬가지로 자본시장의 부재가 일상적 상업 활동을 절름발이로 만들었다. 금전 대출에 대한 기독교의 금지도 도움이 되지 않았다. 금지의 기원은 출애굽기 22장 25절로 시작하는 성경 구절이었다. "네가 만일

너와 함께한 내 백성 중에서 가난한 자에게 돈을 꾸어 주면 너는 그에게 고리대금업자 행세를 하지 말 것이다." 성 아우구스티누스는 "상업 활동 자체가 사악하다"고 생각했고, 성 히에로니무스는 "상인이 신을 기쁘게 하는 일이 극히 드물다"는 견해를 밝혔다.[36]

최초로 조직된 종교회의인 서기 325년의 니케아 공의회 Council of Nicaea가 성직자의 금전 대출을 금지했고 850년에는 교회가 평신도 대금업자를 파문하기 시작했는데, 유럽의 침체한 상업 시장에는 애당초 대금업의 수요가 그리 크지 않았다.

대금업에 대한 규제가 서서히 강화되었다. 1139년의 제2차 라테란 공의회 Lateran Council는 담보 대출까지도 고리대금이라고 선언했다. 레닌과 마르크스 시대 이전까지 비할 데가 없었던 교회의 반자본주의적 열정은 성 토마스 아퀴나스가 대규모 상업 활동이 본질적으로 죄악이라는 아리스토텔레스의 관념을 되살린 13세기 중반에 절정에 달했다.*

대부업은 마약이나 알코올의 소비만큼이나 인간 레퍼토리의 일부이고 법으로 없애기가 어렵다. 반 고리대금의 열풍이 절정에 달했을 때도 중세의 거리에 전당포가 늘어서 있었다. 네덜란드는 실제로 지배 계층에 정기적으로 자본을 공급하는 대부

---

* '아리스토텔레스는 농장이나 가내 소기업은 명예롭다고 생각했지만, 소매업과 대금업을 모두 비난했다. 『정치학(Politics)』, III, 23 참조.

업자에게 면허를 내주었다. 그러나 1571년의 제5차 라테란 공의회가 고리대금 금지를 해제하기까지는 투자자들이 활발한 상업 활동을 뒷받침할 수 없었다.[37]

근대 이전 효율적인 운송과 통신의 부재

제국이 멸망한 후 천 년 동안 퇴락해가는 로마의 도로는 여전히 유럽 최고의 고속도로였다. 역사학자 로렌스 패커드Laurence Packard에 따르면

> 중세 시대 사람들은 꼼짝도 하지 않았다. 십자군 전쟁이 일어날 때까지 여행이라는 것이 거의 없었다. 아주 가까운 지역 너머의 지리에 대한 심각한 무지가 낯선 지역과 낯선 사람들에 대하여 미신이 될 정도의 두려움을 불러일으켰다. 강도, 해적, 열악한 도로(또는 도로가 전혀 없음), 부서진 다리(또는 다리가 전혀 없음) 같은 실제적 위험이 상업 활동을 저해하는 매우 효과적인 장애물을 제공했다. 게다가 봉건 영주들이 징수하는 통행료로 인하여 상품의 비용이 대폭 늘어나는 바람에 곡물이 풍족한 지역에서 부족한 지역으로 운반될 수 없었다. 비용이 이윤을 먹어치우거나 굶주린 사람들이 감당할 수 없을 정도로 가격이 상승했기 때문이다.[38]

패커드가 지적한 것처럼 기계적 운송 수단의 부족은 문제의 일부에 불과했다. 경제사학자 엘리 헤크셔Eli Heckscher에 따르면, 중세 시대에 상업 활동의 가장 큰 장애물은 통행료였다. 오늘날 통행료toll라는 단어는 개선된 도로를 이용하는 요금이나 국경의 관세를 상기시킨다. 그러나 1800년 이전의 통행료는 뻔뻔스러울 정도로 임의적이었고, 배가 다닐 수 있는 강이나 통행이 가능한 고개처럼 상인들이 피해갈 수 없는 중요한 병목 지점에 요금소를 설치한 수많은 지역 통치자의 주요 수입원이었다.[39]

북유럽에 도로가 없었던 것은 양날의 검이었다. 한편으로는 도로의 부재가 독일의 대부분 지역과 스칸디나비아를 로마의 영구적 정복으로부터 보호했다. 반면에 이렇게 열악한 교통 상황은 알프스 이북, 특히 스칸디나비아에서 모든 상업 활동의 목을 졸랐다. 로마의 몰락 이후 천 년 동안 뉴스와 상품이 당시의 조악한 범선의 속도로 이동했고, 베네치아에서 콘스탄티노플까지 가는 데 5주가 걸렸다. 내륙의 목적지로 가는 교통은 더 느리고 효율이 떨어져서 베네치아에서 런던까지 육로로 이동하는데 4주가 걸렸다. 농민의 대부분은 평생 동안 자신이 태어난 마을을 떠나지 않았다. 가장 튼튼하고 운이 좋은 사람만이 긴 바다 항해에서 살아남을 수 있었고 가장 부유한 사람만이 긴 육로 여행에 필요한 말의 공급을 감당할 수 있었다. 20세기 초에 포드 모델 T 자동차가 등장할 때까지 미국인의 압도적 다수가 출생지에서 20마일 이내에 살다가 죽었다.

1800년 이전에는 적절한 운송 수단의 결핍이 단지 상업 활동을 위협하는 것뿐만 아니라 그 자체로 치명적이었다. 식량이 남는 지역에서 모자라는 지역으로 쉽게 운송될 수 있는 현대 사회에서는 농작물의 흉작으로 인한 대규모 기아가 발생하는 일이 드물다. 그에 반해서 중세 시대에는 옆 계곡의 이웃 마을이 번영하는 동안에 재앙을 겪는 마을이 있을 수 있었다. 특히 강이나 해상 운송에 유리한 조건을 갖추지 못한 지역에서 그런 일이 일어났다. (20세기에는 공산주의 국가들이 정상적인 시장과 운송의 메커니즘에 개입함으로써 역사상 가장 성공적인 대규모 기아의 공급자가 되었다.)

비용, 위험성, 불편함, 그리고 무엇보다도 증기기관이 등장하기 전의 고통스러울 정도로 느린 여행 속도는 현대의 감성으로 실감하기 어려운 것이었다. 19세기 중반까지도 대륙의 대량 수송은 하루에 20마일을 가면 다행이었다. 상품이 파리에서 리옹까지 290마일 이동하는데 일반적으로 거의 6주가 걸렸다. 하루에 10마일도 안 되는 속도였다. 그 두 배의 속도로 여행할 수 있는 마차 승객은 운이 좋은 셈이었다.

여행에 드는 경비도 엄청났다. 1820년에 뉴욕에서 오하이오 서부-당시 문명의 변경-로 가는 마차 요금이 두 달 치 임금에 해당하는 80달러였다. 영국에서는 60마일의 여행에 약 1주일 치 임금인 1파운드의 비용이 들었다. (마차 옆에 매달려갈 용의가 있는 여행자는 요금의 거의 절반을 절약할 수 있었다.) 가장 부유한 사람들만이 4두 마차를 부릴 여유가 있었다.

여행의 주된 비용에는 장거리 여행에서 반복적으로 말을 교체해야 하는 비용이 포함되었다. 마지막으로 붐비는 도시에 말, 소, 노새의 수가 늘어나면서 오랫동안 잊고 지냈던 미관과 위생의 문제가 발생했다.

근대 이전 시대의 교통 안전은 더욱 심각한 문제였다. 18세기 중반까지 영국에서 노상강도가 사라지지 않았고, 대륙에서는 19세기까지도 마차 강도 사건이 놀라운 빈도로 일어났다. 이탈리아를 여행한 영국인들은 1817년까지도 마차 승객이 살해되고 옷이 벗겨지고 마차 안에서 불태워지는 일이 빈번하게 일어났다고 보고했다. 좀도둑의 위협이 끊임없는 걱정거리로 떠올랐고 마차 사고도 놀라울 만큼 흔했다. 1829년에 뉴욕시와 신시내티 사이의 한 마차 여행자는 거친 통나무 도로corduroy roads에서 일어난 적어도 아홉 건의 전복 사고를 기록했다. 교통 사고로 인한 사망이 일상적인 일이었다.

마차와 범선을 이용한 장거리 여행의 불편함이 가장 튼튼한 여행자에게도 무거운 부담을 지웠다. 영국의 화가 J. M. W. 터너는 1829년의 이탈리아 여행을 다음과 같이 기록했다.

폴리뇨Foligno에서 눈이 내리기 시작했다. 무게를 못 이긴 마차가 사방팔방으로 미끄러졌다. 나는 곧 흠뻑 젖었고, 사레-발리Sarre-Balli에서 도랑으로 미끄러진 마차를 끌어내는데 3마일 밖에서 불러온 소 여섯 마리가 필요했다. 여기에 네 시간이 걸려서 마체르타Macerta까지 가는 데 열 시간이 지체되었다. 그래서 우리는 반쯤 굶주리고 얼어붙은 채로 마침내 볼로냐에 도착했다. 하지만 거기서 우리의 문제가 줄어드는 대신에 시작되었다. 썰매를 타고 몽 세니Mont Cenis를 통과한 우리는 몽 타라트Mon Tarrat에서 마차를 바로 세우고 끌어내는 동안 눈 속에서 모닥불을 피워놓고 세 시간 동안 야영했다. 그날 밤에 우리는 다시 무릎까지 쌓인 눈 속에서 걷게 되었다.[40]

기록된 역사의 시작부터 사람, 상품, 정보가 말이나 배의 속도보다 빠르게 이동하지 못했고 그런 상황이 근대의 여명기까지 계속되었다. 1800년대 중반에 증기기관이 선박과 철도 기관차에 사용되고 강력한 국민정부에 의하여 통행료 요금소가 사라짐으로써 경제성장에 필요한 네 가지 요소 중 마지막 요소가 갖추어졌다. 철도, 증기선, 전신의 발전이 근대 이전 시대의 가장 낙관적인 몽상가의 열광적 상상을 넘어서는 번영에 불을 붙였다.

토지, 노동, 자본

1500년 이전에는 평균적인 인간의 웰빙이 정체되어 있었다. 지금쯤은 그 침체의 근원이 명백해져야 한다. 우선 무엇보다도 부의 창출에 따르는 인센티브가 없었다. 봉건 귀족, 국가, 교회, 또는 일반 범죄자의 약탈로부터 안전하지 않았기 때문이다. 둘째로 어떤 유럽인도 감히 창의적이나 과학적으로 생각하려 하지 않았다. 독창적인 아이디어의 창조자가 종종 이 세상과 다음 세상에서 비난을 받고 잊혀졌기 때문이다. 셋째로 부를 창출하는 발명과 서비스를 구상하더라도 개발에 필요한 자본을 구할 수 없었다. 마지막으로 그런 발명품이 대량 생산되더라도 발명가가 자신의 제품을 광고하고 멀리 떨어진 도시의 소비자에게 저렴하게 운송할 수 없었다.

전통적으로 경제학자들은 부의 생산을 토지, 노동, 자본의 세 가지 '투입물$_{inputs}$'로 분해한다. 그들은 이러한 고전적 입력이 거동하고 상호작용하는 방식의 이해가 세계적 번영의 역사적 뿌리를 드러낸다고 믿는다. 농장, 공장, 또는 인공위성 네트워크를 건설하기 위해서는 세 가지가 모두 필요하다. 각 요소가 얼마나 생산적인지가 부자와 파산자를 가른다.

당신이 기업가라면 중요한 것은 평균적인 토지, 고용인, 대출의 생산성이 아니라 한계 토지, 고용인, 대출의 생산성이다. '한계$_{marginal}$'라는 용어는 지금 당신에게 가용한 토지, 노동, 또는 자본을 말한다. 좋은 땅에는 모두 임자가 있고 토질이 나쁜 땅만 가용한 농업 지역에서 농장을 계획하는 것은 별로 좋은 생각이 아니다. 또는 숙련된 노동력 풀$_{pool}$이 있지만 최고의 노동자들이 이미 만족스럽게 고용되어있는 지역에 섬유공장을 짓거나 기존의 주택담보대출 금리는 낮지만 신규 대출의 금리가 상승한 곳에서 아파트 단지를 계획하는 것도 마찬가지다.

세 가지 고전적 투입물 중에 한계 토지의 생산성이 가장 낮다. 어느 시점에서든 가장 생산성이 높은 토지는 이미 경작 중이므로 질이 낮은 토지만이 손쉽게 구매와 개발에 이용될 수 있다. 새로운 농장은 거의 절대적으로 기존의 농장만큼 생산적이지 않다. 따라서 농업경제에 투자를 늘리는 것은 지는 게임이다. 농사에는 수확 체감의 법칙이 확실하게 적용된다.[*] 반면에 한계 노동은 토지보다 낮게 생산성을 유지하는 경향이 있다. 훈련이 가능한 노동력이 존재하는 한 더 많은 공장에 대한 후속 투자가 원래 투자만큼이나 생산적이어야 한다. 점점 더 많은 노동력을 고용하면 규모의 경제economics of scale에 따르는 혜택을 본다. 노동자 1인 기준으로 100명을 훈련하는 것이 10명을 훈련하는 것보다 저렴하다. 더욱이 한계 노동에는 '학습 곡선learning curve'이라는 축복이 있다. 창의적인 노동자와 감독자가 끊임없이 더 나은 훈련 및 작업 절차를 고안해냄에 따라 더 효율적인 인력이 된다. 따라서 한계 노동은 종종 후속되는 고용이 이루어질 때마다 더욱 생산적이 된다. 현대의 용어로 말하자면 노동집약적 산업 경제는 '확장성이 있는scalable'(규모와 산출물이

---

[*]   모든 유용한 일반화의 미진기지로 예외가 있다. 10세기와 19세기에 미국이 서부로 확장되던 시대에는 광대한 양질의 한계 토지가 생산에 투입되었다.

급속하게 늘어날 수 있다는 의미) 반면에 농업 경제는 그렇지 않다. 산업 경제는 쉽게 성장하고 농업 경제는 성장이 이루어지더라도 큰 어려움이 수반된다.

마지막으로 자본과 그 밑바탕이 되는 통신 기술은 투자가 늘어남에 따라 생산성이 향상된다. 자본시장이 '임계 질량critical mass'에 도달하여 효율성이 극적으로 개선되는 시점이 온다.[41] 전화, 신용카드, 인터넷, 그리고 가장 악명높은 윈도스 컴퓨터 운영체제가 그런 경우였다. 모두가 생활 필수품이 될 정도로 널리 보급되었다.

자본시장 자체도 같은 방식으로 작동한다. 국가의 저축이 매트리스나 마루판 아래에 숨겨지거나 비효율적인 은행 시스템에 예금된다면 별로 소용이 없을 것이다. 은행 시스템에 대한 불신이 우량한 기업에 거대한 부가 축적되는 것을 방해했던 산업화 초기의 프랑스가 그랬다. 시장은 특정 품목의 모든 판매자와 구매자가 동시에 같은 장소에 모여 있을 때 가장 잘 작동한다. 그런 상황에서는 품목의 '가격 결정'이 매우 '효율적'이다. 다시 말해서 모든 사람이 거의 동일한 가격으로 사고팔게 된다. 가장 쉽게 이해할 수 있는 예를 암표 거래에서 볼 수 있다. 국가가 암표 금지법을 엄격하게 시행하면 암표상과 고객의 거래가 여러 곳에서 은밀하게 이루어지고 결과적으로 티켓 가격이 매우 다양해질 것이다. 게다가 암표상이 거의 언제나 구매자보다 나은 정보를 가지고 있으므로 가격이 높아지는 경향이 있다. 그런 시장은 '비효율적'이라 할 수 있다. 계몽된 사회는 정해진 시간과 장소에, 일반적으로 경기 시작 직전에 정문 바로 바깥에서, 암표 거래가 허용되면 가격이 낮고 균일해진다는 사실을 발견했다. 이유는 분명하다. 티켓 판매를 짧은 시간과 작은 영역으로 제한하면 판매자와 구매자 모두에게 정보의 흐름이 최대화되어 암표상의 자연스러운 이점이 사라진다. 시장 효율성의 성배는 특정 품목의 전 세계 모든 판매자와 구매자를 정확히 같은 시간과 장소, 다시 말해서 이베이eBay에 모아 놓는 것이다.

금융시장도 같은 방식으로 작동한다. 다수의 자본 구매자와 판매자를 뉴욕 증권거래소 같은 장소에 모을 수 있으면 더 저렴하고 신뢰할 수 있는 자본의 생산성이 향상된다. 최근에 뉴욕 증권거래소에 도입된 장외 거래after-hours trading는 곧 거래량이 훨씬 더 많은 정규 시간의 거래보다 훨씬 효율이 떨어짐이 분명해졌다.

다시 말해서 금융 활동이 증가함에 따라 이자율이 떨어지고 안정화된다. 정부 역시 자본의 비용과 공급에 대한 불확실성을 제거함으로써 투자가 이루어지는 과정에서 중심적 역할을 한다. 또는 클린턴 대통령이 1993년에 앨런 그린스펀에게 물었던 것처럼, "프로그램의 성공과 나의 재선이 연준Federal Reserve과 빌어먹을 채권 중개인들에게 달려있다는 말입니까?"[42] 그렇습니다, 대통령 각하. 1996년에 재선된 빌 클린턴의 압도적 승리는 그린스펀의 통화 정책이 성공한 데 힘입은 바가 작지 않았다.

운송 분야도 상황은 동일하다. 작은 배에 소량의 화물을 실어 보내는 것보다 큰 배에 대량의 화물을 실어 보내는 것이 더 효율적이다. 통신도 마찬가지다. 대량의 트래픽traffic을 전송하는 메신저나 전신 서비스는 덜 바쁜 서비스보다 더 저렴하게 서비스를 제공할 것이다. 그런 비즈니스는 확장성이 매우 크다. 궁극적으로 생산성이 확장될 수 있는 산업은 소프트웨어다. 개발 비용을 부담하고 나면, 특히 전자적으로 유통할 때, 소프트웨어의 유통과 판매에는 사실상 비용이 들지 않는다. 따라서 현대적 통신 기술로 뒷받침되고 참여자의 증가에 따라 혜택을 보는 한계 자본의 생산성이 세 가지 전통적 요소 중에 가장 높다. 한계 노동의 생산성은 자본보다 떨어지고 한계 토지의 생산성은 셋 중에 가장 낮다.

지식: 네 번째 투입물

수십 년 전에 서구의 부와 생산성의 급속하고 지속적인 증가가 점점 더 분명해짐에 따라 경제학자들은 토지, 노동, 자본의 생산성에 기초하여 경제적 산출물을 설명하려는 고전적 3요소 모델이 이런 행복한 상황을 적절하게 설명하지 못한다는 것을 깨달았다. 경제학자 폴 로머Paul Romer는 특정 시점에서 과학과 기술의 지식 자체가 성장의 중요한 요소가 된다고 제안했다. 그는 사회가 지식의 '외부효과_externality'-모든 제조업체가 업계 선두 기업의 모범 사례를 신속하게 채택하는 것-로 혜택을 받고 더 많은 지식이 축적됨에 따라, 자본시장에서 한계 생산성이 증가하는 것과 마찬가지로, 지식의 한계 생산성이 성장한다고 지적했다.[43] 로머의 세계에서는 경제성장이 인간의 상상력에 의해서만 제한되고, 세계에서 산업화를 이룬 국가들의 역사적 실질 성장률 2퍼센트로 제한되어야 할 이유가 없다.

1단계: 수렵-채집 사회

네 가지 투입물(토지, 노동, 자본 및 지식)이 인류 역사에서 어떻게 작용해왔는지를 생각해보자. 매우 넓은 의미에서 경제사학자들은 인류의 역사를 수렵-채집, 농업, 산업, 그리고 후기산업의 네 단계로 구분한다. 이러한 4단계 패러다임은 물론 지나치게 단순화된 것이다. 예를 들어 오늘날의 브라질에서는 상당수 사람이 네 가지 범주 각각에 관여한다. 세계에서 가장 선진적인 국가에서도 마지막 세 단계 모두가 여전히 매우 중요하다.

그러나 우리가 지구상에서 살아온 시간의 99퍼센트를 넘는 기간에 인간은 오로지 수렵-채집인으로만 존재했다. 수렵과 채집이라는 엄청나게 토지집약적인 활동은 제곱마일당 약 한 명의 거주자만을 지원한다. 게다가 유목 생활을 하는 수렵-채집인은 지역의 식용 동식물을 빠르게 고갈시키면서 끊임없이 이동한다. 그들은 최소한의 물리적 소유만을 유지하고 고정된 주거를 포기한다.[44]

네 가지 경제적 투입물 중에 수렵-채집인이 가장 크게 의존하는 토지와 노동의 생산성은 일정하게 유지된다. 부족민이 수천 제곱마일에 걸친 활동 영역에서 동물이나 산딸기의 수를 늘리는 것은 불가능하다. 노동의 생산성 역시 수렵-채집 방식의 개선이 아주 드물게 이루어지면서 비슷하게 제한된다. 노동량(수렵인과 채집인의 수)을 늘리면 일시적으로 주어진 토지의 생산(산딸기와 들소로 측정되는)이 증가할 수 있지만, 지역의 자원이 빠르게 고갈되면 생산량도 급격히 감소할 것이다.

수렵-채집인 사회에는 자본이 필요 없다. 경제의 측면에서 그런 사회는 경제적 불구다. 네 가지 투입 요소 중 생산성이 가장 낮은 토지에 의존하고 노동력의 개선이 있더라도 매우 더디게 이루어지기 때문이다. 마지막으로 수렵-채집 사회에서는 지식이 축적되는 속도 역시 빙하의 움직임처럼 느리다. 수렵-채집 기술의 발전이 수천 년 단위로 측정되는 오랜 시간에 걸쳐서 이루어지므로 성장률의 계산이 무의미하게 된다.

2단계: 농업 사회

약 1만 2000년 전에 인간이 처음으로 비옥한 초승달 지대에 정착하여 농사를 짓기 시작했다. 농업은 수렵과 채집보다 생산성이 훨씬 높아서 1제곱마일의 토지에 수백 명까지 거주할 수 있는 인구밀도를 허용한다. 농업 공동체가 수렵-채집인과 접촉했을 때 후자는 네 가지 이유에서 생존할 가능성이 낮았다. 가장 중요한 것은 단순한 인구밀도였다. 제곱마일당 한 사람의 수렵-채집 사회가 제곱마일에 수십 명, 자바섬과 혼슈섬처럼 예외적인 경우에는 수백 명이 있는 농업 사회와 군사적으로 경쟁할 수 없었다. 둘째로 농업 사회는 이웃의 유목민을 말살하는데 특화된 비교적 소수의 엘리트 군대를 발전시켰다. 그보다도 적은 수의 엘리트 통치자들이 그런 일을 계획하고 지시했다. (농업으로 가능하게 된 사회적 역할의 전문화가 충분히 발전하면 문명으로 알려지게 된다) 셋째로 농업 사회에서 가축화된 동물과 사람의 근접성이 천연두와 홍역 같은 병원성 미생물을 낳았다. 이러한 미생물은, 농업인이 미생물에 대한 면역력을 발전시킨 반면에, 이웃한 수렵-채집인에게 치명적이었다. 천연두가 코르테스Cortez의 군대보다 훨씬 더 많은 아즈텍인Aztecs을 죽였고, 17세기에는 이 병원체가 북아메리카에서 백인과의 실질적 접촉이 일어나기도 전에 2천만 명에 달하는 아메리카 원주민을 죽였을지도 모른다.[45]

마지막으로, 그리고 가장 중요하게, 다수의 농업 공동체가 개인적 재산권 제도를 수용했다. 수렵-채집인이 광활한 야생의 거주지에서 개별 소유권을 확립하는 것은 불가능에 가깝다. 대부분은 아니라도 다수의 초기 영농이 공동사업이었지만, 우리는 기록된 역사가 시작되고 얼마 지나지 않아서 농부들이 개별적으로 토지를 소유하고 운영하기 시작했음을 알게 될 것이다. 그러한 영농은 공동으로 농사를 짓는 경쟁자들보다 훨씬 더 효율적이었고, 재산권을 선호한 사회는 이웃의 수렵-채집인뿐만 아니라 공동으로 농사를 짓는 사회에 대해서도 엄청난 이점을 누리게 되었다.

농업으로의 전환을 '1차 경제혁명(2차는 산업혁명)'이라 부른, 노벨상을 받은 경제학자 더글러스 노스Douglas North는 말한다.

> 1차 경제혁명은 인간의 주요 활동이 수렵과 채집에서 정착 농업으로 바뀌었기 때문에 혁명이 아니었다. 그러한 변화가 상당수 인간에게 인센티브의 변화를 만들어냈기 때문에 혁명이었다. 인센티브의 변화는 두 시스템의 서로 다른 재산권에서 나왔다. 자원에 대한 공동 재산권이 존재할 때는 우월한 기술과 지식을 확보할 인센티브가 거의 없다.[46]

농업의 중요한 경제적 핸디캡handicap은, 수렵과 채집도 그렇듯이, 토지가 가장 중요한 투입물이라는 사실이다. 예를 들어 인구가 10퍼센트 늘어나면 농부들이, 1인당 식품 소비량을 동일하게 유지하기 위하여, 더 많은 땅을 경작에 투입해야 한다. 한계 농지는 기존의 농지와 같은 품질이 아니므로 생산성이 떨어질 것이다. 따라서 농부들은 늘어난 인구를 먹여 살리기 위하여 10퍼센트 이상의 토지를 추가로 경작해야 한다. 이 말은 농업 생산성의 향상이 불가능하다는 의미가 아니다. 관개와 비료 기술의 발전, 작물의 윤작, 직렬로 연결된tandem-hitched 쟁기가 에이커당 생산량을 극적으로 증대했다. 그러나 이러한 발전은 여러 세기에 걸쳐서 간헐적으로 이루어졌다. 역사학자들이 시사하는 것처럼 서기 1000년과 1500년 사이에 작물 수확량이 네 배로 늘었더라도, 그 기간의 연간 성장률은 0.28퍼센트에 불과했다. 두 시점 사이의 인구증가로 인하여 품질이 낮은 토지가 경작에 투입될 수밖에 없어서, 500년 동안에 향상된 농업 생산성이 전부는 아니라도 대부분 상쇄되었다. 따라서 순수 농업사회의 생활 수준은 비교적 고정된 상태로 유지되었다.

약 1만 2000년 전의 농업경제로의 전환으로 세계의 인구가 엄청나게 늘어난 것은 사실이다. 그리고 이후에 농업 기술의 소박한 발전에 따라 인구가 더 증가한 것도 사실이다. 그러나 이러한 발전이 생활 수준의 지속적인 개선으로 이어지지는 못했다. 18세기 중반까지도 유럽에서 기근이 정기적으로 발생했고 19세기의 대기근Great Hunger으로 100만이 넘는 아일랜드인이 사망했다.

중세기에 이루어진 약간의 지식 획득knowledge gains은 산발적이었다. 18세기 영국의 개선하는 농부improving farmer가 끊임없이 최신의 영농 방식을 적용하려고 노력했으나 여전히 갈 길이 멀었다.

그것이 맬서스가 그토록 호소력 있게 묘사한, 인구의 증가가 농업 생산의 느려터진 개선을 압도하는 세계의 슬픈 상황이었다.[47] 고전적인 맬서스의 긍정적 억제positive checks, 즉 기근, 질병, 전쟁이 식량의 수요와 공급 사이의 불균형에 대한 불가피한 해결책을 제공했다.

3단계: 산업화 사회

1500년경까지 농업 기술의 소박한 발전과 함께 재산권과 자본 시장이 등장하고 운송의 발전이 이루어짐으로써 처음으로 상당수의 노동자가 농장을 떠나 제조업에 종사하게 되었다. 북부와 남부 유럽에서 제조업이란 오직 한 가지를 의미했다. 직물 산업. 이탈리아에서는 숙련된 직조공들이 비단을 비롯한 이국적인 직물을 사치품으로 가공했다. 영국에서 배에 실어 부르고뉴(대략 오늘날의 네덜란드, 벨기에, 북부 프랑스)로 보낸 원모raw wool는 고도로 숙련된 장인들이 실을 뽑아 고급 직물로 엮어냈다. 조선과 기계도 점차 발전했다. 중국은 오랫동안 직물과 도자기를 수출했지만, 중국의 인구가 유럽처럼 대규모로 농업에서 벗어나도록 하기에 충분한 산업은 아니었다.

제조업에는 토지가 거의 필요 없다. 제조업의 제한적인 요소는 노동과 자본이다. 때때로 수확 체감의 법칙에 지배되기는 하지만, 노동은 토지만큼 규모의 증대에 민감하지 않다. 더 많은 사람이 고용되더라도 노동자의 생산성이 크게 떨어지지 않는 것이 보통이다. 현대에는 노동 생산성이 실제로 성장과 함께 향상될 수 있다. 근로자와 작업장의 밀도가 높아짐에 따라 생산자 사이의 소통이 촉진되기 때문이다. 디트로이트의 자동차 조립 라인과 실리콘 밸리의 반도체칩 공장을 생각해보라.

더욱이 제조업은 자본 집약적이다. 낡은 공장이 쓸모없게 되면 막대한 비용을 들여 새 공장을 지어야 한다. 증가하는 인구밀도는 더 효율적인 자본시장을 낳고, 성장이 진행되면서 제조 능력을 갖추기 위한 자금의 조달이 더 쉬워진다. 마지막으로 산업사회에서는 지식이 부로 가는 길이라는 인식이 강해지고, 모범 사례가 빠르게 진화하고 확산하여 모든 부문의 산출물을 늘린다.

19세기의 어느 시점에선가 유럽과 미국에서 선순환virtuous circle이 일어났다. 기술 발전이 생산성을 높이고 부의 증가로 이어짐으로써 추가적인 기술 발전을 촉진하는 더 많은 자본을 낳았다. 고도로 생산적인 자본과 지식이 점점 더 많이 산업경제에 투입되면서 성장은 자기 추진적이고 지속적인 것이 되었다.

지어 놓으면 사람들이 몰려올 것이다

산업사회의 급속한 경제성장은 여러 세대의 경제학자들을 매혹했다. 그들은 경제 발전의 열쇠가 산업화 자체임이 분명하다고 주장했다. 단순히 공장과 근대적 인프라를 건설하고 노동자를 훈련하면 자동으로 자랑스러운 경제 도약이 이루어져야 한다.[48] 그러나 소련의 산업화의 유감스러운 현대사와 외국의 원조로 건설된 제3세계의 거대한 사회기반시설 프로젝트가 보여주듯이 번영에는 공장, 댐, 철도 이상의 요소가 필요하다. (9장에서 우리는 18세기 오스만제국의 하향식 산업화의 실패 사례를 살펴볼 것이다.)

국가는 단지 산업화 자체의 결과가 아니라 재산권, 과학적 탐구, 자본시장이라는 산업화의 기저를 이루는 중요한 제도와 관행이 존재하기 때문에 산업화의 발전 단계에 도달한다. 일단 산업화에 성공한 국가는 빈곤의 사슬을 끊었다. 말하자면 경제성장은 바로 그러한 문화에 내재한 암호가 되었다. 산업화한 국가는, 2차 세계대전의 주축국이 그랬듯이, 외부로 나타나는 경제의 대규모 파괴를 겪더라도 신속하게 회복하고 이전의 번영을 능가한다.

전쟁보다 훨씬 더 나쁜 것이 재산권의 부식이다. 동독은 20세기의 수십 년 동안에 두 번이나 세계대전의 파괴적인 물리적 결과에서 회복되었다. 그러나 공산주의에서 회복되는 데는 여러 세대가 걸릴 것이다.

4단계: 후기산업사회

20세기 말에 인류의 경제발전 과정에서 또 하나의 단계-이른바 후기산업사회-의 윤곽이 서서히 모습을 드러냈다. 후기산업사회에서는 제조업이 서비스업에 자리를 내준다. 후기산업사회의 경제에는 이전 단계의 산업사회보다도 적은 노동과 토지가 필요하다. 적어도 이전의 산업화 시스템만큼의 자본이 필요하기는 하지만, 이 새로운 체제는 주로 기술 혁신의 형태로 투입되는 지식에 대하여 엄청난 식욕을 보인다. 수십 년 전에 수많은 교환수를 고용했던 전화회사는 이제 엄청나게 비싼 위성, 이동통신, 광섬유 네트워크와 함께 대중에게 서비스를 제공하는 훨씬 적은 수의 기술자만 고용하면 된다. 네 가지 입력 요소 중에 자본시장과 지식의 기반이 가장 확장 가능scalable하므로 자본 및 지식 집약적인 후기산업사회는 최고도의 성장을 유지할 수 있어야 한다.

서구 세계는 하룻밤 사이에 그렇게 바람직한 상태에 도달하지 않았다. 봉건제도에서 억제된 재산권을 바로잡고, 교회의 지적 목조르기intellectual stranglehold를 뿌리치고, 자본시장의 결핍을 극복하고, 효율적인 운송과 통신을 확립하는데 제2천년기의 대부분이 필요했다. 이러한 네 가지 과제가 완성된 후에야 새로운 산업사회와 후기산업사회의 시민들이 노력의 열매를 즐길 수 있었다.

02 재산권

사유재산이 없이는 자유로운 사회가 될 수 없다.

- 밀턴 프리드먼Milton Friedman

오스만제국의 함대 사령관 뮈에진자데 알리 파샤Müezzinzade Ali Pasha는 1571년의 화창한 가을날 그리스 서부 해안의 레판토에서 끔찍한 하루를 겪었다. 여러 시간 동안 벌어진 해전에서 그의 함대는 오스트리아의 돈 후안Don Juan이 이끄는 스페인·베네치아·바티칸-신성 동맹Holy League-연합함대에 포위되었다. 역사상 가장 피비린내 나는 전투의 하나에서 4만 명-분당 약 150명-이 목숨을 잃었다. 돈 후안의 라 릴리La Reale를 비롯하여 여러 연합함대 함선의 병사들이 알리 파샤의 기함 술타나Sultana에 뛰어올랐고 두 사령관 모두 근접 전투에 참여했다. 알리 파샤는 작은 활을 쏘았고 돈 후안은 전투용 도끼와 날이 넓은 칼을 휘둘렀다. 튀르크 사령관이 머리에 총탄을 맞고 쓰러지자 그의 함대는 공황 상태로 흩어졌다. 세계 역사의 가장 큰 전환점 중 하나인 해전에서 서유럽 해군은 동지중해에서 튀르크인의 영향력 확대를 저지하고 오스만제국의 이탈리아 정복을 거의 확실하게 막았다.

알리 파샤는 레판토에서 전투와 목숨보다 더 많은 것, 즉 가족의 전재산을 잃었다. 모든 부유한 튀르크인과 마찬가지로, 그는 유동자산을 손이 닿는 곳에 보관했다. 술타나에 오른 신성동맹 함대의 병사들은 알리 파샤의 보물상자에서 1만 5000개의 금붙이를 발견했다. 해군 사령관이 왜 전재산을 개인 선실에 보관했을까? 애덤 스미스가 『국부론The Wealth of Nations』에서 나무랄데 없이 훌륭한 설명을 제시한다. "사람들이 끊임없이 상급자의 폭력을 두려워한 불운한 국가에서는 실제로 보통 주식의 대부분을 파묻어 숨기는 일이 종종 일어났다. 이는 터키와 힌두스탄에서 통상적인 관행이었고 아시아의 다른 정부 대부분도 마찬가지였을 것으로 생각한다."[*]

술탄을 제외하고 모든 튀르크 시민-황제의 매부인 알리 파샤까지도-은 자유인이 아니었다. 주민의 목숨, 자유, 재산이 한순간에 충동적으로 박탈될 수 있었다. 거기에 모든 전체주의 사회의 궁극적 몰락과 자유시장 시스템의 강점의 원인이 있다. 재

---

[*] 스미스, II: 301. 스미스가 말하는 '보통 수식(common stock)'은 회사의 수식이 아니라 모든 형태의 부를 의마한다.

산권과 시민권이 없으면 발명가나 사업가가 당장 필요한 것보다 많은 부를 창출할 동기 부여가 거의 없다.

재산권의 기원

근대적 번영의 네 가지 기반-재산권, 과학적 합리주의, 자본에 대한 손쉬운 접근, 효율적인 운송과 통신-중에 재산권이 가장 먼저 생겨났고, 재산권의 가장 중요한 요소가 고대 세계에서 처음으로 빛을 보았다. 현대 세계에서도 재산권이 네 가지 요소 중에 가장 중요하다. 위대한 경제학자 P. J. 오루크가 말하듯이, "99퍼센트의 문자 해독률과 훈련되고 근면한 사회를 갖춘 북한의 1인당 GDP는 900달러다. 문자 해독률이 43.7퍼센트이고 온종일 커피를 마시면서 양탄자를 사라고 관광객을 성가시게 하는 모로코의 1인당 GDP는 3260달러다."[1]

그와 동시에 재산권만으로는, 다른 세 가지 요소를 갖추지 못했던 그리스와 로마의 정체 및 쇠퇴가 보여주듯이, 경제성장을 촉진하기에 충분치 않다.

재산권과 시민권의 관계는 복잡하다. 사회주의자들은 양자 간의 그 어떤 관련성도 부인하는 경향이 있다. 시민의 자유를 굳게 믿었음에도 재산과 도둑질을 동일시했던 19세기 프랑스의 사회주의자 피에르 조제프 프루동Pierre-Joseph Proudhon을 생각해보라. 전통적인 견해는 재산권이 시민권에서 나온다고 단언하지만 반대되는 견해도 만만치 않다. 레온 트로츠키 같은 사회주의 선각자도 시민권이 재산권에서 나온다고 주장했다.[2] 재산권은 모든 다른 권리를 보장하는 권리다. 재산이 없는 개인은 기아에 취약하고, 굶주리고 두려워하는 사람들을 국가의 의지에 굴복시키기가 훨씬 더 쉽다. 개인의 재산이 국가에 의하여 임의적인 위협을 받을 수 있다면, 정치적·종교적 견해가 다른 사람들을 위협하는 권력으로 사용되는 것이 필연일 것이다.

프리드리히 하이에크Friedrich Hayek는 반세기도 전에 시민권과 재산권이 같은 원천에서 나오고 독립적으로 존재할 수 없음을 깨달았다. 재산권을 포기한 사람들은 머지않아 노예 생활로 가는 길이라는 책을 빌리려고 서명한 자신을 발견하게 된다.

표준적인 인본주의 해석은 사유재산의 신성함이라는 개념을 창안한 업적을 존 로크John Locke에게 돌린다. 그러나 로크는, 이야기의 핵심 인물이기는 하지만, 재산 게임의 후발 주자였다. 그는 1690년에 출간된 『통치론Two Treatises of Government』에서 생명, 자유, 그리고 재산의 보호가 계몽된 정부의 주요 기능임을 설파했다. 그러나 기본적인 시민권과 재산권은 당시 영국의 관습법에 수 세기 동안 포함되어 있었다. 더욱이 이들 권리의 기원은 고대 그리스 도시국가에 확고한 뿌리를 두고 있다.

역사의 안개에서 벗어나

재산권의 기원이 역사 속으로 사라졌기 때문에, 언제 어떻게 이야기가 시작되었는지는 자의적인 문제다. 대부분은 아니라도 다수의 원시사회에, 특히 토지의 소유권과 관련한, 재산권의 요소가 포함되었을 것은 분명하다. 그렇지만 수렵-채집 사회는 재산권을 유지하는데 비용으로 인한 어려움을 겪었다. 단일 부족 집단이 생존에 필요한 수천 제곱마일의 영역을 순찰할 수는 없다.

재산권 보호에 성공한 부족은 아마도 그렇지 않은 부족보다 효율적이었을 것이다. 그럴듯한 시나리오는 다음과 같다. 선사시대 후기에 바람직한 식량 공급원인 대형 포유류가 점점 희소해짐에 따라 지역에서 줄어들고 있는 매머드 무리를 독점하고 주의 깊게 관리한 수렵 집단이 이웃에 대한 경쟁우위를 점했을 것이다. 그러나 이는 매우 추론적인 시나리오다. 선사시대를 다루고 있는 우리가 확실하게 알 수 없는 일이다.

선사시대 수렵-채집인을 다룰 때의 추론적 특성과는 대조적으로, 문자가 사용되기 전의 농업 공동체에 대해서는 더 확신할 수 있다. 역사학자들은 가장 오래된 토지매매 기록에서 선사 사회에서 재산이 이전된 방식의 세부사항을 찾아냈다. 예를 들면 구약 성경에서 아브라함은 이웃의 히타이트족인 에브론으로부터 최근에 사망한 아내 사라의 묘지를 구입했다. 처음에 에

브론이 땅을 조건 없이 선물로 주겠다고 제안했지만, 아브라함은 대가를 치르기를 고집했다. 그는 은의 무게를 달고 다른 히타이트 마을사람들이 지켜보는 가운데 거래의 성립을 선언했다.[3] 양쪽 모두 이웃다운 관대한 태도를 보인 것 같았지만, 아브라함에게는 여러 사람이 목격하는 지불을 주장한 강력한 동기가 있었다. 첫째로 그는 재산에 대한 영구적 권리를 확립했다. 에브론은 토지의 양도를 철회할 수 없었다. 둘째로 이웃 사람들의 참여를 통해서 그 땅에 대한 경쟁적 주장이 존재하지 않는다는 사실을 확인할 수 있었다. 셋째로 대가의 지불이 미래에 은혜를 갚아야 하는 부담에서 아브라함을 풀어주었다. 공동으로 목격된 부동산 거래에 대한 유사한 설명을 고대 세계에서 흔히 볼 수 있다.

기록된 역사의 아주 초기 단계에서 우리는 효과적인 재산권의 본질과 마주쳤다. 첫째로 재산권이 명확하게 정의되었다. 이제 아브라함과 그의 자손이 해당 토지를 소유한다는 데는 의문의 여지가 없었다. 둘째로 그 권리가 양도 가능alienable, 즉 자유롭게 사고팔 수 있는 권리였다. 이어진 천 년 동안 국가의 운명이 이러한 두 가지 조건을 얼마나 존중하는지에 달려있었다.

비옥한 초승달 지대와 이집트의 초기 문명은 계층적이고 전체주의적인 사회였다. 고대 역사에 대한 무비판적 해석은 파라오가 이집트의 모든 토지를 소유했음을 시사하지만, 이는 사실이 아니었을 것이 거의 확실하다. 일부 토지는 사적으로 소유되었고, 현대의 역사학자들은 고대 이집트의 일반 농민과 시민의 재산권 범위에 대하여 활발한 토론을 벌인다.

가장 오래된 인류 문명이 발생한 장소, '강 사이에 있는 땅' 메소포타미아는 대략 오늘날의 이라크에 해당하는 티그리스와 유프라테스강 사이의 평평하고 건조한 지역이다. 그런 지역의 집약적 농업에는 정교한 관개 기술이 필요하다. 이는 오직 강력한 중앙정부에 의해서만 가능한 일이었으므로 역사학자들은 이어진 메소포타미아 문명이 수력 사회hydraulic societies였다고 말한다. 이들 사회는 여러 세기에 걸쳐서, 아마도 노예 노동으로, 거대한 흙 도관earthern conduits을 건설했다. 이 방대한 엔지니어링 프로젝트가 매우 생산적인 농업과 높은 인구밀도를 가능하게 했다.

초기 메소포타미아에서는 아브라함과 에브론이 대면하고 사람들이 목격한 토지 매매가 공공 저장소에 영구적으로 기록 및 보관되는 거래에 자리를 내주었다. 고고학자들은, 기록에 관한 가장 오래된 증거의 약 500년 뒤인 기원전 2500년까지 거슬러 올라가는, 토지 거래에 대한 정부 기록보관소를 발견했다.

나일강 계곡에서는 대규모 농업이 다소 늦게 발전했고 토지 거래의 기록도 기원전 2500년경에 나타나기 시작했다. 이집트의 상형문자가 메소포타미아의 설형문자보다 더 복잡했기 때문에 이집트의 토지 거래 역사는, 일찍이 기원전 2100년에 토지 거래를 관장하는 법을 돌기둥에 기록했고 기원전 1750년의 함무라비 법전으로 정점을 이룬, 수메르와 바빌론보다 상세하지 않다. 마지막으로 이스라엘 사람들은 첫 장이 기원전 1150년경에 쓰인 구약 성경의 첫 다섯 권(토라, Torah)에 토지 거래에 관한 상세한 설명을 남겼다.

세 가지 역사적 자료-수메르, 이집트, 이스라엘-모두가 고대 세계의 토지 거래에 대한 상세한 기록을 제공하지만 유감스럽게도 토지 소유의 전반적 구조에 관한 정보는 제공하지 않는다. 예를 들어 수메르와 이집트 모두 신전에서 광대한 토지를 소유했지만 개인의 토지 소유 또한 드물지 않았다. 알려지지 않은 것은 신전에 속한 토지와 사유지의 상대적 중요성 및 생산성과 사유지가 종교적·세속적 권력의 탐욕으로부터 어느 정도로 보호되었는지다.

십계명의 열 번째 계명은 이 문제에 대하여 감질나게 언급한다. "네 이웃의 집을 탐하지 말라...." 기원전 2050년경에 수메르의 우르 3세가 통치한 남부 메소포타미아의 가장 엄격한 전체주의 정권에서도 개인 주택과 토지의 거래뿐만 아니라 개인에 대한 임대와 왕실의 보조royal grants가 기록되었다.

모세의 소송(히브리인 모세와 혼동하지 말아야 하는)은 이집트의 재산 처리 절차에 관한 흥미로운 정보를 제공한다. 기원전 1600년경에 파라오가 모세의 조상인 선장에게 땅을 하사했다. 약 300년 후에 카이Kahy라는 부정한 관리가 모세에게 하사된 옛 땅을 횡령하기 위하여 왕실의 법무부, 곡물 창고, 재무부 관리들을 매수했다. 모세는 지역 관공서의 오래된 세금 기록을 제출함으로써 이러한 배신 행위를 법정에서 뒤집을 수 있었다. 모세의 소송은, 가속의 땅을 여러 세기 동안 온전하게 지킬 수 있을 정도로 견고한 법률 및 기록 시스템의 존재를 보여주면서, 고대에 정부의 배신으로부터의 사유재산권이 보호된 놀라운 사례를 제공한다.

시간이 지나면서 메소포타미아와 이스라엘에서 토지 기대에 대한 제한이 점차 완화되었다. 처음에는 두 곳 모두 씨족의 구성원이 다른 구성원의 매매를 막을 수 있었다. 그러나 시간이 지남에 따라 토지의 공동 소유가 개인 소유로 바뀌는 추세가 가속되었고 기원전 700년과 500년 사이의 어느 시점에서 토지를 자유롭게 사고팔 수 있게 되었다.

토지의 소유권은 지역의 물리적 특성에 영향을 받았다. 한 쪽 극단으로 대규모 관개 시설이 필요한 메소포타미아 남부의 건조하고 평평한 지역에서는 소유권이 상대적으로 소수에게 집중되는 경향이 있었다. 다른 쪽 극단에는 이스라엘의 언덕이 많은 지형이 펼쳐진다. 그곳에서는 대규모 사유지에 대한 언급이 거의 없었고 소규모의 토지 소유가 일반적이었다.

포퓰리즘의 요소가 때때로 고대의 토지법을 교란했다. 메소포타미아의 왕들은 신민의 지지를 얻기 위하여, 대개는 통치 초기에, 부채와 세금 청구를 취소하는 미샤룸misharum을 선포했다. 이는 결국 메소포타미아의 이자율이 높은 이유의 하나가 되었다. 빌려주는 사람은 미샤륨이 선포되어 자신의 투자가 물거품이 될 것을 우려하여 곡물 대출에 33퍼센트, 은 대출에 20퍼센트의 고금리를 요구했다. 구약 성경 신명기의 법전은 7년마다 모든 빚을 탕감할 것을 요구했다.* 가장 급진적인 레위기의 희년 조항Jubilee provision은 50년마다 조상이 소유했던 토지를 자손에게 반환하도록 했다. 그러나 성경에 언급되어 있음에도 불구하고 이들은 허구적인 조항이었을 것이고, 실제로 시행되었다면 고대 이스라엘의 토지 시장을 무력화했을 것이다.[4]

잊혀진 최초의 민주주의

고전학자 빅터 데이비스 핸슨Victor Davis Hanson은 영향력 있는 책 『다른 그리스인The Other Greeks』에서 서구 민주주의의 기원이 페리클레스의 아테네보다 여러 세기 앞선 농경사회에 있다고 제안했다.[5] 핸슨은 이러한 고대 그리스의 민주적 뿌리가 언덕이 많은 아티카Attica(아테네와 그 주변 지역)의 강력한 사유재산권 때문에 발전했다는 이론을 세웠다. 핸슨의 이론은, 논란의 여지가 있지만, 재산권과 개인의 자유 사이의 중요한 연결고리를 제공

---

* 안식년(Sabbatical)의 기원

한다. 트로츠키와 하이에크처럼 이질적인 사상가들이 본 이 연결고리는 고대 그 자체만큼이나 오래된 것 같다.

핸슨의 가설은 미케네 시대(대략 기원전 1600년에서 1200년까지)에 시작된다. 미케네 문명의 붕괴는 농민, 통치자, 그리고 토지의 관계에 오늘날까지 메아리치는 혁명을 초래했다. 소수의 귀족이 소유 및 관리하는 대규모의 집단화된 토지를 노예와 농노가 경작한 미케네 사회는 여러 면에서 메소포타미아 및 봉건시대 유럽과 비슷했다. 이 문화가 기원전 1200년경에 불가사의하게 붕괴되었을 때, 영지의 통제권이 소수의 지주 엘리트에게 넘어갔다. 미케네의 붕괴에 이어진 혼돈 속에서 모험심이 강한 농부들은 대규모 사유지가 있는 저지대가 내려다보이는 변두리 구릉지를 개척하기 시작했다. (이는 메소포타미아와 이스라엘 농업의 차이점을 상기시킨다.) 이 새로운 사람들new men은 사유지를 경작하는 자유인의 특징인 야망과 혁신으로 개척한 땅의 낮은 토질을 극복했다. 그들은 곧 옛 영지의 생산력을 능가했고 많은 경우에 그들 영지를 인수했다. 다른 모든 것이 동일한 상황에서 자유로운 농부에게는 봉건 영지의 소유자보다 우월한 경제적 이점이 있었다. 핸슨은 말한다.

나는 자유의지, 새로운 아이디어를 구현하는 능력, 입증된 루틴routine을 발전시키는 것, 실수라는 엄격한 감독관으로부터 두 번이 아니고 한 번만 배우는 것, 정부의 계획에서 벗어나 생존 계획을 모색하는 것만큼 농업에서 그토록 극적인 성공을 거두는 요소는 없다고 믿는다. 임대인, 농노, 계약된 하인, 또는 임차인은 나무나 포도 덩굴 같은 자본 작물에 효율적인 방식으로 투자할 수 없다. 그들은 또한 경작하는 토지의 명확한 소유권이 없이는 포도 재배와 수목 재배에 수반하는 상당한 위험을 감수하지 않을 것이다.[6]

이는 물론 새로운 개념이 아니다. "민주주의의 가장 좋은 재료는 농업 인구다. 많은 사람이 농업에 종사하거나 가축을 돌보면서 살아가는 곳에서는 민주주의를 형성하는데 어려움이 없다"는 아리스토텔레스의 주장을 생각해보라.[7]

미케네 이후 시대 초기의 농부들은 부유하지도 가난하지도 않은 최초의 중산층이라 할 수 있었다. 커다란 역설은 이러한 한계 농지−에스카티아 eschatia−의 가용성이 민주주의를 이끌었고, 민주주의에 수반하는 재산권의 존중이 이런 유형의 토지가 가장 풍부한 곳, 즉 언덕이 많은 아티카 지역에서 발전했다는 것이다. 부자들은 에스카티아를 꽃피울 필요가 없었고 가난한 사람들은 그럴 여유가 없었다. 그리스에서 마케도니아와 스파르타처럼 저지대가 풍부한 지역에서는 민주주의, 사유재산권, 개인의 자유가 발전하지 못했다. 그리스의 민주주의적 가치의 정반대이자 파괴자인 알렉산더 대왕이 평평하고 비옥한 북부 지역 출신인 것은 우연이 아니었다.

우리는 또한 미국의 농장 문화에 그토록 친숙한 프로테스탄트 노동 윤리와 동등한 고대의 노동 윤리를 개척한 공로를 초기 그리스의 소규모 농부-게오르고스geôrges-에게 돌릴 수 있다. 그들은 어떤 시대에도 보기 드문 고결함과 명예의 개념과 함께 등골이 휘는 노동을 흙에 투입했다. 보이오티아 지방의 농부 헤시오드Hesiod는 시집 『일과 날들Works and Days』에서 땅에 대한 헌신의 가치를 분명하게 밝힌다. "신과 인간 모두 게으른 자들에게 분노한다."[8]

전형적인 게오르고스는 포도, 곡물, 콩, 과일 등 다양한 작물을 재배하고 가축을 기르면서 생산물을 다양화하기 위하여 최선을 다했다. 그러나 장기적으로는 운명의 요소가 가장 다양화된 농장의 가장 숙련된 농부의 농사까지도 망쳐놓았다. 서구 문명에는 다행스럽게도 소규모 자작농의 경쟁-그리스의 대규모 지주들과의-에는 현대적 기업농의 위험관리 기법이 없었고, 알렉산더의 정복이 고대 도시국가들의 자치권을 쓸어버릴 때까지 농장의 소유권이 과도하게 집중되지 않았다.

물려받은 부와 권력이 거의 언제나 지능과 추진력을 압도하던 시대에 미케네 이후의 시기는 반대되는 일이 일어난 짧은 순간이었다. 그리스의 농민은 기원전 1100년경에 시작된 이 시기에 제공된 원시 자본주의적 기회를 적극적으로 활용했다. 기원전 700년까지 그리스에서 10만에 달하는 평균 면적 10에이커의 소규모 농장이 번성했다. 극도로 개인주의적·반권위주의적인 게오르고스들이 현대 서구인의 삶에 깊숙이 내포된 방식으로 자신의 독립성을 표명했고 문명 자체의 진로를 바꾸었다. 그들은 세 가지 방식으로 그런 일을 해냈다.

- 그들은 사유재산을 소중히 여겼다. 가장 중요한 것은 농장, 농기구, 농장의 생산물이었다. 그리고 우리가 그들을 너무 이상화하지 않도록 노예도 소중히 여겼다. 전형적인 게오르고스는 한 명이나 두 명의 노예를 소유했다. 고대 세계에는, 특히 군사적 승리를 거둔 후에, 노예가 풍부했다. 그리스인은 일반적으로 이웃 도시국가의 정복을 통하여 노예를 획득했다. 노예의 과잉glut 공급이 평균적 판매 가격을 수십 드라크마-오늘의 화폐 가치로 약 100달러-까지 떨어뜨렸다. (평상시에는 노예가 대개 100~150드라크마의 가격으로 매매되었다.)

- 그들은 평등주의egalitarianism를 소중히 여겼다. 서구 민주주의의 뿌리는 주로 도시의 유명한 정치인-솔론Solon, 클레이스테네스Cleisthenes, 그리고 페리클레스Pericles-이 아니라 (대다수가 대단히 반민주주의적이었던 위대한 그리스 철학자들은 더욱 아니고) 이들 문맹이고, 햇볕에 그을리고, 누더기를 걸친 시골 사람들에게 있었다. 6세기와 7세기 그리스 세계의 운영 개념은 토지의 소유에 따라 부여되는 투표권에 기초

한 시스템인 금권정치timocracy였다. 그리스의 큰 행운은 토지의 소유가 소규모로 널리 퍼져있다는 것이었다. 그리스 도시국가 중에 가장 급진적이었던 아테네에서도 6세기 말까지 토지가 없는 도시 빈민에게 투표권이 있는 시민권이 부여되지 않았다.

• 그들은 군사적으로 자급자족했다. 이웃한 농부들은 통상적으로 각자 자신의 무구panoply 즉, 창, 방패, 투구, 갑옷을 갖춘 50~60명의 병사로 구성된 중무장 보병대hoplite phalanx로 무리를 지어 전진하면서 진로에서 마주치는 모든 것을 조각냈다.

재산권, 금권정치, 군사적 자급자족이라는 이 세 가지 요소의 강력한 상호작용은 혁명적이었다. 게오르고스는 이웃들과 함께 농장, 입법회의, 보병대라는 세 가지 유사한 방진grid 안에 자신을 배치했다. 그들은 독자적인 군대를 결성했기 때문에 이웃 국가와 폭군 지망생 침략자로부터 재산권을 보호할 수 있었다. 그들의 군사적 자급자족에는 더욱 미묘한 다른 이점이 있었다. 대부분의 전투가 오후에 벌어졌고, 비교적 평온했던 6세기와 7세기에는 10년이나 20년에 한 번 정도만 전쟁이 일어났기 때문에 전쟁의 비용이 저렴했다. 주된 비용이 아마도 100드라크마(오늘의 화폐 가치로 약 500달러) 정도를 들여서 대대로 물려받는 무구였을 것이다. 따라서 초기 그리스인은 이어지는 국민 국가의 경제적 재앙-군사비 지출을 위한 높은 세금-을 피할 수 있었다.

그들은 새로 부여된 투표권으로 생명, 자유, 그리고 재산을 보호하는 견고한 법률 체계를 확립했다. 영국의 법학자들이 이러한 기본적 권리를 생각하기 1000년 전의 일이었다. 마지막으로 그들의 생산성이, 어쩌면 사상 최초로, 보통 사람의 상당수-단지 통치자, 사제, 군사 엘리트만이 아니라-가 농장에서 완전히 벗어날 수 있도록 했다. 후일의 서구 세계는 그리스 사회의 세련되고, 도시적이고, 비농업적인 측면을 소중히 여겼다. 오해하지 말라. 후기 그리스의 코스모폴리탄적 세계는 금권정치와 농업의 기반이 없이는 불가능했을 것이다. 서구 문명의 기초-재산을 소유하고 처분하는 권리를 보유한 자유 시민-는 페리클레스가 통치한 아테네의 전성기보다 여러 세기 전에 번영한 초기 도시국가에 기원을 두고 있다.

분권화된 그리스 도시국가는 군사적으로 자급자족하는 게오르고스를 외국에서의 장기적 전투를 위하여 징집할 수 없었다. 무거운 세금을 부과할 수도 없었고, 가장 중요하게는, 폭군조차도 그들을 위협할 수 없었다. 보병대는 스스로 주도되는 군대였고, 지휘하는 장군은 대개 밀집대형에서 눈에 잘 띄지 않는 위치를 차지하고 동료들과 함께 창과 방패를 휘둘렀다.

솔론의 예지

앞에서 보았듯이 아티카의 농장들은 평균적으로 약 10에이커의 크기였다. 왜 그렇게 균일하게 작았을까? 의도적이었을지도 모른다. 기원전 592년경에 부유한 상인 가문 출신의 솔론이 아르콘archon 즉 최고 집정관으로 선출되었다. 대규모 토지 압류와 내전을 막기 위하여 그는, 이전에 메소포타미아와 이스라엘이 그랬던 것처럼, 많은 농민이 짊어진 가혹한 부채를 탕감해주었다.

솔론은 또한, 세부사항이 잘 정립되지는 않았지만, 대규모 농장의 부재에 대하여 최소한 부분적인 책임이 있었을지도 모른다. 기원전 8세기까지 아테네에서는, 다른 도시국가 대다수와 마찬가지로, 농지 대부분이 수만 명의 농부이자 중무장보병인 시민이 경작하는 아주 작은 땅으로 나뉘어있었다. 소크라테스는 기하학이 발명된 것이 농장의 크기와 생산량을 정확하게 계산할 필요가 있었기 때문이라고 생각했다. 작은 토지가, 여러 그리스 국가에 대하여 100편이 넘는 정치 논평을 쓴 아리스토텔레스와 플라톤을 포함하여, 후세의 보수적인 엘리트 철학자들까지도 존중하는 신성한 관행이 되었다.

솔론이 당시에 입법의회 집권층에서 배제된 아테네의 일반 시민-심지어 토지가 없고 노예가 아닌 비시민까지 포함하는-의 모임을 중심으로 사법 체계를 조직했을 때 아테네의 민주주의가 탄생하는 결정적 순간이 왔다. 민주주의를 발명하지는 않았지만, 솔론은 민주주의의 생존 비결-국가 권력으로부터 독립된 사법부-을 발견했다. 그러한 사법 기구는 보통 사람들의 생명, 자유, 그리고 재산을 보호할 것으로 기대될 수 있었다. 아테네의 역사는 그러한 보호가, 종종 완벽함과는 거리가 멀었지만, 이전 및 이후의 상황과 비교하여 엄청난 개선이었음을 보여준다. 우리가 이러한 근대적 재산권의 보루-법의 지배와 법 아래의 평등-의 기원을 정확하게 짚어낼 수는 없지만, 솔론의 사법 개혁이 그 무엇에도 못지않은 후보가 될 수 있다.

막대한 비용이 소요된 펠로폰네소스 전쟁(기원전 431~404년)은 소규모의 토지 소유가 널리 퍼져있는 패턴을 파괴했다. 전쟁 중의 높은 세금이 점차 압도적 다수의 게오르고스를 땅에서 몰아냈고, 귀족이 대규모 영지를 소유하는 낡은 패턴이 돌아왔다. 기원전 2세기까지 농장의 규모가 수천 에이커로 늘어났다. 비시민과 노예가 일하는 거대한 농장들은 이전 그리스 인구의 일부만을 지원했다. 이들 대규모 기업 농장의 효율성이 중무장보병의 소규모 농장보다 낮았기 때문에 세수 총액이 감소했다. 당국은 세금을 올릴 수밖에 없었고 더 많은 농부가 땅에서 쫓겨나게 됨으로써 사회적 죽음의 소용돌이가 촉발되었다.

국가의 장기적 성공은 경제적 기회를 시민의 대다수 또는 적어도 상당수의 소수집단으로 확대하는데 달려있다. 농업사회의 경제적 기회는 단 한 가지, 즉 토지의 소유를 의미한다. 유감스럽게도 토지는 한정되어 있다. 고대 세계에서 토지가 상대적 소수의 손으로 넘어가면서 규모가 확대되는 경향이 결국, 후일의 로마도 그랬듯이, 그리스 도시국가에 치명적이었음이 입증되었다. 농업이 지배적인 국가에서 민주주의는 연약하게 피어나는 꽃이다. 필연적인 일이기는 하지만, 일단 토지의 소유가 과도하게 집중되면 성지석·경제적 안정성이 사라진다.

왜 우리는 고대 세계의 작은 지역-문화적 영향력이 있었더라도-에서 잠시 재산권이 꽃을 피운 것에 관심을 가져야 할까? 세 가지를 알려주는 이야기이기 때문이다.

- 강력한 재산권에는 독립적인 사법 체계가 필요하다.
- 경제적으로 참정권이 부여된 시민권이 사회의 생산성에 매우 중요하다.
- 재산권만으로는 활기차고 지속적인 경제성장을 이루기에 충분치 않다.

고대 그리스인은 진보한 사람들이었지만, 경제성장에 필요한 다른 세 가지 조건, 즉 적절한 과학적 프레임워크, 정교한 자본시장, 효율적인 운송과 통신을 갖추지 못했다. 네 가지 조건이 모두 융합하여 인류가 지속적인 번영을 누리게 된 것은 2000년 후의 일이었다.

로마의 재산권

기원전 500년경의 건국 초기부터 기원전 60년 카이사르, 폼페이우스, 크라수스의 삼두정치까지의 로마는 이론적으로 민회popular assembly에서 1년 임기로 선출되는 두 집정관이 통치하는 공화국이었다. 판사 또는 치안관praetors이 서열에서 집정관 다음 자리를 차지했다. 최고의 법적 권위자는 기원전 367년에 처음으로 임명된 도시 치안관이었다.

표면상으로 치안관은 법을 만들지 않았다. 초기 로마의 법은 기원전 450년경에 공포되었다는 이른바 12표법Twelve Tablets으로 구성되었고 소소한 법령은 민회에서 통과되었다. 그러나 실제로는 치안관이, 오래된 소송 사유cause of action를 억제하거나 집정관 법ius honorarium으로 알려진 사법 법령으로 새로운 소송 사유를 만들어내면서, 법을 해석하고 창조했다.

최초의 치안관은 사제였지만 기원전 3세기에 세속적 사법 전통이 발전했다. 새로운 시스템이 재산 규칙의 복잡한 체계를 확립했는데 그중 많은 부분은 현대의 독자에게도 놀랍도록 계몽적으로 보인다. 예를 들어 여성의 재산은 결혼 기간에도 자신의 통제하에 있다가 이혼시에는 완전히 그녀에게 귀속되었다. 지참금은 결혼 기간에 남편의 소유가 되었지만 그 역시 이혼과 함께 아내에게 반환되었다. 여성의 재산권에서 특이한 점은 토지나 노예의 매매와 같은 공식적인 재산 거래를 위하여 관리인

또는 튜터tutor가 필요했다는 것이다.[9]

로마법의 다른 부분은 현대인의 눈에 기괴하게 보인다. 가족의 남성 구성원 중 연장자-가장-에게 다른 구성원 모두의 생사에 관한 권한이 있었다. 그가 살아있는 동안에는 자녀나 손주들이 재산을 소유할 수 없었다. 이론석으로는 50세의 십성관이라도 아버지의 신세를 졌다. 그러나 실제로는 당시의 기대 수명이 짧았기 때문에 심각한 문제가 되는 경우가 드물었다. 역사학자들은 40세가 된 사람들의 10퍼센트에게만 살아있는 아버지가 있었다고 추정한다. 더욱이 시간이 지남에 따라 로마법이, 처음에는 전쟁의 수입과 군대의 약탈에 나중에는 훨씬 더 광범위한 상황에 대하여, 이러한 제한을 점차 완화했다.

현대의 관찰자에게 가장 기묘한 것은 의사, 교사, 사업가 등 매우 존경받는 전문직업인까지도 노예일 수 있었다는 사실이다. 로마 세계에서는 자기 자신에 대한 재산권이, 사회의 가장 성공적인 구성원까지도, 당연하게 여겨질 수 없었다.

로마인은 상업 거래와 재산권에 대하여 엄격하고, 세부적이고, 고도로 정교한 법을 집행했다. 예를 들어 그들은 도난당한 재산의 문제가 미묘하다는 것을 잘 이해했다. 느슨한 법 집행은 도둑질을 부추겼고, 지나치게 엄격한 집행은 선의의 구매를 어렵게 하고 상업 활동을 저해했기 때문이다. 로마법은 필요에 따라 별도로 판결할 수 있는 소유possession와 소유권ownership을 신중하게 구별했다.

역사상 처음으로, 단순한 물리적 전달로 충분한 소규모의 평범한 거래와 특히 토지 거래처럼 공식 양도증서를 작성해야 하는 중요한 거래가 법으로 구별되었다.

로마인은 자본시장에 관한 법을 크게 발전시켰다. 로마의 법은 다양한 계층의 대출자를 신중하게 차별화했다. 일반적으로 이자를 낳는 은행 예금은 소비대차mutuum로 알려졌다. 이자가 붙는 예금의 예금주는 은행의 도산에 따른 위험을 부담해야 했고, 그런 일이 일어났을 때 은행의 자산에 대한 청구권이 상대적으로 낮았다. 반면에 대출되지 않고 은행 금고 속에 남아있는 예금은 이자가 붙지 않았지만, 은행이 도산했을 때 더 쉽게 예금주에게 반환될 수 있었다.

복잡한 법률이 대출보증 제도를 관장했다. 현대 사회에서는 부동산의 담보로 대규모 대출이 보증된다. 주택 소유자가 담보 대출을 상환하지 못하면 대출 기관이 그의 집을 회수할 수 있다. 로마에서는 모든 담보가 개인 보증이었다. 게다가 보증을 서는 사람이 거의 언제나 친구, 동료, 또는 가족의 구성원이었고 채무불이행default이 발생하면 보증인이 개인적으로 책임져야 했다. 흥미롭게도 채권자가 보증인으로부터 대출금을 회수하는 기회는 단 한 번뿐이었다. 한 사람의 보증인에게만 소송을 제기할 수 있었고, 패소하더라도 보증인 명단의 다음 사람으로 넘어갈 수 없었다. 따라서 보증인 모두에 대하여 상세한 정보를 확보하는 것이 채권자의 이익에 부합했다. 오늘날의 세계에서 그러한 대출 보증 요청은 대부분의 인간관계에 부담을 주고 거절당할 가능성이 크다. 그러나 로마에서는 보증의 제공이 일상적인 사회적 책임으로 인식되는 규범의 일부였다.

고대 세계에서는, 짐작할 수 있는 대로, 채무불이행이 가혹하게 다루어졌다. 로마에서는 아무리 작은 빚이라도 갚지 못하면 채무자의 전 재산을 압류하여 경매에서 매각할 수 있었다. 극단적인 경우에는 채무자가 빚을 갚을 때까지 감옥에 갇혔는데 이러한 관행이 서구 세계에서 채무자의 감옥debter's prison으로 19세기까지 지속되었다. 따라서 채무불이행은 단지 법적 구제책만이 아니고, 단순한 정의 구현의 요구를 훨씬 능가하는 처벌방식이기도 했다. 가혹하기는 하지만, 노예제도로 채무불이행을 처벌한 그리스의 관행보다는 크게 개선된 방식이었다.

그렇게 극단적인 형태의 개인적 보증을 요구하는 것은 혁신을 가로막는 심각한 장애물이 된다. 모든 새로운 벤처사업은 상당한 실패 가능성을 수반하고, 유능한 기업가는 그런 사업에 내포된 위험을 기꺼이 받아들인다. 실패한 사업에서 재산을 잃는 것만 해도 충분히 나쁜 일인데 그 과정에서 자유까지 잃는 것은 또 다른 문제다. 1500년 이후에 영국에서 채무자의 감옥이 폐지되고 유한책임회사가 탄생한 것은 자본시장의 상황을 크게 개선하고 세계의 경제성장을 촉발하는데 도움이 되었다.

로마의 치명적 결함

로마법은 상업적 게임의 규칙을 명확하게 제시함으로써 상업 활동을 더 쉽게 만들었지만, 사회적·정치적 영역에서는 실패했다. 우리는 그리스의 대의representative 시스템이 시간이 흐르면서 점진적으로 확대된 것을 살펴보았다. 로마에서는 반대되는 일이 일어났다. 기원전 200년까지, 노예와 전리품이 이탈리아로 쏟아져 들어오면서, 해외 정복이 공화국 경제의 원동력이 되었다. 이렇게 급증한 유동성에 따라 소규모 농민으로부터 사들인 토지가 모인 거대한 농장이 생겨났다.

로마는 가난한 농부들을 군단에 장기간 징집하여 무거운 짐을 지웠다. 주인에게 대항하여 봉기할 우려 때문에 군대에서 복무할 수 없었던 노예를 부려서 땅을 경작한 부자들은 징병 문제를 피해 나갔다. 공화국 민회 콘실리움 플레비스Concilium Plebis는 기원전 133년에 두 지도자 티베리우스와 가이우스 그라쿠스 형제가 가난한 사람들에게 국유지를 분배할 것을 제안하면서 개혁을 시도했다. 거의 즉시 귀족 원로원의 요원이 티베리우스를 암살했다. 가이우스의 차례는 12년 후에 왔다. 기원전 45년 공화국의 전복과 율리우스 카이사르의 독재가 공공 책임public accountability의 마지막 조각을 파괴했다. 그것은 또한 로마에서 사법 독립의 종말을 의미했다.

공화국이 무너진 뒤에는 황제가 법을 만들었다. 법률 전문가의 도움을 받는 것이 보통이었지만 몇몇 황제, 특히 클로디우스와 셉티무스 세베루스는 법정 사건을 스스로 처리하기를 좋아했다. 물론 대부분의 법적 문제에는 황제의 관여가 필요 없었다. 관리들이 배치된 별도의 부서가 청원을 처리했다. 법령이 아무리 정교하고 기구가 아무리 복잡했더라도, 절대적 통치자인 황제는 로마법을 타락시켰다. 이 점에서 로마의 법은 우두머리가 판사와 배심원 역할을 겸하는 원시 부족의 법과 다를 것이 거의 없었다.

공화국 시절에도 법조인은 강한 정치적 압력을 받으면서 일했다. 치안관의 자리가 사실상 집정관으로 가는 징검다리였고, 집정관은 전능한 원로원으로 들어가는 관문이었다. 공화국 말기에는 8명의 치안관이 두 개에 불과한 집정관 자리를 두고 경쟁을 벌였다. 치안관에게는 강력한 적을 만들만한 여유가 없었기 때문에 역사학자들은 그들에게 진정한 사법적 독립권이 있었는지를 의심한다. 따라서 연줄이나 영향력이 없는 일반 시민의 시민권과 재산권이 위태로운 상태를 벗어나지 못했다.

제국 시대에는 사법 독립과 비슷하기라도 한 모습이 모두 사라졌다. 황제가 원하는 대로 법을 만들고 시행했다. 그런 환경이 일반 시민의 생명과 재산을 위태롭게 함에 따라 혁신과 투자에 대한 인센티브가 거의 없었다.

로마의 시스템에는 또 다른 중대한 결함이 있었다. 정치적·시민적 권리가 재산권에 종속되는 제도가 사회 구조의 불안정을 유발했다. 노예제와 징병제는 모든 사회에서 재산권의 확산을 저해한다. 노예를 값싸게 부릴 수 있으면 대규모 영지의 경작이 쉬워진다. 설상가상으로 로마의 시스템은 대다수 대지주의 세금과 징집을 면제해 주었다. 국가가 수십 년의 징집과 가혹한 세금으로 자유 시민을 처벌할 수 있다면, 두 가지가 모두 면제된 부유한 이웃에게 팔아버리는 것이 훨씬 더 쉬운 일인데 굳이 가족의 밭을 갈 이유가 있을까?

노예제와 장기간의 징집 모두 진지하게 의문을 제기하기에는 너무도 깊이 로마의 시스템에 뿌리박혀 있었다. 그리스도 노예제를 채택했지만, 한편으로는 완전한 시민적·정치적 권리를 누리기 위한 재산의 기준을 점진적으로 낮췄다. 펠로폰네소스 전쟁 당시에 대부분 도시국가가 토박이 남성 대다수에게 모든 특권과 함께 완전한 시민권을 부여했다.

정복으로 연명하는 국가는 칼날 위에서 살아간다. 서기 3세기에 제국의 건설을 위한 전리품의 유입이 중단되었을 때, 위축된 농업과 상업 부문의 세금으로 부족분을 메울 수는 없었다. 결과적으로 서로마제국은 서기 5세기에 멸망했다.[10]

영국 관습법의 부상

재산권의 개념은 문명 자체만큼이나, 어쩌면 더 오래되었을 것이다. 고대 세계에서 몇몇 그리스 도시국가에서만 보호되었던 개인의 권리는 그렇지 않다. 고대 세계에서는 독립적 사법 체계의 지원을 받는 개인의 권리가 그리스와 로마 공화정에서 잠시 꽃 피웠다가 로마제국과 제국이 붕괴한 이후의 암흑기에 완전히 사라진 쥐약한 개념이었다.

1600년까지 개인의 권리와 재산권의 강력한 결합이, 존 로크가 자신의 자연법natural law 체계를 설명하기 훨씬 전에, 영국에서 만개했다. 한편 미국인은 '생명, 자유, 그리고 행복의 추구'라는 자명한 권리를 선언한 토머스 제퍼슨에게 너무 큰 공로를 부여한다. 실제로 1787년의 헌법 논쟁에서 독립선언문의 반대자들은 통상적으로 영국인의 권리라 불린 자신들의 자유가 충분히 보호되지 못했다고 불만을 나타냈다.[11] 반연방주의자들에 대한 양보로 권리장전Bill of Rights-처음 10개 수정조항-이 헌법에 추가되었다. 수정헌법 5조는 정당한 절차와 부당한 몰수로부터의 보호를 구체적으로 보장했다. 나중에 수정헌법 14조에 적법한 보호 절차가 추가되었다.

근대적 경제 번영의 기원은 제2천년기 초기에 영국에서 시작된 개인의 권리 및 재산권의 발전과 불가분하게 얽혀있다. 이는 다른 지역, 특히 르네상스 시대 이탈리아와 나중의 네덜란드 같은 지역에서 재산권이 독자적으로 발전하지 않았다는 의미가 아니다. 그러나 이러한 권리가 세계사의 진로를 영구히 바꿔놓은 활력, 추진력, 중요성을 얻은 곳은 섬나라 영국이었다.

우리는 수정헌법 5조와 14조 관련조항의 계보와, 영국의 존 John 왕이 이노첸시오 3세Innocent III 교황 및 자신의 신민 모두와 잘 지내지 못했던 것으로 보이는 제2천년기 초기까지 거슬러 올라가는, 서구의 번영 자체의 기원을 추적할 수 있다. 중세 시대에는 서구의 통치자 대부분이 이론적으로 교황의 봉신vassals 이었다. 실제로 통치자가 왕국의 소유권을 로마로 이전하고 교회에 헌납하기 위한-존의 경우 매년 1000마르크의 은화-봉건 영지로 다시 임대했다. 이 시스템은 말하자면 신성한 갈취 수단이었다. 왕은 그에 대한 리베이트kickback로 예컨대 교황이 반역을 꾀하는 귀족을 파문으로 위협할 것을 기대할 수 있었다. 보너스로, 교황 성하는 또한 영원한 지옥 불의 저주에서 왕을 보호해주었다.

　　그러나 존은 이러한 합의를 주저했고 이노첸시오 3세는 1209년에 그를 파문했다. 3년 뒤에 바티칸이 공식적으로 그의 왕국을 몰수했고 존은 이듬해에 교황의 요구에 굴복했다.

　　1214년 여름 노르망디를 되찾기 위한 전투에서 프랑스의 필리프 2세Philip Augustus에게 완패한 후에 존은 추가적인 군사행동을 위한 자금이 절실하게 필요했다. 그는 귀족들에게 압력을 가하고, 그들의 땅을 침범하고, 왕실 임차인들의 임대료를 올리고, 그들의 재산을 몰수했다. 존의 실수는 필요한 절차-오늘날 적법 절차라 불리는-를 생략하고 자의적으로 귀족의 재산을 빼앗은 것이었다. 게다가 그는 경고도 없이 법률과 벌칙을 공포하고 소급하여 적용했다. 그는 또한 교회의 토지를 압류하고, 전쟁 포로를 교수형에 처하고, 귀족의 자식을 인질로 잡아 아버지의 충성심을 확보하려 했다.

존은 이미 터무니없는 행동으로 귀족과 그 부하들에게 명성을 얻었고, 그들은 1214년 말에 마침내 왕에 대항하여 봉기했다. 로버트 피츠월터Robert Fitzwalter가 이끈 반란군이 런던을 점령하고 왕에게 러니미드Runnymede에서 협상에 임할 것을 강요했다. 1215년 6월 15일에 전투원들은, 처음에는 남작의 조항Articles of the Barons으로 나중에는 대헌장Great Charter으로 불렸고 오늘날 마그나 카르타Magna Carta로 불리는, 총 68장으로 구성된 긴 합의 문서에 서명함으로써 적대행위를 끝냈다. 귀족들이 존에게 합의를 이행하도록 강요한 것은 그가 자신들의 재산을 탈취하면서 국가의 암묵적 행동강령인 관습법을 명백히 위반했기 때문이었다.

영국의 행복한 우연

존과 귀족들이 러니미드에서 만났을 때까지 영국의 법학자들은 모든 영국인-평민, 귀족, 그리고 이론적으로는 군주 자신까지-의 권리, 의무, 처벌을 관장하는 판례법case law의 확고한 토대를 마련했다. 관습법common law이라는 용어는 이렇게 축적된 판례법을 말한다. 관습법의 독특한 점은 축적된 사법적 결정의 우위성primacy이었다. 1600년까지 의회는 관습법의 선례가 없는 법률을 거의 제정하지 않았다. 선례가 있는 경우에도, 의회의 법령은 거의 언제나 기존의 판례법을 요약하고 간소화하는 역할을 했다. 의회가 관습법이 침묵을 지키는 분야에 대한 행동에 나서는 경우가 드물었고 관습법과 어긋나는 법안은 절대로 통과되지 않았다.

17세기의 저명한 법학자 에드워드 코크Edward Coke는 관습법이 성문법보다 우위에 있다고 말하기를 좋아했다.[12] 현대에는 영국에서 기원한 관습법이 로마법에서 파생하여 나머지 유럽과 세계 여러 지역에서 우위를 차지한 시민법civil law과 대조를 이룬다. 관습법과 시민법의 차이를 설명하는 것은 이 책의 범위를 멀리 벗어나는 일이다. 그러나 포괄적인 일반화로서 관습법은 법적 선례의 우위 및 사법부와 다른 정부 부처 간의 권력 분립을 강조하는 반면에, 시민법 제도는 입법 활동이 우선권을 갖고 보다 중앙집중화되어 있다. 두 시스템의 중요한 차이점은 다음과 같다. 시민법을 채택한 국가의 제도에 영향력을 미치려면 입법부만 장악하면 되지만 관습법을 채택한 국가에서는 정부의 주요 부서 세 곳 모두에 영향력을 미쳐야 하는데, 이는 실로 어려운 일이다.[13]

이전에 영국을 통치했던 플랜태저넷Plantagenet 왕가와 노르만 통치자들은 평민과 귀속에게 덜 광범위한 헌장charters을 부여했다. 마그나 카르타는 탄생의 극적인 상황으로 인하여 여러 세기 동안 영국인의 마음속에 소중하게 자리하게 되었다.

마그나 카르타는 존 왕과 귀족 사이의 갈등에 네 가지 해결책을 적용했다. 첫째, 왕이 부당하게 얻은 모든 이익을 반환하도록 했다. 둘째, 그가 절도, 납치, 살인 행위를 되풀이하지 않도록 요구했다. 셋째, 영국인의 권리를 성문화하고 명시적으로 모든 자유인에게 확대했다. 마지막으로, 그리고 가장 중요하게, 그러한 권리를 확보하는 데 필요한 절차를 상세히 기술했다.[14]

현대인에게는 대헌장의 여러 장이 자의적이거나 모호하게 보인다. 첫 장과 마지막 장은 왕의 간섭으로부터 교회의 자유를 약속했다. 10장과 11장은 유대인 대금업자에게 이자를 지불하는 방법을 자세히 설명했다. 54장은 남편의 죽음과 관련된 경우를 제외하고 아무도 여성의 증언으로 체포될 수 없음을 명시했다.

그러나 미국 독자들에게 특별한 반향을 불러일으키는 것은 '대표가 없으면 과세도 없다'며 과세와 의회의 참여를 연결한 12장이다. 마그나 카르타는 국가 총회general council의 동의가 없이 새로운 세금을 부과할 수 없다는 것을 명시했다.

놀랄 일도 아니지만, 헌장의 대부분, 17장에서 61장까지는 존 왕의 권력 남용이 가장 심했던 법 집행 분야를 다뤘다. 예를 들어 20장은 부당한 벌금과 생계에 필요한 도구의 몰수를 금지했다. 벌금이 부당한지 아닌지는 누가 결정했을까? 국법the law of the land 즉 영국의 관습법이었다. 28장에서 31장까지는 왕이 특정한 종류의 재산을 임의로 탈취하는 것을 금지했다.

역사상 처음으로 왕이 법 위에 서지 못하게 되었다. 가장 중요한 약속이 포함된 39장은 그 어떤 자유인도 "체포되거나, 감옥에 구금되거나, 자유권을 박탈당하거나, 불법화되거나, 추방되거나, 어떤 방식으로든 괴롭힘을 당할 수 없다. 그리고 우리는 동료들의 적법한 판단이나 국법에 의거하지 않는 한 그에게 불리한 조치를 취하지 않을 것이다"라고 명시했다.

더욱이 이러한 보호가 단지 성직자와 귀족만이 아닌 모든 자유인에게 부여되었다. 다시 말해서 누구든지 왕이 생명, 자유, 재산을 임의로 박탈할 수 없었다. 코크, 로크, 그리고 제퍼슨보다 6세기 앞서서 적법 절차due process가 요구되었다.

나쁜 소식이 추가로 왕을 기다리고 있었다. 52장과 53장은 왕에게 마그나 카르타가 서명되기 전 수년 동안 부당하게 탈취한 재산을 반환할 것을 강요했다. 아마도 존 왕을 가장 화나게 한 것은 25명의 귀족으로 위원회를 구성하고 왕실의 불의한 행위를 검토하여 필요하다면 되돌릴 수 있는 권한을 부여하도록 규정한 61장의 조항이었을 것이다.

대헌장은 심지어 자유무역을 위한 작은 타격도 가했다. 41장과 42장에서 전시를 제외하고 왕이 영국 및 외국 상인의 여행과 거래를 방해하는 행위를 금지했다.[15]

그리스 민주주의의 평온했던 시절 이후로 그렇게 많은 사람에게 그렇게 많은 자유가 부여된 적이 없었다. 자유와 함께 번영의 기회도 왔다. 2015년 6월 15일 존 왕의 항복을 훗날의 폭발적인 세계적 경제성장의 도화선으로 보는 것은 그리 큰 도약이 아니다.

이와는 대조적으로, 그리스에서 꽃 핀 개인의 권리는 4세기라는 기간과 아테네의 광장에서 도보로 며칠 거리 인에 있는 계곡들의 소규모 집단에 한정되었다. 로마제국의 법은 그러한 보호를 제공하지 않았다. 황제의 권력을 제한하려는 시도가 오래 사는 데 도움이 되지 못했고, 어쨌든 성공할 가능성도 작았다. 중세기 유럽 국가의 통치자에게 제한을 가하려는 시도도 마찬가지로 소용없는 일이었다. 마그나 카르타는 사실상, 오늘날까지 전 세계에 충격파가 울려퍼지는, 개인의 자유와 재산권의 폭발을 알린 출발점이었다.

8세기가 지난 지금도 여전히 혁명의 손길이 닿지 않은 광대한 지역이 남아있다. 그러나 우리는 혁명의 끊임없는 진보를 착각할 수 없다. 프린스턴 대학교의 정치학자 마이클 도일은 대의 민주주의, 사법권, 재산권(즉 시장경제)의 존재를 의미하는 '자유민주주의liberal democracy'의 역사를 추적했다. 다음 표는 그렇게 축복받은 국가의 수를 보여준다. 자유민주주의를 이룩한 국가는 1790년까지도 영국, 미국, 스위스의 세 나라뿐이었다. 표에서 보듯이 이 숫자가 지난 2세기 동안에, 두 차례 세계대전 사이에 파시즘이 부상한 시기와 일치하는 단기적 중단이 있었지만, 극적으로 증가했다.*

연도	자유민주주의 국가 수
1790	3
1848	5
1900	13
1919	25
1940	13
1960	36
1975	30
1990	61

말할 필요도 없이, 그 봄날 러니미드에서 영국의 자유민주주의가 꽃을 활짝 피운 것은 아니지만, 자유민주주의의 씨앗이 비옥한 토양에 심어졌다. 마그나 카르타의 지속적 중요성에 대하여 데이비드 흄David Hume은 말했다. "왕의, 그리고 어쩌면 귀족의 야만적인 방종이 그 이후로 좀 더 절제되었다. 사람들의 재산과 자유가 좀 더 안전하게 되었다. 그리고 정부가 그러한 목표에 좀 더 가까워졌다."[16]

물론 표리부동했던 존 왕은 합의를 존중할 의사가 없었고,

---

* 프랜시스 후쿠야마(Francis Fukuyama)는 자유민주주의의 더 나은 정의를 제공한다. "자유"는 개인의 권리, 특히 재산권이 국가에 의하여 보호됨을 의미한다. "민주주의"는 국가의 지도자가 보편적 유권자의 비밀투표에 의해서 선출됨을 뜻한다. 이 패러다임에 따르면 19세기 영국은 자유였지만 민주주의가 아니었고, 이랍이 이슬람공화국은 민주주의지만 자유가 아니다. 프랜시스 후쿠야마, 『역사의 종말: 역사의 종점에 선 최후의 인간』 (뉴욕: Avon Books, 1992), 42-44 참조.

몇 달 안에 왕당파의 반격이 시작되었다. 1215년 8월 24일에 그는 바티칸 투자에 대한 뒤늦은 배당금, 즉 헌장을 무효화하는 교황의 칙서를 받았다. 영국에는 다행스럽게도 늙은 악당은 1년이 지나기 전에 죽었다. 왕위를 계승한 아들 헨리 3세에게는 섭정이 필요했다. 약한 소년 왕과 그의 섭정이 귀족들과 타협했고, 상당한 압력을 받은 섭정이 두 차례에 걸쳐 헌장을 확인했다. 공식적으로 왕위에 오른 헨리 3세는 특별한 의식을 통해서 헌장을 재발행했고 1225년에는 문서를 39개 장으로 간소화했다.

헨리의 1225년 헌장이 대부분 학자에게 결정적인 버전으로 여겨진다. 헨리 3세와 후계자 에드워드 1세는 여섯 차례, 의회는 이후 여러 세기 동안 수십 번 더 이 문서를 확인했다.

1225년 문서의 29장이 1215년 헌장의 39장을 대체했다. 가장 일반적으로 받아들여지는 라틴어의 번역은 반복할 만한 가치가 있다.

> 어떤 자유민도 체포되거나, 투옥되거나, 그의 자유권, 자유, 자유로운 관습을 침탈당하거나,* 불법화되거나, 추방당하거나, 다른 어떤 방식으로도 파괴될 수 없다. 우리는 동료들의 적법한 판단이나 국법에 의하지 않는 한 그를 지나치지도 비난하

---

* 침탈당함(disseised)은 부당하게 빼앗김을 뜻한다.

지도 않을 것이다. 우리는 정의와 자유를 아무에게도 팔지 않고 누구에게도 부정하거나 거부하지 않을 것이다.[17]

이는 원래 헌장의 39장에 있는 것보다 훨씬 더 광범위하고 강력한 권리 선언이다. 새로운 버전은 옛 문서의 폭 좁은 보호를 '자유'와 '관습'에 대한 보편적 보장으로 대체했다. '정의나 권리'가 거부될 수 있는 사람은 아무도 없었다. 미국의 권리장전 중에 이 주목할만한 단락에서 유추할 수 없는 내용은 거의 없다. 새로운 헌장은 왕이 자의적으로 자유시민의 권리를 박탈하는 것을 금지했다. 그 이후로 누구든 자유와 재산권을 축소하는 데는 적법한 절차가 요구되었다.

1215년과 1225년 헌장 모두 왕실의 탐욕으로부터 재산의 보호를 보장했다. 두 버전 모두 여러 장에서 곡물과 마차 같은 사유재산을 징발하기 전에 왕에게 요구되는 절차와 비용을 상세히 기술했고, 이는 미국 수정헌법 5조 징발 조항taking clause의 기초가 되었다.

일찍이 13세기의 법학자이며 영국 최초의 법률 개요서 『영국의 법령과 관습법The Statute and Common Law of England』을 편찬한 헨리 브랙턴Henry Bracton은 마그나 카르타의 혁명적 함의를 인정했다. 처음으로 왕이 관습법에 명시적으로 복종하게 되었다. "왕은 그 누구에게도 복종하지 않지만, 신과 법에 복종해야 한다. 법이 그를 왕으로 삼았기 때문이다." 따라서 인류 역사상 처음으로 자유 농민과 왕에게 똑같이 적용되는 법 아래의 평등이 나타났다. 왕에게까지 적용되는 평등이 판사와 국회의원들에게 적용될 것은 확실했다. 따라서 재산권을 옹호하는 또 하나의 지지층이 확립되었다. 입법자에게도 법이 적용된다면, 자신에게 같은 운명이 다치지 않도록, 다른 사람의 생명, 자유, 재산을 멋대로 탈취하는 일을 허용할 수 없을 것이다.[18]

고대 그리스 이후 처음으로 법이, 비천한 농부에서 왕에 이르기까지, 모든 자유민을 동등하게 대우했다. 이는 사람들의 다양한 계층을 법으로 인정한 고대 로마 및 중세기의 상황과 매우 달랐다. 오직 영국과 고대 그리스의 일부 지역에서만 사회 계급의 평준화를 통해서 법의 지배와 그에 따른 재산권이 나타날 수 있었다. 처칠의 말을 빌리자면, 그것이 폭정의 종말은 아니었다. 종말의 시작조차도 아니었다. 그러나 영어권 세계에서 처음으로 엿보게 된 1215년에 시작된 전제정치의 쇠퇴는 전 세계에서 느리고 더듬거리는 방식으로 오늘날까지 이어진 과정이었다.

이후 500년 동안 영국의 군주들은 다양한 정도의 의욕과 교활함으로 재산권과 법의 지배를 공격했다. 여러 세대의 법학자, 철학자, 국회의원이 육성하고 보호하지 않았다면 플랜테저넷, 랭커스터, 요크, 튜더, 또는 스튜어트 왕조에 의하여 재산권과 개인의 자유가 말살되고 서구의 번영이 결코 태어나지 못했을지도 모른다. 이 이야기의 영웅 중에는 에드워드 코크와 존 로크의 두 사람이 두드러진다.

에드워드 코크: 재산권의 초석을 놓다

러니미드 이후 수 세기 동안 영국인들은 마그나 카르타와 그 뒤를 이은 왕실과 의회의 헌장을 개인의 자유 즉 영국인의 권리를 지키는 보루로 여기기 시작했다. 이런 전통이 이어진 1552년에 노픽의 마일햄Mileham에서 태어난 에드워드 코크 경은 케임브리지를 졸업한 후에 법률을 공부하기 위하여 런던에 있는 링컨스 인Lincoln's Inn에 들어갔다. 코크의 출세는 유성과 같았고, 사법 기술과 법학에 대한 백과사전적 지식이 젊은 나이의 그를 당시에 세간의 이목을 끌었던 소송 사건으로 이끌었다. 코크는 빠르게 당대 최고의 변호사가 되었고 하원의장을 포함하여 사법부 및 입법부의 최고 직위에 올랐다. 그는 능력이 탁월하고 고지식할 정도로 정직했지만, 법정에서의 행동에는 엉뚱한 데가 있었다. 검찰총장 시절에 월터 롤리Walter Raleigh 경을 반역 혐의로 기소했을 때는 이 위대한 인물을 모욕적으로 다뤘다. "당신의 얼굴은 영국인이지만 마음은 스페인 사람이다!"라고 한 그의 말은 유명하다.

코크는 1606년에 일반탄원법원court of common pleas의 수장으로 임명되고 나중에는 왕의 법원King's Bench 판사가 되었다. 이들 직책에서의 무시무시한 활약이 그의 사법적 독립성을 강화하고 왕과 의회 모두에 대항하는 법원의 권한을 뒷받침하는 역할을 했다. 코크의 결정과 견해는 행정부, 입법부, 사법부로 나뉘는 근대적 삼권분립의 토대를 형성하는 데 크게 기여했다.

튜더 왕조가 선택한 검찰 기구는, 왕국의 보통 법원에서 볼 수 있는 관습법과 달리 로마(시민)법을 선호한 추밀원Privy Council 이었다. 로마법은 추밀원과 왕실의 대리인들에게 군주의 신성한 권리를 추구하기 위한 융통성을 제공했고, 17세기에는 법원, 의회, 왕실 사이의 대격전, 즉 일반법원과 로마식 왕실법원의 다툼이 절정에 달했다.[19]

사법적으로 코크의 최대 라이벌은 다름아닌, 제임스 1세의 검찰총장을 역임한, 프랜시스 베이컨 경이었다. 두 사람의 경쟁 관계의 기저에는 코크의 잘 알려진 왕권에 맞선 사법적 도전이 있었다. 1606년에 리치필드Litchfield의 주교는 제임스 1세가 과거에 자신에게 성직록benefice(주교의 급여와 비용-옮긴이)을 부여했다고 주장하면서 소송을 제기했다. 왕은 성직록을 부여한 사실을 부인하고 자신이 판사들과 개인적으로 사건을 논의할 수 있을 때까지 평결을 연기할 것을 요청했다. 오늘날의 법원에는 충격적이겠지만, 17세기에는 특별히 이례적인 요청이 아니었다. 코크는 요청을 거부하고 왕의 요구가 불법적임을 서면으로 선언하도록 동료 판사들을 설득했다.

매우 불쾌해진 제임스는 판사들을 집무실로 호출하여 결정을 번복하도록 요구했다. 코크의 동료들은 떨리는 무릎을 꿇고 왕의 용서를 빌었다. 그러나 코크는 움츠러들지 않았다. 그는 침착하게 국왕 폐하에게 자신은 따를 수 없음을 알렸다. 왕이 계속해서 압박을 가했을 때도 코크는 판사로서 자신의 의무를 이행할 것을 고집했다. 제임스는 코크를 법원에서 해임하여 응징할 것을 요구했다. 코크의 목은 오직 평민의 보호자로서 얻은 엄청난 인기 덕분에 무사할 수 있었다. 그는 의회로 돌아가서도 변함없이 왕실의 특권에 맞서서 의회의 권리를 방어하는 일을 계속했고, 몇 년 후 찰스 1세 치하에서는 자신의 보고서 책자에서 자신의 의견이 상당 부분 편집되어 삭제되는 수모를 겪었다.[*]

그 시대에 독특한 것은 아니지만 상징적인 에피소드였다. 고대 그리스인은 처음으로 재산권의 보호가 독립적 사법부의 의무라는 것을 깨달았다. 이제 유럽 역사상 최초로 판사가 왕권에 맞서게 되었다. 아마도 코크는 제임스 앞에 엎드리기를 거부했을 때 바로 그런 생각을 했을 것이다. 이전 시대에는 그런 불경죄가 치명적이었다. 그러나 코크는 17세기 들어 그러한 절대 권력이 왕에게서 빠져나간지 오래 되었다고 정확하게 계산했다.

훗날까지 가장 큰 영향을 미친 업적으로 1600~1615년에 집필한 4부작『영국의 법 제도Institutes of the Law of England』에는 코크의 행정부와 사법부 경력이 망라되었다. 그의 영향력은 특히 아메리카 식민지에서 두드러졌다.『영국의 법 제도』가 식민지 법

---

[*] 코크가 왕과 대결을 벌인 지 15년 뒤인 1631년에 찰스는, "사람들이 그의 말을 지나치게 위대한 신탁(oracle)으로 여기고, 그가 말하거나 쓰는 모든 것에 있는 권위에 오도되기 때문에" 코크가 책을 출간하는 것을 막으려 했다. 윌리엄 홀즈워스, 『영국법을 만든 사람들(Some Makers of English Law)』(케임브리지, 케임브리지 대학교 출판부, 1966), 116-118 참조.

률 교육의 핵심이 되었고 코크의 아이디어가 건국의 아버지들 Founding Fathers의 생각에 깊이 스며들었다. 한 평론가는 코크의 실수조차도 관습법이었다고 놀라워했다.[20]

『영국의 법 제도』는 마그나 카르타를 관습법의 소중한 기반으로 삼았다. 1225년 버진을 신호한 코크는 이 문서가 "대헌장 또는 마그나 카르타로 알려진 것이 문서의 길이나 규모 때문이 아니라, 그 안에 포함된 내용이 엄청나게 중요하기 때문, 간단히 말해서 모든 기본적 법률의 기초가 되기 때문"이라고 말했다.[21]

코크의 특별한 통찰은 평민에게 왕으로부터의 보호뿐만 아니라 의회로부터의 보호도 필요함을 알아차린 것이었다. 그러한 보호의 보루는, 자신만 아니라 아내와 자녀의 재산, 토지, 수입과 자신의 신체, 명예, 생명을 보호하고 방어하는 최고이자 가장 보편적인 생득권birthright인 관습법이었다.[22]

다양한 버전의 마그나 카르타가 때로는 보통 사람의 권리에 대하여 모호할 때도 있었지만, 코크는 헌장이 귀족과 성직자만이 아니라 모든 자유인의 권리를 보장한다고 확고하게 주장했다. 그는 관습법의 핵심이라고 생각한 헌장의 29장에 적어도 아홉 개의 가지branches가 포함된다고 설명했다. 이들 가지는 투옥, 재산 몰수, 변호 거부, 추방, 처형을 포함하여 모든 경우에 정당한 절차가 준수되어야 함을 보장했다. 더욱이 그는 29장이 어떠한 상황에서도 왕이 형을 선고하거나 직접적 처벌을 내리는 행위, 누구든 개인의 권리를 파는 행위, 정의를 거부하는 행위, 누구에게든 특별한 권리를 부여하는 행위를 금지한다고 믿었다.

1215년에 러니미드에서 서명된 원래 헌장에는 왕을 감독할 귀족 위원회에 관한 조항(61장)이 포함되었지만, 헨리 3세의 1225년 헌장은 그렇지 않았다는 것은 주목할만하다. 코크가 『영국의 법 제도』를 쓸 때까지 사법부는 오랫동안 왕을 감시해왔다. 1628년에 코크는 의회에서 말했다. "마그나 카르타는 왕의 통치권을 박탈할 정도로 대단한 문서다."[23]

코크의 판결과 의견은 영국과 미국법에 깊이 스며들었다. 손쉬운 읽을거리는 아니지만, 그의 많은 의견이 현대 사회에 직접적인 영향을 미친다.[24]

본햄 박사 사건이 코크의 법적 장인정신이 드러난 전형적 사례다. 토머스 본햄Thomas Bonham은 런던에서 개업한 의사였다. 헨리 8세는 런던에서 일하는 의사들의 면허권을 런던에 있는 의사대학College of Physicians에 부여했고 의회가 이 권한을 확인했다. 본햄이 유능한 의사라는 것은 분명했지만, 케임브리지에서 교육을 받았다는 것이 그의 불운이었다. 독점권을 행사하여 본햄을 배제한 대학은 그에게 벌금을 물리고 투옥했다.

1610년에 본햄은 부당한 투옥에 대하여 대학을 고소했다. 재판을 주재한 코크는 의사에게 유리한 판결을 내렸다. 코크는 대학이 무능한 의사로부터 대중을 보호하기 위하여 면허를 부여할 의무가 있음을 인정했지만, 잘 훈련된 의사임이 분명한 본

햄의 필수적 자유, 즉 생계를 꾸리는 능력을 부당하게 박탈했다고 판결했다. 그런 판결을 통하여 코크는 애덤 스미스보다 거의 200년, 셔먼 반독점법Sherman Antitrust Act보다 300년 앞서서 독점의 방해를 받지 않는 자유시장 역시 필수적 권리임을 주장했다. "일반적으로 모든 독점이 대헌장에 위배된다. 국민의 자유와 국법에 반하기 때문이다."[25]

의사대학은 길드guild로서의 지위를 내세워 독점적 행동을 은폐하려 시도했다. 중세기의 길드는 공식적으로 전문직의 높은 기준에 대한 보증인이었다. 그러나 실제로는 상업이나 특정한 직업에 대한 진입을 제한하고 가격을 높이는 카르텔cartel이었다. 관습법은 일반적으로, 단일한 판매자는 독점에 해당하지만 길드는 다수의 판매자로 구성되므로 독점 금지에서 면제된다고 판결했다. 왕은 독점권을 부여하기 위하여 종종 길드라는 관습법의 허점(그리고 성문화된 의회의 1624년 법령)을 이용했고, 이 편리한 허구가 영국에서 19세기까지도 경쟁과 경제 발전을 억누르는 역할을 했다.[26] 코크는 또한 대학이 자신에게 납부해야 하는 10파운드의 벌금을 부과했을 때 관습법의 '이해관계 없는 판단disinterested judgement'의 원칙을 위반했다고 말했다. 그는 어떠한 사법 기구도 스스로의 이익과 관련된 문제를 주재하도록 허용되어서는 안된다고 판결했다.

현대의 법학자라면 '중요한 것은 결과가 아니고 과정이다'라고 말할지도 모른다. 대부분의 판례법에서 가장 중요한 결과는 실질적이 아니라 절차적 결과였다. 자신의 결정으로 코크는 오늘날까지 반향을 불러일으키는 법적 총격legal shot을 가했다. 그는 의사를 투옥하고 벌금을 부과할 권리를 대학에 부여함으로써 의회가 정당한 절차에 대한 관습법의 권리를 위반했다고 생각했다. 따라서 코크는 왕과 의회에 대한 사법의 우위를 주장했다. 이러한 도전이 한동안 지속되었지만, 1668년의 명예혁명 Glorious Revolution에서 의회가 승리를 거둔 뒤에는 결국 하원이 사법의 우위를 극복하게 된다. 스튜어트 왕조에 대한 우위를 차지한 의회는 새로 확보한 우위를 법원에 넘겨줄 생각이 없었다. 오늘날까지도 영국에서는 의회가 법원에 대한 우위를 유지하고 있다. 사법의 우위가 가장 깊이 뿌리내린 곳은 코크를 숭배한 아메리카의 영국 식민지였다.

사법의 우위는, 영국에는 없지만 미국에 있는, 명시적이고 강력한 성문헌법의 지원이 있어야만 잘 작동한다고 말해진다. 사법의 우위가 미국 헌법에 명시된 것이 아니고 첫 번째 대법원장 존 마셜의 사고the accident of John Marshall의 산물이라는 것 또한 사실이다. 궁극적 기원이 무엇이었든 간에, 미국에 헌법상의 권력분립이라는 중요한 요소의 철학적 기반을 물려준 사람은 코크였다.

17세기 초까지 오늘의 우리가 그토록 존중하는 개인의 권리와 재산권의 관계가 영국에서 확립되었다. 우리의 현대적 관점에서 볼 때, 이들 권리에 대한 관습법으로 뒷받침되는 코크의 주장이 대단히 진보적이라는 인상을 준다. 그렇지만 17세기의 많은 관찰자는 정반대되는 결론에 이르렀다. 당시에는, 최근에 재발견 및 재해석된 로마법으로 뒷받침되는, 새롭게 중앙집권화된 거대한 국민국가가 근대화하는 유럽의 얼굴처럼 보였다. 그와는 대조적인 영국은 변방으로 여겨졌고, 수 세기에 걸쳐서 혼란스러운 중세기의 사법 사례를 모아놓은 판례법인 코크의 곰팡내 나는 관습법이 구제할 수 없을 정도로 시대에 뒤떨어진 것처럼 보였을 것이다.*

17세기는 코크가 관습법으로 왕실의 특권을 무력화한 것으로 시작하여 영국 의회의 우위를 불러온 처참한 내전의 여파 속에서 끝났다. 코크의 사법적 우위가 1688년 의회의 내전 승리의 희생양이 되기는 했지만, 이는 왕실의 몰락으로 인한 이익에서 아무것도 빼앗아가지 않았다.

다음 세기는 존 로크와 아메리카 식민지 주민들이 사법권과 의회 권력이라는 축복의 메시지를 나머지 서구 세계로 전파하는 모습을 보게 된다. 이렇게 국가 권력을 세 개의 가지-행정부, 입법부, 사법부-로 분할하고 제한하는 거의 연속적인 과정

---

* 코크의 시대에는 관습법 법원이 왕의 법원, 형평법원(Chancery), 해사법원(Adrmiralty)과 우위를 차지하기 위한 다툼을 벌였다. 왕의 법원은 왕실에 의하여 운영되어 왕의 요구에 직접 응답했고, 다른 두 법원은 주로 상업적 분쟁과 관련이 있었다. 왕의 법원에서 가장 악명 높은 기구는 고문이라는 도구를 종교재판소와 공유한 성실청(Star Chamber)이었다. 세 경쟁자에게 승리를 거둔 후에 관습법 법원은 다수의 판례법을 선례로 채택했다. 홀스워스(Holdworth), 111-13, 131-32 참조.

에 따라 자유와 재산에 대한 개인의 권리가 강화되었다.

17세기 중반의 영국 내전 당시에 영국인의 재산은 인류 역사상 그 어느 때보다도 안전했다. 그렇지만 다른 세 가지 요소가 충분히 발전하지 못했기 때문에 번영이 이루어지지 않았다. 이어진 200년 동안에 영국은 나머지 세 요소를 확보했고, 19세기의 증기기관과 전신의 발명으로 절정기에 이르렀다. 그 시점에서 영국과 영국의 딸 국가daughter nations들의 이점은 그들을 이전의 세대가 상상도 할 수 없었던 수준의 번영으로 이끌게 된다.

존 로크: 재산의 기본법

에드워드 코크가 시민의 자유와 재산권의 초석을 놓은 석공장이라면 존 로크는 장식을 담당한 조각가였다. 그는 시민의 자유 및 재산권의 근거와 아름다움을 법의 회랑 너머의 넓은 세상으로 전파하는 열변을 토했다.

코크가 사망한 직후인 1632년에 태어난 로크는 스튜어트 왕조에 맞서서 생사를 다투는 투쟁의 구덩이로 의회를 몰아넣은 내전의 소용돌이 속에서 성년이 되었다. 청교도인 그의 아버지는 아들이 집에서 교육을 받고 의회파의 군대에서 복무하도록 했다. 젊은 시절의 로크는 말했다. "뭔가를 알았을 때부터, 나는 지금까지 계속되는 폭풍우 속에서 살아왔다."[27] 그의 경력은 옥스퍼드 출신의 절친한 친구이자 나중에 샤프츠베리Shaftesbury 백작이 되는 앤서니 애슐리 쿠퍼Anthony Ashley Cooper와 떼어놓을 수 없는 관계를 맺고 있었다. 부유한 백작은 로크의 후원자가 되었고 로크는 백작이 신뢰할 수 있는 조언자가 되었다.

샤프츠베리 백작은 나중에 내전의 와중에서 의회파에 가담하게 된다. 두 사람은 분쟁의 여러 단계에서 해외로 도피했다. 샤프츠베리 백작이 영향력을 잃은 1675년 이후에 로크는 런던과 옥스퍼드로 돌아오기까지 프랑스에 머물렀다. 아마도 그는 자연법와 재산권을 설명한 중요한 저서『통치론』의 대부분을 옥스퍼드에서 썼을 것이다. 1681년에는 샤프츠베리 백작이 찰스 2세에 맞선 도당cabal에 가담한 혐의로 투옥되었다. 자신의 안전과 석방된 후의 건강을 우려한 백작은 1682년 초에 네덜란드로 달아났고 이듬해에 그곳에서 사망했다.

샤프츠베리 백작이 사망한 후에 옥스퍼드에 머물렀던 로크는 왕의 눈이 자신에게 미칠 것을 크게 두려워했다. 실제로 독순술사들이 대학의 홀에서 일상적으로 그의 사적인 대화를 감시했다. 샤프츠베리 백작과 마찬가지로 로크는 결국 네덜란드로 탈출했다. 1688년의 명예혁명으로 의회파가 최후의 승리를 거둠에 따라 영웅이 되어 영국으로 돌아온 로크는 왕의 권력에 대한 계속된 두려움으로 죽는 날까지 자신이『통치론』의 저자임을 부인했다.[28]

로버트 필머Robert Filmer 경의 『부권론Patriacha』에 대한 답변으로 1680년경에 집필을 시작한『통치론』은 결국 1690년에 출간 되었다. 필머의 책은, 관습법과 재산권 모두 신이 내린 왕권에 서 나온다는 생각에 기초하여. 절대 군주의 정당성을 논의한 아 첨하는 글이었다.『통치론』에서 로크는 자연 상태의 삶이 "고독 하고 가난하고 추악하고 잔인하고 짧다"는 홉스의 견해에 동의 했다. 사람들이 스스로를 보호하기 위하여 정부를 만든 것은 필 연적인 일이었다. 그러나 홉스의 해결책이 전능한 전체주의 국 가, 리바이어던Leviathan인 반면에 로크는 재산의 보존이 주된 목 적인 온건한 국가를 제안했다. (공정하게 말하자면, 홉스도 왕의 신성 한 권리를 반박하고 일반 국민의 권리로부터 정부의 정당성을 도출했다.) 더 나아가, 로크의 자연법에 따르면, 국가의 정당성이 전적으로 이 러한 책임을 이행할 수 있는 능력에서 비롯되었다. 실패한 국가 는 교체될 수 있었다. "의원들이 국민의 재산을 빼앗고 재산권 을 파괴하려 할 때마다 그들은 이제 더 이상 복종할 의무가 없 는 국민과의 전쟁 상태에 놓이게 된다."[29]

1688년 이후 영국의 정서를 반영한『통치론』은 아메리카 식 민지 주민의 귀에 음악처럼 들렸다. 그들은『통치론』을 반란 의 명분으로 삼으려고 서둘렀다. 실제로 다음 구절을 포함하여 『통치론』의 많은 부분이 거의 그대로 독립선언문에 들어갔다.

입증된 바와 같이, 다른 사람이나 세계의 수많은 사람과 동등하 게 완전한 자유와 자연법의 모든 권리 및 특권을 통제받지 않고

향유할 권리와 함께 태어나는 인간에게는 자신의 소유 즉, 생
명, 자유, 재산뿐만 아니라 보존을 위한 선천적 힘이 있다.[30]

이를 독립선언문의 유명한 세 번째 단락과 비교해보라. "우
리는 모든 사람이 평등하게 태어났고 창조주로부터 생명, 자유,
행복의 추구를 포함하는 양도할 수 없는 권리를 부여받았다는
사실을 자명한 진리로 생각한다."

영어 용법의 변화에 따라 우리에게는 제퍼슨의 표현이 더
친숙하게 들리지만, 긴밀한 유사성을 생각하면, 1776년경에 오
늘날처럼 표절을 단속하는 경찰이 없었다는 것이 다행한 일이
었다.

또한 제퍼슨이 로크의 재산estate을 보다 모호한 행복의 추구
persuit of happiness로 바꾼 것에도 주목하라.* 컬럼비아 대학교의
역사학자 찰스 비어드Charles Beard는 1913년에 독립선언문을 작
성한 사람들의 경제적 이익을 강조한 『미국 헌법의 경제적 해
석Economic Iterpretation of Constitution』이라는 책으로 센세이션을 일으
켰다. 재산권에 집착한 로크는 미국 혁명 자체의 기원을 재산에
대한 관심에서 찾을 수 있을 정도로 건국의 아버지들에게 큰 영

---

*   '행복의 추구'조차도 제퍼슨이 원저자가 아니다. 버지니아 인권선언의 초기 초안에서, 분명히 편
    집인이 필요했던, 조지 메이슨(George Mason)은 "재산을 취득하고 소유하는 수단과 함께 삶
    과 자유의 향유와 행복과 안전의 추구 및 획득"이라고 썼다. 「미국의 지속적인 신화를 폭로하다
    (Debunking America's Enduring Myths)」「뉴욕타임스」 2003년 6월 29일 참조.

향을 미쳤다. 예를 들어 그는 『통치론』에서 정당한 국가가 국민에게 세금을 부과할 수 있는 권리를 제시하면서, "누구든지 국민의 동의 없이 세금을 부과하는 사람은 재산의 기본법을 위반하게 된다"고 경고했다.[31]

로크는 관습법의 측면에서 개인의 자유와 재산권을 논의했다. 그렇게 함으로써 그는 누구 못지않게 관습법의 놀라운 경제적 잠재력을 확인하는 데 근접했을 것이다. 인간 사회에서는 자연스럽게, 심지어 가장 작고 원시적인 사회라도, 허용되는 관습, 행동, 그리고 궁극적으로 재산을 관리하는 규칙이 진화한다. 그러한 고대의 규범이 영국 관습법의 궁극적인 원천이자 힘이다. 법학자 브루노 레오니Bruno Reoni는 말한다. "로마인과 영국인은 법이란 제정되기보다 발견되는 것이며 사회에서 자신의 의지를 국법과 동일시할 위치에 있을 정도로 강력한 사람은 아무도 없다는 생각을 공유했다."[32] 같은 맥락에서 페루의 경제학자 에르난도 데 소토Hernando de Soto는 『자본의 미스터리The Mystery of Capital』라는 역작에서 사람들이 명령으로 선언된 법을 따르지 않을 것이며 성공적인 법률 구조는 사회의 문화와 역사에 뿌리를 두어야 한다고 지적했다. 다시 말해서 재산법을 대중이 쉽게 알아보고 받아들일 수 있어야 한다는 것이다.[33]

영국의 관습법만큼 국민의 역사적 지혜를 통합함과 동시에 개인의 자유와 재산을 보호하는 법 체계는 없다. 오늘날 어디든지 그것이 번창하는 곳에서는 국가의 부도 번창한다.

지적 재산권

재산은 유형적일 뿐만 아니라 지적일 수도 있다. 1730년경부터 세계는 유례없는 기술 혁신의 폭발을 목격했다. 오늘날까지 계속되어온 기술의 혁신은 특허법의 탄생에 힘입은 바가 작지 않다. 경제학자 더글러스 노스Douglas North는 발명이 사적 이익과 사회적 이익을 모두 창출한다고 지적했다. 즉 발명은 사회뿐만 아니라 발명가에게도 이익이 된다.[34] 발명에 대한 보상의 충분한 몫이 법으로 보장되지 않는다면, 발명가가 발명을 하지 않을 것이다. 발명가에게 충분한 보상을 제공함으로써 사회가 스스로 보상하게 된다. 다른 사람들이 아무런 제제도 없이 숟가락을 얹을 수 있다면, 제정신으로 발명품의 창조와 대량 생산에 수반하는 엄청난 자본, 시간, 노력을 투자할 사람이 없을 것이다. 상황이 더 나빴던 중국 제국에서는 황제가 새로운 발명을 재빨리 징발할 수 있었고 인쇄술, 종이, 환어음을 창조한 사람들도 그러한 운명을 맞았다.[35]

'지적 재산intellectual property'에 관해서 이야기할 때 우리는 세 가지, 즉 발명에 대한 특허, 저작물에 대한 저작권, 그리고 상표권을 의미한다. 이 섹션에서는 주로 경제적으로 가장 중요한 특허법에 집중할 것이다.

세 가지 유형의 지적 재산 모두 소유자에게 발명품, 저작물, 상표의 사용에 관한 독점권monopoly을 부여한다. 다른 모든 재산과 마찬가지로 이러한 독점 사용권은 양도 가능, 즉 마음대로 타인에게 팔 수 있다. 유감스럽게도 독점에는 길고 지저분한 역사가 있다. 통치자들은 종종, 대개 수입과 맞바꾸어, 친구, 길드 그리고 개별 상인에게 독점권을 부여했다.

우리는 8장에서 중세기와 근대 초기에 독점권의 부여가, 특히 스페인과 프랑스에서, 국가 수입의 중심이었고 그러한 관행이 혁신을 저해하고 경쟁을 억제하는 역할을 했음을 살펴볼 것이다.

우리는 또한-7장에서-네덜란드와 영국에서 처음으로 경제 성장이 이루어진 중요한 이유가 두 나라 정부가 독점적 관행을 포기하는 대신에 국가 수입의 주요 원천으로 소비세excise tax를 발전시킨 때문임을 알게 될 것이다.

여기서 특허법의 중심적 역설이 대두된다. 발명가에 대한 보호가 너무 약하면 창조와 생산의 인센티브를 약화하게 되고, 너무 강하면 경쟁을 억누르고 상업 활동의 목을 조르게 된다. 이런 사실은 무역과 상업 활동에 대한 특허 보호의 중요성이 명백해짐에 따라 르네상스 이탈리아에서 처음으로 인식되었다. 피렌체는 1421년에 피렌체 대성당 돔dome의 설계자로 유명한 필리포 브루넬리스키Filippo Brunelleschi에게 대리석을 비롯한 상품을 아르노강을 통하여 도시로 운반하는 대형 선박에 대하여 최초로 기록된 특허를 부여했다.* 1474년에 베네치아 의회가 다음의 특허법을 통과시킬 때까지 특허 보호는 거의 진전이 없었다.

우리 중에는 독창적인 장치를 발명하고 발견하는 능력이 뛰어난 위대한 천재들이 있다. 우리 도시의 웅장함과 미덕을 고려하여 그런 사람들이 매일같이 다양한 지역에서 우리에게 온다. 이제 그들이 발견한 장치와 업적에 대한 규정이 마련되어 다른 사람들이 같은 것을 만들어 발명가의 명예를 빼앗을 수 없게 된다면, 더 많은 사람이 자신의 천재성을 발휘하여 우리 공동체에 대단히 유용하고 이익이 되는 장치를 발견하고 만들게 될 것이다.[36]

이 법은 발명가들이 공화국의 일반복지위원회General Welfare Board에 특허를 신청하도록 했다. 발명가가 독창적이고 제대로 작동하는 장치로 위원회를 만족시키면 10년간의 특허 보호가 승인되었다. 모방범은 장치를 파괴당하고 100두카트(오늘의 화폐 가치로 약 4,000달러)의 벌금을 부과받았다. 당시로서는 경이로운 법안이었던 이 법은 특허 시스템의 사회적 가치, 부의 창출을 위

---

* 바달로네(Badalone, 바다의 괴물)라는 그 배는 큰 성공을 거두지 못하고 돔 건축을 위한 흰색 대리석을 운반하다가 아르노강에서 침몰했다. 브루스 W. 버그비, 『미국의 특허 및 저작권법의 기원(Genesis of American Patent and Copyright Law)』(워싱턴, D.C.: 퍼블릭 어페어즈 프레스, 1967), 17-19 참조.

한 인센티브, 그리고 가장 중요하게, 독창적인 장치에 한해서 제한된 기간 동안 독점권을 부여하는 일의 중요성을 인식했다.

독점권과 특허에 관한 영국의 초기 상황은 이탈리아만큼 좋지 않았다. 왕실은 때때로, 플랑드르의 양모와 직물 장인을 영국으로 끌어들이기 위하여 그들에게 부여한 것처럼, 가치 있는 노력에 대한 독점권을 부여했다. 그러나 이익의 한 몫을 대가로 왕실이 선호하는 사람들에게 독점권이 부여되는 경우가 더 많았다. 이러한 왕실 칙령은 특허 서한letters patent으로 알려지게 되는데, 특허라는 단어가 봉인되지 않은 편지 즉 공개 서한을 의미했다. 이러한 영국의 초기 절차는 분명히 베네치아보다 열등했다. 베네치아는 공공기관과 잘 정의된 신청절차에 의존한 반면에, 영국 왕실은 기분에 따라 특허를 부여했다. 특히 엘리자베스 1세가 자신의 이익을 위하여 특허 서한을 남용했다. 오랫동안 여왕의 신임을 받은 월터 롤리경은 와인 바wine bar에 대한 독점권을 부여받았다.

엘리자베스 여왕의 통치 초기인 1571년에 이러한 관행에 대한 의회의 반대가 처음으로 나타났다.[37] 반대에 개의치 않은 엘리자베스는 소금, 초석, 윤활유의 생산을 포함하여 오랫동안 확립된 공정에 대한 특허 서한 발행을 계속했다. 1597년의 경제 불황으로 인하여 소득이 줄어든 사람들이 독점 제품에 높은 가격을 지불할 수밖에 없게 된 상황이 이러한 관행에 대한 분노를 가중시켰고, 같은 해에 여왕의 법원Queen's Bench은 독점이 관습법에 위배된다고 판결했다. 1601년에 뒤로 물러선 엘리자베스는 이전에 승인했던 다수의 독점권을 취소했다. 여왕의 계승자 제임스 1세에 대한 코크의 저항-이 장의 앞부분에서 살펴본-이 불과 5년 뒤에 일어난 것은 우연이 아니었다. 16세기 말은 영국에서 법의 지배가 신성한 왕권의 통치를 완전히 압도하여 국가가 내전에 길로 들어서게 된 시점이었다.

더 많은 사법적 도전이 뒤따랐다. 가장 악명 높았던 다시 대 알린Darcy v. Allin 소송에서 법원은 엘리자베스 여왕이 궁내관groom 다시에게 카드 판매의 독점권을 부여한 것이 관습법 위반이라고 판결했다.[38]

법원은 법에 저촉되거나 국내의 상품 가격을 올리고 무역에 피해를 주는 등의 불편함으로 국가에 해를 끼치지 않는 새로운 발명 프로젝트에 대한 독점권을 지지했다.[39] 1615년의 입스위치Ipswich 직물 노동자 사건에서 법원은 제임스 1세가 부여한 독점권이 한정된 기간 동안 유효하고 새로운 발명에 적용되었기 때문에 적법하다고 판결했다.

특허의 보호를 위한 두 가지 요구 사항, 참신함과 한정된 기간은 오늘날까지 살아남아서 모든 서구 국가 특허법의 철학적 기초를 형성한다. 1624년에 의회는 축적된 판례법을 독점금지법Statute of Monopolies으로 통합하고, 위의 두 가지 기준을 충족하는 경우를 제외한 모든 독점을 불법화했다.

판례법과 법령은 영국의 특허 절차의 근본적인 문제를 해결하지 못했다. 왕실이 여전히 특허를 부여했고 군주가 여전히 그 절차를 남용했다. 특허는 심지어, 의회파가 특허에 관한 왕실의 특권을 축소할 것을 요구하면서, 영국 내전에서 작은 문제가 되기도 했다. 게다가 절차 자체가 매우 복잡했다. 열 곳의 서로 다른 기관을 방문해야 했고 수수료가 거의 100파운드에 달했지만 발명가에게 돌아오는 보상은 보잘것없었다. 1852년이 되어서야 영국의 특허 시스템에 대한 왕실의 개입이 중단되었다.

미국의 특허 절차는 처음부터 모국을 능가했다. 독립혁명이 일어나기 전부터 아메리카 식민지 대부분에, 대체로 영국보다 간결하고 효율적인, 정교한 특허 절차가 있었다. 1781년에 영국을 격파한 뒤에는 신생국 미국이 모국으로부터 특허법의 주도권을 빼앗았다.

연합규약Articles of Confederation은 연방정부의 역할을 전쟁 수행과 외교 문제로 제한하고 특허를 포함하는 상업 활동의 규제와 과세를 개별 주에 맡겼다. 그러나 이렇게 분산된 시스템의 비효율성-발명가가 펜실베이니아에서 특허를 받은 장치를 뉴욕에서 모방한 사람이 자신의 특허를 출원할 수 있었다-이 곧 모습을 드러냈다. 값비싼 모방과 소송으로 얼룩진 통제할 수 없는 소용돌이가 여러 주에서 시작되었다.

건국의 아버지들은 지적 재산의 중요성을 잘 이해했는데, 그중에 으뜸은 미국 헌법의 수석 설계자 제임스 매디슨이었다. 그는 버지니아 주의회 시절에 특허 문제에 관한 폭넓은 경험을 쌓았고 13개 주로 분산된 특허 시스템의 약점을 잘 알고 있었다. 북부 산업가들의 강력한 지원을 받은 매디슨은 헌법 제1조에 다음 조항을 삽입했다. "의회는 저자와 발명가에게 저작물과 발견에 대한 한정된 기간의 배타적 권리를 보장함으로써 과학과 유용한 기술의 발전을 장려하는 권한을 갖는다."

헌법과 강력한 연방정부에 대하여 전반적으로 불만이었던 제퍼슨은 이 조항에 반대했다. 1788년 10월에 제피슨에게 보낸 답변에서 매디슨은 다음과 같이 설득했다.

> 독점에 관하여 말하자면, 정부의 가장 큰 골칫거리의 하나임은 분명하다. 그러나 문학 작품과 독창적인 발견의 장려를 완전히 포기하기에는 가치가 너무 크지 않을까? 모든 경우에 부여된 독점권에 명시된 가격으로 특권을 폐지할 대중의 권리를 유보하는 것으로 충분하지 않을까? 또한 대부분 다른 국가보다 우리 정부에서 이러한 남용의 위험성이 훨씬 작지 않을까? 독점은 소수를 위한 다수의 희생이다. 권력이 소수에게 있을 때는 편파성과 부패로 다수를 희생시키기 마련이다. 그러나 우리와 같이 소수가 아닌 다수에 권력이 있을 때는 소수가 혜택을 받을 위험이 그리 크지 않다. 다수에 의하여 소수가 불필요하게 희생되는 것이 훨씬 더 두려운 일이다.[40]

1789년 3월 4일에 새로운 헌법으로 위임된 의회가 처음으로 소집되었을 때는 공화국의 생사가 걸린 입법과 재정 문제가 중심적 주제였고 포괄적 지적 재산권이 뒷전으로 밀려난 상태였다. 그러나 얼마 지나지 않아서 작가와 발명가들이 자신의 책과 장치를 보호하기 위한 개인 법률private legislation의 통과를 모색하기 시작했다. 의회가 개원한 지 5주 만에 사우스캐롤라이나의 토머스 터커Thomas Tucker가 처음으로 자신의 선거구민이며 혁명의 역사를 집필한 데이비드 램지David Ramsey라는 의사를 위한 법안을 발의했다. 그리고 저작권과 특허 보호에 관한 사적 요청이 하원과 상원에 쇄도하기 시작했다. 의회는 곧 특허법과 저작권법의 필요성을 인식하고 입법에 착수했다.

하원과 상원에서 상당한 논쟁이 벌어진 후에, 조지 워싱턴이 1790년 4월 10일에 미국 최초의 특허법에 서명했다. 이 법의 조항은 현대의 독자에게 환상적으로 보인다. 특허 시스템의 진입이 전쟁장관과 법무장관의 협조를 받은 국무장관에서 시작되었다. 법안의 핵심은 모든 특허 출원을, 비록 고위직일지라도, 이해관계가 없는 공직자가 자체적 장점으로만 평가하는 공정한 메커니즘의 시스템을 만들어냈다는 것이었다. 영국의 번거로운 로열티 기반의 절차보다 몇 광년 앞선 시스템이었다.

특허법을 집행하는 임무가 초대 국무장관 토머스 제퍼슨에게 떨어졌다는 것은 참으로 절묘한 아이러니다. 간섭적인 중앙정부와 특히 중앙집중식 특허 절차에 반대했지만, 열성적인 발명가였던 제퍼슨은 최초의 특허 심사관이 될만한 특별한 자격이 있었다. 그는 즐겁고 능숙하게 특허를 심사하는 일에 몰두했다.

새로운 시스템은 효율적이고 비용이 저렴했다. 제퍼슨은 1791년의 어느 날 하루 동안에, 영국의 특허 절차에서 요구되는 엄청난 비용과 뚜렷한 대조를 이루는, 4~5달러의 비용이 들어가는 특허 14건을 승인했다.

1802년에 제퍼슨은 대통령으로서 이제 매디슨이 이끄는 별도의 특허 사무소Patent Office를 국무부에 설치하는 일을 감독했다. 이후 수십 년 동안 이 시스템은 약간 지나치게 효율적이었다. 1835년까지 특허 사무소는 9000건이 넘는 특허를 승인했다. 사기와 복제가 널리 퍼져나갔다. 1836년에 국회는 특허청장Commissioner of Patents이라는 직위를 만들고 전문적 보조 직원을 배치했다. 당시로서는 혁명적인 개념이었다. 더 엄격한 조사 절차가 도입된 새로운 시스템은 곧 콜트Colt 자동권총, 오티스Otis 엘리베이터, 이스트만Eastman 카메라의 생산자를 포함한 다수의 유명 기업의 탄생을 돕게 된다.

영국인들은 곧 특허 경쟁에서 미국에 지고 있다는 것을 깨닫고, 1852년에 마침내 300년 묵은 시스템을 개혁했다. 그림 2-1에 표시된 19세기 미국과 영국에서 승인된 특허의 폭발적 증가는 두 나라의 급속한 번영을 반영한다. 돌이켜 보면 혁명적인 자손이 모국의 빛을 가리게 된 것은, 도표에서 분명하게 볼 수 있듯이, 창조적 에너지에서 미국이 약간의 우위를 차지한 데서 예견될 수 있는 결과였다.

그림 2-1 | 특허 승인 건수(연간) 1800-1870

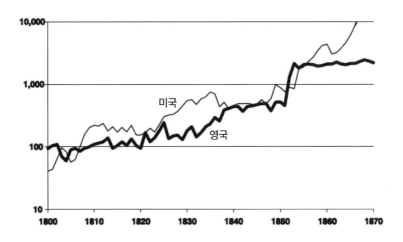

출처: 미국 특허청의 제임스 히라바야시와의 개인적 통신, 앨런 곰, 『발명의 특허(Patents of Invention)』(런던, 롱맨스 그린, 1946).

　　영국과 미국의 특허 제도가 제공한 보호는 사유재산의 소유 개념과 함께 개인이 부를 창출하려는 인센티브를 극적으로 발전시켰다. 19세기 새로운 번영의 물질적 구현-공장, 증기선, 철도, 전신-이 새로운 법 제도로 가능해진 막대한 이익의 전망이라는 최면에 걸린 사람들에 의하여 이루어진 것은 우연이 아니었다.

공유지의 비극

1968년에 캘리포니아 대학교의 인류생태학자 개릿 하딘Garrett Hardin은 「사이언스Science」지에 게재한 '공유지의 비극The Tragedy of Commons'이라는 기사에서 원시 복농들 사이에 존재했다고 생각한 재산권의 장점을 상세히 설명했다.* 그는 독자에게 목동들이 소를 방목하는 공유 목초지를 상상해보라고 했다. 목초지가 수용할 수 있는 소의 마릿수에는 한계가 있지만, 전쟁, 기근, 질병으로 인하여 목동과 소의 수가 이 숫자보다 낮게 유지되는 한 아무런 문제가 생기지 않는다. 그러나 결국에는 사회가 더 안정되고 건강해짐에 따라 방목되는 짐승의 수가 공유지의 수용 능력을 초과하여 목초지를 더럽히고 파괴하게 된다.

하딘은 목초지가 공유지로 유지되는 한 이러한 비극이 불가피함을 깨달았다. 목동들은 각자 공유지에 더 많은 동물을 투입함으로써 큰 이익을 얻고 목초지의 점진적 황폐화에 따른 고통의 작은 몫만 부담하므로, 다른 사람에게 끼치는 피해와 상관없이, 가능한 대로 많은 동물을 공유지에서 방목하게 될 것이다. 하딘은 이 문제의 유일한 해결책이 재산권 또는 공식적으로 그

---

* 개릿 하딘, '공유지의 비극', 「사이언스」162 (1968): 1243-1248. 하딘의 기사는 인구의 통제와 세계적 자원 관리에 대한 환경보호론자의 탄원으로 의도되었다. 역설적으로 이 글의 가장 지속적인 영향력은 자유주의적 경제 선언일 수도 있다.

와 비슷한 권리라고 결론지었다.[41]

하딘의 결론과 고대 및 현대 농업의 연관성은 분명하다. 기사가 나온 후 몇 년 동안 공유지의 비극이 다른 여러 분야에 적용되었다. 예를 들어, 의료 공유지에 비용에 둔감한 환자를 과잉 방목overgrazing함으로써 의료 서비스의 가용성과 품질의 저하를 초래하는 의료 위기와 특히 관련이 있었다.

상식과 상식적 논리 모두 개인적으로 소유한 땅에서 일하는 목동이나 농부가 공유지나 타인 소유의 땅에서 일하는 사람보다 생산성이 훨씬 더 높을 것을 말해준다. 사회가 현대 국가처럼 재산권에 관한 정치, 법률, 관행에 대하여 의식적으로 노력할 필요는 없다. 공동체 사이의 관습과 규칙의 무작위하고 정상적인 변화에 따라 개인의 소유를 더 강조하거나 덜 강조하는 공동체가 생기기 마련이다.

역사를 통해서, 다른 모든 조건이 동일할 때, 재산권을 특별히 강조한 농업 사회가 이웃에 대한 경쟁우위를 확보했다. 그들의 농작물 수확량이 더 많고 인구가 더 빠르게 늘어나서 더 효과적인 군대를 발전시켰기 때문이다. 보다 미묘하게, 이들 부유한 사회가 전쟁에 나서는 것은 자신의 땅과 농작물을 방어하기 위함이었고 결과적으로 그들의 시민군이 적군보다 사기가 높았다.

이것이 바로 고대 그리스와 우리 시대의 냉전Cold War에서 일어난 일이다. 후자의 결과는 군사적 전장이 아니라 경제적 전장에서 결정되었다. 20세기의 국가적 번영 특히 공산주의 실험의 역사에 대한 가장 약식의casual 조사까지도 명백한 판결을 내린다. 재산이 중요하다.

실제로 오늘날 재산권은 그 어느 때보다 중요하다. 현대 세계의 대부분 지역에서 재산권의 보장이 부자와 빈자, 국가의 번영을 위한 경쟁에서의 승자와 패지를 기른다. 예를 들어 공산권에서도 번영의 다른 세 가지 기반-과학적 합리주의, 풍부한 자본, 그리고 현대적 교통과 통신-이 확고하게 자리잡고 있었다. 자연의 잔인한 경제실험에서, 전후의 동유럽 정부들은 시민의 재산권과 개인의 자유를 박탈함으로써 참담한 결과를 낳았다.

지난 몇 세기 동안 재산권의 의미가 극적으로 변했다는 것에도 유념하라. 1800년경 이전에는 재산이 토지와 동의어였다. 앞에서 보았듯이 가용한 토지에는 한계가 있다. 그리스의 도시국가들이나 로마제국이 불안정하게 된 것은 그때문이었다. 토지가 부족하고 비싸짐에 따라 토지를 소유할 수 있는 인구가 점점 더 적어졌다. 이는 사회의 복지에 이해관계가 있는 지주 시민의 기반을 축소했다. 국가가 번영하려면 상당수의 시민이 재산을 소유함으로써 국가의 정치적 프로세스에 개인적 관심을 가질 필요가 있다. 바로 이해당사자 효과stakeholder effect다. 근대 이전 세계에서 토지가 고갈되어 이해당사자의 기반이 약해진 국가는 종말이 멀지 않은 국가였다.

반면에 산업사회와 후기산업사회는 농업의 집중화로 인하여 불안정해지지 않는다. 예를 들어 대공황 이후의 미국에서 개별 농장의 수가 크게 줄었다는 것-크기는 늘어나고-에는 의심의 여지가 없다. 인구조사국이 데이터를 수집하기 시작한 1870년부터 1935년까지 농장의 평균적 규모가 155에이커였지만, 1987년에는 세 배인 462에이커로 늘어났다. 1900년에 미국인의 9퍼센트가 농장을 소유했지만 오늘날에는 그 비율이 1퍼센트에도 미치지 못한다. 그렇다고 현재 미국의 민주주의 제도가 한 세기 전보다 덜 안정적이라고 주장할 사람은 거의 없을 것이다. 이유는 간단하다. 후기산업사회의 경제는 시민을 이해당사자로 만들기 위하여 토지를 제공할 필요가 없다. 무제한적인 비실물 자산과 자본의 소유권이 토지의 역할을 훌륭하게 수행한다. 현대의 자본 소유는 20만 에이커에 불과한 경작지가 25만 인구에게 가용했던 아티카에서 달성할 수 있었던 것보다 훨씬 큰 비율의 인구를 만족시킬 수 있다. 토지의 소유에는 한계가 있지만 자본의 소유에는 한계가 없다.

서구의 근대적 시스템은 주로 영국의 관습법에서 유래하여 1000년 동안 서서히 고통스럽게 조립되었고, 영국의 식민지 개척의 칼끝에서 그리고 미국의 혁명적 이상주의의 날개를 타고 전 세계로 퍼져나갔다. 공산주의가 몰락한 오늘날, 현대 세계 번영의 원천으로서 개인의 자유와 재산권의 으뜸가는 중요성에 의문을 제기하는 사람은 거의 없다.

03 과학적 합리주의

우리가 주로 그리스인에게서 얻은 지혜는
지식의 소년기 같은 것에 불과하고 소년의 특성이 있다.
말은 할 수 있지만 생성하지는 못한다.

-프랜시스 베이컨, 『신기관』

매일같이 전 세계 수천 명의 사람이 미항공우주국NASA 웹사이트에 접속하여 다음 주 동안 국제우주정거장의 지역적 조망을 계산하기 위한 작은 소프트웨어 프로그램을 내려받는다. 한 달에 몇 번씩, 지구상의 북위 60도와 남위 60도 사이의 거의 모든 곳에서, 해가 진 직후나 동이 트기 전에 거대한 패널panels로 태양빛을 반사하면서 별들 사이로 질주하는 우주정거장이 머리 위로 지나가는 장관이 창공을 장식한다.

300년 전에는 오늘날 개인용 컴퓨터에서도 매우 쉽게 수행되는 천체 계산을 위하여 세계 최고 수학자들의 수백 시간에 걸친 지루한 작업이 필요했다는 사실을 아는 웹사이트 사용자는 소수다. 17세기 말에 유아기였던 천문계산의 과학은 일반 대중을 최면에 빠뜨렸다.

1687년 뉴턴의 『프린키피아Principia Mathematica』출간과 그 예측의 놀라운 확인으로 정점을 이룬 천체역학(천체운동 연구)의 발전이 서구 사상의 중대한 변화를 예고했다. 새로운 과학은 또한 근대적 번영의 기원에 있어서 중요한 사건 중 하나였다.

하나의 상수로 근대 서구를 정의한다면 과학적 진보의 중단 없는 전진을 들 수 있다. 자연계에 대한 관찰, 실험, 그리고 이론 연구가 환영받지 못한 시기도 있었을 것이라고는 상상하기 어렵다. 그렇지만 17세기 이전의 지적 활동이 그런 상황이었다.

400년 전까지도 자연계가 무시무시한 주인이었고 인류는 질병, 가뭄, 홍수, 지진, 화재 같은 이해할 수 없는 힘의 무기력한 희생자였다. 혜성과 일식처럼 별다른 피해를 주지 않는 천문학 사건조차도 미신적·종교적 의미가 가득한 두려운 사건이었다. 실제로 코페르니쿠스와 케플러를 포함하여 근대 천문학의 개척자들은 통치자와 농민 공히 일상적 결정을 내리기 위하여 사용하는 천문학의 예측을 제공하고 대가를 얻었다.

인류는 신념 체계를 고안해냄으로써 무지와 두려움에 맞서 싸우고, 문명은 그러한 신념 체계를 조직화한 종교로 확대한다. 유대교, 기독교, 이슬람교는 인류에게 닥친 재앙에 대한 만족스러운 유일신론적 설명을 제시했을 뿐만 아니라 지상의 불행으로 고통받는 사람들을 보다 바람직한 내세의 약속으로 위로했기 때문에 성공했다. 유감스럽게도 조직화한 종교-특히 성직이고도로 계층화한-는 아주 최근까지도 대안적 세계관을 거의 용인하지 않았다.

경제적 측면에서는, 수백 년 전까지 대부분 종교가 독점의 주체로 기능했고 전형적인 독점적 행위-지상의 찬양과 내세의 구원을 대가로 주종자늘로부터 금, 재산, 지위를 끌어내는-에 관여했다. 현대 경제학자들은 이를 '지대추구 행동rent-seeking behavior'이라 부른다.* 고대 및 중세의 서구와 중동에서 조직화한 종교가 질문과 이견을 억누르는 정적인 믿음 체계로 굳어졌다. 지상에서의 영적인 삶에 아무리 유익했을지라도, 이러한 믿음 체계가 존재의 물질적 측면을 가난하게 만들었다.

이 장에서는 교회의 방법론-아리스토텔레스까지 거슬러 올라가는-의 신빙성을 떨어뜨리지 않고는 달성될 수 없었던 로마 교회의 지적 독점intellectual monopoly의 파괴를 다룬다. 1550년 이후 두 세기 동안에 교회의 독점이 천체역학이라는 뜻밖의 전장에서 용기있는 자연철학자들에 의하여 마침내 깨졌다.

여러 독자는 경제사를 다루는 책에서 이런 이야기가 강조되는 것을 기묘하게 생각할 것이다. 그러나 경제학의 역사는 기본적으로 기술의 역사다. 현대의 번영을 이끈 조종석에 발명이 앉

---

* 사회의 영적 믿음의 강도와 조직화한 종교의 독점적 행위의 역상관관계(inverse correlation)에 대한 흥미로운 논의는 게리 S. 베커와 G. N. 베커의 『삶의 경제학(The Economics of Life)』(뉴욕, 맥그로-힐, 1977), 15-17을 참조하라.

아있다. 경제성장은 생산성 향상과 거의 같은 의미이고, 생산상 향상은 거의 전적으로 기술 발전의 결과다. 손가락 끝으로 수천 마력을 제어하거나 컴퓨터 마우스 클릭 한 번으로 전 세계와 통신하는 노동자가 둘 다 할 수 없는 노동자보다 훨씬 더 생산적이고 번영한다.

약 3세기 전에 기술 혁신의 속도가 극적으로 가속되기 시작했다. 1700년 이전의 중요한 기계적 발명의 목록은 길지 않다. 풍차, 수차, 인쇄기 정도가 거의 전부다. 1700년 이후에는 끊임없이 증가하는 발명의 급류가 흘러서 인류의 부를 쏟아냈다.

이러한 혁신의 폭발에 박차를 가한 것은 서구인이 자연계를 관찰하고 이해하려고 노력하는 방식 자체의 혁명이었다. 서구인과 서구문화 자체가 이러한 과학적 합리주의의 탄생으로 정의된다는 말이 과장이 아니다. 이 혁명은 과학이, 또는 당시에 알려진대로 자연철학이 교회의 뿌리에서 단절될 것을 요구했다. "인류는 영성과 세속성을 분리하고, 성령의 의도는 우리에게 하늘나라로 가는 길을 가르쳐주는 것이지, 하늘이 어떻게 움직이는지를 가르치는 것이 아니다"라는 갈릴레오의 신조를 받아들이기까지 번영하지 못했다.[1]

머리 위의 별들

지난 세기에 출현한 인공조명이 인류와 밤하늘을 갈라 놓았다. 눈에 띠는 외부 조명이 없는 사회에서는 밤에 하늘 외에 쳐다볼 것이 거의 없다. 따라서 근대 이전 세계에서는 별들의 야간 운동이 해가 진 뒤의 삶을 지배했다. 근대 초기에 극소수 지식인이 물리학, 화학, 의학의 과학적 측면을 연구하기는 했지만, 일반 대중의 대다수는 천체 사건의 예측에 지대한 관심을 보였다.

이러한 근대 이전 시대의 하늘에 대한 관심은 새로운 천문학 이론에 따른 여러 예측의 확인이 즉각적, 공개적, 그리고 거의 보편적으로 입증될 수 있었음을 의미한다. 가장 극적인 사례가 1700년경 핼리와 뉴턴에 의한 혜성과 일식의 예측이었다. 인간은 더 이상 이해를 넘어서는 힘의 완전한 포로가 아니었다. 새로운 과학이 유럽의 지식인을, 종교개혁과 계몽주의의 비과학적 측면에 의하여 이미 약화된, 서구 기독교의 목 조르기에서 해방시켰다.

고대의 체계

현대 세계에서 우리는 종종 중세의 지적 체계를, 플라톤의 가장 유명한 제자이고 알렉산더 대왕의 가정교사였던 고안자의 이름을 기려서, 아리스토텔레스적이라고 말한다. 아리스토텔레스의 산출물-서구 사상의 기반 중 하나를 형성한 수사학 및 삼단논법의 추론 시스템과 아울러 그리스 도시국가의 정치 구조에 관한 수많은 에세이-은 믿기 힘들 정도로 방대했다.

역사의 여명기로부터 인간은 하늘의 구조를 궁금해 했다. 밤하늘을 올려다보면 북극성 주변의 하늘에서 움직이는 별들이 보였다. 그렇지만 그 별들은 인류에게 친숙한 별자리를 만들어내면서 상대적 위치가 고정된 것 같았다. 가장 오래된 문명까지도 이런 현상을 알고 있었다. 고대인에게는 각각의 별과 그들의 별자리가 중심에 지구가 있는 완벽한 구체의 내면에 붙어있는 것처럼 보였다. 이 구체는 하루에 한 번씩 고정된 지구 주위로 회전했다. 이러한 고대의 관점에서는 우주가 지구 중심적이었다. 아폴로니오스Apollonios와 아리스타르코스Aristarchus를 포함하여 아리스토텔레스와 거의 동시대인인 그리스 세계의 다른 철학자들은 태양이 천체 시스템의 중심이라는 아이디어를 지지했다.

지구 중심적 우주의 한 가지 문제는 일곱 개 천체가 고정된 시스템 안에서 정처없이 방랑하는 것처럼 보인다는 사실이었다. 달은 하루에 한 번씩 별과 별자리의 고정된 배경에 대하여 움직였고 태양도 비슷한 운동을 보였다. 거기까지는 분명했다. 이해할 수 없을 정도로 복잡하고 신비로운 현상은 다른 다섯 개 천체인 수성, 금성, 화성, 목성, 토성의 운동이었다. 다섯 천체 모두 태양 및 달과 같은 경로-황도ecliptic-를 따랐지만, 별들 사이로 황도를 따라가는 운동이 불규칙했다. 1982년에 하늘을 통과하는 붉은 행성(화성)의 경로를 도시한 그림 3-1에서 볼 수 있듯이, 별자리를 통과하는 운동의 경로에 종종 뒤로 돌아가는 고리가 생기는 화성이 특히 그랬다. 그리스 천문학자들이 아폴로니오스와 아리스타르코스의 태양 중심 시스템을 거부한 것은 상당히 정확한 이유에서였다. 행성 운동에 관한 그들의 예측이 실제로 관찰된 결과와 10도 이상 차이가 났던 것이다.[2] 부정확성의 이유는 간단했다. 태양중심 모델은 행성이 완벽한 원을 그리면서 움직이다고 가정했지만, 실제로 그들은 타원 경로를 따라갔다.

그림 3-1 | 황도를 따라가는 화성의 경로, 1982년

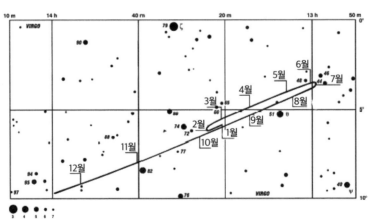

출처: 저자의 허락을 얻어 재작성 및 수정됨, 이바르 에클랑, 『예상치 못한 일과 수학(Mathematics and the Unexpected)』(시카고, 시카고대학교 출판부, 1990), 5.

서기 2년에 클로디우스 프톨레메우스Claudius Ptolemaeus라는 알렉산드리아의 천문학자-훗날 프톨레마이오스로 알려지는-가 고안해낸, 태양 중심 모델의 부정확성 대부분을 수정한, 독창적인 시스템을 그림 3-2에서 볼 수 있다. 일곱 개 천체 모두 하나가 아니라 두 개의 원 운동, 즉 지구를 중심으로 한 큰 원(주원이라 불리는) 운동과 주원의 초점 주위로 회전하는 작은 원 운동으로 지구 주위를 돌았다.[3]

　프톨레마이오스, 아폴로니우스, 아리스타르코스의 체계는 오늘날의 과학자들이 모델이라 부르는 자연 현상을 설명하는

그림 3-2 | 프톨레마이오스 모델을 단순화한 도표

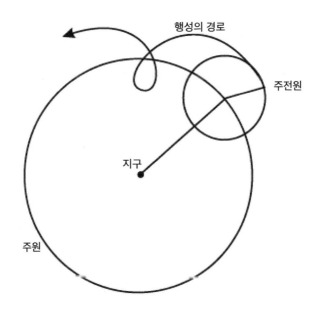

단순화되고 추상적인 방법이었다. 이 경우에 그들의 모델은 일곱 천체가 별자리를 통과하면서 어떻게 움직이는지를 설명했다. 과학의 역사는 전부는 아니라도 대부분 모델이, 아무리 성공적으로 자연계를 설명하더라도, 결국에는 결함을 드러낸다는 사실을 가르쳐준다. 그러면 기존의 모델이 더 나은 모델로 대체된다. 이러한 모델의 형성, 시험, 그리고 확인이나 거부가 과학의 진보를 구성한다.

가장 존중받는 이론이라도 반박하는 데는 단 한 번의 재현 가능한 관찰이나 실험으로 충분하다. 이론적 모델의 형성과 경험적 관찰에 의한 후속 테스트에 의존하는 사고방식이 서구인을 정의하는 특성 중 하나가 되었다. 어떤 의미에서, 사회가 얼마나 '서구적Western'인지는 이러한 엄격함이 사회의 신념 체계에 적용되는 정도로 측정될 수 있다.

과학 모델로서 프톨레마이오스 모델은 대단히 성공적이었다. 당시의 관측과 계산 능력의 한계 안에서 프톨레마이오스 시스템은 행성의 운동을 거의 완벽하게 예측했다.*

프톨레마이오스 모델의 확실한 장점은 천문학자들이 새로운 관측 결과에 맞추기 위하여 전원과 주전원의 크기와 타이밍

---

* 육안으로는 태양과 달에 주전원이 없는 것처럼 보인다. 하지만 그들 궤도의 계절적 가속과 감속을 설명하려면 아주 작은 주전원이 필요했다. 그 주전원은 너무 작아서 행성에서 볼 수 있는 후진 운동을 일으키지 않았다.

을 끊임없이 조정할 수 있다는 것이었다. 그러나 요점은 육안으로 관찰할 때 프톨레마이오스 시스템이 원형 궤도를 가정한 태양 중심 시스템보다 더 잘 작동한다는 사실이었다. 당시의 거의 모든 정통한 관찰자가 프톨레마이오스 모델이 다른 모델보다 직관적으로 훨씬 더 매력적이라고 생각했다.

프톨레마이오스 모델의 진짜 문제는 불완전하다는 것이 아니라-모든 모델이 불완전하다-모델이 창안된 이후 1000년 동안에 교회가 결국 그 모델을 채택하고 신성한 권위를 부여했다는 사실이었다. 경쟁 모델을 제안하는 일이, 현세에서든 내세에서든, 제안자의 건강에 도움이 되지 않았다.

여러 세기에 걸쳐서 더 많은 데이터를 축적한 천문학자들은 아리스토텔레스/프톨레마이오스 시스템이 점점 더 복잡해지는 관측 결과를 설명할 것을 요구했다. 이러한 요구가 마침내 모델을 압도했다. 티코 브라헤의 덴마크 천문대와 갈릴레오의 망원경에서 쏟아져나온 새로운 관측 결과를 설명하려면 지구가 가장 안쪽에 있고 중심이 동일한 55개 이상의 프톨레마이오스 동심 구체가 필요했다. (가장 바깥쪽 구체는 대략 '주동자'라는 의미의 primum mobile라 불렸다. 그것의 운동이 순차적으로 안쪽 구체로 전달되어 결국 지구에 이른다.)* 점점 늘어나는 불합리성이 명백해짐에 따라

---

* 중세 시대에도 대부분의 지식인은 세계가 평평하지 않다는 사실을 알고 있었다. 아리스토텔레스의 체계는 구형의 지구에서만 의미가 있었다.

숭상받던 시스템은 자체의 무게를 견디지 못하고 붕괴했다.[4]

과학적 합리주의의 궤적

1600년경부터 프톨레마이오스 모델이 과학적으로 모든 것이
잘 진행되고 있지는 않다는 사실을 예리한 관찰자들에게 경고
하는 역할을 했다. 서유럽의 자연철학자들은 주변 세계에 대한
사고방식을 극적으로 그리고 돌이킬 수 없게 바꿀 수밖에 없었
다. 그림 3-3은 이 이야기의 주역들의 수명과 역사적 맥락에서
그들이 차지하는 위치를 보여준다.

지구가 태양 주위를 돈다는 태양 중심 이론을 제시한 코페

그림 3-3 | 과학자들의 수명과 역사적 맥락에서 그들이 차지하는 위치

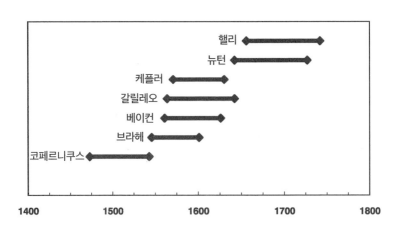

르니쿠스는 정체를 깨고 혁명을 시작한 인물로 여겨진다.[5] 그 혁명은 다음 세대의 뛰어난 세 사람-브라헤, 케플러, 갈릴레오-에 의하여 계속되었고 관측과 이론과학의 놀라운 진보를 이룩했다. 그들과 동시대인인 프랜시스 베이컨 경은 평범한 실험과학자이자 법률가, 경제학자였지만 기존 서구의 지적 프레임워크의 결함을 탁월하게 진단하고 새로운 과학적 방법을 명확하게 표현했다.

이 주목할 만한 5인조가 중요한 업적을 남긴 지 1세기 후에, 아이작 뉴턴과 에드먼드 핼리가 우주의 비밀을 드러냄으로써 서구 세계를 놀라게 했다. 교회는 모든 현세적 지식의 수호자 역할을 무례하고 공개적인 방식으로 단번에 빼앗겼다. 그 후로 서구인은 내세의 비밀을 밝히기 위하여 여전히 종교를 바라볼 수는 있었지만, 현세의 메커니즘을 설명하는 데는 더 이상 종교를 신뢰하지 않았다.

코페르니쿠스, 새롭지만 더 낫지는 않은 모델

오늘날 코페르니쿠스로 알려진 미콜라이 코페르니크Mikolaj Kopernik는 1473년에 프러시아가 지배하는 폴란드에서 태어났다. 부유한 부모 밑에서 태어난 그는 알프스 북부와 남부-폴란드의 크라쿠프Cracow, 로마와 파도바Padua-에서 교육을 받았다.

우리는 이미 태양 중심 시스템을 창안한 사람이 흔히 생각되는 것처럼 코페르니쿠스가 아니라는 사실을 논의했다. 태양중심설은 거의 2000년 전의 그리스에서 아리스타르코스에 의하여 제시되었다. 그리스인은 또한 지구가 둥글다고 생각했다. 고대인들은 콜럼버스보다 1700년 앞서서 이 놀라운 결론에 도달했을 뿐만 아니라 제노바의 선장보다 훨씬 더 정확하게 지구의 직경을 추정했다.

서기 1500년까지 수많은 지적인 관찰자들이 프톨레마이오스 시스템을 의심하기 시작했다. 코페르니쿠스는 파도바에서 그중 한 사람, 프톨레마이오스 시스템의 여러 심각한 결함을 밝혀낸 도메니코 노바라Domenico Novara를 만났다. 폴란드로 돌아온 코페르니쿠스는 여러 해 동안 의사로 일하다가 마침내 폴란드의 프라우엔부르크Frauenburg에 정착하여 당시의 원시적인 도구로 하늘을 관찰하기 시작했다. 태양 중심 모델의 장점을 점점 더 확신하게 된 그는, 1530년에 완성했지만 사망하기 직전인 1547년까지 출간되지 않았던,『천구의 회전에 관하여De Rvolutionibus Orbinum Coelestium』에서 태양 중심 우주론을 지지하는 주장을 제시했다.

현대의 믿음과는 달리 코페르니쿠스 모델은 심각한 결함이 있었을 뿐만 아니라 큰 관심을 끌지도 못했다. 우선 그 모델은 저자가 사망한 해가 되어서야, 당연히 라틴어로, 출간되었다. 라틴어를 이해하는 사람이 성직자와 상인 엘리트뿐이었기 때문에 코페르니쿠스 모델은 교회에 큰 위협이 되지 않았다. 게다가 필멸의 운명이 곧 코페르니쿠스를 종교재판의 손이 닿지 않는 곳으로 보냈다. 코페르니쿠스의 조수 안드레아스 오시안더 Andreas Osiander 는 자신의 안전을 우려하여 책의 내용이 순전한 가설임을 선언하는 익명의 서문을 썼다. 그는 지구가 실제로 태양 주위를 도는 것이 아니라, 그렇게 가정함으로써 더 정확한 천문학 계산이 가능하다고 했다.

코페르니쿠스 모델은 행성의 운동, 특히 수성과 금성이 지구 궤도 안쪽에 있기 때문에 태양에서 각각 28도와 48도 이상은 절대로 벗어나지 않는다는 사실을 프톨레마이오스 모델보다 더 잘 설명했다.

결국 코페르니쿠스의 우주는 프톨레마이오스의 우주만큼이나 우아하지 못했다. 문제는 두 모델 모두, 나중에 케플러가 발견했듯이, 실제로는 타원인 궤도를 완벽한 원형으로 가정했기 때문에 주전원이 필요했다는 것이었다. 실제로 코페르니쿠스 시스템에는 세 세트의 궤도와 주전원이 필요했다.[6,7] 설상가상으로, 코페르니쿠스는 각각의 구체가 내·외부의 이웃과 밀접하게 접촉하고 전체 우주가 그들의 집합적 두께로 구성된다는 프톨레마이오스의 개념을 받아들였다. 그는 우주에 광대한 공허가 존재할 수 있다는, 한 세기도 더 지난 뒤에야 토머스 디거스 Thomas Digges 라는 영국인에 의하여 제안된, 개념을 이해하지 못했다.[8]

오늘날의 우리는 지구 중심의 아리스토텔레스적 우주관에

서 벗어난 점을 높이 평가하지만, 코페르니쿠스 시스템은 프톨레마이오스 시스템보다도 더 복잡하고 어설픈 시스템이었다. 코페르니쿠스 시스템은 실제로 대부분의 천문학 역사에서 자세하게 설명하지 않을 정도로 복잡했다. 결국 두 모델 모두 동일한 결함이 있었다. 두 모델의 유연성은 거의 모든 데이터를 수용할 수 있었고 반증이 사실상 불가능하도록 했다.

과학적 모델에 가치가 있으려면 반증가능falsifiable해야 한다. 즉 모델과 모순되는 증거를 쉽게 상상할 수 있어야 한다. 언제든지 새로운 데이터에 맞춰서 원과 주전원이 조정될 수 있는 두 모델 모두 그렇지 않았다.

현대 서구의 심장에는 반증 가능성을 수용하는 편안함이 있다. 서구 사회와 전통적 비서구 사회를 가르는 것은 앨런 블룸Allen Bloom 같은 현대의 학자가 내세우는 그리스와 르네상스 문화에 대한 사랑과 이해보다는 도전을 받는 지식의 양이다. 서구의 대부분 선진사회에서 여러 종교적 믿음이, 심지어 일부 과학자에게도, 건드릴 수 없는 영역으로 여겨지는 것은 사실이다. 그러나 대부분 경우에 현대 서구인은 거의 모든 것에 대하여 분석하고 마음을 바꿀 수 있다. 사실 여부는 확인되지 않았지만, 존 메이너드 케인스와 관련된 것으로 여겨지는 일화가 이렇게 독특한 서구의 관점을 가장 잘 보여준다. 동료 중 한 사람이 방금 케인스 경이 이전의 견해를 부정했다고 지적했을 때 위대한 경제학자가 다음과 같이 대답했다고 한다. "누군가가 내가 틀렸음을 설득하면 나는 마음을 바꾼다네. 자네는 어떤가?"** 중세 유럽인 대부분은 그런 관점을 상상할 수도 없었다. 오늘날의 여러 전통 사회도 마찬가지다.

17세기 이전에는 코페르니쿠스와 프톨레마이오스 시스템 모두 반증할 수 없었다. 망원경이라는 혁명적인 도구가 사용되어 마침내 두 시스템의 신빙성을 떨어뜨리는 데는 거의 한 세기라는 시간이 걸렸다. 프톨레마이오스 시스템만큼이나 복잡하고 직관적으로도 덜 매력적인 코페르니쿠스 시스템은 지적 탐구에 대한 교회의 우위에 큰 도전을 제기하지 않았다. 레오 10세Leo X 교황은 코페르니쿠스를 존경하고 지지했으며 당시의 가장 시급한 천문학 문제, 즉 점점 더 명백해지는 구 율리우스력Julian calendar의 문제에 관한 그의 조언을 구했다.**

마르틴 루터는 폴란드 천문학자에 대한 교황의 존경을 공유하지 않았다. 루터는 코페르니쿠스의 책이 출판되는 것을 막으려 했고 그의 머리를 요구했다. 알프스 남쪽 이탈리아의 천문학자 조르다노 브루노는 태양 중심의 우주가 순전한 가설에 불과

---

* 케인스의 말처럼 들리기는 하지만, 그가 실제로 그런 말을 한 적은 없다. 도널드 모그리지(토론토 대학교)와 로버트 스키델스키(워릭 대학교, 영국)경의 개인적 통신.

** 율리우스 카이사르의 통치기에 기원을 둔 율리우스력은 1년의 길이를 365와 1/4일로 가정했다. 즉 365일에 윤년이 더해지는 친숙한 시스템이다. 유감스럽게도 정확한 태양년(solar year)은 그보다 10분 짧다. 1500년까지 율리우스력이 무려 10일이나 계절과 일치하지 않게 되었다. 중세의 관찰자에게도 분명한 차이었다. 코페르니쿠스는 교황에게 달력을 고치기 전에 우주론적 문제가 정리되어야 한다고 재치있게 제안했다. 제임스 E. 맥클렐런 III, 해롤드 돈, 『과학과 기술로 본 세계사 강의(Science and Technology in World History)』(볼티모어, 존스홉킨스 대학교 출판부, 1999), 208.

하다는『천구의 회전에 관하여』의 서문을 무시하고 태양중심
설을 사실로 제시했다. 1장에서 보았듯이, 브루노는 이러한 이
단 행위로 화형을 당했고, 코페르니쿠스의 연구와 그의 연관성
이 결국 가톨릭 교회의 반감으로 이어졌다. (브루노는 또한 움직이
지 않는 별늘이 우리의 태양과 같고 지구로부터 거리가 너무 멀기 때문에 희
미하게 보일 뿐이라고 주장한 최초의 천문학자일 것이다.)[9]

　당시에『천구의 회전에 관하여』는 그다지 영향력이 없었다.
그러나 이 책은 과학적 탐구에 관한 교회의 독점에 생겨난 최초
의 실질적인 균열이었고, 프로테스탄티즘Prostestantism을 포용함
으로써 태양 중심 이론의 수용을 금지한 종교적 제약에서 벗어
난 영국에서 가장 큰 열매를 맺게 된다.

프랜시스 베이컨, 최초의 서구인

영국 신동들의 놀라운 역사에서 프랜시스 베이컨이 특히 두
드러진다. 왕가에서 태어난 그는 국새 상서(여왕의 법무관)이며
엘리자베스 여왕의 재무관이자 가장 신뢰받는 조언자 버글리
Burghle경의 조카인 니콜라스 베이컨 경의 아들이었다. 1573년
에 케임브리지에 입학했을 때 그의 나이는 열두 살이었다.

　교수들은 일찌감치 베이컨의 재능을 알아봤지만, 그는 곧 대
학의 메마른 지적 분위기에 싫증이 났다. 중세기 말의 세계가 대

부분 그랬듯이, 케임브리지에서도 수 세기 동안 변한 것이 거의 없었다. 엘리자베스 시대에 고등교육의 중심은 여전히 아리스토텔레스였다. 우리의 전체 교육 시스템이 플리니우스와 키케로 같은 태곳적 학자들이 지배하는 종교적 가르침이나 수사 논리rhetorical logic로 구성되었다고 상상해보라. 그것이 18세기 이전의 뛰어난 젊은이들이 직면한 상황이었다. (오늘날 이슬람 세계의 덜 발전된 지역에서 제공되는 교육 과정과 개념적으로 크게 다르지 않았다).

베이컨은 삼단논법으로 다른 학생들과 경쟁을 벌이는 논쟁disputation을 준비하면서 대부분의 시간을 보냈다. 나머지 시간은 머지않아 코페르니쿠스, 갈릴레오, 그리고 뉴턴에 의하여 파괴될 아리스토텔레스적 우주의 복잡성을 연구하는 데 할애했다.[10]

베이컨의 시대에 젊은 학자들은 오직 한 분야의 학문, 즉 신학에만 지원할 수 있었다. 한 세기 뒤에 존 로크가 옥스퍼드에 입학했을 때도 상급생 60명 중에 도덕철학이 한 명, 법학과 의학이 각각 두 명이었고, 나머지 55명이 신학을 공부했다.[11]

베이컨은 그렇게 빈약한 지적 선택지에 반발했다. 3년 뒤인 1576년에 그는 아버지의 발자취를 따라 그레이스 인Gray's Inn에 들어가 법학을 공부했다. 얼마 후에 부친의 사망으로 가난한 청년이 된 베이컨은 부유한 친척(특히 유명한 삼촌)과 왕실의 도움을 간청했다.

케임브리지에서 베이컨을 맞이한 교육 과정을 이해하려면 고대 그리스의 지적 체계를 고려해야 한다. 2000년 전에 기하학을 발명한 것은 눈부신 성취였다. 그리스도가 탄생하기 전에 지구의 모양과 거의 정확한 직경을 계산한 것은 인류의 가장 위대한 업적이라 할만하다. 그 뒤를 이은 시대-암흑 시대-의 후진성은 1500년이 넘는 기간에 걸친 지식의 상실로 정의된다.

그러나 고대인은 여러 번에서 내단히 불리했다. 0의 개념이 아직 발명되지 않았고, 그리스인은 나중에 로마인에게 계승되는 문자 기반의 불편한 숫자 체계를 사용했다. 그러나 그리스인과 로마인의 지적 삶에서 진정한 결함은 오늘의 우리가 말하는 과학적 방법의 힌트가 전혀 없었다는 사실이었다.

그리스인과 로마인은 오늘날 귀납적 추론inductive reasoning-관찰 결과를 모으고 모델과 이론으로 종합하는-으로 알려진 방법을 통하여 세계가 어떻게 돌아가는지를 배우지 않았다. 오히려 고대인은 이른바 제1원리first principles-의심의 여지가 없는 사실로 가정되고 이어지는 모든 추론의 기초가 되는 원리-로부터 자연법칙과 우주의 모양을 결정하는 연역적deductive 기법을 사용하여 자연계의 작동을 설명했다. 가정된 사실 또는 공리axiom에서 수학 공식이 도출되는 것과 거의 같은 방식으로, 이러한 인위적 원리에 따라 원하는 결론이 논리적으로 도출되었다.[12]

이들 공리는 무엇이었을까? 한 세기 전에 코페르니쿠스를 맞이한 것과 같은 프톨레마이오스-아리스토텔레스 시스템이었다. 간단히 말하자면, 결함이 너무 많아서 과학적 진보의 가능성이 배제된 믿음 체계였다. 게다가 이 시스템은 우주에 관하여 알 수 있는 모든 것이, 적어도 이론적으로는, 이미 알려졌다고 가정했다. 1000년이 넘도록 자연계를 이해하려는 서구인의 접근 방식이 두 마디로 요약될 수 있었다. 애쓰지 말라. 이 결함이 있는 자급자족적 시스템은 브루노와 갈릴레오가 경험한 바와 같이 진지한 반대 의견을 용납하지 않았다. 아리스토텔레스적 우주가 탐구심을 자극하지 않은 것은 확실하다. 그리고 세계에 관한 우리의 지식에서 창조적인 생각이나 진정한 진보를 허용하지 않았고, 궁극적으로 평범한 인간의 운명을 실질적으로 개선하지도 못했다. 위대한 중세사학자 요한 하위징아John Huizinga는 말했다. "사회의 의도적·지속적 개혁 및 개선이라는 아이디어가 존재하지 않았다. 일반적으로 제도와 관행은 좋게도 나쁘게도 여겨질 수 있다. 신이 명한 제도와 관행은 본질적으로 선했고, 인간의 죄악만이 타락시킬 수 있었다."[13]

16세기의 평범한 유럽인은 1000년 동안 진정한 사회적, 지적, 또는 과학적 진보가 이루어지지 않았다는 것에 별로 개의치 않았고, 인간의 상황이 보편적으로 정적이라고static 생각했다. 베이컨의 놀라운 천재성은 세 가지를 깨달은 데 있었다. (1) 실제로 문제가 있었고, 중세인의 상황이 전혀 자연적이 아니라는 것, (2) 연역적 체계가 잘못되었다는 것, (3) 자연계에 대한 지식과 그에 따른 인류의 복지가 지속적으로 개선될 수 있다는 것. 인류의 운명을 개선하려면 낡은 아리스토텔레스적 체계를 선입관 없이 사실을 모은 뒤에 분석하는 귀납적 체계로 대체해야 할 것이다.

베이컨은 인간의 상황을 개선하는 다른 방법-유용한 지식의 획득을 통한-이 있음을 보여주었다. 말 그대로 아는 것이 힘이었다. 1603년과 1620년 사이에 그는 자신의 가장 위대한 지적 동원령intellectual call to arms이 되는 『신기관The New Organon』의 초고를 완성했다.

『신기관』1권은 과학에 큰 해를 끼친 사람들을 채찍질하는 다소 장황한 비난이다. "그들은 믿음을 유도하는 데 성공함으로써 효과적으로 탐구심을 억누르고 멈춰세웠다." 베이컨에 따르면 문제가 간단했다. 자연의 미묘함이 논증의 미묘함보다 몇 배 더 크기 때문에 실험 데이터와 분리된 빈약한 이론이 현실 세계를 설명하는 일을 해낼 수 없다. 게다가 인간의 관찰 도구는 심각한 결함이 있고 다양한 유형의 우상idols에 지배된다.

- 부족의 우상Idols of the Tribe. 베이컨은 부족을 인류 자체로 정의했다. 이 우상은 모두에게 공통적인 인간이 세상을 바라보는 방식, 즉 세계에 대한 우리의 인식을 왜곡하는 불량 거울false mirror이다.

- 동굴의 우상Idols of the Cave. 이 우상은 개별적인 남성과 여성이 물질 세계를 인식하는 서로 다른 방식이다. 여기서 그는 좀 떨어진 곳에 모닥불이 있는 플라톤의 동굴을 떠올

린다. 동굴과 모닥불 사이로 사물이 지나가고, 사람은 동굴 벽에 드리워지는 그림자에 의해서만 그들의 본성을 안다. 큰 그림자를 본 아메리카 인디언은 들소를 생각하고 오스트레일리아 원주민은 캥거루를 생각한다. 이는 "한 사람의 신성한 암소가 다른 사람의 빅맥Big Mac이다"의 17세기 버전이다.

• 시장의 우상Idols of the Market. 이 우상은 서로 간의 교류와 연합으로 형성되는 아이디어다.[14] 여기서 베이컨은 시간에 따른 단어의 의미 변화를 말하고 있다. 17세기 매사추세츠에서 마녀라는 단어의 영향력은 오늘날과 달랐다. 간단히 말해서 유행fashion.

• 극장의 우상Idols of the Theater. 이 가장 흥미로운 우상은 비현실적이고 보기 좋은 나름의 방식으로 창조된 수많은 무대 연극으로 받아들인 시스템received system의 결과다.[15] 아마도 아리스토텔레스 시스템이 주된 표적이었겠지만, 베이컨이 세계의 종교도 겨냥했다는 추측 또한 유혹적이다.

• 마지막으로 인간 본성의 결함을 우상의 지위로 올려놓지는 않았지만, 베이컨은 인간에게 세계에 자신이 발견하는 것보다 더 많은 질서와 규칙성이 존재한다고 가정하는 경

향이 있다는 현대 행동심리학의 개념을 3세기 앞서서 훌륭하게 예견했다.[16] 인간은, 존재하지 않는 곳에서 연관성을 찾아내고 음모를 의심하는 특출난 능력을 갖춘, 패턴을 찾는 영장류에 지나지 않는다.

『신기관』 2권에서 베이컨은 귀납적 추론이라는 자신의 새로운 방법을 제시했다. 무엇보다도 그는 가능한 한 객관적인 수단으로 자연을 관찰하고 측정해야 하고, 개인적으로 잘못된 해석에 빠지기 쉽다고 생각되는, 인간의 감각을 사용하는 일을 가급적 피해야 한다고 말했다. 과학자에게는 서로 다른 관찰자의 손에서도 동일한 데이터를 낳는 방법과 기구가 필요하다는 것이었다.

베이컨은 또한 그 누구도 전능자를 위하여 예비된 총체적 진실을 알 수 없다고 확신했다. 앞으로 살펴보겠지만, 뉴턴까지도 자신의 탁월한 발견을 하는 데 약간의 도움이 필요했다. 2권의 나머지 부분은 탐구가 가능한 영역의 지루한 목록과 과학의 진보가 어떻게 꾸밈없는 사실의 직접적 관찰로부터 작은 공리, 중간 공리, 그리고 모든 것을 아우르는 공리로 발전해나가야 하는지에 대한 똑같이 지루한 설명으로 구성된다.

물론 이것은 과학적 방법이 실제로 작동하는 방식이 아니다. 베이컨이 2권에서 설명한 방법을 정확하게 해독할 수 없었던 과학계는 재빨리, 사소한 공리이든 중요한 공리이든 먼저 가설을 설정하고, 경험적 테스트로 직행하는 것이 더 경제적이라는 결론을 내렸다.

말년의 베이컨은 부유한 여성과 결혼함으로써 부를 얻었다. 대법관load chancellor의 직책에도 금전적 보상이 있었다. 하지만 그는 결국 뇌물수수 혐의-동료들과 크게 차별화되지 않는-로 기소되어 대법관직을 사임할 수밖에 없었다. 1626년에 그가 사망한 지 얼마 지나지 않아서 베이컨의 사도들이 '자연적 지식의 진흥을 위한 런던 왕립협회Royal Society of London for the Promotion of Natural Knowledge'-지금은 간단하게 왕립협회로 알려진-를 설립하여 그의 아이디어를 제도화했다. 왕립협회는 1662년에 찰스 2세의 인가를 받았다. 새로운 과학, 또는 당시의 용어로 철학의 발전에 헌신한 왕립협회에는 온갖 다양한 배경과 신조를 가진 사람들이 있었다. 협회의 초기 역사가 중 한 사람의 말에 따르면, 협회는 '신학과 국가의 문제를 배제한 새로운 철학에만' 관심을 기울여야 했다.[17] 나중에 아이작 뉴턴은 말했다. "종교와 철학은 별개로 보존되어야 한다. 우리는 신의 계시를 철학에 도입하거나 철학적 견해를 종교에 도입하면 안 된다."[18] 현대의 독자에게는 고결하게 들릴 수도 있는 말이지만, 이러한 제한의 기원은 실용성이었을 가능성이 크다. 협회 회원들은 당시의 종교적 갈등, 특히 퀘이커 교도의 광희rapture와 반대자들Dissenters의 장광설의 메아리를 겪고 싶지 않았다.

그러나 베이컨과 왕립협회 회원들이 반종교적이었다는 것은 잘못된 생각일 것이다. 마지막 한 사람까지, 그들은 자연의 모든 것에서 신의 손길을 찾아내는 독실한 사람들이었다. 협회의 회원들은 천체의 물리적 법칙에 대한 뉴턴과 핼리의 발견이 거의 모든 다른 자연 현상, 특히 인체의 내부 작용 같은 광대한 무지의 바다에 떠 있는 외로운 지식의 섬이라는 사실을 정확하게 인식했다. 인산이 그렇게 놀라운 기계를 설계하고 만들어낼 수 없음은 분명했다. 오직 전능자만이 그런 솜씨를 발휘할 수 있었다. 하찮은 집파리의 겹눈조차도 현미경으로 들여다보면 경이로운 창조물이었다. 약 1만 4000개의 개별 단위, 또는 진주 pearl로 구성된 파리의 겹눈을 보고 감동받은 로버트 후크Robert Hooke는 선언했다. "이 진주 하나하나에는 고래나 코끼리의 눈에 있는 것과 같은 흥미로운 장치와 구조가 있고, 전능자의 명령이 어느쪽이든 어렵지 않게 그런 존재를 유발할 수 있다."[19]

인류가 이전에 상상할 수 없었던 생명체-원생 동물과 다세포 생물-의 우주를 볼 수 있게 해준 현미경은 창조주에 대한 경외심을 더할 뿐이었다. 기체의 거동을 지배하는 법칙을 발견한 실험과학자 로버트 보일은 자신과 동료 자연철학자들을 자연의 사제들priests of naturre로 여겼다. 따라서 보일은 거룩한 실험을 안식일에만 국한했다.

그럼에도 불구하고, 양측 모두에 영원한 이익이 되는, 종교와 과학을 분리하는 과정이 시작되었다. 과학은 전적으로 무엇what과 왜why에 관심을 가졌다. 먼 훗날에는 정부도 종교와 분리되어 폭발적인 경제적 번영으로 가는 길을 닦는 데 일조하게 된다.

티코 브라헤, 관측의 달인

베이컨이 강조한 체계적이고 철저한 관찰과 측정은 사실 덴마크의 저명한 천문학자 티코 브라헤에 의하여 한 세대 앞서서 예견된 것이었다. 1546년에 스웨덴 남서부(당시에는 덴마크의 통치를 받은)의 매우 부유한 귀족 가문에서 태어난 그는 젊은 시절에 1560년의 태양 일식을 관찰하고 즉시 천상의 신비를 밝히는 데 평생을 바치기로 결심했다. 독일의 로스토크Rostock에 있는 대학에 다니는 동안에 결투를 하다가 코를 잃은 그는 남은 생애 동안 금속으로 만든 인공코를 달고 다녔다. 법학과 화학 교육을 받으면서 비밀리에 천문학을 공부하고 1571년에 고향으로 돌아왔을 때, 브라헤의 삼촌은 가족의 성 안에 그를 위한 작은 천문대를 세워주었다.

브라헤에게는 행운도 따랐다. 1572년 11월 11일에 그는 카시오페이아 자리에서 '새로운 별(오늘날 초신성이라 불리는)'을 발견했다. 그는 다음해에 『새로운 별에 대하여De Nova Stella』라는 소책자로 자신의 관측 결과를 발표하고 1574년에 코펜하겐에서 왕실 강연을 한 후에 스위스 바젤에 정착하고 싶다는 소망을 널리 알리면서 여행을 시작했다. 덴마크 왕의 양보를 얻어내기 위한 책략이었는지는 알 수 없지만, 국보급 인물을 잃을 의사가 없었던 프레데리크 2세는 코펜하겐과 스웨덴 사이의 해협에 있는 흐벤Hven 섬을 브라헤에게 주어 그곳에 우라니보르크Uraniborg

천문대를 짓도록 했다. 프레데리크는 브라헤의 충성심을 공고히 하기 위하여 왕국의 다른 토지와 아울러 넉넉한 급료도 제공했다.

브라헤의 천재성은 탁월한 관측 역량에 있었다. 당시의 천문학자 대부분이 간헐적으로만 행성을 관찰하는 동안에 그는, 햇빛이나 구름이 가리지 않는 한, 연속적으로 행성의 위치를 관측했다. 우라니보르크에 있는 그의 장비는 정밀하게 측정된 십자선이 그려진 최고 품질의 거대한 상한의quadrants와 육분의 sextants였다.

아이러니하게도 브라헤의 위대한 이론적 업적은, 아무리 조심스럽게 수행하고 아무리 장비가 우수하더라도, 측정이 결코 정확할 수 없다는 깨달음이었다. 모든 실험에는 오차가 따르고 그 오차 자체가 정량화되어야 했다. 브라헤는 세심하게 측정한 오차를 관측에 통합함으로써 더욱 정확한 관측 결과를 얻었다.[20]

행성의 운동 이론을 만들어내려는 시도에서 참담한 실패를 겪은 브라헤는 한 걸음 물러서서, 수성과 금성이 태양 주위를 도는 동안에 나머지 행성은 여전히 지구 주위를 돈다고 제안했다. 아마도 브라헤는 종교적 미신의 족쇄에서 벗어나지 못한 최후의 위대한 르네상스 과학자였을 것이다. 성서를 문자대로 해석한 브라헤는 지구가 정지해 있다는 성서의 주장을 진실로 받아들였다.* 프레데리크 2세가 사망하고 자신에게 덜 호의적인 후계자가 왕위를 계승함에 따라 말년을 프라하에서 보낸 브라헤에게 행운의 여신이 다시 한번 미소를 보냈다. 케플러라는 젊고 유능한 조수를 얻게 되었던 것이다.

브라헤는 다음 세대의 천문학자들에게 최고 수준의 천체 관측자료를 모아놓은 보물창고의 방대한 유산을 남겼다. 그의 유산이 없었다면 천체 운행의 비밀이 여러 세기 동안 인류에게 숨겨졌을지도 모른다.

요하네스 케플러

자신의 멘토mentor 브라헤와는 달리 운명은 젊은 요하네스 케플러에게 호의적이지 않았다. 그는 1571년에 미숙아로 태어났고 부모 모두 성격장애를 겪었을지도 모른다. 어머니는 교육도 제대로 받지 못한 교양 없는 여성이었고, 아버지는 가정생활을 혐오한 나머지 요하네스가 태어나고 얼마 지나지 않아서 스페인의 알바Alba 공작이 네덜란드인와 맞선 살인적인 전투에 자원했다. 케플러는 네 살 때 천연두에 걸려 시력이 손상되고 양손이 불구가 되었다. 그의 불구를 고려한 부모는 케플러를 신학교에 입학시켜 성직자의 길을 걷도록 했다.[21]

---

*   "주께서 하늘에서 판결을 선포하심에 땅이 두려워 잠잠하였나니," 「시편」76편 8절.

케플러와 서구 문명에는 다행스럽게도, 신학교 교사들이 그의 수학적 재능을 알아보았다. 케플러는 결국 대중적인 점성술 연감을 작성하는 일을 얻게 된다. 자신의 계산을 위하여 프톨레마이오스 시스템이 대단히 불만족스러웠던 케플러는 우주를 통합하는 힘이 존재해야 한다는 결론을 내렸다. 코페르니쿠스의 태양중심 가설을 알게 된 그는 행성 운동의 복잡성을 해독하는 일에 착수했다. 케플러의 학문적 초기 경력은 남부 독일의 대학도시 튀빙겐Tübingen을 중심으로 이루어졌고 그 지역의 고유한 종교적 갈등에 시달렸다. 결국 그는 1600년에 프라하로 피신하여 브라헤의 조수가 된다. 몇 년 후 스승의 예상치 못했던 죽음으로 유럽 최대 천문대의 수장이 된 케플러는 자신의 연구를 계속할 수단과 아울러 브라헤의 독특한 관측 자료까지 확보하게 되었다.

초기 그리스 천문학자들이 예측과 관측 결과에서 10도 이상 차이가 난—고대인의 육안 관측으로도 명백했던—아폴로니오스와 아리스타르코스의 시스템을 거부했다는 사실을 기억하라. 그 후에 프톨레마이오스 시스템이 받아들여진 것은 단지 몇 도의 부정확성만을 생성했기 때문이었다. 1000년이 넘는 동안에는 그 정도로 충분했지만, 브라헤의 측정은 약 1/10도까지 정확했다. 브라헤의 데이터가 그렇게 정확한 관측 결과를 수용할 수 없었던 프톨레마이오스 시스템의 결함에 단호하고 가혹한 빛을 비췄다.[22] 케플러의 특별한 천재성은 천체의 운행에 관한 더 나은 설명을 원한다면 이전의 모든 천문학 모델에서 사용된 원형 궤도를 거부해야 함을 깨달은 데 있었다.

케플러는 특히 화성의 궤도에 매혹되었다. 화성의 궤도는 관측 가능한 행성 중에서 이심률이 가장 컸고 브라헤의 데이터에서도 완벽한 원형으로부터의 이탈이 분명하게 드러났다. 화성의 궤도는, 고대인에게 알려진 다섯 행성 중에 가장 불규칙하기는 하지만, 약간 타원형일 뿐이다. 장축이 단축보다 긴 길이가 단축의 1퍼센트 미만이다. 그러나 타원의 두 초점 중 하나에 태양이 위치하기 때문에 중심에서 약 9도 벗어나게 되어 화성 운동의 불규칙성을 쉽게 알 수 있다.

케플러는 이전의 두 시스템에서 원형 궤도에 중첩되었던 주전원을 폐기하고 타원형 궤도로 대체했다. 다음 문제는 그러한 궤도의 주기를 결정하는 일이었다. 케플러는 타원 궤도에서 행성의 속도가 태양으로부터의 거리에 따라 달라질 것으로 생각하고 행성 운동의 다양한 수학적 모델을 체계적으로 조사하기 시작했다.

화성 궤도의 수수께끼가 쉽게 풀리지는 않았지만, 케플러의 수학적 재능과 브라헤의 관측자료의 결합이 결국 승리를 거두었다. 더우기 케플러에게는 베이컨이 주장한 관측기반 시스템에 대한 믿음이라는 브라헤보다 유리한 점이 있었다. 브라헤는 당대의 가장 숙련된 관찰자였지만 거의 모든 동시대인과 마찬가지로 아리스토텔레스, 프톨레마이오스 시스템의 도덕적 권위를 계속해서 받아들였다. 케플러는 그렇지 않았다. 그는 거의 10년 동안 브라헤의 화성 관측자료와 씨름했다. 관측된 자료는 코페르니쿠스 모델에 맞지 않았고, 수정하여 맞추려한 브라헤의 최선의 노력에도 맞지 않았다. 따라서 그는 두 모델을 모두 폐기해야 한다고 추론했다.[23] 고인이 된 멘토와 달리 케플러는 위반할 수 없는 이론이 존재하지 않는다고 생각했다. 현대 서구에서 우리는 모순된 데이터가 있어도 살아남을 정도로 신성한 이론이나 모델이 없다는 것을 당연하게 여긴다. 이런 생각이 기본적으로 서구 사회와 비서구 사회를 구분한다. 케플러는 현대인의 삶의 방식에 근본적 기반이 된 경험적 프레임워크를 채택한 최초의 자연철학자 중 한 사람이었다. 이론이 신뢰할 만한 데이터와 충돌할 때는 이론을 버려야 한다.

숙련된 수학자인 케플러가 대안적 모델을 상상하는 데는 어려움이 없었다. 그는 행성 운동의 세 가지 법칙을 결정하기 전에 브라헤의 데이터와 완벽하게 일치하는 수십 가지 모델을 시도했다. 케플러의 행성운동 법칙은 태양을 중심으로 공전하는 행성 궤도의 모양, 거리, 속도의 관계를 설명한다. 케플러의 세 가지 법칙은 (1) 모든 행성은 타원 궤도로 운동한다. 태양이 타원의 두 초점 중 하나를 차지한다; (2) 행성의 태양으로부터의 거리와 궤도 주기 사이에 2/3 제곱의 관계가 있다. 예를 들어 명왕성은 수성보다 100배 정도 태양에서 떨어져 있다. 따라서 명왕성의 1년이 수성의 1년보다 1000 배 더 길다; (3) 행성은 태양에 근접할수록 속도가 빨라지고, 같은 기간에 행성이 쓸고 지나가는 면적이 동일하다. 이는 혜성에서 가장 쉽게 시각화된다. 태양에서 멀리 떨어졌을 때는 혜성과 태양을 연결하는 선이 만들어내는 파이 조각이 길고 좁은 모양이지만, 태양 가까이를 통과할 때는 짧고 폭이 넓어진다. 같은 시간 동안 만들어진 파이 조각의 면적은 동일하다.

아마도 어느 모델이 더 잘 작동할지에 대한 선입견이 있었겠지만, 이러한 문제에 대한 케플러의 편견은 중요하지 않았다. 결국 그는 단순하게 데이터와 가장 잘 맞는 모델을 채택했다.

케플러는 행성이 어떻게 운동하는지를 발견했지만, 왜 그런 운동을 하는지는 설명할 수 없었다. 예를 들어 그의 세 번째 법칙은 행성이 태양에 근접할 때 어떻게 멀리 있을 때보다 속도가 빨라지고 주기가 짧아지는지를 설명한다. 케플러는 왜 그렇게 되는지를 알지 못했고, 지구 주위를 도는 달이 태양 주위를 도는 행성과 같은 법칙을 따르지 않는 이유를 설명할 수도 없었다.

코페르니쿠스와 마찬가지로 케플러의 작업은 그의 생애 동안 영향력이 없었다. 오늘날 그의 세 가지 법칙을 최고의 업적으로 지목하는 것은 간단한 일이지만, 케플러의 동시대인들은 그의 천재성을 알아보는 데 큰 어려움을 겪었다. 세 가지 법칙은 천체의 음악이라든지 태양과 행성 사이의 자기적magnetic 인력과 척력 같은 신비로운 추측의 늪 속에 숨어있었다. 망원경의 도움을 얻어 관측 천문학을 더욱 발전시키는 일은 갈릴레오의 몫이었고, 핼리와 뉴턴은 천체의 운동에 대한 인간의 이해를 완성했다. 그들의 우뚝 솟은 공헌은 과학적 탐구를 교회의 도그마dogma의 숨 막히는 손아귀에서 벗어나게 했고 그 과정에서 번영으로 가는 길의 또 다른 장애물을 제거했다.

갈릴레오와 교회의 쇠퇴

르네상스가 이탈리아에서 시작된 것은 우연이 아니었다. 1453년에 콘스탄티노플이 무함마드 2세Muhammad II의 오스만제국에 함락되면서 비잔틴제국의 보화와 유물이 서쪽으로 쏟아져 들어왔다. 그중에 가장 중요한 것은 고대 그리스 필사본의 도서관이었다. 단순한 지리적 이유로 서유럽에서 처음으로 귀중한 자료를 조사하게 된 이탈리아의 학자들은 오랫동안 잠자고 있었던 헬레니즘 미술, 문학, 건축에 대한 관심을 다시 불러일으켰다. 그러나 이탈리아가 붕괴하는 비잔틴제국과 가까이 있었다는 것은 축복이자 저주였다. 예술, 특히 교회가 창조적인 천재들에게 충분한 활동 공간을 제공한 조각과 회화에서 가장 큰 발전이 이루어졌다. 하지만 유감스럽게도 과학 분야에서는 위압적인 도그마가 진지한 탐구를 가로막았다. 이 장을 장식한 모든 위대한 인물 중 오직 한 사람, 1564년에 교회와 과학의 갈등의 진원지 피렌체에서 태어난 갈릴레오 갈릴레이만이 알프스 남쪽에서 생애의 대부분을 보냈다.

갈릴레오의 아버지 빈센치오 갈릴레이는 토스카나 귀족 가문의 가난한 후손이었다. 오늘날의 많은 부모도 그렇듯이, 빈센치오는 가족이 사회적 계층의 사다리를 다시 오르는 길이 아들을 의사로 만드는 것이라고 생각했다. 자신도 유능한 수학자였던 빈센치오 갈릴레이는 숫자에 대한 아들의 소질을 알아보고, 아들이 수학의 아름다움을 접한다면 의학을 거부하리라는 결론을 내렸다. 빈센치오의 생각이 옳았다. 젊은 갈릴레오는 지역 대공의 궁정에서 다른 학생을 위한 수학 수업을 엿듣고 수학의 지적 아름다움에 매혹되었다.

결국 형편 없는 보수를 받는 수학자로 피사에 정착한 갈릴레오는 사탑에서 물건을 떨어뜨리면서 사람들의 관심을 끌기 시작했다. 거기서 그는 떨어지는 물체의 속도가 무게에 비례한다는 아리스토텔레스 법칙의 오류를 입증했다. 바보들을 쉽게 참아낼 수 없었던 갈릴레오는 코시모 디 메디치의 사생아가 설계한 항만청소 기계를 비판하여 대공의 비위를 거슬리고 곧 피렌체로 돌아오게 된다.

얼마 지나지 않아서 그는 당시에 베네치아의 통치를 받았던 파도바에 있는 대학의 수학 교수로 임명되었다. 갈릴레오는 그곳에서 많은 청중에게 강연하고, 무엇보다도 최초의 밀폐형 전구 온도계를 발명하면서 성공을 거두었다.

1608년에 요하네스 리퍼세이Johannes Lippershey라는 네덜란드의 안경 제작자가 조잡한 망원경을 발명하고 네덜란드에서 특허를 출원했다. 이 발명의 소식이 이듬해에 이탈리아로 전해졌다. 몇 시간 동안 광학의 원리를 숙고한 갈릴레오는 독창적인 설계를 고안하고 네덜란드 망원경보다 훨씬 더 강력한 32배 배율에 도달할 때까지 설계를 개선했다. 갈릴레오는 망원경 수백대를 제작하여 유럽 전역에 팔았다. 그리고 망원경의 렌즈를 통해서 본 것때문에 거의 목숨까지 잃을뻔 했다.

망원경의 효과는 충격적이었다. 천문학자들은 은하수에서 개별적 별들을 구분하고, 달에 있는 산맥을 찾아내고, 달의 인광phosphorescence이 지구에서 햇빛이 반사된 결과임을 관측했다. 망원경을 통해서 행성이 구체임을 볼 수 있었지만, 별들은 여전히 배율에 관계없이 반짝이는 빛의 점으로 보였다. 망원경은 수많은 새로운 플레이아데스Pleiades 성단에서만 이전에 알려진 일곱 개가 아니고 40개가 넘는-별을 찾아냈다. 태양에서는 흑점이 관측되고 토성에서 관측된 삼중 형태triple form는 나중에 네덜란드의 천문학자이자 수학자인 크리스티안 하위헌스Christian Huygens에 의하여 고리ring로 밝혀졌다.

이러한 발견의 중요성도 목성에 고유의 위성이 있다는 갈릴레오의 발견에 비하면 빛을 잃었다. 갈릴레오의 렌즈를 들여다본 사람이라면 누구든지 이 새로운 천체들이 또 다른 천체의 주위를 돌고 있는 것을 볼 수 있었다. 프톨레마이오스 모델의 예측을 정면으로 부정하는 현상이었다. 게다가 갈릴레오는 금성의 위상phases이 프톨레마이오스 모델의 예측과 전혀 다르다는 사실을 발견했다. 행성이 규칙적인 운동을 한다는 발견에서 비롯된 한 가지 희망은 그들이 어떻게든 극도로 정확한 천문 시계로 사용되어 경도의 계산이라는 당시의 중요한 항해 문제를 해결할 수 있으리라는 것이었다.

파도바대학이 갈릴레오에게 상당한 보수를 제안하면서 남아줄 것을 청했지만, 피렌체의 위대한 후원자들이 그가 고향 도시로 돌아오도록 유인했고, 목성에서 새로 발견된 위성들이 메디치 별Medicean Stars이라는 새로운 이름을 얻게 되었다.[24] 그러나 갈릴레오가 피렌체로 돌아간 것은 끔찍한 실수였다.

갈릴레오가 파도바에서 교수로 재임 중이던 1605년에 오랫동안 교회의 권위에서 독립적이었던 베니치아와 바오로 5세Paul V 교황 사이에서 중대한 분쟁이 일어났다. 갈등의 원인은 사소했다. 베네치아의 성직자 두 명이 유혹과 신체 상해를 시도한 혐의로 고발되었다. 베네치아는 그들이 시민 법정에서 재판 받기를 원했지만, 교황은 교회만이 성직자에 대한 판결을 내릴 수 있다고 주장했다. 그들이 로마로 넘겨지지 않자 교황은 사실상 공화국 전체를 파문하는 금령interdict을 공포했다. 베네치아는 로마의 요구에 따르기를 거부하고 금령을 정면으로 위반하여 고발된 성직자들이 미사의 집전을 계속하도록 했다.

공화국은 교황의 허세에 맞섰다. 하느님의 손은 가장 고귀한 공화국Most Serene Republic을 내려치지 않았고, 베네치아의 대담함이 로마의 신학적 무능을 온 천하에 드러냈다. 결국 물러선 쪽은 교황이었다.[25] 베네치아의 보호를 받았던 파도바의 대학은 세계에서 가장 자유로운 지적 환경을 제공했다. 그와는 대조적으로 피렌체를 통치하는 메디치가는 자신들의 부와 권력이 교황의 호의에 얼마나 의존하는지를 인식했다. 그들은 갈릴레오에게 파도바가 할 수 있었던 것보다 훨씬 약한 보호를 제공하게 된다.

코페르니쿠스는 성서와의 충돌을 가설적 구성으로 위장할 수 있었지만, 갈릴레오의 발견은 교회의 교리에 대한 노골적인 도전이었다. 갈등이 불가피했다. 도화선에 불이 붙었고, 갈릴레오의 충동적 성격은 그것을 더 확실하게 타들어 가도록 했을 뿐이었다.

그가 교회에 대항하기는 했지만, 분쟁은 매우 순진하게 진행되었다. 크리스티나 대공비(자신의 후원자인 코시모 데 메디치의 어머니)에게 보낸 편지에서 갈릴레오는, 특유의 지적 열의를 보이면서, 코페르니쿠스 시스템이 사실상 성서와 일치한다고 주장했다. 교회의 지배층은 태양 중심 시스템에 대한 갈릴레오의 지지를 곱게 보지 않았다. 버릇 없는 신출내기에게 성서를 어떻게 해석할지를 듣는 것은 더욱 분통터지는 일이었다. 1615년 초에 바티칸은 갈릴레오를 로마로 소환하고 이 문제를 종교재판에 회부했다.

처음에는 상황이 갈릴레오에게 나쁘지 않았다. 검사가 추기경단의 가장 영향력 있는 멤버이자 갈릴레오의 개인적 친구인 로베르토 벨라르미노Robert Bellarmine 추기경이었다. 심문관들이 갈릴레오를 직접 처벌하지 않고, 내용이 순전히 이론적이라는 이유로, 코페르니쿠스의 『천구의 회전에 관하여』를 가르치는 것을 중단시켰을 뿐이었다. 심문관들은 갈릴레오에게 금지된 교리를 보유하거나 가르치거나 옹호하지 말 것을 명령했다. 갈릴레오는 그들의 요구에 기꺼이 따랐고, 그 대가로 벨라르미노가 종교재판이 어떤 식으로든 그를 비난하거나 처벌하지 않았다는 증명서를 제공했다.

가혹한 처벌을 모면했다고 믿은 갈릴레오는 피렌체로 돌아가서 7년 동안 침묵을 지켰다. 1624년에 추기경단에서 갈릴레오의 가장 강력한 지지자인 마페오 바르베리니Maffeo Barberini가 교황으로 선출되자 갈릴레오는 승리자가 되어 로마로 돌아갔다. 교회의 최고 권력자들의 환대를 받은 그는 이제 우르비노 8세Urban VIII가 된 새 교황과도 여섯 번이 넘는 개인적 접견을 했다. 갈릴레오는 그때마다 1615년의 금지령을 철회해 줄 것을 요청했지만 우르비노는 번번이 거절했다.

무슨 이유였는지는 알 수 없지만, 갈릴레오는 힌트를 알아차리지 못했다. 그는 1624년에 로마를 방문하고 돌아온 뒤에 교황이 실제로는 금지령을 해제하는 데 호의적이라고 확신하게 되었다. 이러한 망상은 선의의 친구가 불어넣은 것이었다. 1630년에 토마소 캄파넬라Tommaso Campanella라는 수도사가 교황

성하가 금지령에 불만을 나타냈다는 편지를 갈릴레오에게 보냈다. 이 편지는 갈릴레오가 자신이 옳았음을 확신하도록 하기에 충분했다. 그는 『세계의 중요한 두 체계에 관한 대화Dialogo dei due massimi sistemi del mondo』-여기서 두 체계는 아리스토텔레스와 코페르니쿠스의 우주-의 집필에 착수했다.

대화에는 세 명의 등장인물이 있었다. 첫 번째는 살비아티Salviati라는 참을성 있고 꼼꼼한 교사로서 갈릴레오 자신을 나타냈고, 두 번째는 살비아티에게 공감하고 공명판 역할을 하는 사그레도Sagredo라는 친구였다. 세 번째 등장인물은 심플리치오Simplicio라는 멍청한 학자였다. 표면적으로는 아리스토텔레스의 후기 해석자 중 한 사람의 이름을 따서 지은 이름이었지만, 갈릴레오의 말 장난은 너무도 명확했다. 영향력을 극대화하기 위하여 라틴어가 아닌 이탈리아어로 쓰인 『대화』는 프톨레마이오스의 우주 모델이 틀렸다는 증거, 즉 이제는 새로운 망원경으로 모든 사람이 볼 수 있는 금성의 위상을 과시했다.[26] 설상가상으로 심플리치오에 대한 갈릴레오의 동시대 모델이 다름아닌 교황이라는 소문이 널리 퍼져나갔다.

1632년 1월에 출간된 『대화』가 즉각적인 소동을 불러일으켰다. 교회는 그해 8월에 책의 판매를 금지하고, 10월에는 갈릴레오를 다시 한번 종교재판에 소환했다. 노령과 질병을 호소하다가 1633년 2월에 로마에 도착한 그는 종교재판소의 주거용 아파트와 친구들의 집 사이를 왕복했다. 그동안에 종교재판소는 노쇠한 천문학자에게 고문 도구를 보여주었다. 6월에 마침내 재판소에 출두했을 때, 그는 자신이 태양중심설을 진정으로 믿은 적이 없다고 주장했다. 갈릴레오는 공개적으로 자신의 주장을 철회한 후에, 화형을 받아야 하는 이단 자체보다 한 단계 아래인 극렬한 이단 의심vehement suspected of heresy을 선고받고 악의 없는 속죄innocuous penance에 처해졌다. 전설에 따르면 시에나에서 연금되기 위하여 마차에서 내리면서 갈릴레오가 "그래도 그것은 움직인다Eppur si muove!" 즉, 지구는 태양의 주위를 돈다라고 소리쳤다고 한다. 그러나 이런 주장이 130년 후에 처음으로 나온 것에 비추어 이 일화는 사실이 아닐 가능성이 크다.[27]

교회의 승리는 너무 많은 희생을 치르고 얻은 승리였다. 갈릴레오는 전투에서 패배했지만 전쟁에서는 승리를 거두었다. 이전에 베네치아가 교회의 신학적 영향력 결핍을 드러낸 것과 마찬가지로, 갈릴레오의 재판은 교회의 가르침의 핵심에 있는 지적 정직성의 결핍을 드러냈다. 오랜 분쟁을 통하여 교회가 엄청난 신뢰를 잃었고, 다시는 의미 있는 과학적 진보를 가로막지 못하게 된다. 갈릴레오의 재판은 인류가 진보로 향하는 길에서 거대한 장애물을 제거했다.

말년에 실명하게 되었음에도, 갈릴레오는 뉴턴이 태어난 해인 1642년에 사망할 때까지 작업을 계속했다. 그의 산출물은 놀라울 정도였지만, 결함이 없는 것은 아니었다. 갈릴레오는 케플러의 타원 궤도 이론을 거부하고 주전원이 중첩된 완벽한 원형 궤도라는 코페르니쿠스의 개념을 지지했다. 그는 중력의 본질을 상상하는데 필요한 지적 도약을 할 수 없었고, 다만 지구를 태양 주위 궤도에 묶어놓는 거대한 힘이 달을 지구에 묶어놓고 목성의 위성을 목성에 묶어놓는 힘과 같을 수 있다는 사실을 어렴풋이 인식했다. 브라헤와 마찬가지로 갈릴레오를 특징지은 강점은 관측과 역학에 관한 역량이었다. 천체 운동의 마지막 비밀을 밝히기 위해서는 갈릴레오의 엄청나게 실용적이고 관찰적인 재능에 바탕한 아이작 뉴턴의 비할 데 없는 천재성이 필요했다.

뉴턴과 드러난 시계장치

아이작 뉴턴과 에드먼드 핼리의 삶과 경력은 함께 생각해보는 것이 최선이다. 1642년에 태어난 뉴턴이 16년 연상이지만, 두 사람은 동일한 지적 환경에서 과학자가 되었고, 행성뿐만 아니라 모든 천체의 운동을 지배하는 법칙을 알아차리며, 당시의 가장 중요한 자연의 수수께끼를 함께 풀었다. 두 사람 중에서 뉴턴이 가장 눈에 띄는 천재성, 그렇게 많은 것을 어떻게 그토록 빨리 성취했는지에 대하여 현대의 학자들도 숨이 막힐 정도로 엄청난 수학적 능력을 갖고 있었다. 뉴턴의 성격 또한 그러한 천재성에 걸맞았다. 그는 침울성 신경증이 있고, 유머가 없고, 독단적인 동시에 수줍음이 많고 까칠한 성격이었다. 반면에 핼리는 모든 계층의 사람들이 매력적이고 관대하고 개방적인 사람으로 묘사했다. 그의 천재성은 뉴턴만큼 깊지는 않았지만, 기초과학을 멀리 넘어선 영역까지 미칠 정도로 폭이 넓었다.

뉴턴의 어린 시절 환경은 초라했다. 그의 어머니는 링컨셔의 울스도프Woolsthorpe에서 뉴턴이 병약한 미숙아로 태어나기 석 달 전에 과부가 되었다. 경제적 안정을 위하여 나이든 남자와 재혼할 수밖에 없었던 그녀는 어린 아이작을 외할머니에게 맡겼다. 그의 천재성을 처음으로 알아본 사람이 누구였는지-아마도 삼촌이나 아니면 그가 다닌 이웃 마을 그랜텀Grantham의 학교 교사였을 것이다-는 알 수 없지만, 기적과도 같이, 아이작 뉴턴은 1661년에 하찮은 노동으로 학비를 충당하는 장학생인 하급장학생subsizar으로 케임브리지의 트리니티 칼리지Trinity College에 입학했다.

우리는 뉴턴의 문법학교 시절에 대해서도 거의 알지 못하지만, 케임브리지에서의 초기 시절에 대하여 아는 것은 더 적다. 1664년경의 언젠가 그에게는 수학과 자연계에 대하여 다른 사람에게 배울 수 있는 것이 더 이상 없다는 사실이 분명해졌다. 그때부터 그는 혼자서 새로운 지평을 열어야 했다.

뉴턴에게는 매우 다행스럽게도, 당시 영국의 아리스토텔레스적 교육 시스템에 첫 번째 균열이 나타났다. 트리니티 칼리지는 답답한 고대의 교육 체계를 처음으로 폐기한 대학이었다.[28] 한 세대 앞서서 르네 데카르트René Descartes가 궤도 역학의 문제를 풀기 위한 필수적 도구인 해석기하학을 창안했다. 뉴턴이 입학했을 때 트리니티는 영국에서 유일하게 데카르트의 수학을 자유롭게 가르친 교육 기관이었다.

1665년 6월의 흑사병 발발로 케임브리지가 폐쇄됨에 따라 울스도프의 집으로 놀아간 뉴턴은 이듬해에 잠시 케임브리지로 복귀한 것 말고는 1667년 4월까지 집에 머물렀다. 시골에서 고독하게 18개월을 보내는 동안에 그는 수학, 물리학, 그리고 천문학을 완전히 바꿔놓았다.

뉴턴은 먼저 오랫동안 자신을 당혹스럽게 했던 문제를 다뤘다. 달을 궤도에 붙잡아두는 힘이 나무에서 사과를 떨어뜨리는 힘과 같은 힘이라는 것이 가능한 일일까? 그가 정말로 그렇다는 결론을 내린 힘은 바로 중력이었다. (그리고 뉴턴의 이러한 탐구가 어머니의 정원에서 떨어지는 사과를 보고 자극을 받았다는 것도 사실이다. 그러나 이 에피소드에 관한 권위 있는 설명 중에 머리 부상과 관련된 설명은 없다.)

그는 곧 해석기하학이 이런 계산을 다루기에 충분치 않다는 것을 깨닫고 미적분calculus을 창안했다. 유감스럽게도 뉴턴은, 종종 그랬듯이, 얼빠진 실수를 저질렀다. 도서관을 이용할 수 없었던 그가 지구의 반경(지구의 중심으로부터 나무에 있는 사과까지의 거리)에 대하여 잘못된 값을 사용함으로써, 달의 운동에 대한 자신의 관측에 기반한 중력의 부정확한 추정치를 얻게 되었다. 이런 실수에 발목이 잡힌 뉴턴은 천체의 운동을 이해할 수 없었고, 잘못된 계산을 서랍 밑바닥에 넣어둔 뒤에 다른 분야로 이동했다. 그는 운동의 세 가지 법칙을 연구하는 한편으로 수치 급수에 대한 획기적인 연구를 수행했다. 그 정도로는 성취가 충분치 않다는 듯이, 뉴턴은 프리즘을 사용하여 빛의 색채 구성을 추론하는 근대 광학을 창안했다.

에드먼드 핼리, 천재의 손길

1658년에 부유한 상인의 아들로 태어난 에드먼드 핼리는 아버지 덕분으로 런던 북동부에 있는 세인트 폴 스쿨Saint Paul's School 에서 일류급 교육을 받았다. 젊은 핼리는 천문학에 뛰어난 재능을 보였고 1673년에 옥스퍼드에 입학했을 때는 독자적으로 훌륭한 천문대를 꾸미기에도 부족함이 없는 천문학 장비를 갖추고 있었다.[29]

  뉴턴이 울스도프에 머물게 된 후 거의 20년 동안 행성 운동과 중력의 문제가 계속해서 과학자들을 혼란스럽게 했는데, 그중에는 뉴턴과 핼리의 가장 뛰어난 동시대인인 로버트 후크(현미경을 발명했고 나중에 뉴턴의 가장 신랄한 적이 되는)와 유명한 건축가 크리스토퍼 렌Christopher Wren이 포함된다. 핼리, 후크, 렌 모두 중력의 본질을 직감했지만, 중력의 존재 증명과 관련된 수학은 이 위대한 사람들에게도 너무 어려웠다.

  1680년대에는 뉴턴의 수학적 천재성이 잘 알려져 있었지만,

불행하게도 후크와 뉴턴 사이의 적대감이 이미 높아진 상태였다. 후크는 중력의 문제에 대한 수학적 해결책이 있다고 주장하면서도 그것을 핼리나 뉴턴에게 보여주려 하지 않았다. 후크의 주장을 믿지 않은 핼리는 뉴턴의 조언을 구하려고 케임브리지로 갔다.

핼리는 행성이 질량에 비례하고 거리의 제곱에 반비례하는 힘으로 태양에 끌린다는 뉴턴의 중력 이론을 알고 있었다. 그는 뉴턴에게 그런 힘을 받는 행성의 궤도가 어떤 모양이 될지를 물었다. 뉴턴은 주저 없이 행성의 궤도가 타원형이 될 것이라고 대답했다. 핼리는 뉴턴의 대답에 깜짝 놀랐다. 당시의 모든 과학자와 마찬가지로 그는 모든 궤도가 원형이어야 한다는 아리스토텔레스적 개념에 동의했다. 궤도가 타원이 될 것을 뉴턴이 어떻게 알았을까? 핼리가 물었다. 뉴턴은 20년 전에 울스도프에 머무는 동안에 그 문제를 거의 해결했다고 대답했다. 전해지는 이야기에 따르면 뉴턴이 책상 서랍을 뒤져서 예전의 잘못된 계산을 찾아냈고, 핼리가 재빨리 지구 반경의 오류를 발견함으로써 정확한 방정식에 도달했다고 한다. 당시의 학자들은 전 유럽이 천체 운동 문제의 해답을 찾고 있는데, 뉴턴은 그 해답을 잃어버렸다고 농담했다.

순식간에 천체 운동의 실체가 인간에게 모습을 드러냈다. 핼리는 뉴턴이 연구 결과를 유명한 『자연철학의 수학적 원리 Philosophiae Naturalis Principia Mathematica』로 출판하도록 재촉했고 인

212

쇄 비용까지 지불했다.[30] (이 일은 뉴턴이 표절했다고 비난한 후크와 뉴턴 사이의 적의를 고조시켰다. 외교적 수완이 있는 핼리의 두 사람을 화해시키려는 노력도 실패로 돌아갔다. 이렇게 악화한 관계는 1703년에 후크가 사망하고 뉴턴이 후크의 왕립협회 회장직을 이어받게 되어서야 끝났다.)

마법에 걸린 유럽은 이전에 상상할 수도 없었던 일이 일어나는 것을 지켜보았다. 정확한 천문학적 예측이 잇따라 실현되었다. 하늘까지도 협조하는 것 같았다. 새로운 과학의 힘을 보여주려 한다면 1715년 4월 22일에 런던을 쓸고 지나간 개기일식보다 더 좋은 기회는 없었다. 핼리는 일식의 경로에 대한 이전과 이후의 지도를 발표했다. 일식이 있기 약 2주 전에 인쇄되었고 그림 3-4에 재현된 그의 첫 번째 지도는 일식의 예상 경로를 보여주었다. 이 지도에는 두 가지 목적이 있었다. 무엇보다도 핼리는 대중의 불안감을 미연에 방지하고며칠 후 영국에서 수 세기 동안에 처음으로 발생할 개기일식이 신의 노여움의 표시가 아니라는 것을 대중에게 확신시키고 싶었다.

> 갑자기 어두워지고 태양 주변에서 별이 보이더라도 사람들이 놀라지 않도록 하려는 것이다. 알려주지 않는다면 그들은 개기일식을 불길한 조짐으로 보고 신이 보전하는 우리의 주권자 조지 왕과 그의 정부에 닥칠 사악함의 전조로 해석하기 쉽다. 이것으로 그들은 일식이 자연 현상에 지나지 않고, 태양과 달의 운동에 따른 필연적 결과일 뿐임을 알게 될 것이다.[31]

그림 3-4 | 1715년 일식의 경로에 대한 핼리의 예측

출처: 하버드 대학교 호턴 도서관의 허락을 얻어 재현됨

둘째로 핼리는 영국 남부에서 일식의 경로를 기록하고 태양이 달에 완전히 가려지는 상태의 지속 시간을 관찰할 관측자를 모집했다. 핼리는 수십 건의 관측 보고를 획득하여 자신의 예측이 얼마나 정확했는지를 확인할 수 있었다.

이러한 관측을 통하여 그림 3-5에 표시된, 첫 번째 지도와 거의 동일한, 두 번째 지도가 작성되었다. 핼리의 예측은 방향과 폭에서 실제 경로와 약간의 차이가 난 것 말고는 거의 완벽했다.[32] 두 번째 지도는 1724년에 예상되는 다음번 일식의 경로까지 보너스로 보여주었다. 북서쪽에서 남동쪽으로 뻗는 경로였다.

일식의 경로에 대한 핼리의 정확한 예측이 대중을 전율시켰다. 그것은 관찰하고 가설을 세운 뒤에 검증하는 베이컨의 귀납적인 과학적 방법의 승리를 알리는 최후의 일격이었다. 18세기 중반까지 새로운 과학이 아리스토텔레스의 연역적 추론 체계를 완파했고, 그에 따라 과학 분야에서 교회의 영향력이 줄어들게 되었다.

종교와 과학이 완전히 분리되기까지는 적어도 한 세기를 더 기다려야 했다. 당시의 모든 사람과 마찬가지로 핼리와 뉴턴은 전능하신 분이 천체 운동의 법칙을 예정해 놓았다고 믿었던 독실한 신자였다. 게다가 두 사람 모두 성서의 문자 그대로의 진실을 믿었다. 예를 들어 핼리는 지구와 혜성의 근접 상봉이 대홍수를 초래했을지도 모른다고 생각했다. 다른 종류의 행성 충돌이 대홍수의 원인이라 믿었던 뉴턴은 핼리의 견해에 동의하

그림 3-5 | 1715년 일식의 실제 경로

출처: 하버드 대학교 호턴 도서관의 허락을 얻어 재현됨

지 않았다. 1700년대에 뉴턴의 루커스Lucasian 수학교수직을 계승한 윌리엄 휘스턴William Whiston은 런던의 대규모 청중에게 천문학적 사건과 성서적 사건의 연관성에 관하여 강연했다. 뉴턴조차도 중세기 미신의 손아귀에서 완전히 벗어날 수 없었다. 직업적 삶과 글의 대부분이 연금술과 관련되었던 뉴턴은 결별하기 전의 후크와 존 로크를 포함한 과학적 계몽주의의 저명인사들과 연금술의 비밀에 대하여 활발하게 서신을 교환했다.[33]

번영의 위대한 조력자

다방면에 걸친 에드먼드 핼리의 업적은, 뉴턴과 함께 한 연구와는 별개로, 자체로도 놀라운 것이었다. 1682년에 그는 자신의 이름이 붙게 되는 혜성을 발견하고 그 타원 궤도가 76년의 주기를 갖는다는 것을 계산해냈다. 따라서 1531년과 1607년에 유럽과 아시아에서 목격된 혜성은 같은 혜성이었다. 그는 목성과 토성의 중력에 의한 약간의 지연까지 고려하여 1758년의 성탄절 기간에 혜성이 돌아올 것으로 예측했다. 그리고 자신은 그날이 오기 오래전에 사망할 것이므로 후대의 천문학자들이 자신의 예측을 잊지 말 것을 호소했다.

그는 걱정할 필요가 없었다. 태곳적부터 혜성에는 중요한 종교적·역사적 의미가 부여되었다. 예를 들어 핼리 혜성은

1066년의 헤이스팅스 전투Battle of Hastings가 일어나기 7개월 전에도 나타났고, 나중에 노르만의 영국 정복을 영광스럽게 묘사한 수예품 바이외 태피스트리Bayeux Tapestry에 꿰매어졌다. 1758년에 정확하게 돌아온 혜성은 새로운 과학적 방법에 대한 대중의 신뢰라는 건물에 또 한 장의 벽돌을 얹었다.[36]

핼리는 틈틈이 독일의 도시 브레슬라우의 사망 기록을 수집하여, 당시에 새로 생겨난 보험 산업의 필수 요소인, 최초의 보험통계표를 만들었다. 왕실 천문학자인 그는 경도위원회Board of Longitude의 당연직 위원이기도 했다. 그 직책에서 핼리는 신뢰할 수 있고 정확한 항해 시계를 만들려는 존 해리슨에게 절실하게 필요했던 격려, 조언, 금전적 지원을 제공했다.

그 모든 것이 한 생애의 성취로 충분치 않다는 듯이, 핼리는 유럽인이 새로운 대륙의 발견을 시작하는 데도 도움을 주었다. 그는 지구와 태양 사이의 거리를 더 정확하게 측정하기 위하여 1761년과 1769년 사이(자신이 사망한 지 20여년 후)에 금성의 통과를 관측하기 위한 원정대를 태평양으로 보낼 것을 제안했다. 항해에 나선 제임스 쿡James Cook 선장은 오스트레일리아와 하와이 제도를 포함하여 태평양의 여러 지역을 방문한 최초의 유럽인이 되었다. 근대적 번영의 네 가지 기반 중 세 가지-과학적 합리주의, 자본시장, 근대적 운송-의 발전에 중요한 역할을 한 엔드먼드 핼리를 우리 이야기의 중심 인물로 보는 것은 결코 과장이 아니다.

과학적 합리주의의 확산

새로운 과학적 방법에 따른 눈부신 발전에도 불구하고, 이러한 혁명이 세계의 부를 크게 늘리기 시작한 것은 2세기도 더 지난 후였다. 1850년 이전에는 산업계에서 일하는 과학자가 거의 없었고 대부분의 발명이 토머스 에디슨과 로마가 몰락한 후에 잊혀졌던 콘크리트를 재발견한 존 스메튼John Smeaton 같은 재능 있는 발명가와 기술자에 의하여 이루어졌다. 19세기의 철강 산업은 광석의 품질과 최종 생산물의 관계를 지속적으로 모니터하는 전임 연구원을 채용한 근대적 과학실험실이 상설로 운영된 최초의 산업이었다. 철강왕 앤드루 카네기는 자신의 실험실이 가져다준 경쟁 우위에 대하여 크게 기뻐하며 말했다. "우리가 화학을 채택하여 인도를 받은 지 몇 년이 지난 뒤에도 경쟁자들은 화학자를 고용할 여유가 없다고 말했다. 당시에 그들이 진실을 알았다면, 화학자를 고용하지 않을 여유가 없다는 것을 알았을 것이다."[35] 20세기가 되어서야 유능한 직원이 배치되고 풍부한 자금 지원이 이루어지는 연구 시설이 대규모 제조업체의 변함없는 특징이 되었다.

코페르니쿠스 이후로 얼마나 많은 것이 변했는지는 위대한 폴란드 천문학자를 비난한 마르틴 루터의 말로 가장 잘 요약된다. "그 바보가 천문과학 전체를 뒤엎을 것이다."[36] 루터의 세계에서는 물려받은 지혜를 뒤엎는 행동이 중대한 범죄였다. 3세기 만에 그런 행동을 하는 사람에게 명예와 부가 주어질 가능성이 커졌다. 사실 여부가 확실하지 않은 이야기에 따르면 나폴레옹이 자신의 천문학자 조제프 라그랑주Joseph Lagrange에게 또 다른 뉴턴이 있을 수 있는지 물었다고 한다. 라그랑주가 대답했다는 말이 그 시대를 요약한다. "아닙니다, 폐하. 발견될 우주가 하나뿐이었기 때문입니다."

그리하여 별에 대한 인류의 집착이 계산 능력의 간헐적인 발전으로 이어졌고, 컴퓨터 키보드를 몇 번 두드림으로써 궤도를 도는 인공위성의 경로를 계산할 수 있게 되었다. 발전의 가장 중요한 부분은 17세기에 이루어져서 인간과 주변 환경의 관계에 혁명을 일으켰다. 지적·물적 재산권이 관습법의 보호를 받은 영국의 과학자와 장인들이 이제 혁신을 위한 적절한 지적 도구까지 갖추게 되었다.

다음 2세기 동안에, 발전하는 자본시장이 그들의 노력에 자금을 대고 근대적 동력, 운송, 통신의 등장이 그들의 제품을 국내와 세계로 퍼뜨려서 근대적 부의 첫 물결을 만들어내게 된다.

04 자본시장

—

간단히 말해서 시장자본주의market capitalism에는 자본, 즉 사업을 꾸려나가기 위한 금융적 재원이 필요하다. 크고 작은 기업은, 태곳적부터 농부들이 작물을 수확하여 판매하기 전에 종자와 도구를 구입하기 위하여 돈을 빌렸던 것처럼, 상품과 서비스를 생산하기 전에 장비와 공급품을 구입해야 한다. 종종 기업의 자본 지출과 수익의 유입 사이에는 긴 지연이 있다. 순수한 농업 사회에서도, 포도 재배의 경우가 그렇듯이, 파종과 수확 사이의 지연이 수십 년으로 늘어날 수 있다.

산업사회에서는 일반적으로 자본 지출과 수익 실현 사이의 지연이 길고 필요한 자금의 규모가 훨씬 더 크다. 현대의 서구 경제에서 소득의 상당 부분이 이전 세대에 존재하지 않았던 발명품에서 나오고 거의 모든 수익이 한 세기 전에는 존재하지 않았던 발명품에서 나온다. 이런 제품을 시장에 내놓으려면 엄청난 자본이 필요하다. 1900년과 1950년 사이의 기간을 생각해보라. 1950년에 경제를 지배했던 자동차, 항공기, 가전제품 산업은 1900년에 존재하지도 않았다. 1900년에 있었던 것은 이러한 창조물을 일반 시민에게 제공하는 꿈을 꾼 발명가와 기업가였다.

언제라도 서구 사회의 번영에서 가장 중요한 부분이 100만 명 중 한 사람이 나올까 말까한 극소수 천재들의 마음에서 비롯되었다는 것은 겸허한 진실이다. 그들의 아이디어를 경제적 현실로 전환하려면 투자자의 신뢰를 받는 탄탄한 금융 시스템만이 제공할 수 있는 엄청난 규모의 자본이 필요하다.

1879년 토머스 앨바 에디슨의 백열전구 발명이 근대적 자본주의가 작동하는 과정을 생생하게 보여주는 사례다. (일반적으로 생각되는 것처럼 에디슨이 전등 자체를 발명한 것은 아니다. 2년 전에 파벨 야블로치코프라는 러시아 전기 기술자가 아크등으로 파리의 대로를 밝혔다.) 부유했음에도 불구하고 에디슨에게는 소수의 전구만을 만들어낼 여유밖에 없었다. 시장을 겨냥한 대량 생산을 위해서 큰 공장을 짓고, 수천 명의 숙련된 근로자를 고용하고, 대량의 원자재를 구입하는 것은 미국 최고의 부자라도 혼자서는 감당할 수 없는 일이었다. 게다가 신뢰할 수 있는 전력의 공급이 없는 전구는 무용지물이었다. 최초의 전구를 판매하려는 사람은 발전소와 전력을 운반하는 송전망까지 건설해야 했다. 갑자기 에디슨의 비전을 실현시키는데 기꺼이 자본을 투자하려는 투자자들이 프리미엄premium 상품이 되었다.

1800년대 후반의 미국에서 대규모 기업에 필요한 투자 자본의 가장 확실한 원천은 J. P. 모건이었다. 그러나 모건의 개인 재산조차도 에디슨의 발명을 상업화하기 위하여 설립된 에디슨 전등회사Edison Electric Light Company를 인수할만큼 크지 않았다. (1913년에 사망한 모건이 8000만 달러 상당의 재산을 남겼다는 소식을 접한 존 D. 록펠러는 말했다. "생각해보니 그는 부자도 아니었다."[1])

그러나 모건 가문은 자체 보유 자산보다 훨씬 더 많은 자본을 공급할 수 있었다. 미국의 금융업계에서 모건은 수많은 은행의 신디케이트를 조직하여 막대한 규모의 자본을 공급할 수 있을 정도의 리더십이 있었다. 경제사학자들은 종종 1837년에 미합중국 제2은행의 인가가 만료되고 1913년에 연방준비제도 시스템이 창설될 때까지-공교롭게도 모건이 태어난 해와 죽은 해-미국에 중앙은행이 없었다는 사실을 지적한다. 그 대부분 기간에 모건이 미국의 실질적인 중앙은행 역할을 했고, 한 번은 미국 재무부에 구제 금융을 제공한 적도 있었다.

모건은 미국이 산업화한 국가들의 선두에 서는 원동력이 된 철도, 공익사업, 철강회사를 건설하는데 필요한 수억 달러의 자금을 쉽게 움직일 수 있는 유일한 인물이었다. 그는 또한 새로운 기술에 자금을 대는 것이, 최근에 인터넷과 기술에 투자한 세대가 재발견한 것처럼, 대부분 실패로 돌아갈 수 있는 시도임을 알고 있었다. 이것은 모건의 시대에도 새로운 뉴스가 아니었다. 영국에서 기술 투자의 역사는 1600년대의 잠수회사로* 시작하여 1700년대의 운하회사를 거치고 1840년대의 화려한 철도 거품으로 질징에 틸한 사기, 비란, 손실의 역사였나. 바라서 모건은 오직 잘 확립된 기술에만 자금을 지원했다.

에디슨의 전등회사는 예외적인 경우였다. 전기 애호가인 모건은 뉴욕시 매디슨 애비뉴 219번지에 있는 자신의 저택을 최초의 백열전구로 장식했다. 이를 위하여 집 뒤편에 시끄럽고 악취 나는 발전기를 설치해야 했고, 전기 배선에 종종 불이 붙어서 한 번은 그의 책상이 타버리기도 했다. 그는 월스트리트 23번지에 있는 모건 은행에 전력을 공급한 맨하탄 최초의 대규모 발전소 건설에 자금을 지원했다. 자랑스럽게 발전소 시설을 언론에 공개하면서, 모건은 발전기가 예산을 200퍼센트 초과했다는 사실을 조심스럽게 숨겼다.

모건과 에디슨 이야기는 또한 자본시장이 수행한 건설적인 역할을 강조한다. 모건과 투자은행가 헨리 빌라드Henry Villard는 1880년대에 에디슨의 초기 벤처사업에 자본을 댔고, 나중에는

---

*   1690년대 영국 주식시장에서는 가라앉은 보물을 회수하기 위하여 설립된 회사의 주식이 열광적으로 거래되었다. 최초로 기록된 주식 열풍이었다. 에드워드 챈셀러, 『악마에게 붙잡히는 꼴찌(Devil Take the Hindmost)』(뉴욕: 펭귄, 1999), 36-38 참조.

원래의 에디슨 전등회사를 에디슨 제너럴 일렉트릭Edison General Electric으로 통합했다. 1890년대 초가 되자 에디슨이 훌륭한 발명가일지는 몰라도 기업가로서의 역량이 부족하다는 사실이 모건과 그의 동료들에게 분명해졌다. 당시에는 직류DC와 교류AC 발전기가 모두 관련기기와 함께 시장에 진입하기 위한 경쟁을 벌였다. 직류가 더 낮은 전압에서 작동했기 때문에, 에디슨은 교류보다 직류 시스템을 선호했다. 유감스럽게도 장거리 수송에 적합하지 않은 직류 전기는 시장의 잠재력이 제한적이었다. 경쟁 기업인 톰슨-휴스턴Thomson-Houston은 두 가지 전력 모두를 생산하는 발전소를 운영했다. 1883년에 장거리로 수송된 고압 교류전류의 전압을 사용지에서 낮추는 변압기가 영국에서 특허를 받았다. 몇 년 안에 조지 웨스팅하우스George Westinghouse가 미국에서 면허를 얻었고, 톰슨-휴스턴은 변압기 시스템을 사용하여 에디슨의 시장 점유율을 잠식했다.

모건과 동료들은 톰슨-휴스턴과의 합병만이 에디슨 제너럴 일렉트릭의 실패를 막는 길임을 재빨리 깨달았고, 새로운 회사는 제너럴 일렉트릭GE이라는 이름을 얻게 되었다. GE는 마침내 한 세기 이상 미국의 전력시장을 지배하는 거대기업이 될 때까지, 1890년대의 불황기 내내 자본을 필요로 했다. 에디슨은 평소의 성격대로 합병이 이루어지고 얼마 지나지 않아서 합병된 회사의 지분을 홧김에 매각하고 그 자금을 새로운 발명에 투입했다. 나중에 팔아치운 GE 주식을 보유하고 있었다면 가치가 얼마나 되었을지를 알게 된 그는 이렇게 말했다고 전해진다. "글쎄, 다 지난 일이지만, 우리는 그 돈을 쓰면서 아주 좋은 시간을 보냈지."[2] 이 이야기는 에디슨 일렉트릭의 은행가들이 자금을 지원했을 뿐만 아니라, 이전과 이후 세대의 벤처투자자와 마찬가지로, 중요한 시점에 기업 발전에 필수적인 지침을 제공했다는 것을 말해준다.

이 에피소드에서 J. P. 모건의 역할이 보여주듯이, 투자자는 단지 자본만을 제공하는 것이 아니다. 투자에 수반하는 리스크risk도 부담한다. 실제로 대부분 경우에 그들은 돈을 하수구에 쏟아붓고 있는 것이나 마찬가지다. 최근에 닷컴 기업의 대실패가 그토록 고통스럽게 보여주듯이, 압도적 다수의 신생기업과 벤처기업이 실패한다. 에디슨 일렉트릭/제너럴 일렉트릭, 제너럴 모터스, 마이크로소프트 같은 성공 스토리에 초점을 맞추면서 돌이켜 볼 때만 새로운 기업에 대한 투자가 수익성이 있는 것처럼 보인다. 이런 의미에서 신생기업을 지원하는 자본시장은 공공복권과 매우 비슷하다. 수백만의 사람이 복권을 사지만, 운 좋은 소수만이 당첨된다. 우리의 자본지향적 사회에서는 공공 및 민간 자본의 준비된 가용성이 그 자체로 혁신과 발명을 위한 강력한 인센티브를 제공할 수 있다.

에디슨, 모건, 빌라드가 공연한 금융의 댄스는 19세기 말 자본시장의 정점을 알렸다. 이 장에서는 그러한 시스템이 고대에 태어나고 중세기 말과 근대 초기를 통하여 발전해온 이야기가 전개될 것이다. 이 이야기는 기본적으로 비용, 위험, 정보의 세 가지 요소에 관한 이야기다.

자본의 비용

모든 벤처사업은 돈을 소비한다. 다른 모든 상품과 마찬가지로 돈에는 이자율이라는 비용이 있다. 봄에 밭을 갈고 씨를 뿌려야 하는 농부는 자신이 빌린 것에 이자를 붙여서 갚아야 한다. 이 자율이 높을 때는 돈값이 비싸다고 말하고 이자율이 낮을 때는 싸다고 말한다. 값싼 돈은 기업의 투자를 부추기고 값비싼 돈은 투자 의욕을 꺾는다. 이자율이 너무 높아질 때는 농부가 파종을 포기하고 기업가가 상업 활동을 연기한다.

돈의 비용을 결정하는 데 도움이 되는 여러 요소 중 가장 기본적인 요소가 공급과 수요의 균형이다. 빌려주는 사람이 많고 빌리는 사람이 적을 때는 돈값이 싸고, 빌리려는 사람은 많은데 빌려주는 사람이 적을 때는 비싸게 된다. 그림 4-1은 1200년과 1800년 사이의 영국, 네덜란드, 이탈리아, 프랑스의 이자율을 추적한다. 금리가 점진적으로 하락한 데는 여러 가지 이유가 있었는데, 가장 중요한 것은 투자자본의 공급 증가, 즉 빌려줄 돈이 늘어난 것이었다. 이러한 자본 비용의 하락이 기업 활동의 증가와 성장으로 이어질 수밖에 없었다.

그림 4-1 | 유럽의 이자율 변화 (1200년대에서 1800년대)

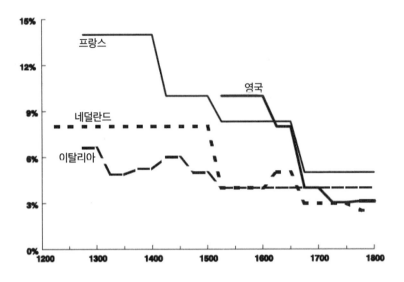

출처: 호머와 실라, 『이자율의 역사(A History of Interest Rates)』, 137-138

　　초창기 경제학자들은 이자율의 중요성을 잘 이해했다. 영국에서 가장 오래된 경제 옵서버 중 한 사람인 조시아 차일드Josiah Child경은 1668년에 "오늘날의 모든 국가는 돈의 비용으로 얼마를 지불하는지, 그리고 일반적으로 얼마를 지불해왔는지에 정확하게 비례하여 더 부유하거나 가난하다"고 지적했다.[3] 차일드에게 그러한 관계는 수학적이었다. 기업가가 정해진 금액의 이자를 감당할 수 있다면, 이자율이 3퍼센트일때 6퍼센트일 때보다 두 배의 자본이 가용하게 된다. 역사학자 T. S. 애슈턴Ashton은 말했다.

18세기 중반경에 경제 발전의 속도가 빨라진 단일한 이유를 찾는다면-그렇게 하는 것은 잘못이겠지만-낮은 이자율에 주목해야 한다. 깊은 광산, 튼튼하게 지어진 공장, 잘 건설된 운하, 산업혁명의 집이 비교적 저렴한 자본의 산물이었다.[4]

개인에게 빌려주는 자본의 비용과 정부나 기업이 발행하는 채권의 개념은 이해하기가 어렵지 않다. 그러한 자본의 비용은 단순히 관련된 대출이나 채권에 대한 이자율이다. 많은 투자자가 소유 지분(회사 주식)에는 어떻게 적용되는지를 이해하는 데 어려움을 겪지만, 자본의 비용은 주식에도 마찬가지로 적용된다. 주식 한 주의 가격, 즉 회사의 수익에 대한 지분의 권리가 주식당 달러로 표현된다는 개념에서 시작하자. 다음에는 단순히 표현을 뒤집어 달러당 주식, 즉 공장, 장비, 노동력 구입에 필요한 투자 자본 1달러에 대하여 회사가 투자자에게 부여해야 하는 소유권의 지분을 생각해보자.

주식 가격이 높을 때는 자기자본equity capital-회사가 자사 주식을 팔아서 얻는 돈-의 비용이 낮아서 회사가 쉽게 신주를 발행하여 투자자의 투자자본과 교환하게 된다. 이것이 바로 최근의 인터넷/기술 붐에서 신생기업들이 제멋대로 터무니없이 비싼 주식을 대중에게 팔았을 때 일어난 일이었다.

반면에 주가가 낮을 때는 자기자본의 비용이 높다. 회사가 자금 조달의 대가로 더 큰 소유권의 지분을 외부인에게 양도해야 함에 따라 투자가 줄어든다. 1980년대에 주가가 너무 낮아서 회사의 경영자들이 실제로 정크본드의 형태로 돈을 빌려 기존의 주식을 대중으로부터 다시 사들였을 때 이런 일이 일어났다.

때때로, 1990년대 말에 그랬던 것처럼, 회사가 채권을 팔거나 대출을 받는 대신에 주식을 팔아서 더 값싸게 자본을 확보할 수 있다. 때로는 그 반대가 되기도 한다. 그러나 어디에서 오든 간에 자본에는 항상 비용이 따른다. 그 비용이 얼마나 많은 기업 활동이 수행되고 부가 얼마나 빨리 성장할지를 결정한다.

자본의 비용

단순한 공급과 수요가 전부는 아니다. 벤처사업의 리스크 또한 자본의 비용을 결정하는데 중요한 역할을 한다. 신뢰할 수 있는 차용인에게 빌려주는 돈의 이자율은 신뢰할 수 없는 차용인에게 빌려주는 돈보다 훨씬 낮다. 미국 재무부 채권의 이자율이 예컨대 트럼프 카지노가 발행한 채권보다 훨씬 낮다. 시민의 소요가 일어나거나 외부의 군사적 위협을 받는 기간에는 정부 채권을 포함한 모든 채권의 위험성이 증가하고 이자율이 상승한다. 1장에서 말했듯이 국가의 이자율 도표는 경제적, 사회적, 군사적 건강 상태를 나타내는 열 차트fever chart로 생각할 수 있다.[5]

리스크는 집중되거나 분산될 수 있다. 당신이 1/5의 성공 가능성이 있는 사업 기회를 고려하고 있다고 가정해보자. 당신은 10만 달러를 투자해야 하고 성공한다면 100만 달러를 벌게 된다(즉 90만 달러의 이익을 얻게 된다). 매우 솔깃한 이야기지만, 당신은 80퍼센트의 실패 가능성도 있음을 깨닫는다. 10만 달러 전부를 잃게 되는 시나리오다. 90만 달러의 수익을 올릴 20퍼센트의 확률과 10만 달러를 잃게 될 80퍼센트의 확률이 있으므로 투자의 기대 수익은 10만 달러다.* 즉 평균적으로 당신의 돈이 두 배로 불어나게 된다. 물론 평균적인 수익을 얻을 수는 없다. 크게 잃거나 아니면 더 크게 따거나 둘 중 하나다.

그렇게 바람직한 보상이 기대되더라도 당신은 여전히 기회를 잡기를 주저할 수 있다. 당신에게 10만 달러가 남는 돈이거나 부담 없이 빌릴 수 있는 돈이 아니라면 10만 달러를 잃거나 빚지는 고통이 90만 달러를 횡재하는 기쁨보다 클 수 있다. 이제 당신이 빚을 갚지 못하면 채무자의 감옥에 갇혀야 하는 근대 이전 시대의 유럽이나 채권자의 노예가 되는 고대 그리스에서 살고 있다고 상상해보라.

그러한 위험은 고도로 집중된 위험이고, 근대 이전 시대에는 무릅쓸 용기가 있는 사람이 거의 없었다. 19세기 영국의 자본가들은 채무불이행의 가혹한 결과가 투자의 걸림돌이 된다는 것

---

*   기대 수익의 계산은 $900,000×0.2 + (-)$100,000×0.8 = $100,000

을 정확하게 인식했고 하원이 파산법을 제정했다. 채무자의 감옥이라는 위협의 완화가 투자 활동의 폭발적 증가로 이어졌다.

근대 이전 시대의 기업가만이 채무불이행에 따른 개인적 파멸을 겪은 것은 아니었다. 비교적 최근까지 회사의 주주도 마찬가지였다. 단순히 회사의 주식을 소유하는 것만으로 회사가 모든 책임을 다하지 못함에 따르는 가혹한 처벌에 노출될 수 있다면, 투자자가 주식을 구입함으로써 회사에 자본을 공급하려는 의지가 훨씬 줄어들 것이 분명하다. 해결책은 회사의 채권자로부터 주주를 보호하는 19세기의 법적 발전에 따른 유한책임회사limited liability corporation였다. 우리는 이 장의 뒷부분에서 유한책임회사의 발전 과정을 살펴볼 것이다.

다시 우리의 예로 돌아가서, 당신이 10만 달러 전체를 잃을 위험을 혼자서 부담하는 대신에 위험을 분산할 집단syndicate을 만들 수 있다고 가정해보자. 100주의 주식이 있다면 각 주식은 실패할 경우에 1000달러의 손실을 입고 성공할 경우에는 9000달러의 수익을 얻게 된다. 그렇게 위험을 분산함으로써 훨씬 더 많은 투자자가 기꺼이 투자에 나서게 될 것이다.

마지막으로 개인 투자자로서의 당신이 그러한 다수의 집단적 거래를 통하여 리스크를 다양화할 수 있다는 것을 생각해보라. 돈을 잃으려면 분산된 투자의 90퍼센트 이상에서 실패해야 하기 때문에 전체 투자가 실패로 돌아갈 확률이 대폭 줄어든다. 벤처 투자의 건수가 증가할수록 돈을 잃을 확률이 감소한다. 그림 4-2는 우리의 예에서 돈을 벌거나 본전을 지키는 것으로 정의되는 성공의 확률이 가용한 투자 건수에 따라 어떻게 증가하는지를 보여준다. 불과 네 건의 투자로도 성공할 확률이 50퍼센트를 넘어서고 18건을 투자하면 성공 확률이 90퍼센트에 이른다.*

그림 4-2 | 다양성의 증가에 따른 성공 확률

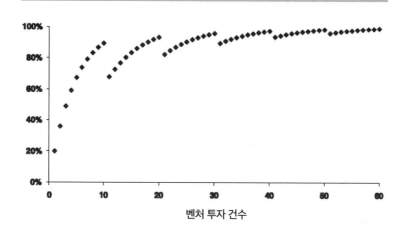

다양하게 집단화된 주식을 살 수 있는 곳에서는 투자자의 성공 가능성이 훨씬 더 크고 자금이 필요한 기업에 자본을 제공할 가능성이 훨씬 더 높아질 것이다. 리스크의 집단화와 다양화라

---

* 이 도표의 기묘한 톱니형 특성은 에제의 특이한 한계성의 결과나. 10건의 투사에서 돈을 잃시 않으려면 단 한 번만 성공하면 되지만, 11건의 투자에서는 그보다 확률이 낮은 두 번의 성공이 필요하다.

는 두 가지 요구 모두에 대한 해답으로 17세기에 등장한 주식회사joint-stock company가 새로운 벤처사업에 대한 투자 자본의 규모를 확대했다.

정보와 자본

자본이 값싸고 풍부하더라도 시장은 여전히, 주식과 채권을 팔려는 기업과 사려는 투자자를 연결해야 하는 것과 마찬가지로, 빌리는 사람과 빌려주는 사람을 연결해야 한다. 이것은 사소한 문제가 아니다. 자본시장은 식료품, 중고차, 또는 다이아몬드 시장과 똑같이 행동한다. 구매자와 판매자가 협상하고 정보를 교환하면서 시장이 적절한 가격을 설정한다.

　시장은 다양한 정도의 효율성으로 이러한 목적-구매자와 판매자를 연결하고 적절한 가격을 설정하는 것-을 달성한다고 말해진다. 효율적인 시장은 구매자와 판매자 간에 거의 같은 가격으로 대량의 거래가 자유롭고 공개적으로 이루어지는 시장이다. 주유소가 효율적인 시장의 훌륭한 예를 제공한다. 평균적인 통근자는 단순히 매일 운전해서 출근하는 것만으로도 일반 무연휘발유 1갤런의 공정한 시장 가치에 대한 훌륭한 아이디어를 얻을 수 있다. 비효율적인 시장은, 예컨대 주택의 매매처럼, 동일하지 않은 상품의 거래가 드물게 그리고 대부분 대중의 시야를 벗어나서 이루어지는 시장이다.

17세기 이전의 유럽에서는 대부분 자본시장이 엄청나게 비효율적이었다. 빌리는 사람과 빌려주는 사람이, 대개 양측이 같은 도시에서 살았음에도 불구하고, 입소문이나 순전한 운에 의해서만 연결되었다. 결과적으로 사용자와 공급자 모두 자본의 진정한 비용을 쉽게 확인할 수 없었고, 그러한 불확실성 때문에 양측 모두 거래를 주저했다. 따라서 새로운 기업으로 흘러들어가는 자본이 미미한 양에 불과했다.

중세 유럽에서는 단지 자본만이 아니라 거의 모든 상품의 시장이 비효율성을 넘어서 사실상 존재하지 않았다고 말해도 큰 무리가 없다. 오늘날 적절한 가격은 시장을 통과한, 즉 수많은 구매자와 판매자가 거래에 임하도록 시장이 유도한, 가격이다. 1400년경 이전에는 적절한 가격을 시장이 결정하지 않았다. 대신에 자의적인 도덕 체계가 가격 결정을 지배했다. 경제사학자 네이선 로젠버그Nathan Rosenberg와 L. E. 버드젤Birdzell은 말했다. "시스템의 이념은 '공정한 가격'과 '공정한 임금'이라는 말로 요약된다. 가격과 임금이 도덕적 가치 판단으로 표현되었다. 공급과 수요는 도덕적으로 중요하지 않았다."[6]

로젠버그와 버드젤은 더 나아가 식량 공급이 급격히 감소하는 기근이 닥쳤을 때만 가격이 올랐다고 지적했다. 이는 오늘날 우리가 '자유시장경제free market economy'라 부르는 개념에 대한 대중의 직접적 분노를 불러일으키는 수된 원인이 되었다.

경제학자들은 가능한 한 많은 판매자와 구매자를 같은 시간과 장소에 모을 수 있는 곳에서 시장이 가장 효율적으로 작동한다는 사실을 오래전부터 알고 있었다. 일부는 오늘날까지 살아남은 중세기의 유명한 교역 박람회trade fairs가 이러한 기능을 수행했다. 당신은 여러 해외 국가에서 (웨스트47번가에 작은 상점들이 모여있는 뉴욕의 다이아몬드 지구처럼 미국의 몇몇 도시에서도) 모든 정육점이나 귀금속상이 같은 거리에 빽빽하게 모여있는 모습을 본 적이 있을 것이다. 전화와 신문이 없는 세계에서는 같은 장소에 밀집된 근접성이 구매자와 판매자 모두에게 가격 정보의 흐름을 최대화하고 상거래의 총량을 증가시켰다. 17세기 네덜란드인은 암스테르담의 금융거래소들을 인접한 몇 개 구획 안에 위치시킴으로써 이러한 현상을 훌륭하게 이용했다.

네덜란드인에게는 유감스럽게도 지리적 근접성의 이점은 거기까지다. 오늘날의 복잡한 경제에서 거래되는 수많은 재화와 금융상품을 사고팔기 위하여 구매자와 판매자 모두에게 다른 거리나 도시로 이동하도록 강요하는 것은 대단히 비효율적이다. 19세기 중반 전신의 발명과 대서양 횡단 케이블의 부설이 이 문제를 해결하고 자본시장을 완전히 바꾸어 놓았다. 다른 상품과 마찬가지로 자본의 소비자와 공급자가 직접 대면하거나 심지어 같은 대륙에 거주할 필요도 없게 되었다. 거래 참여자들이 점점 더 가격의 공정성을 인식하게 되었고, 자본의 흐름이 기하급수적으로 늘어났으며, 거래가 거의 즉각적으로 완료되었다.

자본시장의 오래된 뿌리

자본시장은 비옥한 초승달지대에서 역사가 시작된 이래로 인간 레퍼토리의 고유한 부분이었고 그보다 수천 년 전에도 그랬을 가능성이 크다. 함무라비 법전은, 2장에서 보았듯이, 교환의 주요 매체인 은과 곡물에 대하여 은을 빌려줄 때는 20퍼센트, 곡물의 경우에는 33퍼센트의 이자율 상한을 설정함으로써 자본시장의 거래를 중요하게 다뤘다. 여기서 우리는 처음으로 위험과 수익 사이의 관계에 직면한다. 곡물을 빌려주는 것이, 흉작이 발생하면 상환받기가 어렵기 때문에, 은을 빌려주는 것보다 위험했고 추가된 위험성이 더 높은 이자율을 요구했다.

기원전 7세기에 소아시아의 리디아인Lydians이 각인된 동전을 발명하기까지, 고대인은 당시에 중앙은행 역할을 했던 사원에 예금하는 징표로 무게를 잰 은 알갱이와 바bar를 사용했다.[7] 현대의 투자자는 부채(정해진 이자가 지불되고 원금이 상환되는 대출과 채권)와 자본(기업 수익의 일부를 분배받는 공유 파트너십)이 있는 자본시장에 익숙하다. 현대 세계에서 자본은 대부분 경우에 주식의 지분을 의미한다. 이런 유형의 제도-주식회사-는 로마와 고대 프랑스에서 처음으로 나타났지만, 17세기 네덜란드에서 대중화되기까지는 널리 퍼지지 못했다. 고대에는 기업의 운영자에게 자본을 제공하는 대가로 수익의 일부를 받는 단순한 파트너십이 거의 같은 목적을 달성했다.[8]

최초로 기록된 역사로부터 아주 최근까지 어떤 형태로든 자기자본을 조달하는 방법이 거의 사용되지 않았다. 선호된 자금 조달 방법은 자본이 아니고 부채였다. 경제학자들이 정보의 비대칭성information asymmetry이라 부르는, 자기자본 조달의 문제점을 이해하기는 어렵지 않다. 기업을 운영하는 파트너는 투자자에게 이익(그리고 손실)을 쉽게 숨길 수 있는 반면에, 투자자는 자신의 정당한 몫에 대하여 속아 넘어가지 않도록 감시하는데 많은 시간과 비용이 든다. 최근의 기업회계 스캔들이 보여주듯이, 현대의 투자자에게도 규모는 훨씬 더 크지만 동일한 문제가 현실적인 걱정거리로 남아있다.

부채금융 즉 이자와 함께 상환되고 차용인의 재산과 인격을 담보로 하는 단순한 대출이 훨씬 덜 복잡하고, 더 직접적이고, 투자자가 감시하기도 쉽다. 빌리는 사람과 빌려주는 사람 모두 정해진 날짜에 정해진 금액이 상환될 것을 기대한다. 담보 대출은 채무불이행시의 보상으로 대출자가 차용인의 부동산을 압류할 수 있기 때문에 더욱 매력적이다.

고대 세계에서는 자기자본의 조달과 관련된 정보 및 집행 비용을 감당할 수 없었다. 그래서 20세기 이전에는 자본보다 부채-대출과 채권-로 기업의 활동 자금을 조달하는 방법이 훨씬 더 일반적이었다.*

함무라비 법전은 자본이 제공되는 방법으로, 최소한 투자자의 관점에서, 부채를 통한 자금 조달이 선호되도록 했다. 빌리는 사람이 빌려주는 사람에게 자신의 토지, 집, 노예, 첩, 심지어 자식들까지 담보로 제시하도록 허용했기 때문이다. 삶에서 가장 소중한 것들을 잃을 수 있는 가능성은 활기찬 경제의 생명선인 위험의 감수를 장려하지 못한다.

화폐의 부상

오늘날에는 신뢰할 수 있는 화폐의 존재가 당연하게 여겨지고, 리디아인이 엘렉트럼electrum(금과 은의 합금) 알갱이를 각인된 동전으로 만들기 전에 세상이 어떻게 돈 없이 지냈는지를 상상하기가 어렵다.

단 열 가지 상품만이 거래되는 원시 경제를 상상해보자. 동전이 없는 거래자들은 이들 상품을 쌍으로 물물교환해야 한다. 암소와 맞바꾸는 면화 여섯 더미, 장작 한 수레에는 곡식 두 자루 등등. 모두해서 45가지의 가능한 쌍에 각각의 가격이 있다.[**]

8 게다가 예를 들어 다른 사람의 면화를 구입하려는 사람은 그 사람이 필요로 하는 무언가를 소유해야 한다. 주화는 교환

---

[*] 근대 이전 시대에 자본보다 부채가 선호된 것에는 다른 설명도 있다. 주식을 소유하는 훨씬 더 큰 위험성과 함께, 기대 수명의 불확실성이 더 먼 미래에 보상이 이루어지는 주식의 소유에 불리하게 작용했을 것이다.

[**] N 가지 서로 다른 상품이 있을 때 가능한 쌍의 수를 계산하는 공식은 N(N-1)/2다.

과정을 단순화한다. 동전이 있으면 가격이 단 열 가지로 줄어들고, 구매자가 자신의 욕구를 다른 사람의 욕구와 일치시키는 문제에 대하여 걱정할 필요가 없게 된다. 금화와 은화가 경제학의 매력 없는 용어로 교환의 매체medium of exchange가 된다. 인류가 그렇게 오랫동안 돈이 없이 지내왔다는 것은 놀라운 일이다.[9]

위험을 관리하는 또 다른 기법인 보험은 무역 항해에 자금을 대기 위하여 사용된 바닥 대출bottomry loan의 형태로 그리스인에 의하여 발명되었다. 배가 침몰하면 취소되는 바닥 대출은 대출과 함께 묶인 보험증권으로 생각할 수 있다. 내재하는 보험 기능 때문에 이런 자본은 값싸지 않았고 평시에 22.5퍼센트, 전시에는 30퍼센트의 이자가 붙었다. 바닥 대출의 독특한 구조는 근대 이전 세계의 정보 부족에 기인했다. 이러한 보험 기능이 없으면, 배를 잃었을 때 대출자가 차용인의 다른 재산을 대상으로 대출금을 회수해야 했다. 따라서 모든 화주의 재정적 건전성을 판단하는 불가능한 작업이 필요했다. 단순히 일률적인 보험 추가 요금insurance surcharge을 대출의 고유한 요소로 포함하고 끝내는 편이 훨씬 더 쉬웠다.

그렇다면 우리는 인류 역사의 아주 초기 단계에서 정보라는 자본시장의 기본적 통화와 마주친 것이다. 차용인의 재무 건전성, 동업자의 정직성, 농작물 수확량, 우세한 이자율을 비롯한 수많은 정보에 쉽게 접할 수 있다면 빌려주는 사람이 기꺼이 빌려주고 빌리는 사람이 빌리고 싶어 할 것이다. 다른 모든 조건이 동일하다면 경제가 활기를 띠게 된다. 하지만 근대 이전 세계에서는 정보가 매우 비싸거나 아니면 전혀 가용하지 않았다. 그래서 부채를 통한 자금 조달의 이자율이 높을 수밖에 없었고 높은 이자율이 경제성장을 저해했다.

로마의 자본 시장

로마에서는 다른 모든 조건이 동일하지 않았다. 비교적 안정된 로마 사회에서는 서기 1세기에 이자율이 4퍼센트로 떨어졌다. 불행하게도 제국의 주요 수입원이 전리품이었다. 2세기에 정복의 기세가 꺾이면서 로마는 거의 일상적인 재정 위기를 겪게 된다. 그러자 로마인은 농장에 세금을 부과하고 세금의 징수를 민간업자에게 위탁했다. 아이러니하게도 로마의 사업가들은 이런 목적을 위하여 카스토르Castor 신전에서 자신의 지분을 거래하면서 최초로 기록된 주식회사를 설립했다.

착취적인 세율이 로마의 농부들을 끊임없이 압박했다. 예전에는 쉽게 극복할 수 있었던 흉작과 경제 불황이 농민을 땅에서 몰아냈다. 시골 지역의 인구가 감소하고 모든 근대 이전 사회의 주요 수입원이었던 농업 활동이 황폐화했다. 로마의 몰락은 주로 재정의 문제였다. 팍스 로마나Pax Romana의 낮은 이자율도 상업보다 정복에 기반을 둔 경제의 불건전성을 상쇄하기에는 충

분치 않았다.[10]

르네상스 시대 이탈리아의 자본시장

교회의 고리대금 금지로 절름발이가 된 중세 초기의 경제와 자
본시장은 로마보다도 기능이 떨어졌다. 자본의 흐름이 거의 멈
춰섰지만, 몇몇 밝은 면도 있었다. 가장 극적인 초기의 발전은
빠르게 연간 상업 달력의 정점이 된 무역박람회였다. 지역의 통
치자들이 박람회에 참가하는 외국 상인들에게 보호를 제공했
는데, 이는 시골 지역이 거의 완전한 무법천지였던 시대에 작지
않은 특권이었다.

박람회는 또한 상각 방법clearance methods의 발전을 통해서 중
세기의 큰 문제 중 하나-금화와 은화의 희소성-를 해결했다.
각 상인이 구매와 판매장부를 기록하여 제출하면 관리가 연간
거래를 상쇄하여 정리했다. 예를 들어 1500플로린 상당의 상품
을 사고 1400플로린 상당의 상품을 판 상인의 빚이 100플로린
의 차액만 지불하는 것으로 해결되었다.[11]

신용은 상업 활동의 수레바퀴에서 윤활유 역할을 한다. 신
용이 없는 곳에서는 기계가 거의 돌아가지 않고, 신용이 풍부한
곳에서는 바퀴가 윙윙거린다. 무역박람회의 상각 메커니즘이
거래를 촉진하는 형태의 신용을 창조했다. 나중에 유럽인은 이

러한 초기 무역박람회의 신용 메커니즘을 더욱 강력한 금융의 도구로 발전시키게 된다.

유럽 전역에서 서서히 상업 활동이 재개됨에 따라, 교회가 이자 지급 금지에 대한 예외를 만들었다. 교회법은 빌려주지 않았다면 달리 수익성 있게 사용될 수 있었을 대출금에 대하여 이자를 받는 것을 허용했다. 예를 들어 대출자가 대출금을 마련하기 위하여 부동산을 팔아야 했다면 차용인에게 이자를 부과할 수 있었다. 돈을 빌려주지 않았다면 매각한 땅에서 소득을 얻을 수 있었기 때문이다. 국가에 의하여 강제된 대출도 이자를 받을 수 있었다. 국가 대출의 관행이 확산함에 따라 교회가 고리대금의 금지를 유지하는데 점점 더 어려움을 겪게 되었다.

서기 5세기에 게르만 부족이 이탈리아반도에서 난동을 부리면서, 점점 늘어나는 난민이 아드리아해 북서쪽 가장자리에 있는 석호lagoons에 숨겨진 군도에서 피난처를 찾았다. 서기 452년 훈Hun족의 아틸라Attila가 아드리아해의 머리 부분에 있는 아퀼레이아Aquileia의 고대 로마 요새를 정복하자 섬으로 향하는 난민의 물결이 급류로 바뀌었다. 로마의 몰락 이후 혼란기에 이 지역의 지배권은 고트족Goths과 콘스탄티노플이 이끄는 동로마제국 사이에서 시소seesaw를 탔다.

주변에서 계속되는 대혼란의 와중에서 스스로 꾸려가도록 남겨진 석호의 공동체는 격렬하게 독립을 추구했다. 처음에는 아퀼레이아 바로 남쪽에 있는 그라도Grado에 위치한 가장 큰 정착지에 난민의 느슨한 공동체 연합이 설립되었고, 공동체의 리더십이 서서히 남서쪽의 리알토Rialto 제도로 이동하면서 그곳에 베네치아라는 도시가 건설되었다. 처음에 콘스탄티노플의 지배를 받았던 베네치아는 726년에 비잔틴제국의 황제 레오 3세Leo III가 모든 성상icons과 종교적 이미지를 파괴하라고 명령한 후에 반란을 일으켰다. 젊은 도시는 오르소Orso라는 인물을 사령관 겸 지도자로 선택하여 닥스dux로 임명했다. 나중에 총독doge이 되는 이 직위-도시국가에서 중단 없이 이어진 117명의 통치자 중 첫 번째-가 유럽에서 가장 활발한 재정적 혁신의 원천이 되었고, 때로는 교회에 맞서는 이념적 저항의 가장 강력한 보루가 되었다.[12]

베네치아의 격동적인 역사를 특징지은 거의 끊임없이 계속되는 전쟁을 지원하기 위한 국가 대출이 베네치아 자본시장의 중요한 특징이었다. 13세기까지 베네치아 공화국은 가장 부유한 시민들에게 대출을 요구하여 막대한 자금을 조달했다. 이 만기가 없고 영구적으로 이자가 지급되는 대출은 강제대출prestiti이라 불렸다. 강제대출의 소유자는 나중에 (대개 베네치아 재무성에 지불한 원래 가격보다 훨씬 낮은 가격으로) 국내 및 해외의 자본시장에서 권리를 팔 수 있었다. 이러한 3세기에 걸친 거래 기록이 경제사학자들에게 유럽에서 가장 중요한 자본시장 중 하나의 이자율에 대하여 거의 끊임이 없는 그림을 제공한다.

군사력과 해양 상업활동의 강대국으로 빠르게 성장한 베네치아는 500년 동안 동지중해를 지배하게 된다. 시간이 흐르면서 피렌체, 밀라노, 피사, 제노바 같은 이탈리아 도시들이 뒤를 따랐다. 모두가 대규모 상업 활동을 저해하는 결함이 있는 로마의 상법 체계를 물려받은 도시였다. 로마의 법은 회사의 모든 구성원 또는 조합societas이 회사의 부채에 대하여 개인적 책임을 지도록 했다. 채무불이행이 모든 재산을 압수당하는 결과로 이어지고 극단적인 경우에는 구성원과 그의 가족까지 노예가 되었기 때문에, 조합의 구성원이 친족 관계가 어느 정도의 신뢰성을 제공하는 가족 집단으로 제한되는 것이 보통이었다.

그러나 상업 활동이 정직한 가족 구성원의 품으로 제한되었을 때조차도 실패에 대한 극단적인 처벌이, 상업 및 경제발전의 기초가 되는, 신중하게 위험을 감수하려는 의지를 꺾었다. 그렇다면 최초의 거대한 상업적 기업이, 피렌체의 메디치은행으로 대표되는, 가족이 운영하는 상업은행의 형태로 생겨난 것은 우연이 아니다. 가족 구조는 썩은 사과 한 개 때문에 모두가 파멸할 가능성을 줄였고, 은행업은 예금자의 돈으로 손쉽게 자본을 확보할 수 있다는 특별한 장점이 있는 사업이었다.

환어음

16세기 초에 환어음bill of exchange이 유럽인의 상업 활동의 생명선이 되었다. 환어음이란 단순히 한 지역의 채무자가 다른 지역의, 외국에 있는 것이 보통인, 채권자에게 교부하는 약속어음이다. 환어음의 기원은 역사 속으로 사라졌지만, 기록된 역사가 시작될 무렵에는 이미 비옥한 초승달 지대에서 환어음이 널리 사용되고 있었다. 은과 보리를 통화로 사용했던 바빌로니아 상인들은 아시리아에서의 사업을 위하여 출발하기 전에 그곳의 통화-납-로 표시된 어음을 확보했다.[13]

그리스인도 광범위하게 사용했지만, 어음의 사용이 꽃을 활짝 피운 곳은 르네상스 이전의 이탈리아 은행들이었다. 어음이 어떤 효과를 발휘하는지를 이해하기 위하여 베네치아에 있는 실크 수입업자의 부두에 방금 도착한 화물의 값을 치르려는 피렌체 실크 상인의 예로 시작해보자. 수중에 500두카트의 현금이 없는 피렌체 상인은 돈을 빌리기 위하여 베네치아 상인에게 어음-사실상의 차용증서iou-을 쓴다.

하지만 베네치아 상인은 왜 알지 못하는 피렌체인의 차용증서를 기꺼이 받아들일까? 1500년경에 어음의 개념에 눈부신 혁신을 도입한 앤트워프의 상인들은 어음의 양도가 가능하도록 했다. 즉 원래 채권자가 아닌 다른 사람에게 어음을 양도할 수 있게 된 것이었다.[14] 이러한 발전은 이탈리아에서 큰 호응을 얻었다. 피렌체에서 작성된 양도 가능한 환어음이 이제 우리의 베네치아 실크 도매상에게 현금처럼 기능했다.

실제로 도매상인 베네치아의 수입업자는 어음을 현지의 은행으로 가져가서 현금으로 교환할 수 있었다. 물론 어음에 적힌 500두카트 전액을 받지는 못한다. 은행이 그보다 다소 적은 돈을 내줄 것이다. 그가 500두카트보다 얼마나 적은 금액을 받게 될지는 세 가지에 달려있다. 피렌체 실크 상인의 신용도, 어음

그림 4-3 | 런던과 암스테르담 사이의 어음, 상품, 채무, 현금의 흐름

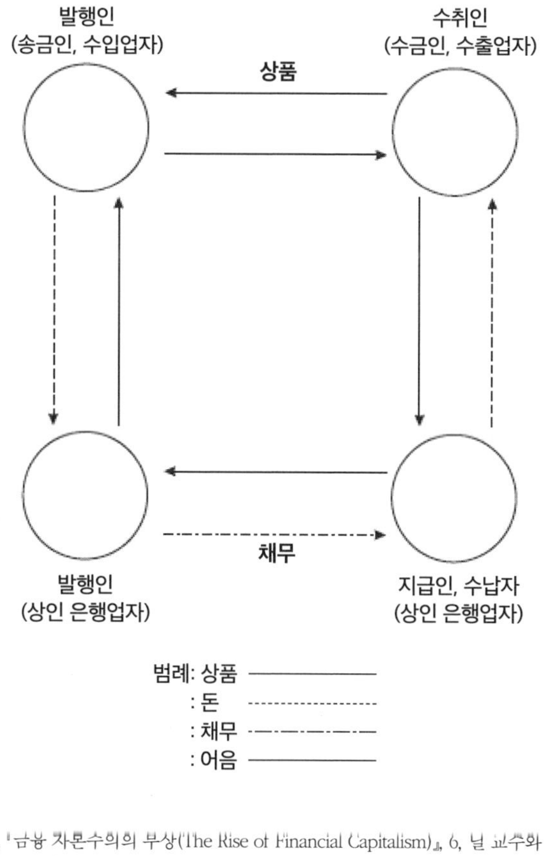

출처: 래리 닐, 『금융 자본주의의 부상(The Rise of Financial Capitalism)』, 6, 닐 교수와 케임브리지 대학교 출판부의 승인을 얻음

의 만기일, 그리고 거래 장소. 어음의 만기일이 가까울수록 채권자에게 유리하고, 상환 장소가 은행에 가까울수록 어음의 가치가 컸다.

수입업자와 서래를 청산하는 과정에서 베네치아의 은행은 어음을 할인discount했다. 여기서 우리의 예는 비교적 간단한 경우다. 두 가지 다른 통화와 최대 수개월까지의 기간에 대한 환어음이 거래될 때가 더 많았다. 이런 경우의 어음에는 두 통화 간 환율뿐만 아니라 발행일과 최종 지급일 사이의 시간을 고려한 이자율까지 구성 요소로 포함되었다.[15] 17세기에 세계에서 가장 바쁜 상업 노선의 하나가 암스테르담과 런던 사이에 있었다. 그림 4-3은 두 도시 사이의 어음의 흐름과 상품, 채무, 현금의 흐름 사이에 어떤 상관관계가 있었는지를 보여준다.

네덜란드 금융의 부상

15세기 후반에 자본의 흐름이 서서히 북쪽으로, 처음에는 한자Hansa동맹 도시-독일의 브레멘과 함부르크 주변 지역-로 이동했다. 거기서 푸거Fugger 가족은 광업으로 막대한 부를 쌓았고 대부업으로 그보다 더 큰 부를 얻었다. 그들은 헤아릴 수 없이 많은 전쟁과 유명한 마젤란의 세계일주가 포함된 해외 원정에 자금을 댔다. 15세기와 16세기에 푸거에게 돈을 빚지지 않은 통치자의 목록은 길지 않았다. 바티칸은 유럽에서 군사적으로 가장 공격적인 국가의 하나였고, 푸거는 자연스럽게 바티칸의 최대 채권자가 되었다. 그 시점에서 교회는 고리대금에 대한 금지령을 더 이상 유지할 수 없었다. 1517년 제5차 라테란_{Lateran} 공의회가 이자를 받는 대출에 대한 규제 대부분을 폐지했다.

15세기와 16세기에 북부 유럽의 금융 중심지가 점차 한자동맹국에서 앤트워프로 이동했다. 1576년에 스페인군이 앤트워프를 약탈했을 때는 새로운 네덜란드 연방의 중심인 암스테르담이 금융을 주도하는 역할을 맡았다. 네덜란드 자본의 가장 탐욕스러운 소비자는 16세기와 17세기 대부분 기간에 스페인에 맞서서 격렬한 독립전쟁을 벌인 네덜란드 군대였다.

네덜란드 금융의 특별한 천재성은 모든 사람이 금융 활동에 참여하도록 한 것이었다. 약간의 여윳돈이 있는 사람이라면 누구든지, 오늘날 저축한 돈을 단기 금융시장이나 주식 뮤추얼 펀드_{mutual fund}에 투자하는 사람처럼, 정부가 발행한 증권을 살 수 있었다. 네덜란드의 주_{provinces}와 도시들은 세 종류의 증권을 발행했다. 단기채권_{obligatien}은 언제든지 은행이나 유통시장에 팔아서 현금화할 수 있는 무기명 채권_{bearer bonds}이었다. 무기명 채권과 달리 베네치아의 강제대출과 흡사한 영구연금_{losrenten}의 소유자는 공공 장부에 자신의 이름을 등록하고 정기적인 이자를 받았다. 영구연금도 유통시장에서 팔 수 있었고 소유자가 사망하면 상속인에게로 넘어갔다. 마지막으로 영구연금과 비슷하지만 소유자가 사망하면 이자 지급이 종료되는 종신연금 lijfrenten이 있었다.

네덜란드인은 영구perpetuity라는 말을 가볍게 여기지 않았다. 1624년에 엘스켄 요리스노히터라는 여성이 제방의 수리를 위하여 발행되어 6.25퍼센트의 이자를 지급하는 공채에 1200플로린을 투자했다. 그녀는 오늘날의 지방채와 마찬가지로 모든 세금이 면제되는 공채를 지손에게 물려주었다. 약 1세기 후에 금리가 하락하면서 네덜란드 정부기 공채의 이자율을 2.5퍼센트로 조정했다. 이 공채는 1938년에 뉴욕 증권거래소로 들어왔고, 1957년까지도 유트레히트에서 이자가 지급되는 채권으로 상장이 유지되었다.[16]

종신연금은 소유자의 사망으로 이자 지급이 종료되기 때문에 더 높은 수익율-처음에는 16.67퍼센트-을 요구했다. 종신연금의 16.67퍼센트와 영구연금의 8.33퍼센트라는 이자율의 차이가 당시 유럽인의 기대 수명에 대하여 많은 것을 말해준다. 네덜란드의 금융시장은, 발전하기는 했지만, 구매자의 연령에 따라 종신연금의 이자율을 변화시킬만큼 정교하지 못했다! 1609년에는 두 연금의 이자율이 각각 12.5퍼센트와 6.25퍼센트로 떨어졌다. 1647년에 스페인과의 적대행위가 종료되고 이듬해에 스페인이 네덜란드의 독립을 인정한 것도 이자율에 유익한 영향을 미쳤다. 공화국의 생존이 보장되었을 뿐만 아니라 자본에 대한 수요도 크게 줄었던 것이다. 1655년까지 정부가,

로마제국의 전성기 이후로 유럽에서 볼 수 없었던, 4퍼센트의 저리로 대출을 받을 수 있었다. 네덜란드 금융의 마지막 큰 발전은 1671년에 네덜란드의 수석 행정관chief magistrate이자 뛰어난 수학자였던 요한 드 비트Johan de Witt가 파스칼의 새로운 확률 이론을 금융에 적용하면서 이루어졌다. 드 비트는 구매자의 나이를 이용하여 종신연금의 이자를 결정하는 공식을 만들어냈다.[17] 권력자로서 드 비트의 부상은 네덜란드인이 최고로 뛰어난 인재에게 정부의 고위직을 맡기는 일의 중요성을 이해했음을 보여준다.*

낮은 이자율이 이미 활기찼던 네덜란드와 북부 유럽의 상업 활동에 활력을 불어넣었다. 동시대의 기록은 평판이 좋은 네덜란드 시민이 주와 시 정부만큼 낮은 이자율로 돈을 빌릴 수 있었음을 시사한다. 당시의 첨단 기술-배수 및 간척 프로젝트, 운하 건설, 토탄peat 채굴, 선박 건조-이 저렴한 자본으로 큰 혜택을 받았다. 주택, 부동산, 농장을 구입하려는 일반 시민도 마찬가지였다. 더욱 중요하게, 낮은 이자율로 손쉽게 이용할 수 있는 신용은 상인이 상품의 재고를 대량으로 유지할 수 있음을 의미했다. 암스테르담을 비롯한 네덜란드의 교역 도시들이 유럽

---

* 불행하게도 드 비트의 권력으로의 부상은 해피 엔딩으로 끝나지 못했다. 1672년에 프랑스가 네덜란드를 침공했을 때 그의 책임으로 돌려진 실패에 대한 응징으로, 드 비트는 총살된 후에 교수되었고 성난 폭도들이 그의 신체를 절단했다. 포이트러스(Poitras), 190 참조.

에서 언제든지 무엇이든 구할 수 있는 곳으로 알려지게 되었다.

네덜란드인이 금전 거래를 처리한 효율성이 암스테르담을 유럽의 금융 중심지로 만들었다. 1613년까지《월스트리트저널》의 17세기 버전인《가격 신문Price Courant》이 일주일에 두 번씩 환율을 발표했다. 1700년까지는 10개 통화에 대한 정규적인 시세를 사용할 수 있게 되었고, 추가적인 15개 통화에 대해서도 상당히 정규적인 근거가 마련되었다. 예를 들어 영국이 18세기 중반에 7년전쟁에 참전한 독일 국가들에 자금을 지원했을 때, 영국의 어음이 암스테르담을 통해서 결제되었다. 북해 건너편에서는 1697년에 존 캐스테잉John Castaing이라는 영국인이, 52가지 주식과 정부 연금 및 증권의 가격과 아울러 외국환 시세를 수록한《가격 추세Course of the Exchange》를 역시 일주일에 두 번씩 발행하기 시작했다.[18]

《가격 신문》과 케스테잉의 신문은 가장 효과적인 금융의 윤활유인 정보를 공급했다. 정보라는 중요한 요소가 없으면 투자자가 자본을 제공하지 않을 것이고 자본주의 자체가 멈춰 설 것이었다. 이전의 세계는 암스테르담만큼 금융 서비스가 집중된 곳을 본 적이 없었다. 시청에서 몇 구획 안에 증권거래소Wisselbank, Beurs와 상품거래소Korenbeurs뿐만 아니라 중요한 보험, 중개, 무역회사의 사무소가 있었다. 전신의 시대 이전의 느리게 움직이는 세계에서 중요한 금융기관의 물리적 근접성이 외국의 경쟁자들이 극복하기 어려운 우위를 제공했다.*

현대에도 특정 분야에서의 지리적 우위가, 해당 분야의 전문가들이 점점 더 많이 같은 장소로 몰려들면서, 자급자족을 계속하게 된다. 할리우드, 실리콘 밸리, 맨하탄이 오늘날의 영화, 전자기술, 금융 분야의 주도권을 잃기까지는 오랜 시간이 걸릴 것이다.

따라서 해상보험, 퇴직연금, 보험, 선물futures과 옵션options, 국가간 증권 목록, 뮤추얼 펀드를 포함하는 여러 가지 금융 혁신이 17세기와 18세기 네덜란드에 기원을 둔 것은 우연이 아니다. 가장 중요한 발전은 근대적 투자은행업investment banking의 탄생이었다. 역사상 처음으로 대출의 리스크가 수천 명의 투자자에게 분산되었고, 투자은행업자가 판매하는 수많은 채권으로 보유 자산을 다양화함으로써 투자자의 리스크를 줄일 수 있었다. 위험이 감소함에 따라 투자 의향이 증가하게 되고, 이는 다시 이자율을 더 낮추는 결과로 이어졌다.

해외 투자에 대한 네덜란드인의 식욕은 탐욕스러울 정도였다. 경제사학자 얀 드 브리스Jan de Vries는 1800년대 네덜란드인의 해외 투자가 네덜란드의 연간 GDP의 두 배인 약 15억 길더에 달한 것으로 추정한다. 그에 비하여 오늘날 미국의 해외 투

---

*   부두에 인접한 런던과 암스테르담에서는 커피하우스가, 새로운 정보가 부두에 도착하자마자 카페인에 중독된 중개인들이 행동에 나서는, 비공식적 증권거래소 역할을 했다. 커피와 초기 자본시장의 상호작용에 대한 흥미로운 반허구적(semifictional) 실병은 네이미느 리스의 유쾌한 소실 『암스테르담의 커피 상인(The Coffee Trader)』(뉴욕: 랜덤 하우스, 2003)을 참조하라.

자는 GDP의 절반에도 미치지 못한다. 모든 시대에, 자본은 경제가 성숙하고 과도한 부를 보유한 국가에서 개발을 위한 자본이 필요한 국가로 흘러간다. 17세기에 영국이 정치적·경제적 변방에서 세계적 강국으로 탈바꿈하면서 자본의 큰 상이 암스테르담에서 런던으로 흘렀다. 19세기에는 고도로 발전한 영국의 경제가 미국의 발전을 위한 자본을 제공했다. 다음 차례는 미국이 20세기에 개발도상국을 위한 자본의 주요 원천이 되는 식으로 흐름이 계속되었다.

네덜란드 금융의 몰락

1770년 이후에 네덜란드 금융업계가 겪게 된 상황은 전혀 유쾌하지 않았다. 그 시점 이후로 네덜란드의 금융 지배력이 쇠퇴한 이유는 복잡하지만 두 가지가 특히 두드러진다. 우선 암스테르담에는, 나중에 영국과 미국에서 발전한, 일반 투자자를 보호하는 임무를 맡은 강력한 중앙은행과 규제기관이 없었다. 둘째로 더욱 불길하게, 네덜란드인은 북해 건너편에서 서서히 부상하는-독자적인 자본을 형성하도록 자신들이 도움을 준-거인에게 압도당했다.[19]

불행하게도 네덜란드인은 근대적 금융의 또 다른 추세-투자은행에 의한 소액 투자자의 착취-의 선봉에서 전진했다. 18

세기 후반에 안전한 국내 채권의 4퍼센트보다 조금 높은 수익률로 거래된 외국의 전쟁채권-대부분 어느 쪽이 전쟁에서 승리하더라도 채무불이행이 일어날 수 있는-은 금융기관에 수익을 안겨주었지만, 수반하는 채무불이행의 위험성 때문에, 속기 쉬운 소액 투자자에게는 형편없는 거래였다. 1800년대 네덜란드의 일반 투자자라면 1990년대 말에 거짓된 투자은행가들이 인터넷 주식을 과대선전했을 때도 놀라지 않았을 것이다.

영국과 미국의 부채

17세기는 네덜란드를 무역과 금융의 세계적 거인으로 만들었지만 영국에는 덜 친절했다. 첫 반세기 동안 영국의 의회와 법원이 스튜어트 왕조-제임스 1세와 찰스 1세-와 다툼을 벌인 분쟁이 1645년 네이즈비Naseby 전투에서 왕당파가 의회파에 패배하고 1649년에 찰스 1세가 참수되면서 절정에 달했고 영국의 경제를 황폐화했다.

분쟁이 발발하기 전에도 영국의 국가 재정은 불안정했다. 현대의 독자에게는 믿기 힘든 이야기지만, 영국의 왕실은 거의 모든 유럽의 군주와 마찬가지로 믿을 만한 자금원이 없었다. 앞에서 살펴본 대로 독점권의 판매와 아울러 국가가 소유한 토지의 판매나 임대, 수입과 수출에 대한 관세-모두가 기업과 무역을 억누르는 행위-가 왕실의 주요 수입원이었다.[20] 유럽의 다른 왕가와 마찬가지로 값비싼 군사적 모험주의를 위하여 돈을 빌렸던 영국의 군주들은 종종 빌린 돈을 갚지 않았고, 현직 통치자에게 채무의 상환을 독촉하는 것이 매우 어려운 일이었기 때문에, 대출의 이자율이 높게 유지되었다. 1660년에 스튜어트 왕정이 복귀한 후에는 영국의 부채가 너무 커져서 정부의 서비스가 점점 어려워졌다. 이는 영국 역사상 가장 악명높은 채무불이행, 즉 찰스 2세가 자신에게 신용을 제공한 은행 대부분을 파산시킨 1672년의 국가 부채의 폐지Stop of the Exchequer로 이어졌다.[21]

1688년의 명예혁명으로 거의 한 세기 동안 계속된 내전이 끝나고, 초청된 영국인 총독stadholder 빌럼 3세Willem III가 오렌지공 윌리엄William of Orange으로 영국의 왕위에 오르게 되었다. (총독은 지명되고 때로는 세습되는 네덜란드의 통치자라는 네덜란드의 특이한 직위였다.) 빌럼(윌리엄)은 영국에 혼자 오지 않았다. 세계 금융의 수도로서 암스테르담의 시대가 저물고 있음을 감지한 베어링Barings 가문과 호프Hope 가문을 비롯한 금융 엘리트들이 그를 따라 북해를 건넜다. 스페인의 종교재판에 쫓겨서 포르투갈을 거쳐 네덜란드로 갔던 암스테르담의 포르투갈계 유대인도 집단으로 런던에 도착했다. 경제학자 데이비드 리카도David Ricardo의 아버지인 아브라함 리카도가 아마도 가장 잘 알려진 포르투갈계 유대인 이민자였을 것이다.

그들과 함께 네덜란드인의 아이디어도 왔다. 영국인들은 열광적으로 네덜란드 금융을 복사했고, 17세기의 파괴적인 내전 이후 불과 수십 년 만에 영국의 자본시장이 네덜란드를 능가하게 되었다. 당연히 기존의 금융업자와 신참자 사이의 마찰도 생겼다. 영국 작가 대니얼 디포_{Daniel Defoe}는 불평하는 시를 썼다.

> 우리는 왕이 지나치게 의존한다고 비난하네
> 낯선 사람들, 독일인, 위그노 교도, 네덜란드인
> 자신의 공정한 국사에 대하여
> 영국의 의원들과는 거의 소통하지 않고.[22]

명예혁명 이후에 영국의 재정 상황이 빠르게 개선되었다. 첫째로 왕실이 의존하던 단기 부채가 이자지급과 원금상환이 소비세로 뒷받침되는 네덜란드식 장기 정부부채로 대체되었다. 다음으로 영국 재무성이 투자 대중에게 가장 잘 받아들여지는 (즉, 이자율을 가장 낮출 수 있는) 부채를 결정하기 위하여 다양한 종류의 부채를 실험하면서 은행업계와 협력하기 시작했다. 의회의 우위는 신뢰를 회복했다. 성공적인 사업가들이 하원을 가득 채웠다. 정부의 채무불이행으로 피해를 입을 의원들로 구성된 의회는 그런 일이 일어나도록 내버려두지 않을 것이었다. 마지막으로 1749년에 헨리 펠럼_{Henry Pelham} 재무장관이 잡다하고 혼란스러운 정부대출을, 베네치아의 강제대출과 네덜란드의 영구연금처럼 만기가 없고 영구적으로 이자가 지급되는, 콘솔

consols이라는 유명한 채권으로 통합했다. 콘솔은 오늘날에도 런던에서 거래되고 있다.[23]

언뜻 보기에는 국가대출이 상업대출과 무관하게 보이지만, 정부부채의 건전한 시장은 실세로 기업의 자금 조달에 필수적이다. 이유는 두 가지다.

- 정부의 신용도가 널리 알려져 있고 부채의 거래량이 매우 크기 때문에, 정부부채는 가격을 책정하고 판매하기가 가장 간단하다. 상업자본의 가격 책정과 판매의 메커니즘이 정부채권 및 어음과 동일하므로, 상업적 부채시장이 원활하게 기능하기 전에 성공적인 정부부채 시장이 존재해야 한다. 근대 이전의 경제발전 과정에서 정부부채가 기업가에게 자본을 공급하기 위한 보조 바퀴training wheel 역할을 했다.

- 정부 부채는 위험이 없는risk-free 투자에 대한 필수적 벤치마크를 제공한다. 활발하게 거래되는 정부채권과 어음이 상인과 기업가에게 완벽하게 안전한 사업에서 요구되는 수익률의 지속적인 척도를 제시한다. 이것이 위험 할증risk premium, 즉 대출의 위험성 때문에 이자를 추가로 요구할 수 있는 기준선을 형성한다. 예를 들어 펠럼이 정부 부채를 통합했을 때 콘솔의 이자율은 3퍼센트였다. 이는 가

장 신뢰할 수 있는 차용인, 즉 1688년 이후의 영국 왕실에 제공할 수 있는 최저 금리에 해당했다. 따라서 다소 위험한 상업적 벤처사업에는 6퍼센트, 투기적 사업에는 10퍼센트 이상의 이자율이 요구될 수 있었다. 위험이 없는 대출에 대한 손쉽게 관찰할 수 있는 이자율(정부 채권의 금리)의 존재는 기업가에 대한 대출의 가격 책정을 더 쉽게 만든다.

먼저 건전한 정부채권 시장을 구축하는 일의 중요성이 남북전쟁 당시의 미국에서 생생하게 입증되었다. 1862년에 링컨의 재무장관 새먼 P. 체이스Salmon P. Chase는 5억 달러의 전쟁채권 판매에 실패하자 금융업자 제이 쿠크Jay Cooke에게 도움을 청했다. 필라델피아의 유명한 투자은행가는 전신을 이용하여 채권을 일반 대중에게 직접 판매할 2500명의 대리인을 모집했다. 쿠크는 1865년에도 규모가 더 큰 채권을 판매했고, 1870년부터 같은 기법을 사용하여 펜실베이니아 철도의 건설을 위한 자본을 조달했다. 그의 방법은 자본의 조달을 두 그룹으로 나누는 것이었다. 첫 번째 그룹은 할인된 가격으로 회사의 부채를 매입하는 금융업자로서 판매가 실패할 경우에 대량의 시장성 없는 채권을 떠안게 되는 위험을 부담했다. 두 번째 그룹은 채권을 대중에게 직접 판매한 다수의 유통업자였다. 이런 방식으로 신생국의 막대한 자본 수요가 충족되었다.[24]

주식회사의 부상

북해를 건너 런던으로 수출된 모든 금융기구 중에 주식회사가 이후의 경제 발전에 가장 큰 장기적 영향을 미쳤다. 공개된 거대 다국적기업의 광범위한 영향력은 사실상 우리 현대인의 삶의 방식을 정의한다. 실제로 선진 세계와 미개발 세계를 구별하는 한 가지 특징은 일반시민과 이들 거대기업 사이의 일상적 상호작용의 규모다. 거대 다국적기업이 불러일으키는 강력한 정치적 정서를 차치하더라도, 그들이 주도하는 경제가 그렇지 않은 경제보다 안정적이고 번영한다는 사실에는 논쟁의 여지가 없다. (우리는 나중에 현대의 기업국가에서 사람들이 더 행복한지에 관한 문제를 다룰 것이다.)

왜 이런 거대한 조직들이 현대의 상업활동에 그토록 깊이 스며드는 것일까? 그 이유는 이 장의 앞부분에서 논의한 위험의 조직화 및 다양화와 관련이 있다. 사업의 리스크를 수천 개의 작은 조각으로 나누면 위험을 감수하려는 투자 의지가 증가하고, 개별 투자자의 부담액을 낮추면 잠재적 투자자의 스펙트럼이 넓어진다. 그리고 다양한 기업 주식의 매입 가능성이 개인투자자의 위험 수준을 더 낮춰서 자본을 공급하려는 의지를 더욱 강화한다.

더욱이 현대의 공개기업은 유한책임회사, 즉 주주가 회사의 의무에 대하여 개인적인 책임을 지지 않는 회사다. 주주는 단지 자신의 투자분만을 잃을 뿐이고 회사의 채권자가 그의 재산을 노릴 수 없다. 유한책임이 없는 세계-모든 사업 파트너와 일반 주주가 서로의 행동에 대하여 전적인 책임을 지고 사업의 실패에 따라 투옥되거나 심지어 노예가 될 수 있는-에서는 비인격적 대기업이 생겨날 수 없다. 이런 상황에서는 소박한 규모의 기업이라도 유일하게 실행 가능한 구조가 가족 집단의 신뢰성에 의존한다.

신뢰의 관점을 넘어서면, 가족은 대기업의 장기적 발전에 별로 적합하지 않다. 상업 활동에서 성공하려면 지능, 리더십, 비전이 필요하다. 세 가지 자질을 모두 갖춘 경영자를 찾는 것은 일반 인구집단에서도 어려운 일이다. 그런 인재를 한 가족 안에서 여러 세대에 걸쳐 꾸준하게 공급하는 일은 사실상 불가능하다.

대기업을 경영하는 능력도 가치 있는 기량이지만, 18세기와 19세기에 수많은 공장이 생겨나면서 더욱 희귀한 상품, 즉 수백 수천 명의 직원-각자가 고도로 전문적인 작업을 수행하는-을 효율적으로 기능하는 유기체로 만드는 능력이 요구되었다. 공장이 생기기 전에는 군의 가장 뛰어난 고위 장교들에게서만 볼 수 있는 능력이었다.[25] 이렇게 거대기업의 중간 계층에서 필요한 다수의 인력을 한 가족 안에서 공급하는 일은 불가능했다. 재정적 성공이 이어지는 세대의 가족 구성원의 야망과 절약 정신을 부식시키는 경향이 있기 때문이다. "셔츠 소매에서 셔츠 소매까지 삼대에 걸쳐"라는 속담이 있듯이.

유한책임은 기업의 소유권에 대한 일반 대중의 건전한 참여를 위한 거의 절대적인 요건이다. 유한책임이 없으면 일반 투자자가 성장하는 기업에 자기자본을 공급하지 않을 것이다. 1720년의 거품법Bubble Act은 의회의 인가를 받지 못한 모든 기업에서, 전체 기업의 의무에 대하여 각자 자신의 마지막 실링과 에이커까지 책임을 지는, 파트너를 여섯 명까지만 둘 수 있음을 명시했다.[26] 그런 환경에서는 활기찬 대기업이 번창할 수 없다.

주식회사는 무결점의 축복이 아니다. 주식을 거의 또는 전혀 소유하지 않을 수 있는 기업 경영자의 관심사가 주가와 배당금이 오르기만을 바라는 주주의 관심사와 크게 다를 수 있다. 현대 경제학자들은 이러한 비효율성을 대리인 비용agency cost이라 부른다. 가장 극단적인 형태로 최근의 월드컴WorldCom, 엔론Enron, 아델피아Adelphia의 사례처럼, 경영진이 뻔뻔스럽게 회사를 약탈할 수 있다. 더 미묘하게, 경영자가 이익보다는 제국의 건설에 더 많은 비용을 대고 회사의 자본을 투자할 수 있다. 타임워너Time Warner와 AOL의 합병이 이런 현상의 대표적인 예다. 이렇게 명백한 기업 부정행위에 대응하여 이론적으로는 주주들의 투표를 통하여 무능하거나 이기적인 경영자를 내쫓음으로써 대리인 비용을 제한할 수 있다. 그러나 이런 일이 필요한 만큼 자주 일어나지는 않는다.

따라서 현대의 주식회사, 즉 유한책임기업은 앞에서 상세히 설명된 메커니즘을 통해서 투자의 리스크를 극적으로 낮추는 것 이상의 일을 한다. 위의 고려사항은 제쳐두고 주식회사는 또한, 주식을 소유하고 있지만 실질적인 통제권이 없는, 흔히 지쳐가고 게을러지는 창립 가문의 상속자보다 여위고 허기진 신인new man에게 리더십 역할을 맡기기를 선호함으로써 생산성을 향상시킨다.

그러한 시스템이 1688년 명예혁명 이후에 완성된 형태로 부상한 것은 아니었다. 오늘날 시장근본주의market fundamentalism를 주창하는 사람들의 통념과는 달리, 활기찬 주식 투자의 문화에는 주주들이 정보 비대칭의 피해를 입지 않도록, 즉 회사 경영진에 속지 않도록 정부가 운영하는 강력한 기관이 필요하다. 최근의 기업회계 스캔들은 주식회사가 활발하게 운영된 지 4세기가 지났음에도 아직 완벽한 상태에 도달하지 못했음을 생생하게 보여준다. 주주와 정부 모두가 적극적으로 기업을 감시해야 한다.

주식회사의 기원은 역사 속으로 사라졌다. 세금을 징수하고 제국에 자금을 공급하기 위하여 설립된 로마의 기업들은 적어도 간헐적으로 주식을 거래했다. 서기 1150년경에 남부 프랑스 바자클Bazacle에 있는 300년 된 수력제분소가 소유권을 주식으로 나누었다. 1400년경부터는 회사 주가의 거의 연속적인 기록이 가용했다. 이 회사의 주식은, 자본시장에 대한 인식뿐만 아니라 역사의식이 부족했던 프랑스 정부가 1946년에 제분소를

국유화할 때까지, 파리의 증권거래소Brouse에서 거래되었다.[27]

최초의 주식회사는 독점권의 보호를 받는 소박한 기업이었다. 영국 왕실은 1248년에 영국의 양모 무역을 통제하기 위하여 런던 스테이플Staple of London이라는 최초의 주식회사를 설립했다. 1357년에는 에드워드 3세가 프랑스와의 전쟁에 자금을 대는 대가로 다른 양모 생산자로부터 수출세를 징수할 권리를 스테이플에 부여했다. 이후에 스테이플은 에드워드에게 추가로 대출을 제공하는데 동의했다. 회사는 칼레를 기반으로 운영되었고, 양모의 독점권과 왕실에 대한 대출의 교환이, 1558년에 칼레가 프랑스에 함락될 때까지, 2세기 동안 계속되었다.[28]

거의 틀림없이 최초의 근대적 주식회사는 네덜란드와 영국의 동인도회사였다. 네덜란드의 동인도회사VOC는, 저지대 국가의 원주민과 경제사학자들이 알고 있듯이, 영구적으로 배당금을 지급하는 주식을 발행하여 대규모 자본을 조달한 최초의 기업이었다. 학자들은 18세기 초에 주당 3000플로린의 가치가 있는 약 2000주의 주식으로 구성된 회사의 가치를 65만 플로린 정도로 추정했다.* VOC의 주주들은 엄청난 수익을 얻었다. 한 세기가 넘도록 회사의 주식이 약 22퍼센트의 배당금을 지급했다.[29] VOC의 과도한 보상은 두 가지 리스크를 반영했다. 첫째는 새롭고 극도로 위험한 장거리 무역에 고유한 위험이었고, 둘째는 새로운 주식회사 자체를 둘러싼 불확실성이었다. 항상 그렇듯이 고수익에는 단점이 따른다. 투자자에게는 바람직하지만, 그렇게 높은 자본비용이 자본이 필요한 기업에게 재앙이 된다. 주주들에게 해마다 22퍼센트의 배당금을 지급하려면 정말로 대단히 성공적인 기업이 되어야 한다!

17세기 영국의 자본시장은 북해 건너편보다 발전이 훨씬 늦었고, 영국 동인도회사(EIC)의 역사가 초창기의 주식회사가 직면한 문제를 가장 잘 보여준다. EIC는 극도로 위험한 사업-영국, 인도, 인도네시아 군도를 연결하는 후추와 직물의 삼각무역-을 벌였다. 대개 스페인 은화로 구입한 인도의 면화가 인도네시아에서 후추, 육두구nutmeg, 정향cloves과 교환되고 다시 영국으로 선적되어 은화를 받고 판매되었다. 중국을 비롯한 동남아시아의 항구에서 이루어진 설탕, 커피, 차, 쪽indigo, 실크 무역이 기본적인 삼각무역로를 보완했다.[30]

무역의 막대한 수익성은 직면해야 하는 엄청난 위험으로 상쇄되었다. 상업 활동의 통상적 변동성-자바Java의 면화가격 하락과 향신료 부족이 합쳐지면 재앙이 될 수 있었다-외에도 여행 자체에 위험이 가득했다. 질병과 난파로 인한 승무원의 끔찍한 사망률은 기본이고, 현지의 해적과 대단히 비우호적인 네덜란드, 포르투갈, 인도 해군의 약탈은 말할 것도 없었다. 배 한 척이 흔적도 없이 사라지는 일이 드물지 않았다.

---

* 오늘날의 화폐 가치로 약 1억 4000만 달러. 닐(Neal), 17 참조.

각각의 항해가 계절풍을 중심으로 계획되는 16개월간의 작전이었다. 관련된 자본의 운영은 비교적 간단했다. 10여 척의 배를 갖추고 항해를 위한 초기 경비를 지출하는 데는 막대한 자금이 필요했다. 모든 것이 순조롭게 진행된다면 16개월 후에 이 배들이 후추를 비롯한 농빙의 싱금을 가득 싣고 템스 강을 기슬러 올라올 것이었다. 높은 수요와 낮은 공급은 이들 상품이 고가에 팔려서 막대한 이익을 돌려줄 것을 보장했다.

VOC와 EIC는 이런 무역이 너무 위험해서 가능한 한 많은 부분을 아시아 지역으로 제한하고 최종 산출물-금과 은-만을 유럽으로 실어 보내는 편이 더 낫다는 것을 빠르게 깨달았다. 그렇게 하면 두 가지 장점이 있었다. 첫째 희망봉을 경유하는 항로를 빈번하게 왕복하는데 필요한 살인적인 인적·물적 비용이 절감되었다. 둘째로 아시아 지역 안에서 이루어지는 무역에는 후추와 직물의 값을 치르기 위하여 유럽에서 금과 은을 실어 보낼 필요가 없었다. 이는 국가의 부를 금과 은의 재고량과 동일시한 당시의 중상주의 정신에도 들어맞았다.

회사의 첫 번째 항해는 1601년에 이루어졌다. 당시에 네덜란드 회사들은 정교한 자본시장을 통해서 자유롭게 자본을 조달할 수 있었지만, 영국의 자본시장은 아직 초보적인 단계였다. 1601년에는 영국인이 네덜란드 자본에 거의 접근할 수 없었고, 어쨌든 VOC의 경쟁 기업에 네덜란드인이 자금을 지원할 가능성도 낮았다. 장기 자본을 이용할 수 없는 EIC는 개별 항해에 대한 주식을 판매할 수밖에 없었다. 일반적으로 한 차례 항해에 약 5만 파운드의 자본이 필요했고, 그것이 각 100파운드씩 500주로 나뉘어 판매되었다. 16개월 후에 상품이 런던에 도착했을 때 회사는 상품을 창고에 보관하고 경매를 통해서 조금씩 판매했다. 너무 많은 상품이 시장에 풀려서 가격이 하락하는 것을 막기 위해서였다. 이런 방식으로 1년 남짓한 기간을 통하여 수익금이 주주들에게 분배되었다. 이런 주기적 경매는 런던의 상업 달력에서 정규적인 일정이 되었다. 경매는 나중에 또 다른, 어쩌면 더욱 중요한, 역할을 하게 된다. 경매에 많은 주주가 모여들었기 때문에 경매장이 회사의 주식을 거래하는 상당히 효율적인 시장으로 진화했다.

이렇게 개별적으로 자본을 조달한 항해는 거의 모두 주주에게 높은 수익을 안겨주었다. 실제로 손실이 난 경우는 단 한 번뿐이었다. 예를 들어 1611년의 열 번째 항해는 매입한 주식 100파운드당 248파운드를 돌려주었다. 이는 당시 자본시장의 핵심적 특징을 강조한다. 높은 투자수익은 회사의 높은 자본비용을 의미한다. EIC는 낮은 금리의 저렴한 대출로 항해 자금을 조달하고 막대한 이익을 자체적으로 챙기는 편을 훨씬 선호했을 것이다. 유감스럽게도 17세기 런던에서는, 특히 투기성이 강한 벤처사업에, 저렴한 자본을 이용할 수 없었다. EIC가 신뢰성 있게 상품을 배달하는 능력을 보여주기 시작하면서 자본의 비용이 낮아지고 합리적인 금리의 단기채권으로 자금을 조달할 수 있게 되었다.

초창기의 주식회사는 독점권 외에도 부채시장을 통한 또 다른 방식으로 정부에 묶여 있었다. 잉글랜드 은행Bank of England이 이에 대한 훌륭한 예를 제공했다. 이름의 의미와는 달리 잉글랜드 은행은 1946년(독자는 프랑스 정부가 바자를의 제분소를 국유화한 것과 같은 해임을 기억할 것이다)에 노동당 정부가 국유화할 때까지 민간 주식회사였다.

명예혁명 이후에 연약하고 젊은 조직이었던 잉글랜드 은행은 1697년에 접목engraftment으로 알려진 새로운 금융기법을 개척했다. 은행이 정부부채를 매입하기 시작한 것인데, 이는 실제로 정부 어음 및 채권을 소유한 사람들이 정부부채를 잉글랜드 은행의 주식으로 교환하는 것을 의미했다. 이러한 정부부채는 은행의 주주들에게 꾸준한 수입의 흐름을 제공하고, 은행에는 추가적 차입을 위한 담보를 공급했으며, 정부의 향후 차입 요구에 대한 정보를 제공했다. 참으로 귀중한 정보였다.

EIC도 비슷한 접목 작업을 수행했다. 상당한 정부부채를 부담하는 대가로 1711년에 남아메리카 무역의 독점권을 얻은 남해회사South Sea Company 역시 접목 기법을 채택했다. 스페인과 포르투갈이 대륙을 지배하면서 남해회사의 독점권은 결국 쓸모가 없게 된다.[31] 1719년에는 남해회사의 훨씬 더 규모가 큰 접목 작업이 악명높은 남해 거품South Sea Bubble으로 이어졌다. 남해회사의 남아메리카 무역 독점권에 감명을 받은 순진한 투자자들이 보유한 정부 공채를 급등하는 회사 주식과 교환했다. 불가피하게 거품이 꺼졌을 때 수천 명의 주주가 파산했다. 그중에는 다름 아닌 조폐국장 아이작 뉴턴경도 있었다. 뉴턴은 말했다. "나는 천체의 운동을 계산할 수 있지만, 사람들의 광기는 계산할 수 없다."* 영국 정부도 남해회사와 EIC를 포함한 해외 무역회사의 주주들을 보호했다. 1662년에 처음으로 이들 회사에 유한책임의 지위가 부여된 것은 채권자의 부담으로 주주들이 유리하게 되는 움직임이었다. 의회는 주주와 채권자의 권리 모두를 중요시했지만 이들 무역회사의 접목된 정부공채가 파산시에 주주를 보호하기에 충분하다고 추론했다. 대부분 기업이 정부부채를 보유하지 않았기 때문에, 의회는 1856년의 회사법Companies Act으로 마침내 대부분 기업의 주주들에게 유한책임이 확대될 때까지 무역회사 외에는 유한책임의 지위를 부여하지 않았다. 유한책임에 의한 보호는, 독립 직후에 다수의 기업에 유한책임의 지위가 부여된, 미국에서 더 일찍 이루어졌다. 1830년대 들어서는 유한책임이 사실상 미국의 모든 공개기업을 보호했다.[32]

돈의 본질에 대하여 주목할만한 고찰을 보여준 『얼어붙은

---

* 남해회사 주식은 보유한 정부 공채로부터 약 5파운드의 이자를 낳았다. 이는 일반적인 이자율 3퍼센트에 비추어 150파운드 성노의 수식 가지를 시사했다. 1000파운드에 달했던 거품의 최고가에서 폭락한 주가와 거의 정확하게 일치하는 가격이었다. 챈슬러(Chancellor), 69, 93 참조.

욕망Frozen Desire』에서 영국의 작가 제임스 버컨James Buchan은 유한책임으로 보호받지 못하는 주주에게 닥칠 수 있는 참상을 감동적으로 묘사했다. 버컨은 오래된 작가 가문 출신으로, 그 중 한 사람인 그의 증조부 존 버컨이 글래스고 시티은행City of Glasgow Bank의 주식을 소유하는 불운을 겪은 사람이었다. 빗발치는 경영사기 속에서 1878년에 파산한 은행은 예금자들에게 600만 파운드가 넘는 빚을 지게 된다. 법률에 따라 버컨이 그중에서 자신의 순자산과 거의 같고 보유한 주식의 가치를 훨씬 초과하는 2700파운드를 책임졌다. 법원은 그에게 회사법이 적용되지 않는다고 판결했고, 파산의 고통과 빈곤에 시달린 그는 몇 년 뒤에 사망했다.[33]

주식회사의 이 짧은 역사는 효율적인 자본시장을 확립하고 유지하는데 정부의 역할이 중요하다는 것을 다시 한번 생생하게 보여준다. 17세기 영국에서 독점권의 보호나 정부 공채의 접목이 없이, 무역회사의 경우에는 유한책임의 주식 소유가 없이, 당시의 위험한 벤처사업에 자본을 제공하려는 투자자가 거의 없었다. 처음 두 가지 제도는 사라졌지만 세 번째는 오늘날까지 남아있다. 시장의 근래 역사는 두 가지 개념을 강조한다. (1) 경제적 자연 상태에서 회사의 관리자는 주주를 속이게 되고, (2) 증권업을 감독하는 정부의 강력한 규제가 없으면 투자자들이 자기 자본의 공급을 꺼리게 된다.

17세기에 시작되어 18세기에 본격적으로 계속된 영국 자본시장의 발전은 빈 회의Congress of Vienna이후의 대규모 산업 확장을 위하여 영국의 자본이 요구되었을 때 완전한 결실을 맺었다. 와트Watt와 볼턴Boulton의 증기기관이 제조와 운송의 변혁에 동력을 제공했고, 당대의 기적-운하, 철도, 그리고 증기로 구동되는 공장-이 막대한 자본을 집어삼켰다. 영국 방직공장의 동력 직조기가 1813년과 1850년 사이에 100배로 늘어났고, 철강 생산이 1806년과 1873년 사이에 30배 이상 증가했다.[34] 영국의 자본은 영국의 철도, 공장, 운하뿐만 아니라 유럽의 나머지 지역과 빠르게 발전하지만 현금이 부족한 옛 식민지에까지 자금을 공급했다.

활짝 꽃핀 영국의 자본시장

남해회사 사태(1719-1721) 이후에는 오직 의회만이 6인 이상의 소유주가 있는 회사를 인가할 수 있었다. 의회는 또한 시장의 유동성과 효율성을 강화하는 거래인 공매도short selling와 옵션 options을 금지했다. 1820년에 시작된 일련의 입법을 통하여 의회는 서서히 1720년의 거품법에 의한 제한을 제거하고, 주식회사의 설립절차를 단순화하고, 유한책임의 보호 범위를 확대했다. 다른 법률도 무역과 상업활동을 지원했다. 1846년에 의회는 마침내 곡물의 수출입을 규제하고 세금을 부과함으로써 국내 생산자를 보호하고 소비자를 착취한 곡물법Corn Laws을 폐기했다.

마지막으로, 경제사학자들이 거의 보편적으로 무시하는 점이지만, 19세기에는 채무자의 감옥도 사라졌다. 영국에서는 1869년의 채무자법Debtor's Law으로 채무자의 감옥이 사실상 사라지게 되었다. (이 법은 채무자에게 돈을 갚을 수단이 있다는 사실이 법정에서 입증될 수 있는 경우에는 여전히 채무자의 투옥을 허용했다.) 거의 동시에, 미국의 모든 주와 다수의 서유럽 국가도 비슷한 법령을 제정했다. 채무불이행으로 인한 투옥의 금지는 위험을 감수하는 기업가 정신을 장려할 수밖에 없었다.

19세기 말까지 영국은 투자 자본을 공급하는 지구상 최고의 원천이 되었다. 세계에서 가장 재능있는 사업가와 발명가들이 자금을 조달하기 위하여 런던으로 몰려들었고 영국의 경제가 세계의 동력원이 되었다. 당시 영국의 금융시장에 대한 가장 매력적인 설명을 언론인이자 경제학자인 월터 배젓Walter Bagehot이 1873년에 출간한 『롬바드 스트리트Lombard Street』(이탈리아 롬바르디아의 초기 은행업자에서 유래한 이름)에서 찾아볼 수 있다.

> 롬바드 스트리트를 설명하는 가장 간단하고 진실된 방법은 세계에서 유례가 없는 경제적 힘과 섬세함의 가장 위대한 조합이라고 말하는 것이다....즉시 사용 가능한 준비된 현금이 다른 어떤 나라보다도 많다는 사실을 모두가 인정한다. 그러나

영국의 준비된 잔고_{ready balance}-무슨 목적으로든 누구에게나 빌려줄 수 있는 유동성 대출 기금-가 세계 어느 곳보다도 얼마나 많은지를 아는 사람은 매우 드물다.[35]

배젓은 1873년 초에 주요 금융 중심지에서 가용한 것으로 알려진 예금액을 나열했다.[36]

런던	1억 2000만 파운드
파리	1300만 파운드
뉴욕	4000만 파운드
독일제국	800만 파운드

19세기에 영국이 경제적·군사적 우위를 확보한 이유를 찾는 사람이라면 더 이상 찾을 필요가 없다. 영국의 기업가는 무엇이든 자신이 선택한 상업적 아이디어를 자유롭게 추구할 수 있었다. 그의 신용이 충분하다면, 시장이 계획을 실현하기에 충분한 자본을 그에게 쏟아부을 것이었다. 배젓의 흉내내기 어려운 표현대로, 무슨 목적으로든 누구에게나 빌려줄 수 있는 자본이었다.

위의 숫자에서 가장 주목할만한 특징은, 당시 영국의 경제 규모가 프랑스보다 불과 28퍼센트 더 컸음에도 불구하고, 아홉 배에 달하는 런던과 파리 금융시장의 규모 차이다. 실제로 이 숫자는 그 차이를 과소평가한다. 영국에는 런던 외에도 활발한 금융 시장이 있었지만, 프랑스에서는 지방의 자본 활동이 무시할 수 있을 정도였다. 프랑스의 (독일도 마찬가지) 자본시장이 왜 그렇게 작았을까? 배젓에 따르면 문화적·역사적 이유가 있었다.

> 물론 은행의 예금이 금융시장의 자원에 대하여 엄밀하게 정확한 척도는 아니다. 오히려 프랑스와 독일, 그리고 은행이 없는 모든 국가에서 은행업이 발전한 영국이나 스코틀랜드보다 훨씬 더 많은 현금이 은행 바깥에 존재했다. 하지만 그 현금은 말하자면 "금융시장의 돈"이 아닌 획득할 수 없는 돈이었다. 그들의 엄청난 불운, 자신의 증권에 의한 거액의 대출 외에는 아무것도 비축된 현금을 프랑스인의 손에서 빼낼 수 없었다.[37]

다시 말해서 프랑스인과 독일인은 자국의 금융제도를 신뢰하지 않았고, 여분의 프랑이나 마르크가 기업이 아니라 매트리스 밑으로 들어갔다. 프랑스나 독일의 기업가는 영국의 기업가 못지 않게 똑똑하고 일도 열심히 했지만, 단지 자본에 대한 접근이 부족했을 뿐이었다. 본론으로 돌아가서 배젓은 국가의 대규모 은행에 집중된 자본이 영국의 독특한 이점이었다고 지적한다.

> 은행가 한 사람의 손에 쥐어진 100만 달러는 큰 힘이 된다. 그는 자신이 원하는 곳에 즉시 빌려줄 수 있고 빌리려는 사람이,

돈이 있음을 알거나 믿기 때문에, 그에게로 올 수 있다. 그러나 같은 금액이 전국에 있는 수십 명에게 흩어져 있을 때는 전혀 힘이 되지 못한다. 그 돈을 어디서 찾거나 누구에게 청해야 할지를 아무도 모르기 때문이다.[38]

배젓은 이러한 상황을 이전의 어떤 국가든 비슷하게라도 누려보지 못한 사치라고 긍정적으로 찬양했다. 그는 계속해서 자본의 손쉬운 가용성이 19세기에 안락한 귀족계층(그중 다수가 한두 세대 전에는 지저분한 소시민이었던)을 몰아낸 지저분한 소시민 집단dirty crowd of little men"에 기회를 제공했다고 지적했다. "영국 상업의 거칠고 천박한 구조는 생존의 비결이다. 동물의 왕국과 마찬가지로 사회적 진보의 원리인 '변화를 지향하는 성향propensity to variation'을 포함하기 때문이다."[39] 지저분하고 작은 신인이 혁신을 이룩했을 뿐만 아니라, 기존의 상인들보다 싼 값에 팔아서 혁신의 열매를 일반 대중에게 가져다주었다. 간단히 말해서 가용한 자본의 풍부함이 지속적인 기술적·상업적 혁신의 흐름, 즉 경제성장 자체의 원동력이었다. 자본은 사실상 맹목blind이 되었다. 19세기 이전에는 빌려주는 사람과 빌리는 사람이 개인적으로 서로 아는 사이였다. 배젓이 말하는 새로운 시스템은 익명의 시스템이다. 사상 처음으로 점점 더 복잡하고 효율적인 중개 시스템이, 산업혁명이 상품의 생산자와 소비자를 갈라놓은 것처럼, 자본의 소비자를 공급자로부터 분리했다.

그렇다면 왜 네덜란드인, 영국인, 그리고 미국인은 이자를 얻기 위하여 자신의 저축을 은행으로 가져갔는데 프랑스인, 독일인, 인도인, 그리고 터키인은 그렇게 하지 않았을까? 배젓은 이 문제에 대하여 침묵한다. 그 질문에 답하려면 국가적 거버넌스governance의 근대 이전 역사를 살펴보아야 한다.

터키의 자본시장과 재산권의 결핍 때문에 뮈에진자데 알리파샤가 자신의 재산을 손 닿는 곳에 둘 수밖에 없었음을 상기하라. 오스만제국의 부패, 르네상스 이전 시대의 보편적 상황, 오늘날 다수의 비서구권 국가가 선명하게 떠오른다. 개인 재산의 보호가 없었거나 없는 곳에서는 혁신에 대한 인센티브가 없다. 설령 그런 미개한 땅 어딘가에 가슴이 뛰는 발명가가 있더라도 자신의 창조물을 개발하여 시장에 내놓는데 필요한 자본이 존재하지 않을 것이다. 국가의 모든 자본이 매트리스 밑에서 얼어붙거나 금은 보석 장신구로 착용되고, 가장 중요하게는, 개인 금고 특히 황제의 금고에 보관된다.

이슬람의 이자 금지는 투르크인의 추가적인 약점이 되었다. 이자가 없으면 대출도 없고, 대출이 없으면 투자도 없다. 알리파샤가 최후를 맞은 레판토 해전 당시에 서구에서는 이러한 제한이 거의 사라졌다. 그러나 무슬림 세계는 그렇지 않았다. 서구에 비해 저조한 경제 상황이 주로 재산권과 자본시장의 초보적 상태에 따른 결과였다. 터키 최초의 은행이-유럽인에 의하여-설립된 1856년 이전의 오스만제국에는 우리가 아는 사유재산, 금융시장, 은행이 존재하지 않았다.

투르크인에 대한 역사의 판단은 아마도 레판토 해전에 참전한 사람 중에 가장 유명한 인물이었을 세르반테스의 말로 가장 잘 요약된다. "투르크인이 천하무적이라는 믿음이 얼마나 잘못된 것이었는지를 전 세계가 알게 되었다."[40] 투르크인은 그런 운명을 겪은 국가의 처음도 마지막도 아니었다. 꺾이지 않을 것처럼 보였던 다른 국가-17세기의 스페인과 소비에트 연방이 빠르게 떠오른다-들이 자유 시민권과 기능을 발휘하는 시장의 부재로 인하여 결국 쇠락함에 따라 세르반테스의 말이 시대를 관통하는 메아리가 되었다.

05 운송과 통신의 발달

말 없는 며느리

몇 년 전에 서아프리카의 마을에 다기능 플랫폼multifunctional platform으로 알려진 볼품없는 장치가 나타나기 시작했다. 스위스의 구호활동가가 발명한 이 장치는 10마력짜리 가솔린 엔진과 깔때기, 분쇄기, 혼합기, 피스톤 등의 다양한 도구를 결합했다. 대개 지역의 부녀회가 소유하고 운영한 기계는 가는 곳마다 삶의 혁명을 일으켰다. 예를 들어 마을의 부녀자가 땅콩 15파운드를 갈아서 땅콩버터를 만들기 위하여 현지 통화로 25센트의 비용을 지불하고 10분 동안 기계를 빌릴 수 있었다. 이전에는 힘들게 하루 종일 걸렸던 일이었다. 그런 하찮은 일이 전통적으로 집안에서 가장 지위가 낮은 여자들의 몫이었기 때문에, 마을 사람들은 이 기계를 말 없는 며느리the daughter-in-law who doesn't speak라 불렀다.

기계의 이점은 계산할 수도 없을 정도였다. 생산적인 땅콩 농장을 소유한 가족은 공개 시장에서 판매하는 땅콩버터의 양을 크게 늘릴 수 있었다. 끝이 없는 고된 일에서 해방된 젊은 여자들이 학교에 다닐 시간과 돈의 여유를 얻을 수 있었다. 나이 든 여자들은 사업을 확장하고 새로운 작물을 심을 수 있는 시간을 얻었다.

기계는 전등에 전기를 공급하는 발전기를 돌려서 해가 진 뒤에도 상점이 장사를 계속할 수 있고 아기들이 더 안전하게 태어나도록 했다. 기계와 거의 관계가 없었던 남자들도 기뻐했다. 한 남편은 말했다. "이제는 아내가 그렇게 피곤해하지도 않고 손도 더 부드러워져서 좋다."[1]

이러한 장치는 현대의 독자들이 19세기 서구의 일상생활을 휩쓸었던 전면적인 변화를 이해할 수 있게 해준다. 그리고 19세기 들어 세계의 경제성장이 치솟았지만, 그전에는 그렇지 않았던 본질적 이유를 밝히는 데도 도움이 된다. 근대적 번영의 다른 세 가지 기반-재산권, 과학적 합리주의, 효율적인 자본시장-이 이미 영어권 세계와 유럽 대륙의 대부분 지역에 확립되어 있었다. 기업가에게 부족한 것은 운송, 효율적인 통신, 그리고 상품의 제조를 위한 신뢰할 수 있는 동력뿐이었다. 증기기관과 전신의 등장이 근대 서구의 경제성장을 위한 마지막 요소를 제공했고, 수천 년 동안 사람들이 살아온 방식을 즉각적으로 돌이킬수 없게 바꿔놓았다.

동력

당신이 콩을 재배하든, 쇳물을 쏟든, 아니면 정교한 전자회로를 조립하든 간에 생산을 위해서는 동력power이 필요하다. 동력은 많을수록 좋다. 소가 없는 농부는 소를 소유한 이웃에게 뒤처지고, 트랙터를 모는 농부는 기계를 이용한 산출물로 소를 모는 경쟁자를 묻어버린다.

서기 1000년경까지 거의 모든 농업, 산업, 공업, 그리고 군사적 작업을 인간의 근육이 수행했다. 우리 인간은 얼마나 큰 동력을 낼 수 있을까? 불쌍할 정도로 작다. 희미한 전구에 전력을 공급하는 것이 고작인 자전거 작업계ergometer가 과학박물관의 필수품이다. 당신의 신체 조건이 뛰어나다면 오랫동안 약 1/10마력을 편안하게 낼 수 있다. 아주 짧은 시간 동안은 0.5마력까지 올릴 수도 있지만, 몇 초 후에 다리가 심하게 아프고 심장이 터질 것 같은 느낌이 들 것이다.

고대인, 특히 그리스인은 우리 인간의 보잘것없는 출력을 최대로 활용하기 위하여 나사, 도르래, 지렛대에 기초한 수많은 장치를 발명했다. 그러나 근대 이전 시대에 규모가 크고 중량이 무거운 작업을 완료하는 주된 방법은 역사학자들이 완곡어법으로 사회적 장치social device라 부르는 사원, 피라미드, 운하, 수로의 건설에 수많은 노동자를 동원하여 함께 일하도록 하는 방법이었다.

영리한 장치와 대규모 인력 노동으로 할 수 있는 일은 거기까지였다. 인간의 근육이 동력의 유일한 원천이었던 시대에는 농업과 제조업의 지속적 성장이 불가능했다. 유럽의 정부들은 19세기 중반까지도 악명높은 역역corvée-도로 건설에 동원되는 비자발적 노동-을 폐지하지 않았다.[2]

고대인은 미약한 인간의 힘을 보충하기 위하여 동물을 동원했다. 다음 표는 오늘날의 인간과 짐을 나르는 다양한 짐승이 낼 수 있는, 동력계dynamometer로 측정된, 연속적 동력을 요약한다.[3]

고대 세계에서 실제로 이용되기는 했지만, 동물의 힘은 비싸고 비효율적이었다. 고대와 중세 세계의 인간과 가축 모두 오

	지속적 마력
인간과 기계 펌프	0.06
인간과 윈치(winch)	0.08
당나귀	0.20
노새	0.39
황소	0.52
짐수레 말	0.79

늘날보다 크기가 작았다. 수천 년 전에 짐을 나른 동물은 아마도 오늘날의 1/3에 불과한 동력을 냈을 것이다. 그리스와 로마인은 비용이 많이 드는 말을 더 가볍고 속도가 필요한 작업에만 사용했다. 게다가 마구가 조악하고 발굽 보호장치가 없었던 고대에는 말의 힘이 최대로 활용되지 못했고, 선동적인 황소 멍에 ox-yoke가 짐 나르는 동물들을 질식시켰다.[4] 농부들이 효과적인 마구를 채택하게 된 것은 12세기가 되어서였다.

부의 수레바퀴

고대에는 인간조차도 자신의 힘을 비효율적으로 사용했다. 그들은 체격이 더 작고 덜 건강했을 뿐만 아니라 의욕도 부족했다. 재산권이 없는 노예나 농부가, 경제사학자들이 같은 일을 하는 자유인의 절반 정도로 추정하는, 노예의 생산성으로 대부분 작업을 수행했다.[5]

수차waterwheel가 동력 생산에 있어서 최초의 실질적인 발전을 제공했다. 가장 오래되고 비효율적인 형태의 수차-이른바 노리아noria-는 기원전 150년경 그리스 후기에 나타났다(그림 5-1). 역사를 통하여 물레방아의 주된 임무는 곡식을 가는 일이었다. 오늘날 서아프리카에 나타난 말 없는 며느리의 메아리를 고대의 물레방아에 대한 유쾌한 묘사에서도 분명하게 볼 수 있다. "갈기를 멈추라, 방앗간에서 수고하는 여자들이여. 닭 우는 소리가 새벽을 알리더라도 늦게까지 자라."[6] 익명의 연대기 작가의 열정에도 불구하고 새로운 장치는, 원시적인 설계와 낮은 출력 때문에, 그리스와 로마에서 널리 사용되지 못했다.

그림 5-1 | 노리아

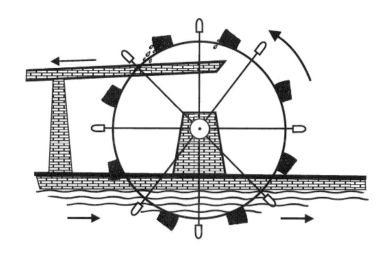

서유럽에서는 이후 2000년 동안 여러 차례 설계변경을 거쳐서 마침내 서기 1500년경에 그림 5-2에 묘사된 기어가 있는 상사식overshot의 친숙한 수차가 등장했다. 이전의 기어가 없는 수차는 가장 빠르게 흐르는 물로만 구동할 수 있었지만, 기어의 노입으로 느리게 흐르는 상과 개울에서도 수차를 사용할 수 있

게 되었다. 댐으로 개울을 막고 수차의 상부에서 물의 흐름을 포착함으로써 가장 효율적으로 수력을 이용할 수 있었다.

그림 5-2 | 상사식 수차

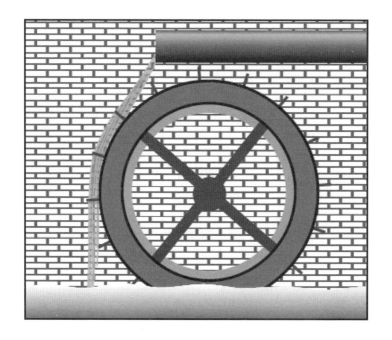

몇 마력밖에 내지 못하는 작은 방앗간이라도 인간 수십 명의 일을 해낼 수 있었다. "하사식undershot"설계(물이 수차의 날이나 양동이 아래로 통과하는)를 채택한 초기의 원시적인 방앗간이 3마력에 해당하는 출력으로 한 시간에 400파운드의 곡물을 갈 수

있었다. 그에 비하여 두 사람이 작업하는 당나귀 방앗간donkey mill의 생산량은 시간당 10파운드였다.[7] 중세 시대에는 방앗간이 곡물을 가는 제분소만이 아니라 주조 공장, 동력 제재소, 철광석을 분쇄하는 공장으로도 운영되었다.

서기 1086년에 발간된 『둠스데이 북Domesday Book』에는 영국 남부 지역에 약 150만 인구를 위한 5624곳의 방앗간이 있었음이 기록되어 있다. 각 방앗간은 주민 1인당 0.02마력에 불과한 5마력의 동력을 생산했다. 이제 인류가 신체적 한계에서 벗어나는 날이 멀지 않게 되었다. 수차는 19세기까지도 서구인의 삶에서 고정적인 장치로 남아 있었다. 런던 브리지의 상사식 장치가 1822년까지 런던에 공급되는 물을 펌프질했다.[8]

풍력을 이용하기

태곳적부터 범선에 동력을 공급하기 위하여 바람이 이용되기는 했지만, 풍력 에너지는 비교적 근래인 10세기에 처음으로 페르시아인이 산업적 목적으로 사용하기까지는 기계적 작업에 사용되지 않았다. 풍차에는 두 가지 고유한 단점이 있다. 첫째로, 그리고 가장 명백한 단점이 신뢰할 수 있는 동력을 일상적으로 제공하지 못한다는 것이다. 둘째로 풍력을 이용하려면 시속적으로 풍차를 바람에 맞춰야 한다. 가장 오래된 포스트post

풍차는 번거로운 일체형 설계를 채택했다. 따라서 작업자가 무거운 장치 전체를 한꺼번에 돌려야 했다. 나중에 네덜란드에서 꼭대기만 돌아가는 회전 풍차가 널리 사용되었다. 마지막으로 1745년에 에드먼드 리Edmund Lee가, 오늘날의 미국 농장에서도 친숙한 고정물인, 풍차 날개를 자동으로 조정하는 큰 부채 모양의 수직 꼬리인 팬테일fantail을 발명했다.

생산성이 개선되기는 했지만, 풍차는 대부분 작업에서 인력을 대체하지 못했다. 평균 출력이 10마력에 불과한 풍차는 수차에 비하여 크게 개선된 것이 없었다. 17세기 네덜란드에서는 약 8,000대의 풍차가, 주로 100만이 훨씬 넘는 인구를 위하여 바닷물을 퍼내는 목적으로, 사용되었다. 이는 주민 1인당 0.1마력에 해당하는 동력으로 영국 둠스데이 시대의 1인당 동력의 다섯 배였다.

자연의 변덕이 풍차와 수차가 사용될 수 있는 시간과 장소를 제한했다. 근대 이전 시대의 가장 강력한 수차는 베르사유 궁전의 분수를 운영하는데 사용되었고 75마력에 달하는 출력을 냈다고 전해지는 루이 14세의 말리 머신Machine of Marly이었다.[9] 서구의 경제적 도약은 장소나 날씨와 상관없이 더 큰 동력을 제공할 수 있는 기술의 발전을 기다리고 있었다.

증기기관의 발명

고대인은 끓는 물이 물리적 일을 할 수 있다는 사실을 알고 있었다. 기원전 100년경에 알렉산드리아의 헤론_{Hero}은 두 가지 증기 동력장치를 설명했다. 그림 5-3에 묘사된 첫 번째 장치가 수평 축에 둥근 용기가 장착된 유명한 헤론 엔진이다. 엔진이 가열되면 접선 방향의 통풍구로 증기가 배출되면서 용기가 회전했다.

그림 5-3 | 헤론 엔진

고대의 두 번째 증기기관은 알렉산드리아에 있는 사원의 문을 여닫는데 사용된 루브 골드버그_{Rube Goldberg} 장치(미국의 만화

가 루브 골드버그가 고안한 장치로, 거창하게 보이지만 하는 일이 아주 단순한 연쇄반응 장치를 말함-옮긴이)였다. 이 장치에서는 증기의 힘으로 큰 용기에서 작은 양동이로 옮겨진 후에 중력에 의하여 떨어지는 물이 도르래와 기둥의 복잡한 시스템을 통해서 문을 움직이는 동력을 공급했다.

헤론의 『공압Pneumatica』에 묘사된 두 장치는 실제로 존재했을 수도 있고 아닐 수도 있다. 설사 실재했더라도 기껏해야 유용한 일을 하지 못하는 시범장치-단순한 장난감-였을 것이다. 인류는 17세기말까지 증기를 실용적인 동력으로 거의 이용하지 못했다. 당시의 가장 시급한 공학 문제는 탄광에서 물을 빼내는 일이었다. 광부들은 수 세기 전부터 30피트(9.1미터) 이상의 깊이에서는 펌프로 물을 빼낼 수 없다는 것을 알고 있었다. 이런 제한 때문에 깊은 탄층을 효율적으로 개발하는 일이 불가능했다. 깊은 곳에 있는 물을 배수하려는 시도가 실패했을 때, 코시모 데 메디치의 엔지니어들이 갈릴레오에게 도움을 청했고 갈릴레오는 자신의 뛰어난 조수 에반젤리스타 토리첼리 Evangelista Torricelli에게 문제를 넘겼다. 효과적인 펌프를 발명하지는 못했지만, 토리첼리는 문제의 해결을 시도하는 과정에서 펌프보다 더 가치 있는 것을 발견했다. 30피트라는 한계는 대기압의 결과였다. 제곱 인치당 14파운드 이상의 엄청난 힘을 가하는 대기압이 정확히 30피트 높이의 물기둥이 가하는 압력과 동등했다.

1654년에 독일 과학자 오토 폰 괴리케Otto von Guericke가 독창적인 실험으로 공기력의 잠재력을 입증했다. 그는 지름 20인치(51센티미터)의 금속 반구 두 개를 붙여놓고 내부의 공기를 비웠다. 그 결과 형성된 진공의 힘이 너무 강해서 큰 말 여러 마리가 반대쪽으로 잡아당겨도 두 반구를 분리할 수 없었다.

과학자들은 진공의 힘을 이용하여 엄청난 동력을 얻을 수 있다는 사실을 재빨리 알아차렸다. 처음으로 시도한 크리스티안 하위헌스는 실린더cylinder 안에서 화약을 점화하여 부분 진공을 만들어냈다. 뜨거운 폭발가스가 밸브를 통하여 자신과 주변의 공기를 밀어낸 후에 실린더가 냉각되면서 밸브가 닫히고 부분 진공이 만들어졌다. 이 방법은 시연 목적으로 유용했지만 기계적 펌프로 진공을 만드는 방법보다 별로 효율성이 높지 않았다. (이 장치는 또한 최초의 내연기관이라 할 수 있다.)

하위헌스의 조수 드니 파팽Denis Papin은 증기가 진공을 생성하는 훨씬 더 효율적인 방법을 제공한다는 것을 이론화했다.

> 적은 양이라도 열에 의하여 수증기로 바뀌면 공기와 같은 탄성력을 갖게 되는 것이 물의 특성이지만, 냉각되면 다시 물로 돌아가고 탄성력의 흔적이 남지 않는다. 나는 물을 이용하여, 아주 강한 열을 가하지도 않고 적은 비용으로, 화약으로는 결코 얻을 수 없는 완벽한 진공을 만들어낼 수 있다는 결론을 얻었다.[10]

이 운명적인 글을 쓰고 얼마 지나지 않아서 파팽은 최초의 피스톤 증기기관의 작동 모델을 창조했다. 실린더 안에 있는 소량의 물이 끓어서 피스톤을 밀어 올린다. 행정stroke의 꼭대기에서 화기가 제거되고 걸쇠catch가 피스톤을 고정시킨다. 이어서 장치가 냉각되고 수증기가 응축하면서 진공이 생성된다. 완전히 냉각되면 걸쇠가 풀려서 피스톤을 힘차게 밀어 내린다. 엄밀히 말해서 이 장치는 증기기관이라기보다 진공기관이었다. 파팽의 증기기관은 고압 증기의 힘이 아니라 수증기가 물로 응축될 때 생성되는 완벽에 가까운 진공에 의하여 구동되었다. 증기에 대한 물의 비율은 약 1200:1이었다.

시장에 활용되기 시작한 증기기관

헤론과 하위헌스의 엔진과 마찬가지로, 파팽의 엔진은 실용적이기에는 너무 번거롭고 느렸다. 그러나 다른 사람들이 파팽의 장치를 경제적으로 유용한 일을 할 수 있는 장치로 개선하는 데는 그리 오랜 시간이 걸리지 않았다. 17세기에 우스터Worcester의 후작과 토머스 세이버리Thomas Savery가 증기로 구동되는 펌프를 설계했는데, 후작이 실제로 엔진을 제작했는지는 확실하지 않다. 세이버리는 작동하는 모델을 만들었지만, 상업적 성공을 거두지 못했다. 그렇지만 일부 역사학자들은 작동하는 증기기관을 처음으로 만들어낸 공로를 에이버리에게 돌렸다. 기술적·상업적 성취보다 더 중요하게, 세이버리와 후작 모두 자신의 장치에 대한 특허를 획득했다. 세이버리의 특허는 햄프턴 코트_{Hampton Court} 궁전에서 왕실을 위한 시연이 있은 뒤에 인가되었다.

17세기 후반에 수익성 있는 산업 독점권의 전망에 감질이 난 발명가들이 기술 혁신의 가속화를 주도했다. 과학혁명의 주역은 고등교육을 받은 사람들이었고 다수가 귀족의 부로 혜택을 입었지만, 산업혁명의 위대한 엔지니어와 발명가들은 거의 예외 없이 상업적 이익의 전망으로 동기가 부여된 교육받지 못한 장인들이었다. 토머스 뉴커먼_{Thomas Newcommen}이 동시대인인 세이버리와 마찬가지로 그런 장인의 전형이었다. 사회적 지위가 낮았음에도 뉴커먼은 당시의 가장 위대한 과학자의 한 사람이었던 로버트 후크, 파팽과 우스터 후작의 작업에 관한 편지를 주고받는 것을 주저하지 않았다. 이전의 설계가 외부에서 이루어지는 실린더의 느린 냉각 때문에 어려움을 겪었다는 것을 깨달은 그는 찬 물을 내부로 주입하여 냉각시키는 엔진을 설계했다. 세이버리의 특허가 매우 포괄적으로 작성되었고 자신이 생각할 수 있는 거의 모든 설계를 포함했기 때문에, 뉴커먼은 세이버리와 힘을 합칠 수밖에 없었다.

그들의 첫 번째 장치에 대한 역사적 기록이 거의 존재하지 않지만, 1712년 어느 날 우스터에 있는 더들리 성_{Dudley Castle}에서 세계 최초로 작동하는 대기 승기기관이 탄광 깊은 곳에서 불을 퍼내기 시작했다. 여기서 핵심적인 단어는 대기atmospheric다. 그림 5-4에 묘사된 뉴커먼 엔진은 파팽의 엔진과 마찬가지로 순전히 대기압을 이용하여 구동되었다. 정지 상태에서는 피스톤이 차가운 실린더 상단에 위치한다. 보일러에서 생성된 증기가 실린더로 주입되어 그림 5-4에 있는 좌측 밸브를 통하여 찬 공기를 밀어낸다. 이제 증기로 가득차고 행정의 꼭대기에 피스톤이 위치한 실린더에 그림의 우측 밸브를 통하여 찬 물이 주입되어 증기를 응축함으로써 진공에 가까운 상태가 형성된다. 이 진공이 큰 힘으로 피스톤을 밀어내려서 펌프 장치로 힘이 전달

그림 5-4 | 뉴커먼의 엔진

그림 5-5 | 와트의 엔진

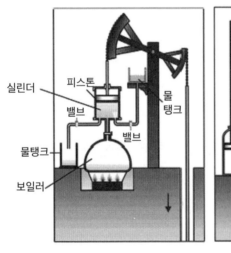

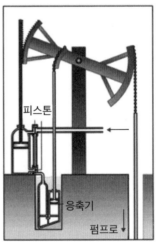

출처: 뉴커먼 협회의 허가를 얻어 재현됨.

된다. 그런 다음에 다시 실린더에 증기가 주입되고 피스톤이 부드럽게 올라간다. 다음 주기는 다시 찬물이 주입되는 것으로 시작된다. 따라서 엔진은 순전히 대기압에 의하여-증기의 힘이 아니라 증기가 응축될 때 형성되는 진공에 의하여 피스톤이 움직이는 방식으로-구동되었다.

뉴커먼의 장치에는 주 구동빔drive beam의 운동에 의하여 개폐가 제어되는 자동 밸브시스템이 포함되었다. 기계는 1분에 열두 번의 주기로 구동되면서 약 5.5마력의 동력을 생산했다.[11] 수차나 풍차보다 강력하지는 않았지만, 뉴커먼의 엔진은 언제 어디서나 일을 할 수 있었다. 이제 인류가 자연의 변덕과 상관없이 자유롭게 동력을 이용할 수 있게 되었다. 혁신과 개선을 보상하는 새로운 특허법이 초기의 원시적 설계를 멀리 넘어서는 엔진으로 발명가들을 몰아갔다. 수십 년 안에 뉴커먼 엔진은 75마력에 달하는 동력을 생산하게 된다.

뉴커먼의 엔진은 세계 경제의 윤곽을 영원히 바꿔놓을 제조와 운송 혁명의 진원지였지만, 경제적으로 성공할 수 있는 엔진은 아니었다. 실린더 전체를 번갈아 가열 및 냉각해야 하는 설계가 본질적으로 비효율적이었고, 대기압을 이용하는 엔진이 낼 수 있는 힘이 피스톤 면의 제곱인치당 14.7파운드로 제한되었다. 막대한 양의 석탄을 소비하는 엔진은 연료가 풍부한 탄광에서 물을 퍼내는데만 사용될 수 있었다. 게다가 하향 행정downstroke에서만 동력을 생산했기 때문에 바퀴와 노를 구동하는

데 비실용적이었다. 뉴커먼 엔진은, 한 역사학자의 말대로, 희망에 찬 괴물hopeful monstrocity이었다.[12]

한계에도 불구하고 당시로서는 첨단 기술이었던 뉴커먼 엔진은 발명된 후 두 세대 이상의 시간이 지나는 동안에도 거의 사용되지 않았다. 1769년에 발간된 증기기관 모음집에는 67개의 엔진만이 수록되었다.[13] 기술적인 결함이 있었으나 기본 개념은 건전했던 엔진은 다음 세대의 장인들에 의해서 점차 출력과 연료 효율이 개선된다.

제임스 와트가 그런 장인의 한 사람이었다. 1736년에 스코틀랜드의 가난한 상인 가정에서 태어난 그는 어려운 경제 형편 때문에 사업의 길로 나설 수밖에 없었다. 열아홉 살 때 런던으로 간 그는 철학적 기구philosophical instruments, 오늘의 우리가 소위 과학 장치라 부르는 기구를 만드는 방법을 배웠다. 와트가 사업을 시작하려고 글래스고로 돌아왔을 때 지역의 길드는 그의 가입을 거부했다. 다행스럽게도 글래스고 대학교가 타고난 기계적 재능이 명백한 그에게 기기 장치를 제작하고 수리하는 일자리를 주었다.

그의 새로운 직책은 스코틀랜드에서 가장 위대한 과학자들과의 접촉을 통하여 증기의 물리학에 익숙해지는 기회를 제공했다. 1764년에 운명이 그에게 대학이 보유한 뉴커먼 엔진 모델 중 하나의 수리를 맡겼다. 와트는 즉시 엔진의 비효율성이 실린더의 반복적인 가열 및 냉각 때문임을 깨달았다. 어떻게든 계속해서 뜨거운 상태로 엔진이 구동된다면 훨씬 적은 석탄을 소비할 것이었다. 얼마 지나지 않아서, 이제는 전설이 된대로, 글래스고 그린Glasgow Green(글래스고에서 가장 오래된 공원-옮긴이)을 산책하던 중에 와트는 번뜩이는 통찰을 얻었다. 증기가 실린더 외부에서 응축될 수 있다면, 실린더 자체는 전체 주기 동안 뜨거운 상태로 남아서 연료를 크게 절약할 수 있을 것이었다. 다음날 실험실로 돌아온 그는 의료용의 작은 황동 주사기를 사용하여 외부 응축기의 실용성을 입증했다. 와트의 설계에서 핵심을 이루는 외부 응축기를 그림 5-5에서 볼 수 있다.

자신의 장치를 생산하려 했을 때, 와트는 한 세기도 더 지난 훗날에 토머스 에디슨을 방해하게 되는 것과 같은 문제에 직면했다. 발명 자체도 충분히 어려웠다. 그러나 와트에게 더 어려웠던 것은 자신의 엔진을 대량으로 생산할 숙련된 인력을 찾는 일이었다. 가장 어려운 것은 엔진을 대량으로 생산하기에 충분한 자금의 확보였다. 처음에 와트는 동료 발명가 존 로벅John Roebuck과 손을 잡았다. 그러나 두 사람은 피스톤-실린더 엔진, 특히 고가의 정밀가공에 필요한 막대한 자본 때문에 파산할 수밖에 없었다.

빈털터리가 되어 끼니를 걱정하게 된 와트는 토목기사의 일자리를 얻었다. 한 번도 아니고 두 번씩이나 축복받은 그의 운명은 10년 뒤인 1774년에 바뀌게 된다. 일상적 업무를 위하여 런던에 간 와트는 그의 엔진에 관심을 보인 버밍엄의 산업가 매튜 볼턴Matthew Boulton을 만나게 된다. 그리고 같은 해에 총포 제조업자 존 윌킨슨John Wilkinson이 피스톤-실린더 엔진에서 요구되는 정밀한 공차를 충족하면서 포신의 구멍을 뚫는 방법을 완성했다. 몇 달 안에 와트와 볼턴은 윌킨슨의 정밀 부품을 사용한 산업용 엔진을 세작했다. 첫 번째 엔진은 실린더를 공급한 내가로 윌킨슨의 용광로에 공기를 불어넣는 용도로 설치되었다.[14]

시너지synergy의 개념이 철강과 증기 기술의 상호작용만큼 잘 적용되는 곳은 없었다. 증기가 강철의 질과 양을 개선했다. 고품질의 강철은 더욱 정밀한 기계 가공을 가능하게 했을 뿐만 아니라 피스톤과 실린더의 허용 응력stress을 높여서 더욱 효율적인 증기 동력으로 이어졌다.

하원도 거들고 나섰다. 1774년에 와트의 원래 특허의 유효 기간은 8년이 남아있었다. 수익성 있는 볼턴-와트 엔진을 만들기에 충분치 않은 시간이었다. 의회는 그들에게 추가로 20년의 특허 보호를 부여했다. 연장된 보호 기간이 만료되었을 때는 광산의 펌프, 용광로, 그리고 공장에 동력을 공급하면서 496대의 증기기관이 영국에서 가동되고 있었다.

볼턴-와트 엔진이 창출한 산업적 기회가 혁신의 물꼬를 텄다. 와트는 회전 출력-공장과 운송 수단의 응용에서 대단히 중요한-을 낼 수 있고 단순한 대기압(음압)이 아닌 증기의 양압에서 작동하는 엔진을 설계했다. 그렇지만 와트는 대기압보다 훨씬 높은 압력의 증기를 사용하는 것을 경계했다. 광산 기술자

리처드 트레비식_{Richard Trevithick}은 그렇지 않았다. 의회가 볼턴과 와트에게 부여한 보호 기간이 만료된 지 2년 뒤인 1802년에 그는 정상 대기압의 10배인 제곱인치당 145파운드의 압력에서 작동하는 엔진의 특허를 얻었다.

19세기로 접어들면서 인류는 근육, 물, 바람이 강요한 오래된 한계에서 확실하게 탈출했다. 공장의 기계나 유압식 석탄 해머를 운영하는 단 한 사람의 산출물이 전임자의 수십배, 심지어 100배에 달할 수 있었다. 배는 더 이상 자연의 변화에 의존하지 않았다. 더욱 중요하게, 풍부한 기계적 에너지를 생산하는 새로운 능력이 이전에 상상할 수 없었던 발명에 영감을 주었다. 그러한 발명 두 가지-철도 기관차와 전기 발전기-가 곧 일상생활을 본질적으로 변화시키고 그 과정에서 세계적 번영의 마지막 퍼즐 조각을 제공하게 된다.

열악한 운송체계

풍요의 뿔에서 소비재가 쏟아져 나오더라도 효율적으로 이리저리 움직일 수 없다면 별 소용이 없다. 의류, 식품, 전기장비가 값싸고 신속하게 사용자에게 운송되지 못한다면 엄청나게 비싼 상태로 남아있을 것이다.

산업혁명의 전반기가 바로 그런 상황이었다. 1821년 말에 이탈리아 여행길에 오른 영국의 작가 리 헌트Leigh Hunt와 그의 가족은 폭풍우가 몰아치는 악천후로 인하여 두 달 후에도 영국의 해안선을 벗어나지 못했고 이듬해 7월이 되어서야 리보르노Livorno에 도착했다.[15]

같은 기간에 아마도 육로 여행이 바다 여행보다 더 안전하고 편안했겠지만 큰 차이는 없었다. 1820년까지도 영국에서 여전히 노상강도가 출몰했다. 대륙의 상황은 훨씬 더 나빴다. 프랑스에서는 상품의 운송에 일상적으로 경비원이 필요했고 이탈리아의 도로에서는 살인 사건이 드물지 않았다. 증기기관차가 등장할 때까지 대륙의 여행자들은 일상적으로 총기를 휴대했다.

최악의 도로 상태가 비참한 상황을 더욱 악화시켰다. 대부분 도로는 심하게 패인 흙길에 불과했다. 이동 속도를 제한하고 불편을 유발하는 외에도, 표면이 고르지 않은 도로는 안전하지 않았다. 저속에서라도 마차의 전복이 승객에게 쉽게 치명적일 수 있었다. 존 L. 맥애덤John L. McAdam이 잘게 부순 돌(쇄석)로 표면을 덮은 도로가 부드럽고 패임에도 잘 견딘다는 사실을 발견하여 도로 건설의 과학을 바꿔놓은 것은 1820년경이 되어서였다.

증기 동력이 발명되기 전에는 바다 여행이, 육지 여행보다 위험했을지는 몰라도, 직통의 육상 경로가 있을 때조차도 훨씬 저렴했다. 철도 여행이 등장한지 수십년이 지난 뒤에도 여전히 런던에서 에딘버러로 가는 바다 여행이 육지 여행보다 저렴했다.

그림 5-6 | 1800년의 뉴욕시로부터의 이동 시간

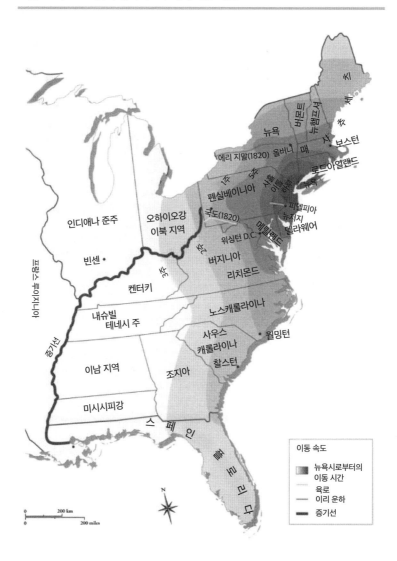

인디애나 준주

오하이오강
이북 지역

빈센 •

켄터키

내슈빌
테네시 주

이남 지역

미시시피강

프랑스 루이지애나

증기선

인디애나 준주

에리 지말(1820) 올버니

뉴욕

버몬트

뉴햄프셔

메

매

보스턴

로드아일랜드

펜실베이니아

피델피아

국도(1820)

뉴저지

워싱턴 D.C.

메릴랜드

델라웨어

버지니아

리치몬드

노스캐롤라이나

사우스
캐롤라이나

윌밍턴

찰스턴

조지아

스 페 인 령 플 로 리 다

이동 속도

뉴욕시로부터의
이동 시간

육로

이리 운하

증기선

200 km

200 miles

N

출처: 발행인 존 F. 스토버의 허락을 얻어 재현됨. 『미국 철도의 역사적 지도(The Routledge
Historical Atlas of the American Railroads)』(런던: 루틀리지, 1999), 11.

애팔래치아 산맥이 내륙 여행에 만만치 않은 장애물이 되었던 신세계의 상황도 비슷했다. 그림 5-6에 표시된 이동 시간이 당시의 상황을 생생하게 보여준다. 배로 500마일의 해안선을 따라 여행하는데 1주일이 걸린 반면에, 내륙에서 같은 거리를 여행하는데는 3주가 소요되었다.

운하의 건설

그러나 18세기에 교통의 발전이 전혀 없었던 것은 아니었다. 고대로부터 통치자들은 느리긴 해도 저렴한 내륙 운송 수단을 제공하기 위하여 운하를 건설했다. 증기 기술의 등장은 연료에 대한 수요를 크게 증가시켰다. 멀리 떨어져 있고 접근하기 어려운 광산에서 막대한 양의 석탄을 옮기는 일은 간단한 문제가 아니었다. 1767년에 브리지워터Bridgewater 공작이 월슬리Worsley에 있는 자신의 광산과 30마일 떨어진 런콘Runcorn의 직물공장 사이에 운하를 건설하는 아이디어를 떠올렸다. 공작의 운하는 엄청난 성공을 거두었고 오늘날까지도 운영되고 있다. 그로부터 20년이 지나기 전에 영국인은 1000마일(1600킬로미터)이 넘는 운하를 건설했다.[16]

그렇지만 19세기 초 미국의 운하 건설 시대에 비하면 아무 것도 아니었다. 혁명 이전 시기에는 만성적으로 자본이 부족했기 때문에 식민지 주민들이 막대한 초기 건설비용이 드는 운하를 크게 선호하지 않았다. 그러나 1820년대에 이르러 서서히 팽창하는 미국의 경제가 끊임없이 증가하는 자본의 흐름을 만들어내면서 사업가들이 대량 운송을 위한 방대한 내륙 운하 시스템을 꿈꾸기 시작했다. 1825년에 완공된 이리Erie 운하는 이러한 꿈이 실현됨의 시작을 알렸다. 역사학자 조지 테일러George Taylor는 당시의 가장 거대한 건설 프로젝트의 하나인 이리 운하를 믿음의 행위Act of Faith라 불렀다. 올버니로부터 서쪽의 광활한 황무지로 뻗어나간 364마일(586킬로미터) 길이의 인공 수로를 달리 뭐라고 부를 수 있을까?

이리 운하의 이야기는 한 편의 서사시였다. 연방정부는 건설 계획이 무모하다고 생각하여 지원을 거부했다. 그래서 운하 건설 자금을 조달하기 위한 막대한 규모의 채권 발행을 뉴욕주가 지원하도록 하는 임무가 지역의 정치인 드윗 클린턴De Witt Clinton 뉴욕 주지사에게 맡겨졌다. 오늘날의 자유주의자들은 저개발국가(19세기 초의 미국처럼)에서 민간 기업에 기꺼이 돈을 빌려줄 사람이 거의 없었다는 사실을 잊고 있다. 종종 주state가 합리적인 이자율로 자본을 유치할 수 있는 유일한 당사자였다.

전체 길이가 완성되기 전부터 이리 운하는 엄청난 재정적 성공을 거두었다. 나중에 철도와의 경쟁에도 불구하고 운하의 운송량이 1880년이 되어서야 정점에 달했다.[17] 운하의 가장 눈에 띄는 유산은 뉴욕시라는 대도시였다. 운하가 생기기 전의 고담Gotham은 보스턴과 필라델피아-나중에는 워싱턴 D.C.까지-의 들러리를 서는 도시였다. 이리 운하 덕분에 뉴욕시가 중서부에서 생산된 막대한 농산물이 운하를 통해서 허드슨 강으로 흘러들어오고 부두에서 최종 목적지-대개 동부 해안의 다른 지역이나 유럽-로 환적되는 집산지가 되었다.

아무리 성공적이었더라도 운하는 운송 수단의 혁명적인 개선이 아니었다. 첫째로 운하는 비교적 평탄한 내륙 지역-이리 운하의 최고 고도가 650피트(198미터)였다-에서만 쓸모가 있었다. 그리고 빠른 속도를 제공하지도 못했다. 운송의 진정한 변화는 해상 및 육상 운송에 증기 기술이 적용되기를 기다리고 있었다.

증기기관을 이용한 대양 횡단

세계의 바다에서는 돛이 증기기관에 쉽사리 굴복하지 않았다. 1787년에 주프로이 다방Jouffroy d'Abbans 후작이 최초의 외륜증기선을 건조한 후 한 세기 이상 지나는 동안에도 범선이 증기선과 성공적으로 경쟁을 벌였다. 실제로 경쟁에 따른 압력이, 거의 증기 추진만큼이나 극적으로, 범선 기술의 개선을 부추겼다. 19세기 중반의 쾌속범선clipper ship은 수천 톤에 달하는 화물을 싣고 20노트(시속 37킬로미터)로 항해할 수 있었다. 19세기 말이 되

어서야 증기가 세계의 화물선 대부분을 움직이게 된다.[18]

선박의 선체에 증기기관을 설치하는 일은 상당한 어려움을 야기했다. 위쪽이 무거운 초기의 엔진이 선박을 불안정하게 했고 엄청난 양의 석탄을 집어삼켰다. 강이나 연안 증기선에는 빈번한 연료 공급이 문제가 되지 않았지만 원양 운송은 다른 이야기였다. 대서양 횡단 항로를 항해한 최초의 증기선 중 하나인 브리티시 퀸British Queen은 500톤의 화물과 750톤의 석탄을 실었다.[19] 예고 없이 원거리 작전을 수행해야 할 수도 있는 해군은 처음에 새로운 기술을 채택하지 않았다. 당시에 가장 큰 배는 거대한 강철 선체의 그레이트 이스턴Great Eastern이었다. 1858년에 진수된 선박은 노, 돛, 추진기로 움직였고 길이가 692피트(211미터), 배수량이 2만 2500톤이었다. 결국 값비싼 석탄의 공급을 위하여 자주 멈춰야 했던 것이 그레이트 이스턴의 상업적 실패로 이어졌다.

고압의 선박 엔진과 스크루skrew 추진기의 완성으로 마침내 증기가 실용적인 동력이 되었다. 트레비식이 처음에 설계한 고압 엔진은 실용화하기에 너무 비싸고 안전하지 않은 것으로 판명되었지만 1870년에는 제곱 인치당 150파운드의 압력이 일상적으로 사용되었다. 세기가 바뀌면서 석유 터빈이 등장하기 직전에 영국 해군의 표준이었던 밥콕-윌슨Babcock and Wilson 증기 튜브는 제곱 인치당 250파운드의 압력을 생성할 수 있었다.

하나의 가격, 하나의 임금

증기기관에 의한 운송량의 증가는 기본적인 세 가지 경제적 투입물-토지, 자본, 노동-에 대한 영국과 미국의 시장을 평준화 equilibrate 하기(균형을 맞추기)에 충분했다. 상품과 노동력이 쉽게 이동할 수 없는 세계에서는 국가 간에, 심지어 이웃한 도시 간에도 상품 가격과 임금에서 큰 차이가 발생한다. 이는 불균등한 토지 가격을 낳고, 효율적인 통신 수단을 사용할 수 없는 경우에는, 투자의 수익까지도 장소에 따라 크게 달라게 될 것이다.

그러한 가격 불균형이 적절한 해상 운송 수단이 부족했던 1870년 이전 세계의 경제 상황이었다. 영국에는 토지가 부족하고 미국에는 풍부했기 때문에, 토지 가격과 그에 따른 식량의 가격이 영국에서 훨씬 더 비쌌다. 반면에 영국에는 노동력이 풍부하고 미국에는 부족했기 때문에 영국의 노동자에게 지급되는 임금이 미국의 노동자보다 훨씬 적었다. 따라서 임금이 낮고 물가가 높은 영국에서 노동자가 벌어들이는 수입의 구매력이 미국의 노동자보다 훨씬 낮았다. (자본도 마찬가지였다. 영국의 자본이 미국보다 훨씬 더 풍부했기 때문에 영국 자본의 수익률이 미국보다 낮았다.)

증기선의 출현이 미국과 영국 사이의 가격과 임금 차이를 평준화했다. 1870년에 런던의 쇠고기 가격이 신시내티보다 93퍼센트 더 높았지만, 1913년에는 차이가 18퍼센트에 불과했다. 두 시점 사이에 토지의 임대가 미국에서 171퍼센트 증가했고,

영국에서는 똑같이 극적인 토지 가격의 하락과 함께 50퍼센트 감소했다.

두 나라의 상품 가격, 토지 가격, 임대료가 평형상태에 도달했을 뿐만 아니라 실질 임금도 균형을 이루었다. 이는 단순히 미국의 값싼 식품 가격의 결과가 아니었다. 영국의 노동자들이 더 쉽게 미국으로 이주함에 따라 영국 현지의 노동시장이 위축된 결과이기도 했다. 마지막으로 더 나은 정보와 운송 수단이 더 수익성 높은 해외 투자의 대안을 제공함으로써 영국 자본의 수익률이 개선되었다.* 오늘날 글로벌 경제를 이야기할 때 우리는 임금과 상품 가격이 국가 간에 균일하게 수렴하는 경향이 있는 세계를 의미한다. 이런 방향으로의 첫 번째 거대한 발걸음은 증기 동력이 세계의 대양을 가로질러 상품과 인력을 대량으로 이동시킨 19세기 후반에 이루어졌다.

---

* 상품 가격의 수렴이 기본적인 세 가지 경제적 투입물-노동, 토지, 자본-의 수렴도 낳는다는 이론은 헥셔-올린(Heckscher-Olin) 모델로 알려져 있다. 1차 세계대전 이후에 두 스웨덴 경제학자가 제안한 이론은 이후의 현대 경제학자들에 의하여 확인되었다. 이 모호한 이론은 점점 더 통합되는 글로벌 경제에서의 중요성이 작지 않다. 케빈 H. 오루크와 제프리 G. 윌리엄슨, 「19세기 말 영미 요소 가격의 수렴: 헥셔와 올린이 옳았는가? (Late Nineteenth-Century Anglo-American Factor-Price Convergence. Were Heckscher and Ohlin Right?)」,《경제성장 저널》, 54 (1994년 12월), 892-916 참조.

철도의 도래

증기의 육상 운송 정복은 더 빠르고 광범위했다. 발명가들은 즉시 증기기관을 마차에 적용하려 시도했다. 육상 차량의 엔진 공간이 선박보다 훨씬 직았기 때문에 매우 어려운 작업이었다. 1801년에 리처드 트레비식이 마침내 자신의 초기 고압기관으로 마차에 동력을 공급하는데 성공했다. 1804년까지 그는 웨일즈의 페니더렌Penydarren에 있는 주조공장과 인근의 운하 사이에서 10톤의 철과 70명의 사람을 시속 5마일(8킬로미터)로 운반할 수 있는 10마일 길이의 트램을 운영했고, 1808년에는 이스턴 스퀘어 Eastern Square 근방에서 런던 시민에게 5실링짜리 시승을 제공했다.

철도 기관차의 미켈란젤로는 조지 스티븐슨이었다. 1781년에 빈곤한 탄광 마을에서 태어난 그는 광산 근처에서 엔진 맨 engine man의 아들로 성장했다. 증기의 교향곡에 매혹된 스티븐슨은 자신도 광산의 펌프를 관리하게 되었고 결국 펌프의 설계자 로버트 호손Robert Hawthorne을 만나서 조언을 듣게 된다.

스티븐슨의 재능은 곧 영국 정부의 주목을 받게 되었다. 나폴레옹과 맞선 전쟁에서 석탄의 생산이 중요한 역할을 했고, 서른 살이 된 스티븐슨은 뉴캐슬의 거대한 탄광 하이 피트High Pit 의 펌프를 관리하고 있었다. 그는 문맹이었지만 성공을 통해서 아들 로버트를 교육시킬 여유를 얻었고 아들이 곧 아버지에게 읽기와 쓰기 뿐만 아니라 수학과 과학을 가르쳤다.

탄전이 철도 기관차의 개발을 위한 완벽한 보육원을 제공했다. 석탄 차량은 독일과 영국에서 여러 세기 동안 나무 레일 위를 달렸다. 1700년대에는 점차 목조 레일이 철로로 바뀌었고, 값비싸고 불편한 견인마를 엔진으로 대체하는 것이 불가피하게 되었다. 그러한 변화의 많은 부분이 스티븐슨에게 맡겨졌다.

실용적인 철도 엔진의 개발을 위한 즉각적인 촉매제는 나폴레옹 전쟁의 결과로 말의 사료 비용과 석탄 가격이 동반 상승한 것이었다. 스티븐슨의 초기 설계는 힘이 너무 약해서 종종 여러 사람이 밀어서 움직이도록 해야 했다. 1814년에 대중에게 선보인 신기한 놀이기구 블뤼허Blücher도 마찬가지였다. 스티븐슨과 아들 로버트는 계속해서 점점 더 강력하게 엔진을 개선했다. 그들의 가장 유명한 창조물인 로켓the Rocket은 시속 30마일(48킬로미터)의 속도를 내면서 영국 대중의 상상력을 사로잡았다. 여배우 패니 켐블Fanny Kemble의 반응이 전형적이었다. 그녀는 처음으로 로켓을 탄 경험을 다음과 같이 설명했다.

> 쓰다듬어주고 싶은 콧김을 내뿜는 작은 동물이 새가 나는 것보다 더 빠른 시속 35마일의 최고 속도로 출발했다. 당신은 그렇게 공기를 가르는 것이 어떤 느낌인지 상상할 수 없다. 나는 글을 읽거나 쓸 수 있었고, 일어서서 보닛bonnet을 벗고 밀려오는 공기를 들이마실 수도 있었다. 눈을 감았을 때의 날아가는 듯한 느낌은 매우 즐거우면서도 말로 표현할 수 없을 정도

로 이상했다. 이상하게도 나는 완벽하게 안전하다고 느꼈고 조금의 두려움도 없었다.[20]

1821년에 의회는 달링턴Darlington과 스톡턴온티스Stockton-on-Tees 사이의 철도 운행을 기업가 컨소시엄consortium에 인가했나. 멀리 떨어진 위치 때문에 달링턴의 탄전이 아직 개발되지 못했던 문제는 철도와 증기가 머지않아 해결할 것이었다. 3년 후에 완공된 철도는 즉시 돈을 벌어들이기 시작했다. 얼마 후에 맨체스터와 리버풀을 연결하는 훨씬 더 규모가 큰 프로젝트가 뒤를 따랐다. 국가의 산업 중심지와 항구를 연결하는 이 노선은 대단히 야심찬 프로젝트였다. 엔지니어들은 경사지와 절개지에서 엄청난 양의 흙을 운반하고 거대한 육교를 건설해야 했다. 스티븐슨은 14마일 이상의 평균 시속으로 60마일 거리를 달리면서 무거운 짐을 끄는 로켓으로 엔진 경쟁에서 승리하게 된다.

맨체스터-리버풀 노선은 1830년 9월 15일에 개통되면서, 최초의 철도 사망사고-철도 애호가인 윌리엄 허스키슨William Huskisson 하원의원이 로켓에 치어 숨졌다-로 경축행사에 흠이 가기는 했지만, 철도가 근대 생활의 혁명을 일으켰다는 것을 분명히 했다. 10년 뒤에는 2000마일에 달하는 철로가 영국에서 운행되고 있었다. 속도와 편안함을 약간 개선했을 뿐이었던 증기선과 달리 철도는 여행 자체의 본질을 바꿔놓았다. 일과 주 단위로 측정되던 여행 시간이 이제 시간 단위로 계산되었고, 시간 자체도 일상생활 속도의 갑작스러운 가속을 나타내는 철도 시간이라는, 요즘의 인터넷 시간과 비슷한 새로운 수식어를 얻었다. 이전에 부유층에게만 제한되었던 장거리 여행이 모든 사람에게 가능해졌다. 영국인은 1835년에 1000만 번의 마차 여행을 했다. 1845년에 그들은 3000만 번의 철도 여행을 했고, 1870년에는 여행 횟수가 3억 3000만 번으로 늘어났다.[21]

1830년까지 증기기관이 여러 날이 걸렸던 런던과 글래스고 사이의 힘든 여행을 24시간의 쉬운 여행으로 줄여놓았다.「레일웨이 타임스Railway Times」는 의기양양하게 말했다. "합리적인 사람이라면 무엇을 더 바랄 수 있을까?"[22]

정보의 비대칭

특히 오랫동안 지속된 전설에 따르면 1815년 6월 18일 자정이 조금 지난 시간에 저공비행으로 영국 해협을 건너온 외로운 전서구carrier pigeon 한 마리가 나폴레옹이 워털루에서 패배했다는 소식을 전했다. 이 중대한 뉴스는 언론과 소식을 기다리는 대중이나 심지어 정부와 군사 부처도 아닌 오직 한 사람, 네이선 로스차일드Nathan Rothschild라는 금융가에게 전해졌다고 한다.

그날 아침에 증권거래소 회원들은 로스차일드가 아마도 전투의 결과를 알고 있을 것이라고 추측했다. 시장이 자신의 사전 지식을 의심한다는 것을 눈치챈 로스차일드는 의도적으로 콘솔을 매도하여 공포 분위기를 조성했다. 그런 다음에 교활한 은행가는 조용하고 체계적으로 콘솔을 다시 사들였다. 다음날 승리의 소식이 금융시장에 도착하면 가격이 극적으로 상승할 것을 알았기 때문이었다.[*]

근대가 시작될 무렵의 통신은 그런 상황이었다. 가장 중요한 뉴스조차도 이웃한 국가로 전달되는데 여러 날이 걸렸다는 사실은 정보가, 소유한 사람에게는 은행에 넣어둔 돈과 같고 부족한 사람에게는 재앙이었다는 것을 의미했다.

전기로 전송하는 정보

전기가 발견된 이래로 과학자들은 전기를 이용하여 정보를 전

---

[*] 실상은 훨씬 더 복잡했다. 네이선 로스차일드가 전서구를 사용하기는 했지만, 파트너 간의 중요한 통신이 아니라 일상적인 가격 데이터를 전달하는 목적이었다. 워털루 전투의 소식은 실제로 브뤼셀의 신문 기사로부터 개인 택배로 영국 정부와 대중보다 무려 이틀이나 앞서서 로스차일드의 사무실에 전달되었다. 이러한 사전 정보에 기초한 콘솔의 매입으로 약간의 이익을 얻기는 했지만, 나폴레옹의 예상치 못한 빠른 패배는 로스차일드 가문에 재앙이나 다름없었다. 장기간의 전투를 예상하고 막대한 양으로 사들인 금의 가치가 전투의 종료와 함께 하락했던 것이다. 워털루와 관련된 로스차일드의 성공 전설은, 현대인의 귀에는 경탄할만한 금융적 기량을 시사하지만, 사실은 동시대의 여러 반유대주의 작가, 특히 오노레 드 발자크(Honoré de Balzac)의 저작물에 기원을 두고 있다. 19세기 독자들의 감성은 로스차일드가 전쟁의 부침으로부터 이익을 얻었다는 것을 매우 불쾌하게 여겼다. 바로 이런 이유로 빅토리아 여왕은 라이오넬 드 로스차일드에게 귀족의 작위를 수여하기를 거부했다. 니얼 퍼거슨(Niall Ferguson)과의 개인적 통신. 니얼 퍼거슨, 『로스차일드 가문(The House of Rothschild)』(뉴욕: 펭귄, 1999), 14-15, 98-101 참조.

송하는 꿈을 꾸었고 18세기 중반부터 수많은 시도가 이루어졌다. 1746년에 프랑스의 수도원장 장 앙투안 놀레Jean-Antoine Nollet는 200명의 수도사를 25피트 길이의 철봉으로 연결하여 1마일 이상의 거리로 전개하고 맨 앞에 있는 수도사에게 전기 충격을 가했다. 그러자 놀랍게도 맨 끝에 있는 수도사도 첫 번째 수도사와 동시에 충격을 느꼈다. 전기의 전달이 순간적인 것처럼 보였다.[23] 충격을 받은 성직자들을 제쳐두더라도, 1800년까지도 전자적 통신이 이루어지지 않았다. 거기에는 세 가지 중요한 문제가 있었다.

- 신뢰할 만한 전력 공급원을 사용할 수 없었다.
- 전류를 유용한 신호로 바꾸기가 대단히 어렵다는 것을 과학자들이 알게 되었다.
- 놀레의 실험이 보여주듯이, 전기 신호를 탐지하고 해석하는 능력이 극도로 조악했다.

전기를 생성하는 문제가 먼저 해결되었다. 1800년 이전에는 물체를 서로 문지르는 방법을 통해서만 불규칙하고 미약한 정전기가 생성될 수 있었다. 그해에 알레산드로 볼타Alessandro Volta가 루이지 갈바니Luisi Galvani의 실험에서 개구리 다리가 경련을 일으킨 것이 소금 용액 속에서 두 가지 다른 금속이 접촉했기 때문이라고 올바르게 추론했다. 여러 가지 금속 쌍을 체계적으

로 시험하기 시작한 볼타는 두 가지 조합-아연/구리와 아연/
은-이 가장 강력하고 믿을만한 전류를 생성한다는 사실을 알
아냈고, 소금물에 적신 수건이나 종이 사이에 이들 금속판을 교
대로 적층함으로써 연속적으로 공급되는 전기를 생성할 수 있
있다. 사실상 최초로 제작된 배터리battery였다.[24]

다음의 장벽은 수신하는 측에서 전류를 해석하는 방법이었
다. 이는 간단한 문제가 아니었다. 놀레 수도원장의 시도가 충
격을 받은 수도사들의 구두 보고로 끝났음을 상기하라. 19세기
초반에도 여전히 전선에 손가락을 대는 것이 전신 기사가 사용
하는 최선의 기법이었다.

1820년에 덴마크의 과학자 한스 크리스티안 외르스테드Hans
Christian Oersted가 전선을 통해서 흐르는 전류가 나침반 바늘의 방
향을 바꾼다는 사실을 발견했다. 이제 전류의 흐름을 측정할 수
있게 되었다. 남은 문제는 외르스테드의 바늘에 이해할 수 있는
메시지를 전달하는 방식으로 전류를 만들어내는 것 뿐이었다.
1825년경에 파벨 로보비치 쉴링Pavel Lvovitch Schilling이라는 러시
아인이 외르스테드식 장치의 바늘이 좌우로 흔들리도록 유도
하는 실험을 했다. 이러한 임펄스impulse의 조합은 문자나 숫자
를 나타내는데 사용될 수 있었다. 쉴링은 자신의 계획을 지원하
도록 러시아 황제까지 설득할 수 있었지만 장치를 만들지 못하
고 사망했다.

최종적으로 실험실 밖에서 작동할 전신기를 만들어내는 일

312

이 별개의 두 발명가팀-영국의 윌리엄 포더길 쿠크와 찰스 휘트스톤, 미국의 새뮤얼 모르스Samuel Morse가 이끄는 연구팀-에게 남겨졌다.

1791년에 매사추세츠 찰스타운Charlestown에서 태어난 모르스는 미술 교육을 받은 직업 화가였다. 그는 34세가 될 때까지 라파예트Lafayette의 초상화를 포함하여 여러 유명인사의 그림 주문을 받았다. 그러나 가슴속에서 발명가의 심장이 뛰고 있었던 모르스는 이미 새로운 펌프와 대리석상을 복제하는 기계를 설계한 적이 있는 발명가였다. 그는 1832년에 유럽에서 돌아오던 중에 같은 배를 탄 승객으로부터 놀레와 외르스테드의 실험에 관한 이야기를 들었다. 모르스는 외르스테드의 바늘로 읽을 수 있는 온-오프 코드on-off code가 문자와 숫자를 전송하는데 사용될 수 있다는 것을 깨달았다.

6주간의 항해를 마쳤을 때 그는 자신의 이름이 붙게 되는 유명한 코드의 개념을 창안했다. 순전한 아마추어였던 모르스에게는 이전에 수많은 사람이 전기 전신 개발에 실패했다는 사실을 몰랐던 것이 약이었다. 게다가 그에게는 작동하는 장치를 스스로 만들어낼만한 기술적 전문지식이 전혀 없었다. 모르스에게 있는 것은 무한한 에너지와 열정, 전기 전신을 현실로 만들고자 하는 강렬한 욕구였다.

윌리엄 쿠크는 모르스와 관심사가 같은 영국인이었다. 모르스의 깨달음이 단일한 전선을 통해서 작동하는 코드 시스템이었던 반면에, 쿠크에게는 1836년 쉴링의 장치 시연에 개인적으로 참석하는 행운이 있었다. 그는 즉시 쉴링의 장치가 실용적으로 응용될 수 있음을 깨달았다. 몇 주 안에 쿠크는 세 가닥의 전선으로 움직이는 바늘 세개로 구성된 실제 작동 모델을 만들었다. (각 바늘이 오른쪽 또는 왼쪽을 가리키거나 똑바로 설 수 있기 때문에 가능한 조합이 27가지였다. 따라서 알파벳의 모든 문자를 코드화할 수 있었다.) 현대의 용어로 말하자면, 모르스가 소프트웨어를 발명했고 쿠크는 하드웨어를 개발했다.

그때까지는 모르스도 하드웨어 개발에 깊이 빠져 있었지만, 두 사람 모두 같은 문제에 직면했다. 신호가 수백 야드 이상의 거리로 전달되지 않았던 것이다. 두 발명가 모두 기술적 훈련을 받은 적이 없었고-쿠크는 해부학자였고, 초상화가인 모르스에게는 과학적 배경이 전혀 없었다-배터리가 생성하는 전압이 너무 낮다는 사실을 깨닫지 못했다.

오늘날의 중학생이라면 누구라도 알고 있듯이, 해결책은 여러 개의 배터리를 직렬로 연결하는 방법이었다. 모르스와 쿠크 모두 1830년대에 과학자들이 고전압으로 수 마일 길이의 전선에 전류를 흘렸다는 사실을 알지 못했다. 런던 킹스칼리지의 저명한 실험철학(대략 물리학) 교수인 찰스 휘트스톤이 그런 과학자의 한 사람이었다. 쿠크가 휘트스톤을 방문했을 때, 두 사람은 즉시 쿠크의 기업가적 추진력과 휘트스톤의 기술적 전문성이 이상적인 조합임을 깨달았다. 그들은 또한 서로에 대하여 평생동안 계속될 즉각적인 반감을 느꼈다. 휘트스톤은 쿠크를 무식한 사업가로 보았고 쿠크는 휘트스톤을 거들먹거리는 속물 학자로 보았다. 하지만 그들은 몇 달 안에 메시지를 장거리로 빠르게 전송할 수 있는 5-선/바늘 설계를 완성했다.

쿠크와 휘트스톤보다 4년 먼저 시작했음에도 불구하고, 모르스는 지나치게 복잡한 전송 장치를 설계하면서 시간을 허비했다. 그는 또한 거리/전압의 문제도 해결하지 못했다. 쿠크와 휘트스톤이 최초의 작동 모델을 만든 것과 거의 같은 시기에, 뉴욕대학교에서 문학과 예술을 가르치는 처지가 된 모르스는 그곳에서 화학을 가르치는 레오나르드 게일Leonard Gale과 좋은 기회를 알아볼 줄 아는 청년 부자를 만나게 된다. 팀을 이룬 세 사람은 배터리 설계를 개선하고, 모르스 부호를 우리에게 친숙한 형태로 다듬고, 한 손가락으로 빠르게 작동시킬 수 있도록 키key 장치를 단순화했다.

하나의 전선, 하나의 세계

대서양 양쪽에서 특허가 출원되고 두 팀 간의 치열한 경쟁이 이어졌다. 이 단계에서 미국인들은 중계기relay라는 중요한 개선을 이룩했다. 기본적으로 자체 배터리로 구동되는 두 번째 전신 키인 중계기가 들어오는 모든 신호를 충실하게 반복하여 전송했다. 조심스럽게 연결된 일련의 중계기로 수백 심지어 수천 마일까지 신호를 전송할 수 있었다.

결국 모르스의 중계기를 추가한 단일-전선 설계가 더 실용적임이 입증되었다. 단일한 연결을 온전하게 유지하는 것만 해도 충분히 어려운 일이었고, 쿠크-휘트스돈의 5선 동시연결을 장거리에 걸쳐 장시간 동안 유지하는 일은 거의 불가능했다. 점차 더 적은 수의 전선으로도 전송이 가능하다는 것을 알게 된 쿠크와 휘트스톤도 결국 단일-전선 기술을 채택하게 되었다.

대서양의 양안에서 전기 전신은 회의론의 완고한 벽에 직면하게 된다. 그 이유를 이해하기는 어렵지 않다. 증기기관과 달리 전기 전신은 사람들에게 설득력 있게 시연하기가 어렵다. 전형적인 공개 시연에서 전신 기사가 뒤엉킨 전선을 통하여 한 방에서 다른 방으로 신호를 보내면 수신 장치에서는 바늘이 몇 번 움직이는 것만을 볼 수 있었다. 신문과 정치인들이 모르스와 쿠크를 사기 혐의로 고발한 것이 한두 번이 아니었다. 결국에는 의회가 모르스에게 워싱턴과 볼티모어 사이에 시범 회선을 설치하기 위한 비용 3만 달러를 승인했지만, 미국과 영국팀 모두 최초 네트워크에는 자신들의 자산을 투입해야 했다.

쿠크는 가장 유망한 고객인 철도회사로 눈을 돌렸다. 통행권 사용의 대가로 철도회사에 무료 전신 서비스가 제공되었다. 1840년대 초에 쿠크는 런던의 철로를 따라 단거리 회선을 건설했다. 패딩턴Paddington에서 웨스트 드레이턴West Drayton까지의 13

마일이 가장 긴 회선이었다.

그동안에 모르스, 게일, 베일은 워싱턴에서 볼티모어까지 철로 부지를 따라 40마일의 전신선을 설치하기 시작했다. 의회는 모르스팀이 사기를 치는 것이 아닌지 의심했고 비난이 빗발쳤다. 정부가 임명한 감독관 존 커크John Kirk는 1844년 5월 1일에 볼티모어에서 열리는 휘그Whig당 전당대회에서 새로운 시스템을 시험해 볼 것을 제안했다. 볼티모어에서 13마일 떨어진 곳에 있는 아직 완성되지 않은 회선의 종점에서 워싱턴에 있는 모르스와 커크에게 후보자들의 이름을 전송하는 역할은 베일이 맡았다. 모르스가 볼티모어발 열차편으로 같은 소식이 전해지기보다 한 시간 이상 앞서서 전당대회 결과를 발표했을 때 전기 전신에 대한 모든 의심이 눈 녹듯이 사라졌다.

비슷한 일련의 사건이 영국에서도 전개되었다. 미국의 휘그당 전당대회 3개월 뒤에 전신 기사들은 빅토리아 여왕의 차남이 탄생한 뉴스를 열차편으로 전해진 것보다 훨씬 앞서서 윈저에서 런던으로 전송했다. 새로운 장치가 곧 온갖 종류의 기적으로 대중을 놀라게하기 시작했다. 절대적으로 안전한 탈출 수단으로 철도 교통에 익숙해졌던 범죄자들이 체포되었다. 사랑하는 사람의 죽음에 대한 잘못된 정보를 접한 친척은 즉시 그들이 살아있다는 것을 확인하고 안심했다. 그리고 20마일 떨어진 곳에 있는 대포가 명령을 내리는 즉시 발사될 수 있었다.[25]

같은 해에 쿠크는 런던과 포즈머스 사이에 88마일의 전신선을 연결하도록 해군성을 설득했다. 그러자 거의 즉각적으로, 경제학자 데이비드 리카도의 먼 친척이며 금융가인 존 루이스 리카도가 휘트스톤과 쿠크의 특허를 14면 4000파운드에 완전히 사들여 (단순히 면허를 받는 대신에) 전기전신회사Electric Telegraph Company를 설립하게 된다. 회사는 계속해서 영국의 주요 도시를 연결하는 네트워크를 건설했다.

폭발적으로 발전한 새로운 통신 매체가, 작가이자 언론인인 톰 스탠다지Tom Standage의 말대로, 빅토리아 시대의 인터넷이 되었다. 전신선의 길이가 급증했다. 1846년 초에 미국에서 작동한 전신선은 모르스가 연결한 볼티모어와 워싱턴 사이의 회선이 유일했다. 1848년에 약 2000마일의 전신선이 연결되었고, 1850년에는 1만 2000마일로 늘어났다. 1861년에는 대륙을 횡단하는 전신선이 설치되고, 조랑말 특급우편Pony Express이 며칠 못가서 폐업하게 되었다.[26]

그 시대 최고의 업적은 1858년에 부설된 대서양 횡단 케이블이었다. 이 회선은 미국과 유럽의 네트워크를 연결했기 때문에 8월 5일에 대륙 간 연결이 개통되었을 때는 미시시피강에서 우랄산맥까지 문명 세계의 거의 모든 지역이 동시에 깜짝 놀랐다. 뉴욕의 조지 템플턴 스트롱George Templeton Strong은 자신의 일기에 기록했다.

어제의《뉴욕 헤럴드New York Herald》는 대서양 횡단 케이블이 의심의 여지 없이 요한계시록에 나오는, 한 발은 바다에 다른 발은 육지에 두고 이제 시간이 없다고 선언하는, 천사라고 말했다. 온건한 사람들은 그저 역사상 가장 위대한 인류의 성취라고 말할 뿐이다.[27]

최초의 대서양 횡단 케이블의 현실은 훨씬 덜 인상적이었다. 회선은 실제로 여러 날 동안 뉴펀들랜드의 상륙 지점에서 미국 시스템에 연결되지 않았다. 케이블을 통한 전송 속도도 고통스러울 정도로 느렸다. 8월 16일이 되어서야 빅토리아 여왕이 뷰캐넌 대통령에게 99단어 길이의 메시지를 전송했고, 세계는 한참 뒤에야 그 메시지를 전송하는데 16시간이 넘게 걸렸다는 사실을 알게 되었다. 케이블이 개통되고 얼마 지나지 않아서 전송의 품질이 더 나빠졌다. 8월 말에는 이해할 수 있는 메시지가 없이 하루가 지나가는 날이 많았다. 9월 1일에 마침내 더듬거리던 신호가 완전히 사라졌다.[28]

엔지니어들은 더 무겁고 내구성이 뛰어난 케이블이 필요하다고 판단했고, 1865년에 수천 마일 길이의 부피가 큰 새 케이블을 운반할 수 있는 유일한 선박-그레이트 이스턴-이 부설 작업에 착수했다.

1865년의 원정도 2마일의 물속에 케이블을 잃으면서 실패했다. 케이블을 건져 올리려는 여러 차례의 시도도 허사로 돌아갔다. 그러나 다음해에는 그레이트 이스턴이 새로운 회선을 설치하는데 성공했을뿐만 아니라 지난 번 회선을 복구함으로써 2중의 연결이 확보되었다. 1870년에 그레이트 이스턴이 인도까지 케이블을 연장했고, 다음해에는 오스트레일리아가 19세기 월드와이드 웹worldwide web, www에 추가되었다.

인간의 언어지 교류라는 관점에서 생각해보면, 1840년내 말에 국가의 크기가 거의 0으로 줄어들었고 1871년까지는 지구 자체가 하나가 되었다. 광범위한 지역의 기반시설이 거의 즉시 자리를 잡았다. 수만 명의 메신저 보이messenger boys와 증기로 구동되는 수백 마일의 공압 튜브가 복잡한 전신국 네트워크를 연결했다.

따라서 초창기의 전신 서비스는 엄청나게 비쌌다. 대서양을 횡단하는 메시지의 비용이 약 100달러로 노동자의 몇 달치 임금과 맞먹었다. 1850년대 초에는 세계에서 가장 바쁜 회선이 런던 증권거래소와 중앙전신국 사이에서 운영되었다. 초기에 대서양을 횡단한 메시지의 90퍼센트 이상이 비즈니스와 관련되었고, 거의 모든 메시지가 비용을 절감하기 위하여 간결한 코드로 압축되었다. 1867년에 전신 기사 E. A. 캘러핸Callahan이 주식 시세를 연속적으로 전달하는 특별한 기계를 발명했다. 캘러핸의 기계는 독특하게 달가닥대는 소리 때문에, 오늘날까지 살아남은 스톡 티커stock ticker라는 이름을 얻게 되었다.

대단히 아이러니하게도, 전산망에 연결된 오늘날의 선각자들이 위대한 인터넷의 평화Great Internet Peace의 더없이 행복한 포옹 속에서 가까워지는 인류를 상상하는 것과 마찬가지로, 18세기의 언론인들은 인류의 모든 갈등을 끝장낼 전신의 잠재력에 열광했다. 유감스럽게도 전신은 세계의 분쟁을 끝내지 못했다. 인터넷으로 연결된 세계에서 서로 다른 문화를 대면시키는 일이 세계의 조화를 이루는 확실한 레시피가 되지 못한다는 사실을 2001년 9월 11일에 일어난 사건이 고통스러울 정도로 분명하게 보여준 것처럼.

댐이 터지다

1825년부터 1875년까지 반세기 동안에 사람들이 살아가는 방식에 역사상 그 어느 시기보다도 더 전면적인 변화가 일어났다. 오늘날의 우리는 우리의 시대가 유례없이 급속한 기술적 변화의 시대라고 생각한다. 그보다 진실에서 멀리 떨어진 생각은 없을 것이다. 두 세대 전의 평균적인 시민이라면 컴퓨터, 제트 여객기, 심지어 인터넷을 이해하는데 별 어려움이 없었을 것이다. 그에 반해서 1820년대부터 1875년까지의 시간을 통과한 사람은 반 세기 만에 이루어진 철도 여행의 빠른 속도와 즉각적인 글로벌 커뮤니케이션을 목격하고 말문이 막혔을 것이다. 인류는 1825년 이후의 수십 년 동안과 같은 힘과 속도로 미래로 들어선 적이 없었다. 그런 일이 다시 일어나지도 않을 것이다.

무엇이 19세기 초의 혁명적 변화와 이후 200년 동안 휴식의 신호도 없이 꾸준하게 지속된 부의 성장을 촉발했을까? 비유를 확장하는 위험을 무릅쓰면서, 나는 1800년까지의 서구 경제가 점점 불어나는 잠재력이 축적되는 저수지의 댐dam을 닮았다고 생각한다. 이 저수지reservoir에는 마그나 카르타에서 시작하여, 에드워드 코크와 후계자들의 탁월함에 힘입어 확대되고, 독점권과 특허를 관장하는 법령과 판례법으로 보강된 영국의 관습법이 있었다. 거기에는 또한 과학적 계몽시대의 눈부신 지적 진보와 이탈리아인, 네덜란드인, 그리고 영국인이 이루어낸 자본시장의 순차적인 개선도 있었다.

이러한 성취가 실제로 개인의 웰빙을 개선했지만, 그 속도는 빙하의 움직임처럼 느렸다. 1500년과 1820년 사이에 평균적인 서유럽 국가의 1인당 GDP가 연평균 약 0.15퍼센트의 비율로 성장했다.[29] 재산권의 강력한 보호가 장인들을 혁신으로 이끌었고, 과학적 합리주의가 그들이 작업할 도구를 제공했으며, 자본시장이 그들의 경이로운 발명품을 개발하고 생산할 자금을 공급한 것은 사실이다. 부족했던 것은 공장을 가동하고 상품을 운송하기 위하여 필요한 물리적 동력과 전체 프로세스를 조정하는데 필요한 통신의 속도였다.

증기기관과 전신의 발명은 말하자면 댐에 구멍을 뚫어서 유례가 없는 경제성장의 급류를 풀어놓았다. 그 댐은 결코 재건될 수 없고, 서구의 성장도 가까운 미래에는 멈추지 않을 것이다.

06 성장의 완성

─

중요한 것은 제도와 관행-재산권, 개인의 자유, 법의 지배, 과학적 합리주의에 내재하는 지적 관용성, 자본시장 구조-이다. 5장에서 근대 초기의 극적인 기술 발전에 초점을 맞춘 것은 결코 이러한 중요성을 축소한 것이 아니었다. 하위헌스와 파팽이 누렸던 지적 탐구의 자유와 와트와 모르스에게 주어졌던 특허 및 재산권의 보호, 또는 쿠크와 휘트스톤에게 제공되었던 자본시장의 자금이 없었다면 거대한 철도, 전신, 전력망이 건설되지 못했을 것이다.

맨체스터-리버풀 철도 노선의 역사가 자본시장에 대한 기술 혁신의 의존성을 강조한다. 공사가 절반쯤 진행된 1825년에 금융 공황이 발생했을 때, 정부로부터 10만 파운드의 긴급대출이 없었다면 건설이 중단되었을 것이다.

지적 재산권의 용도는 다양하다. 5장에서 보았듯이, 최초의 발명가는 종종 자신의 창조물을 가장 잘 활용할 수 있는 사람이 아니다. 예를 들어 전신은 특허권의 손이 바뀔 때까지 시장을 찾지 못했다. 새로운 진신 기술의 면허를 확보힌 사람-영국의 존 루이스 리카도와 미국의 부유한 청년 기업가 아모스 켄달 Amos Kendall-들이 전신의 마케팅에서 쿠크, 휘트스톤, 모르스보다 훨씬 뛰어났다. 또한 켄달과 리카도는 모르스, 쿠크, 휘트스톤이 스스로 벌 수 있었던 것보다 더 많은 돈을 벌었다.

이러한 제도와 관행의 미묘함조차도 중요하다. 증기의 시대가 시작되었을 때 대부분 관찰자는 증기 동력의 도로 차량이 철도 차량보다 성공 가능성이 높다고 생각했다. 최초의 도로 증기선road-steamers은 최초의 철도 기관차와 마찬가지로 잘 작동했다. 18세기 초까지 맥아담과 도로 및 교량 설계의 장인 토머스 텔포드Thomas Telford가 고속도로 신탁turnpike trusts의 자금 지원으로 매끄러운 전천후 고속도로의 인상적인 네트워크를 구축했다. 도로 운송을 선호한 텔포드는 증기 엔지니어 골즈워디 거니 Goldsworthy Gurney에게 새로운 도로 차량에 동력을 공급하기 위하여 단지 3000파운드 무게의 경량 엔진을 설계하도록 설득했다.

반면에 철도망은 처음부터 새로 구축해야 했다. 게다가 철도는 본질적으로 다른 회사의 기관차를 배제하는 것이 불가피한 독점 사업이었다. 철도의 이익은 독점에 대한 관습법의 반감을 극복해야 했고, 다수의 소유주가 공공 및 유료 도로에서 운영하는 도로 증기선이 관습법의 정신에 더 부합했다.

결국 의회의 사기극과 정치적 탄원이 승리를 거두었다. 고속으로 달리는 증기 차량이 안전의 위험 요소가 될 것이라고 주장한 철도와 마차 로비 단체가 새로운 도로 장치에 엄청난 통행료를 부과하는 법안의 통과를 강요하여 증기 차량의 개발을 중단시켰다. 그것조차도 아슬아슬한 승리였다. 몇 년 후에 의회가 도로 자동차에 불리한 법령을 거의 폐지했지만, 1834년 텔포드의 죽음으로 영국의 고속도로 여행이 종말을 고했다. 제도적 요인의 균형이 약간만 달랐더라도 영국에서 철도망 대신에 초고속도로 시스템이 발전했을 가능성이 크다.[1]

서구의 지속적 경제성장을 촉발한 네 가지 주요 요소-재산권, 과학적 합리주의, 자본시장, 증기와 전신기술-중에 어느 것이 과거에도 그랬고 오늘날에도 여전히 가장 중요할까? 경제사학자들은 오랫동안 이 문제와 씨름해왔다. 로젠버그와 버드젤은 『서구는 어떻게 부유해졌는가How the West Grew Rich』에서 기술적 요소를 선호한다. 기술의 발전이 세계의 경제성장과 대략 평행을 이루는 반면에 재산권의 보호는 20세기에 오히려 악화되었기 때문이다.[2] 경제사학자 잭 골드스톤Jack Goldstone도 19세기의 폭발적 성장의 주된 요인으로 증기 및 내연기관을 강조한다.[3] 그러나 작가 톰 베델Tom Bethell과 경제학자 에르난도 데 소토처럼 재산권이 없이는 경제 발전이 불가능했다는 것을 의심

하지 않는 사람도 있다.[45]

잠시 생각해보면 모두가 옳고 모두가 그르다는 것을 알 수 있다. 현대의 경제성장은 고층건물의 구조적 격자에 비유할 수 있다. 각 요소가 다른 모든 요소를 지원하고, 모두가 견고하게 자리를 잡지 않으면 건물을 세울 수 없을 것이다.

증기 철도와 전기 전신의 발전이 이러한 개념을 가장 명확하게 보여준다. 재산권이 제공한 인센티브, 과학적 사고방식, 그리고 자본시장의 자금 지원이 없이는 이렇게 중요한 발명이 이루어질 수 없었다. 다시 말하지만, 제도와 관행의 미묘함까지도 중요했다. 예를 들어 1767년까지도 자신의 운하를 완성하지 못했던 브리지워터는 7년전쟁이 끝난 뒤에 금리가 하락하면서 최종 건설자금을 확보할 수 있었다. 자본시장도 마찬가지로 안전한 재산권의 혜택을 입었다. 영국의 근대적 금융기관은 1688년의 명예혁명으로 왕실의 도둑질 능력이 축소된 직후에 탄생했다. 과학적·수학적으로 엄밀한 지적 프레임워크(즉 경제학)도 자본시장을 뒷받침했다. 예를 들어 핼리의 보험통계표에 힘입어 18세기의 보험산업이 급속하게 성장할 수 있었다. 보험산업이 없었다면 기업이 리스크를 관리할 수 없고, 리스크를 관리하는 능력이 없이는 새로운 벤처사업을 위한 자본을 조달할 수 없었을 것이다.

마지막으로 그리고 마찬가지로 중요하게, 금융의 생명선은 근대적 통신으로 가능해진 정보의 급류 속에서 흐른다. 오늘의 우리는 지구상의 모든 곳에서 거의 모든 상품의 수요와 공급-물건이 부족한 곳과 풍부한 곳-에 대한 즉각적인 지식을 당연하게 여긴다. 근대 이전 시대의 소비자와 상인들은 필수적인 시장 정보에 몇 주 또는 몇 달씩 뒤처졌고, 결과적으로 극심한 비효율을 낳았다. (20세기에도 사회주의 국가에서 비슷한 일이 일어났다. 그들은 국가의 지시에 따라 상품을 생산하고 시장 가격에 내재한 귀중한 정보를 외면했다.) 효율적인 운송 또한 자본의 수요와 아울러 자본 자체의 비용까지 낮추었다. 생산과 판매 사이의 시간 간격이 감소함에 따라 기업가가 더 짧은 기간에 더 적은 돈을 빌리게 되었다. 투자자는 금융 정보가 즉각적으로 자유롭게 흐르지 않는 곳에 자본을 투입하지 않을 것이다. 19세기 후반부터 거대한 상장기업이 자본주의의 원동력이 되었다. 그전에는 그런 기업-처음에는 무역회사에 국한된-이 사업을 계속하고 자본을 유치하기 위하여 독점권이 필요했다. 전신과 증기기관이 제공한 통신과 운송의 엄청난 능력만이 전 세계에서 사업을 벌이고 정부의 보호가 없이도 충분한 자금을 조달할 수 있는 대기업 조직의 생존을 가능하게 했다.

과학적 합리주의와 다른 세 가지 요소의 관계는 덜 명백하다. 과학적 탐구는 현상 유지에 도전하기 때문에 체제 전복적일 수 있다. 새로운 이론이나 심지어 갈릴레오의 망원경 같은 과학 장비의 발전까지도 종교재판의 뜨거운 포옹을 받을 수 있었던 근대 초기의 서유럽이 특히 그런 곳이었다. 현대에도 여전히 무심한 지적 탐구가 치명적인 결과를 낳을 수 있는 국가들이 있다. 과학적 사고방식은 재산권의 동료 여행자인 정보가 가장 빠르게 유통되고 반대 의견과 개인의 자유를 소중히 여기는 사회에서 가장 크게 번성한다. 이러한 개인의 자유와 과학적 탐구의 연결이 지기애적 개인숭배 풍조가 있는 미국이 퇴보하는 교육 시스템에도 불구하고 세계의 과학적 혁신을 선도한다는 역설을 부분적으로 설명한다.

마지막으로 재산권의 사례는 그 자체로 귀납적·경험적이며 과학적 합리주의에 기초한다. 가볍게 세계를 둘러보더라도 재산권을 가장 잘 보호하는 국가가 가장 번영한다는 것을 볼 수 있다. 국가의 부를 가로막는 가장 효과적인 방법이 상품과 정보의 자유롭고 개방적인 유통을 방해하는 것이다. 기본적으로 연역적 믿음의 엄청난 도약이 요구되는 마르크스주의 이념은 경험적 정보를 잠깐만 고려하더라도 무너져내린다.

오늘날에는 재산권이 경제성장의 대단히 중요한 요소로 보인다. 그러나 이는 현대적인 현상이다. 오늘의 세계에서는 다른 세 가지 요소를 재산권보다 훨씬 더 쉽게 확보할 수 있다. 9장에서 살펴보겠지만, 뿌리 깊은 문화적 요인으로 인하여 많은 국가에서 개인의 자유와 재산권을 확보하기가 어렵다. 반대로 고대 그리스인과 중세기 영국인은 정치·경제적 발전의 아주 초기 단계에서 재산권을 확보했지만 다른 세 가지 요소의 축복을 받지 못했기 때문에 성장할 수 없었다.

마지막으로 국가의 발전에 있어서 네 가지 요소의 상대적 중요성을 판단하는 것은 케이크의 가장 중요한 재료가 밀가루, 설탕, 쇼트닝shortening, 아니면 달걀인지를 묻는 것만큼이나 무의미한 일이다. 모두가 중요하고 모두가 서로를 보완한다. 네 가지 재료가 모두 갖추어지지 않는다면 멋진 디저트도 없다.

2부
※
국가

지난 두 세기 동안 세계가 엄청나게 번영하는 곳이 되었지만, 그 과정은 고르지 않았다. 18세기 초부터 빠르게 성장을 시작한 국가도 있고, 훨씬 뒤에 성장이 시작되거나 전혀 성장하지 못한 국가도 있다. 이로 인하여 우리 행성의 부국과 빈국 사이에 엄청난 격차가 발생했다. 서기 1500년경에 세계에서 가장 부유한 국가 이탈리아의 1인당 GDP는 가장 가난한 국가의 1인당 GDP의 세 배에도 미치지 못했다. 1998년에는 미국의 1인당 GDP가 세계에서 가장 가난한 국가의 50배 이상이었다.[1] 현대생활의 구석구석까지 스며든 미디어는 세계에서 가장 불운한 사람들의 코를 서구의 번영을 보여주는 쇼윈도우에 밀어붙였다. 가장 가난한 사람들과 가장 부유한 사람들의 대면이 이러한 불균형으로 인한 피해를 확대하고 세계의 수많은 문화적·정치적·종교적 갈등의 온도를 높였다.

2부에서는 부국과 빈국 사이에 격차가 벌어지게 된 원인-어떻게 먼저 성장을 시작한 국가와 나중에 시작한 국가, 그리고 전혀 성장하지 못한 국가가 있게 되었는지-을 살펴본다. 대표적인 국가들이 그 과정을 보여줄 것이다. 7장은 어떻게 근대적 부가 네덜란드와 영국 두 나라에서 처음으로 탄생했는지를 탐구한다. 8장은 그들의 뒤를 따른 세 나라 프랑스, 스페인, 일본에 초점을 맞춘다. 거기서 우리는 경제성장을 방해한 장애물을 식별하고 그러한 장애물이 결국 어떻게 극복되었는지를 보일 것이다. 9장에서는 이슬람 세계와 라틴아메리카의 실패 사례를 해부하고 종교, 문화, 정치, 식민 유산, 그리고 경제의 중요한 상호작용을 분석한다.

독일의 초기 발전과 회복력이나 사하라 사막 이남의 거의 모든 지역을 괴롭히는 빈곤의 깊이 같은 대단히 중요한 이야기를 다루기에는 지면이 부족하다. 그러나 이 책의 구성은 적어도 어떤 국가에든 적용할 수 있고 관심있는 독자에게 올바른 방향을 제시할 프레임워크를 제공할 것이다.

07 가장 먼저 성장한 나라
- 네덜란드와 영국

——

네덜란드

네덜란드 경제의 지속적 성장은 16세기에 시작되었다. 맬서스가 처음으로 암울한 인구 함정에 대하여 정교한 이론을 세우기 2세기 이상 앞서서 네덜란드는 이미 인구의 함정에서 탈출했다. 네덜란드의 성장이 300년 후에 영국에서 일어난 폭발적 성장보다 훨씬 온건하기는 했지만, 경제학의 창시자 애덤 스미스에게는 당시의 영국인 대부분과 마찬가지로 네덜란드의 부를 부러워할 충분한 이유가 있었다.

네덜란드 주는 (중략) .영토의 규모와 주민의 수를 생각하면 영국보다 부유한 국가다. 네덜란드 정부는 2퍼센트, 신용이 좋은 민간인은 3퍼센트의 금리로 대출을 받는다. 노동자의 임금도 영국보다 네덜란드가 높다고 한다.[1]

17세기 말의 영국은 참혹한 내전과 스튜어트 왕정의 복고에서 막 회복된 참이었다. 반면에 네덜란드는 과두정치였을지라도 한 세기 이상의 공화정을 누렸고, 1인당 GDP가 북해 건너편 덩치 큰 이웃의 거의 두 배였다. 17세기에 보유했던 군사적·경제적 우위를 되찾지는 못했지만, 네덜란드인은 오늘날까지 세계에서 가장 부유한 국민의 하나로 남아있다. 네덜란드의 번영은 영국에 의한 수십 년의 금수 조치에 프랑스의 정복과 착취가 이어진 후인 1815년에도 영국과 생활수준이 거의 비슷했을 정도로 규모가 컸다.

아래 표에서 볼 수 있는 앵거스 매디슨의 수치가 네덜란드

16세기와 17세기의 1인당 GDP 성장률[2]

	1500	1700	1500-1700 성장률
네덜란드	$754	$2,110	0.52퍼센트
영국	$714	$1,250	0.28퍼센트
프랑스	$727	$986	0.15퍼센트
이탈리아	$1,100	$1,100	0.00퍼센트
중국	$600	$600	0.00퍼센트

인의 경제적 승리를 그 어떤 말로 하는 설명만큼이나 훌륭하게 요약한다.

후대의 기준으로는 빈약하지만, 1500년부터 1700년까지 네덜란드에서 유지된 0.52퍼센트의 평균 성장률은 로마가 멸망한 이후 1000년 동안 유럽을 질식시킨 경기 침체를 극복한 놀라운 개선이었다.

여러 인본주의자는 이 이야기에서 이탈리아가 대수롭지 않게 취급된데 대하여 크게 놀랄것이 틀림없다. 이탈리아의 도시국가들은 상업적·지적·예술적 성취의 측면에서 유럽에서 가장 앞서지 않았던가? 이탈리아는 르네상스의 발상지가 아니었던가? 그렇다. 하지만 베네치아 공화국(그리고 메디치가가 지배하기 전의 피렌체)을 제외한 이탈리아가 법이 아닌 칼의 지배를 받았다는 슬픈 사실에는 변함이 없다. 시골 지역은 용병대장Condotieri들이 통제했고 근대에 들어서기까지도 여행자들이 일상적으로 무장 경호원을 고용했다.[3] 결과적으로 이탈리아는 국가 차원의 정치·법률·금융 제도를 발전시키지 못하고 성장의 결핍이 보여주듯이 1500년 이후에 점점 더 경제적 변방이 되었다.

가장 특이한 공화국

경제력의 중심이 정확히 어떻게 알프스 북쪽으로 이농했을까?

그중에서 네덜란드가 어떻게 1위를 차지할 수 있었을까? 네덜란드의 상업적 우위의 흥망성쇠가 현대 세계에 어떤 교훈을 제공할까? 이들 질문에 답하려면 우선 16세기초 네덜란드의 현장의 사실facts on the ground을 살펴보아야 한다.

중세 말기에 부르고뉴 공작이 네덜란드 저지대 지역의 통치권을 획득했고 1506년에 이 영토가 스페인의 카를로스 1세Carlos I에게 넘어갔다. 13년 후에는 카를로스가 신성로마제국 황제 카를 5세Charles V 된다. 역사의 큰 분수령 중 하나인 16세기 초에 카를 5세, 프랑스의 프랑수아 1세Francis I, 영국의 헨리 8세Henry VIII, 레오 10세Leo X 교황, 그리고 마르틴 루터라는 다섯 명의 핵심 인물이 모여들었다. 그중 처음 세 사람은, 레오가 선출을 감독한, 대체로 의례적인 직위였던 신성로마제국 황제가 되려고 열띤 경쟁을 벌였다. 그와 동시에 레오 교황과 마르틴 루터 사이의 거대한 분쟁이 기독교권뿐만 아니라 세계의 정치·군사·경제적 역사를 영원히 바꾸어놓았다. 카를의 합스부르크 후계자들에 맞서 자유를 쟁취하려는 서사시적 투쟁과 루터의 이단이 네덜란드가 경제적 강국으로 올라서는데 역사적·문화적 배경을 제공하게 된다.

네덜란드의 독특한 지형은 초기의 경제발전에서 중심적 역할을 했다. 네덜란드는 거대한 라인, 발Waal, 뫼즈Mass, 에이설Issjel 강이 북해로 나가는 출구라는 위치로 정의되는 저지대 국가다. 3개 구역이 네덜란드의 지형을 정의한다.

- 바닷가-해발 약 20피트(6미터)로 솟아오른 모래 언덕의 장벽
- 모래 언덕 뒤-네덜란드 국토의 절반 정도를 차지하고 대부분 해수면 아래에 있는 이른바 간척지
- 간척지 너머-해수면 바로 위에 있고 수 세기 동안 큰 강에 의하여 퇴적된 얇고 비생산적인 토양으로 구성된 모래 평야

1300년경 이전에는 오늘날의 간척지가 물속에 있었다. 다음 3세기 동안에 마을 사람들은 바다에서 간척지를 되찾으려고 새로 발명된 풍차로 구동되는 펌프 기술을 이용하여 유명한 제방 bedijkingen을 건설했다. 네덜란드인은 이어서 새로 마른 땅을 덮고 있는 토탄층을 파내어 불태웠고 그 과정에서 대륙에서 가장 비옥한 농지의 일부를 찾아냈다.[4]

이 특이한 노다지가 경제적·사회적 혁명의 씨앗이 되어 기존의 봉건 구조가 없는 부유하고 독립적인 공동체 망web을 창조했다. 카를 5세와 그의 아들 필리페 2세Philip II가 봉건제도를 시도하지 않은 것은 아니었다. 마르틴 루터의 종교개혁이 부르고뉴로 확산하는 것을 억제하기 위한 1568년의 필리페의 침공은 스페인이 공식적으로 네덜란드의 독립을 승인한 1648년까지 북부 지역에서 80년 동안 계속된 반란을 촉발했다.

엄밀하게 말하자면 네덜란드Holland는 네덜란드 북부의 7

개 주province중에 가장 큰 주를 지칭한다. 독립전쟁이 일어나기 전에는 앤트워프가 네덜란드의 상업 중심지이자 반란의 중심이었다. 1585년에 앤트워프가 스페인에 함락되자 네덜란드의 수도 암스테르담이 빠르게 주도권을 잡았다. 다른 6개 주-제일란드Zeeland, 위트레흐트Utrecht, 프리슬란트Friesland, 그로닝헌Groningen, 헬데를란트Gelderland, 오버레이설Overijssel-의 인구를 합치면 네덜란드의 인구보다 다소 많았다. 그러나 네덜란드 공화국 인구의 절반도 안 되는 주민을 보유했음에도 불균형한 부 때문에 다른 주를 압도한 네덜란드가 공화국 세수의 약 60퍼센트, 반란을 지원하는 데 필요한 대출의 약 75퍼센트를 공급했다.

스페인에 맞선 네덜란드인의 독립전쟁은, 형언할 수 없을 정도로 야만적인, 당시의 전형적인 종교전쟁이었다. 처음에 반란군은 브르고뉴의 17개 주 모두를 통합하기를 희망했지만, 냉정한 판단으로, 스페인의 통치를 받는 주들을 두 지역-북부의 개신교와 남부의 가톨릭-으로 분리하는 편이 더 낫다는 것을 깨달았다. 앤트워프를 포함하는 남부 지역은 스페인의 통치뿐만 아니라 번영하는 북부 지역과 분리됨으로써 경제적으로 황폐해졌다. 남부 지역의 통치권은 1713년 스페인 왕위계승전쟁 이후에 오스트리아로 넘어갔고, 1794년에 프랑스 혁명의 여파로 프랑스로 넘어갔다가 1815년에 나폴레옹이 워털루에서 패배한 후에 다시 네덜란드로 돌아왔다. 15년 뒤에는 남부 지역이 네덜란드인의 통치에 반기를 들었고 마침내 벨기에라는 국가로 독립을 쟁취했다.

반란을 일으킨 주들이 1579년에 느슨하게 구조화된 위트레흐트 동맹으로 통합됨으로써 북부 국가가 탄생하게 되었다. 북부 국가는 모든 종교(또는 적어도 서구의 모든 종교)를 허용한다는 놀랍도록 새로운 개념을 수용했다. 개신교, 가톨릭, 그리고 놀랍게도 유대교까지.[5] 이러한 종교의 자유가 아리스토텔레스적 사고 방식의 족쇄를 제거하고, 학자와 상인들이 수 세기 동안 변함없이 막혀 있었던 지적·상업적 모험의 길로 나설 수 있게 했다.

더욱 놀라운 것은 네덜란드의 경제 발전이 1568년에 독립전쟁이 발발하기 훨씬 전에 시작되었다는 사실이다. 스페인으로부터 해방된 1648년은 실제로 네덜란드 번영의 전성기였다. 게다가 네덜란드의 주들은 기능을 발휘하는 중앙정부도 없이 합스부르크 왕가와 스페인이 연합한 거인에 맞서 생존을 위한 싸움을 벌였다. 역사학자 요한 하위징아Johan Huiginga는 "국가가 태어난 후에 이렇게 빨리 절정에 이른 문명이 어디 또 있을까?"라고 찬탄했다.[6]

게다가 이 진화하는 국가는 강, 바다, 제방, 그리고 군사작전의 상호작용으로 인하여 지형적·정치적 지형의 끊임없는 변화를 겪었다. 때로는 오늘의 우리가 네덜란드라 부르는 독립체와 닮은 곳이 거의 없는 국가일 때도 있었다. 네덜란드의 정치사는 이 책의 범위를 넘어서지만, 19세기 이전의 네덜란드가 권력의 고삐를 쥔 지방자치체municipal authorities였다는 말로 충분할 것이다. 네덜란드인은 강력한 중앙정부를 가진 적이 없었다. 지역의 관리가 대부분 소규모의 자칭 상업 엘리트였다. 권력의 이양이 세습적인 경우도 드물지 않았다.

새로운 땅, 새로운 사람들

새로운 땅의 창조는 특이했고 새로운 사람들의 창조는 혁명적이었다. 네덜란드인은 제방을 건설하면서 누수를 제거하기 위한 배수로를 만들어야 했다. 도랑이 새로 생겨난 농장의 경계가 되었고 완성된 제방이 장원의 의무에서 벗어나 자신의 농장을 통제하는 자유 농민의 조밀한 사회 구조를 남겼다. 따라서 남부 지역에서 바다를 향하여 북쪽으로 이동함에 따라 옛 봉건제도의 힘이 점차 약해졌다. 간척사업의 초기 단계에서 채굴된 토탄은 국내 소비와 수출용으로 환영받는 연료를 제공했다.

간척 사업은 또한 토지의 고도를 낮춰서 때로 바다에 의한 토지의 상실을 초래했다. 제방의 유지 보수는 힘든 일이었다. 대부분 자치로 운영되는 지역의 협의회가 주관하는 제방의 관리에서 가장 눈에 띄는 특징은 네덜란드 풍차였다.

배수 협의회가 이미 독립적이었던 네덜란드의 정치 체제를 뒷받침했다. 이는 기원전 9세기경에 방대한 봉건 영지가 내려다보이는 변두리 구릉지에서 일했던 그리스 자유 농민의 기원을 상기시킨다. 고대 그리스에서는 작은 밭을 소유한 대단히 의욕적인 농부가 빈약한 토질을 극복했다. 반면에 독립적인 네덜란드 농부는 토질이 우수한 간척지에서 일했다.

새로운 국가는 비옥한 토양뿐만 아니라 봉건제도의 죽은 손과 숨 막히는 교회의 도그마에서 벗어난 농민의 혜택을 입었다. 로마의 멸망 이후 처음으로 노동의 열매 대부분이 자유로운 공화국 시민에게 돌아가게 되었다. 혁신에 성공한 농부가 충분한 보상을 받았다. 네덜란드의 농민은 자신이 원하는 것을 생각하고 말할 수 있었다.

바다와의 투쟁은 길고 힘들었고 잦은 좌절을 겪었다. 1421년의 홍수로 34개 마을과 거의 200제곱마일에 달하는 땅이 침수되었고 그중 대부분이 다시 매립되지 못했다. 1730년에는 지렁이의 일종인 테레도 리모리아Teredo limmoria 때문에 제방이 약해져서 매우 비싼 돌벽으로 보강해야 했다.

그러나 네덜란드의 전반적인 상황은 양호했다. 1500년 이후의 이른바 소빙하기Little Ice Age가 지구의 온도를 낮추고 극지방에서 팽창하는 만년설이 물을 흡수함에 따라 해수면이 낮아졌다. 따라서 시간이 지나면서 제방의 유지 관리 부담이 크게 완화되었다. 16세기에 네덜란드에서 14회의 범람이 기록되었지만, 17세기에는 7회 18세기에는 불과 4회로 줄었고 19세기와 20세기에는 각각 한 번씩만 기록되었다.[7]

네덜란드의 또 다른 행운

네덜란드인은 또 다른 중요한 측면에서도 운이 좋았다. 1450년 경부터 유럽의 물가가 오르기 시작했다. 특정 상품의 가격을 설명할 때 경제학자들은 종종 탄력성을 거론한다. 무슨 이유에서든 최근에 당신의 수입이 줄었다고 가정해보자. 아마 당신은 여행을 덜 하고 전자제품을 덜 사게 되겠지만 먹거리를 줄이지는 않을 것이다. 경제학자의 말대로 당신의 수요-공급 곡선에서 식품은 대단히 비탄력적이다. 음식에 대한 당신의 수요가 가격에 크게 영향받지 않기 때문이다. 반면에 유람여행이나 가전제품은 탄력성이 매우 큰 상품이다. 소득이 줄거나 가격이 오르면 상품의 구입이 줄어들게 된다.

15세기 중반에 물가가 오르기 시작했을 때 가장 극적으로 상승한 것은 곡물 가격이었다. 중세기에 곡물은 인간에게 가장 필수적이고 따라서 가장 비탄력적인 상품이었다. 탄력성이 증가하는 순서로는 가축, 아마flax와 목재 같은 산업용 농산물, 그리고 마지막으로 탄력성이 가장 큰 공산품이 있다. 다시 말해서 희소성이 커짐에 따라 공산품 가격이 가장 적게 오르고 곡물 가격이 가장 많이 오르게 된다.

15세기 말에 곡물 가격이 치솟으면서 농지의 가치가 크게 높아졌다. 이는 로마시대 이후로 볼 수 없었던 토목공학의 발전으로 이어졌다. 새로 힘을 얻은 네덜란드의 농민은 상부만 (전체

구조물이 아니라) 돌리면 되는 새로운 형태의 풍차를 도입했다. 네덜란드의 엔지니어들도 비슷하게 제방 건설 기술을 발전시켰다. 가장 초기의 풍차는 단지 약 1피트 깊이의 물을 퍼낼 수 있었지만, 1624년에는 연결되어 작동하는 첨단 풍차 시스템이 15피트 깊이까지 펌핑할 수 있었다.

값비싼 제방과 풍차는 수십 년이 지나도 투입된 비용을 회수할 수 없었다. 막대한 자본이 필요했을 뿐만 아니라 손익 분기점을 맞추려면 저리의 대출을 이용할 수 있어야 했다. 4장에서 보았듯이, 16세기 중반까지 네덜란드의 대출기관이 4~5퍼센트 이자율로 대규모 건설 프로젝트에 자금을 지원할 수 있었고 농민은 약간 더 높은 이자율로 부동산 담보대출을 받을 수 있었다. (애덤 스미스가 말한 3퍼센트의 상업 대출과 2퍼센트의 정부 대출은 더 나중의 상황을 언급한 것이며 그조차도 다소 과장되었다.) 1610년과 1640년 사이에 네덜란드 투자자들은 놀랍게도 1000만 길더-국부의 상당 부분에 해당하고 네덜란드 동인도회사에 투자된 것보다 훨씬 큰 금액-를 배수 시설에 쏟아부었다.

네덜란드는 운송이라는 또 다른 핵심 분야에서도 운이 좋았다. 일반적으로 수상 운송이, 특히 증기 동력이 출현하기 전에는, 육상 운송보다 저렴했다(지금도 그렇다). 네덜란드처럼 상품을 빠르고 값싸게 운송할 수 있는 국가는 없었다. 좁고 평평한 국토가 운하와 수로로 연결되었고 그 대부분이 간척사업의 산물이었다. 네덜란드인은 이렇게 자연에 가까운 수상 운송 시스템에, 네덜란드의 주요 해안도시를 거의 모두 연결하는, 예선로 towpath가 설치된 운하 트레크바르트trekbaart를 추가했다.

초기에 네덜란드의 운하 운송은, 1장에서 설명된 것처럼, 통행료를 추구하는 너무도 친숙한 행동으로 절름발이가 되었다. 이 경우의 위반자는 세안된 경로에서 우회된 시방사치난체었다. 그러나 1631년에 네덜란드의 주요 도시들이 일종의 자유교역협정을 맺으면서 운하 붐이 시작되었다. 운하 운송은 부피 때문에 선박으로만 저렴한 운송이 가능했던 토탄의 채굴과 밀접하게 연계되었다. 토탄의 수요가 높고 수익성이 좋을 때는 운하 건설이 급증했고, 토탄 가격이 하락할 때는 운하 사업가들이 건설 프로젝트를 포기하여 종종 투자자들에게 재앙적인 결과를 안겼다. 네덜란드인은 1665년까지 거의 400마일에 달하는 트레크바르트를 건설하여 세계 최고의 내륙 운송 시스템을 네덜란드에 제공했다.[8]

1700년까지 네덜란드인은, 가장 가까운 경쟁자 영국의 거의 두 배에 달하는 1인당 GDP를 기록한, 단연코 세계에서 가장 부유한 사람들이었다. 더욱이 네덜란드는 타의 추종을 불허하는 금융 및 운송 시스템과 도시 기반시설을 갖추고 있었다. 네덜란드의 도시 풍경은, 대부분 2세기 동안의 급속한 성장 기간에 건설되었고 네덜란드 사람들이 처음에는 스페인에 맞선 독립전쟁, 나중에는 프랑스와 영국과의 분쟁에서 목숨을 걸고 싸웠다는 사실에도 불구하고 유럽에서 가장 아름다웠다.

1장에서 논의한 바와 같이 역사적으로 오랜 과거 시대의 번영을 측정하는 가장 좋은 방법의 하나가 도시에 거주한 인구의 비율-도시화율-을 계산하는 방법임을 기억하라. 도시화 비율이 높을수록 사회가 번영했다. 17세기 중반에 네덜란드의 해안 지역-암스테르담, 하를렘Haarlem, 레이덴Leiden-은 란트스타트 Randstad 즉 가장자리 도시로 알려졌다. 란트스타트는 미국 북동부 회랑Northwest Corridor의 원형으로 공화국 인구의 약 1/3이 거주한 지역이었다. 1700년에는 네덜란드 인구의 34퍼센트가 인구 1만 명 이상의 도시에서 살았다. 영국의 13퍼센트, 프랑스의 9퍼센트, 또는 이탈리아의 15퍼센트보다 훨씬 높은 도시화율이었다.[9]

저렴한 길더

어느 사회에서나 가장 중요한 상품 가격이 돈의 가격, 즉 대출과 채권에 대한 일반적인 이자율이다. 돈이 귀해지면 (높은 이자율) 소비자가 소비를 꺼리고 기업가가 기존의 사업을 확장하거나 새로운 사업을 벌이기 위하여 대출받기를 주저하게 되어 사회 전체가 고통을 겪는다. 돈 값이 싸지면 (낮은 이자율) 소비자와 기업가 모두 대출을 받을 가능성이 커지고 경제가 팽창한다.

무엇이 이자율을 결정할까? 여러 가지 요소가 있다. 우선 가장 중요한 것이 돈을 빌리는 사람의 신용 상태다. 은행은 눈에 보이는 자산이 없고 신용이 의심스러운 사람보다는 담보가 확실하고 신뢰할 수 있는 사람에게 훨씬 더 낮은 이자율로 대출을 제공한다. 지난 700여년 동안 서구 세계에서 가장 큰 차입자는 긴급한 군사적 소요가 있는 정부였다. 부채가 거의 없고 세금과 토지 보유에 따른 확실한 수입원이 있는 정부는 낮은 이자율로 돈을 빌릴 수 있다.

이전의 차입금이 많으면 차입자의 이자율이 높아진다. 차입자가 막대한 채무를 상환하지 못할 것을 우려하는 대출기관이 위험을 보상하기 위하여 더 높은 이자율을 요구한다. 빚이 너무 많은 정부는 막대한 이자 부담에 따라 신규 대출의 이자율이 올라가고 다시 더 많은 이자를 지불해야하는 재정적 파탄의 악순환에 너무도 쉽게 빠져들고 결국 채무불이행에 이르게 된다.

네덜란드 독립전쟁은 거의 80년 동안 계속되었고 막대한 전쟁 비용이 국고를 압박했다. 네덜란드는 거의 언제나 차입 방정식의 우변에 있었다. 비록 네덜란드의 처지-거대한 세계적 제국에 대항하는 작고 약한 신생 독립국-가 매우 허약했으나 그들에게는 두 가지 중요한 재정적 이점이 있었다. 첫째는 일상적 소비재에 부과되는 판매세의 과세 기반이었다. 더욱이 그러한 과세 기반이 기꺼이 세금을 내려는 애국적인 납세자들로 뒷받침되었다. 둘째는 가톨릭교회에서 압수한 토지를 나중에 매우 높은 가격으로 팔 수 있도록 보유하고 있는 교회재산청Office of

Ecclesiastical Property 이라는 유쾌한 명칭의 기관이었다. 네덜란드의 투자 대중, 그리고 나중에는 외국인 투자자들도 두 가지 모두를 훌륭한 담보로 간주했다. 거의 처음부터 네덜란드의 이자율은 유럽에서 가장 낮았다.

네덜란드의 번영과 쇠퇴

이제 1500년 이후 네덜란드의 놀라운 번영의 원천이 분명해진다.

- 영국인에만 비견될 수 있는 강력한 재산권을 누린 국민.
- 종교개혁에 힘입어 네덜란드인이 교회의 도그마에서 벗어난 것. 네덜란드의 종교적 관용성이 초기의 여러 개신교 국가, 특히 독일에 상처를 준 과도한 분열주의에서 네덜란드를 구해냈다.
- 낮은 이자율과 강력한 투자자 보호로 활성화된 네덜란드 자본시장의 풍부한 투자 자금.
- 쉽고 저렴한 수상 운송의 이점이 있는 평탄한 지형.

이미 언급된 바와 같이, 1500년부터 1700년까지 실질 1인당 GDP의 연간 성장률 0.52퍼센트는 현대 서구의 성장률의 1/4

에 불과하다. 이전의 침체에 비하면 크게 개선된 것이었지만, 오늘날의 지속적인 1인당 GDP 성장률 2퍼센트에는 접근을 시작하지도 못한 수준이었다.

게다가 성장의 상당 부분이 토지의 간척과 상품 가격의 상승에 따른 것이었다. 간척 사업이 끝나고 가격이 생준회되던 성장도 멈춰섰다. 비교적 미지근했던 네덜란드의 성장 속도는 향후 2세기 동안 가용하지 않았던 증기로 구동되는 공장의 동력, 빠른 육상 운송, 그리고 전자 통신 같은 기술의 부재 때문이었다. 이러한 기술이 없는 상태에서 급속한 성장의 근대적 다양성이 네덜란드의 손이 닿지 않는 곳에 있었다.

스페인에 맞선 80년의 전쟁 기간에 완만하지만 꾸준했던 네덜란드의 경제성장은 네덜란드가 독립을 쟁취하고 얼마 지나지 않은 1648년에 멈춰섰다. 18세기 네덜란드인은 자신들의 전성기가 지나갔다는 것을 절실하게 깨달았고, 네덜란드인들은 1648년을 네덜란드 황금시대의 절정으로 되돌아보면서 향수에 젖는다. 부유한 과두정치가들이 점점 더 부유해진 반면에 일반 시민의 운명은 독립 이후의 세대에서 별로 개선되지 않았음을 시사하는 증거가 있다. 게다가 1750년에 이르러, 여전히 세계에서 가장 부유한 사람들이기는 했지만, 네덜란드인은 더 이상 세계의 경제 및 군사 무대에서 중요한 역할을 맡지 못했다.

네덜란드가 쇠퇴한 이유는 논란의 여지가 있고 복잡하다. 첫째, 이미 살펴본 것처럼, 네덜란드인은 1인당 기준으로 막대한 부를 소유했지만, 경쟁국의 인구가 훨씬 더 많았다. 게다가 네덜란드의 인구 증가율이 덩치 큰 경쟁자보다 훨씬 낮았다. 1700년에 네덜란드 인구가 190만에 불과했던 반면에 프랑스는 2150만, 영국은 860만이었다. 적은 인구 때문에 네덜란드의 총 GDP는 영국의 40퍼센트나 프랑스의 20퍼센트를 한 번도 넘지 못했다.[10]

둘째, 네덜란드의 국내외 상업 활동에 관한 모든 논의에 반드시 독점이라는 단어가 포함된다. 네덜란드인은 동인도의 향신료 무역을 철저하게 보호했다. 당시의 가장 악명높은 외교적 분쟁의 하나가 암본Amboina 섬(오늘날의 인도네시아)의 영국인 정착지 파괴를 중심으로 전개되었다. 네덜란드인이 영국인 정착민을 고문한 사건이 수십 년 동안 영국과 네덜란드의 관계를 악화시켰다. 네덜란드 자체에서도 독점이 상업 활동을 방해했다. 예를 들어 네덜란드 정부는 단일한 회사에만 항해 지도를 제작할 권한을 부여했는데, 그러한 조치가 1880년까지도 계속되었다.

셋째, 네덜란드의 번영은 근대 서구의 거대한 부를 창조한 엔진인 기술 발전에 의존하지 않았다. 주마다 특허 시스템이 있었지만 현저하게 활성화되지 못한 시스템이었다. 그 기간에 조선 업체들이 플루트 선박fluit ship 같은 실질적 기술 발전을 이루기도 했지만, 네덜란드의 기술 혁신은 대체로 산발적이었다. 17세기 중반 황금시대의 절정기에 정부가 1년에 10여 건의 특허를 부여했고, 1700년 이후에는 해마다 몇 건의 특허밖에 인가하지 않았다.[11] 네덜란드의 번영은 무역, 특히 환적을 위한 곡물과 새로운 풍력 제재소에서 가공할 목재를 공급한 발트해 지역의 무역에서 비롯되었고 수익성 높은 동인도 무역이 현금의 흐름을 보충했다.

넷째, 네덜란드의 금융은 약간 지나치게 성공적이었다. 정부가 아주 쉽게 자금리로 돈을 빌릴 수 있었던 네덜란드는 18세기에 빚더미에 파묻히게 되었다. 정부가 소비세로 차입을 뒷받침했기 때문에 세율도 상승했다. 인상된 소비세율이 물가와 임금의 상승으로 이어졌고 네덜란드 상품과 서비스의 경쟁력을 떨어뜨렸다.[12]

마지막으로, 네덜란드의 정치 체제는 위험한 대륙의 가장자리에 있는 느슨한 정치연합에 속한 7개국의 반자치 국가로 분열된 체제였다. 강력한 중앙은행과 활기찬 국가 특허 시스템의 부재가 경제에 불리하게 작용한 것은 분명했다. 미국 건국의 아버지들은 이러한 교훈을 잊지 않았다. 18세기 네덜란드의 분권화된 기구와 그에 따른 애석한 정치적 운명이 미국의 헌법 논쟁에 참여한 연방주의자들에게 객관적인 교훈을 제공했다. 그들은 네덜란드가 정부의 무능, 주 사이의 불화, 외국의 영향력에 따른 수모, 위태롭게 유지된 평화, 그리고 전쟁으로 인한 특별한 재난에 시달린 것을 보았다.[13]

18세기 네덜란드 경제는 일방적lopsided인 경제였다. 활기차고 수익성 높은 무역 부문에서 국내 경제가 흡수할 수 있는 것보다 훨씬 더 많이 창출된 자본이 상대적으로 부족한 기술 발전과 독점에 따른 제한으로 인하여 절름발이가 되었다. 그 결과 남아도는 막대한 투자 자금이 꾸준하게 국내의 이자율을 끌어내리고, 네덜란드 제조업이 국제적 경쟁력을 잃을 정도로 국내의 물가와 임금을 끌어올렸다.

네덜란드는 가발periwig 사회가 되었다. 주로 투자 소득으로 연명하고 생산을 거의 하지 않는 인구의 비율이 점점 늘어났다. 잉여 자본의 상당 부분이 해외, 특히 미국에 투자되어 미국 독립전쟁 부채의 10~20퍼센트를 네덜란드인이 보유하게 되었다.[14] 국가로서의 세계적 중요성이 끝나가는 작은 나라가 나머지 세계에 그렇게 많은 자본을 공급할 수 있다는 것은 놀라운 일이었다.

18세기 말에 네덜란드가 외채 수입에 의존하게 된 것은 저주와도 같았다. 미국의 부채 상환이 알렉산더 해밀턴Alexander Hamilton의 적극적인 개입으로 겨우 보장되었지만 다른 채무국의 상황은 훨씬 더 나빴다. 프랑스와 스페인을 포함한 여러 국가에서 채무불이행이 발생하면서 네덜란드의 손실이 눈덩이처럼 불어났다.

시기하는 이웃

1815년의 빈 회의로 유럽이 안정되기 전에, 무역은 경제성장을 위한 이상적인 방법과 거리가 멀었다. 무역은 산업보다 생산성 향상이 느리고 신뢰할 수 없었을 뿐만 아니라 보호주의와 군사적 금수조치의 간섭에도 취약했다.

번창하는 대외 무역은 가난한 이웃의 시기, 불신, 그리고 공격을 낳는다. 17세기의 가장 부유한 국가 네덜란드에도 미치않은 미래였다. 17세기 중반에 네덜란드의 파워가 절정에 달했을 때 영국인들은 내전의 혼돈에서 간신히 빠져나오고 있었다. 네덜란드의 번영을 크게 부러워한 그들은 네덜란드인의 무역을 방해하기 위해서라면 아주 작은 구실이라도 놓치지 않았다. 한 영국인 장군은 말했다. 이런 저런 이유가 중요하지 않다. 우리가 원하는 것은 네덜란드인보다 활발한 무역이다.[15]

이로 인한 네덜란드와 영국 사이의 상업적·군사적 긴장이 네덜란드인에게 재앙이었다. 거의 한 세기 반 동안에 네 차례의 영국-네덜란드 전쟁이 일어났다. 첫 번째 충돌은 1651년에 영국에서 항해법(영국과의 제3자 무역을 금지한)이 통과된지 불과 7개월 후에 시작되어, 영국의 도거 뱅크Dogger Bank 연안에서 해상 전투를 벌이면서, 미국 독립혁명이 끝날 때까지 계속되었다.

영국과 전쟁 중이 아닐 때, 네덜란드는 루이 14세의 오랜 통치기간에 특히 공격적이었던 프랑스에 맞서서 영국과 동맹을 맺었다. 1668년에는 영국, 네덜란드, 스웨덴이 루이 14세에 대항하는 3국 동맹을 결성했지만, 영국의 불안정한 왕 제임스 2세가 1670년에 동맹을 파기하여 네덜란드 홀로 프랑스의 분노에 맞서도록 했고, 2년 뒤에는 프랑스와 영국 모두 네덜란드를 공격했다.

영국에서 네덜란드와의 전쟁은 찰스 2세와 마찬가지로 엄청나게 인기가 없었다. 전쟁의 중요한 고비인 1672년에 오렌지의 젊은 왕자 윌리엄이 네덜란드의 제방을 개방하여 간척지를 침수시켜서 침입하는 프랑스군을 막았다. 얼마 지나지 않아서 왕자는 네덜란드의 윌리엄 3세로 총독stadholder의 지위에 올랐다. 영국이 다시 한 번 편을 바꾸었고, 윌리엄은 서서히 프랑스에 맞서는 동맹을 장악했다.

윌리엄은 왕자 시절에 찰스 2세의 어린 동생인 요크 공작Duke of York의 딸 메리와 결혼했다. 1685년에 찰스가 사망하자 공작이 제임스 2세로 영국의 왕위에 올랐고, 윌리엄은 네덜란드의 통치자이자 반-프랑스 동맹의 원수marshal일 뿐만 아니라 영국 왕실의 사위가 되었다.

부의 횃불이 옮겨지다

제임스는 광신적인 가톨릭 신자였지만 반대파와 의원들은 그의 종교적 신념에 놀라지 않았다. 왕위에 오른 제임스가 50세를 넘긴 나이였고 머지않아 개신교 신자인 딸 메리가 왕위를 계승할 것이었다. 어쨌든 제임스가 1688년에 아들이자 후계자를 낳을 때까지는 모두가 그렇게 생각했다. 갑자기 그리고 예기치 않게, 가톨릭 군주의 긴 행렬이 영국의 개신교도를 위협했다.

성공회와 반대파는 제임스와 협상하도록 윌리엄을 영국으로 초청했다. 윌리엄은 프랑스와의 전쟁에서 영국군을 더 잘 활용하기 위하여 영국을 침공하고 제임스를 퇴위시키는 대담한 계획을 세웠고 남긴 것을 훨씬 넘어서는 대성공을 서두었니. 윌리엄이 토베이Torbay에 상륙한 후에는 (가장 용맹스러운 병사 1만 5000명과 함께) 제임스의 행동이 점점 더 변덕스러워졌고 군대가 그를 버렸다.

이러한 드잡이질donnybrook, 즉 1688년의 명예혁명의 결과로 윌리엄과 메리가 공동으로 왕위에 올랐다. 이는 반-프랑스의 대의에 대한 영국의 충성뿐만 아니라 영국이 민주적 입헌군주 국가로 바뀌는 것을 보장했다.[16]

결혼에 의한 네덜란드와 영국의 연합은 네덜란드인에게 짧은 휴식기만을 제공했고. 공화국은 주로 프랑스에 대항하는 일련의 대륙 전쟁에 휘말리게 된다. 1794년 겨울, 네덜란드의 강들이 얼어붙어 1672년에 제방을 개방했던 전술의 반복을 방해함으로써 네덜란드인의 운이 기울었다. 얼음이 네덜란드 함대 대부분을 제자리에 묶어놓았고 혁명적인 프랑스군에게 암스테르담으로 가는 매끄러운 고속도로를 제공했다. 게다가 네덜란드의 과두정치 구조에 불만을 품은 포퓰리스트 애국자 분파가 혁명적 세력에 의한 정복에 크게 반대하지 않았다. 결국 나폴레옹에게 당한 패배로 여러 세기의 독립이 종말을 고했다. 10년

안에 프랑스인들이 몰수와 다름없는 세금으로 네덜란드의 경제를 황폐화하고 수 세기에 걸친 네덜란드인의 상업적 리더십을 종식시키게 된다.

그러나 네덜란드의 경제적·정치적 봉화가 어두워지기 시작했을 때도 가장 훌륭하고 영리한 마음의 일부가 더 거대한 부의 폭발에 불을 붙이는 것을 돕기 위하여 이미 북해를 건너고 있었다.

영국의 전환점

윌리엄의 왕위 계승은 네덜란드가 세계적 중요성을 상실하는 여정의 중요한 이정표가 되었을 뿐만 아니라 영국의 경제적 운명이 바뀌는 전환점을 알리기도 했다. 제임스 2세가 폐위되면서 세계 경제발전의 중심이 갑자기 서쪽의 영국으로 이동했다. 명예혁명이 일어난 지 한 세기 안에 애덤 스미스가『국부론』(1776)에서 경제성장의 원천을 체계적으로 식별하게 된다. 역사상 처음으로 모든 사람이 볼 수 있는 번영의 열쇠가 공개되었다. 역사적으로 보면 눈 깜빡할 사이에, 영국이 그 열쇠를 이해하고 멋들어지게 사용했다.

현대의 독자들은 18세기 이전의 유럽 군주 대부분이 정규적인 공공 자금원이 부족했고 스튜어트 왕조(왕위 계승의 순서로 제임스 1세, 찰스 1세, 찰스 2세, 제임스 2세)도 예외가 아니었음을 알고 놀라는 것이 보통이다. 군주제는 주로 토지 소유, 관세 부과, 그리고 점점 늘어나는 독점권 판매를 통해서 대부분의 자금 소요에 개별적으로 대처했다. 때로는 왕실이 의회가 세금을 부과하도록 유도힐 수 있었지만, 주로 전시와 같은 특별한 상황에서만 가능한 일이었다. 내전 이전 기간에는 실제로 의회의 제한된 권력이 주로 왕실에 간헐적인 세수를 제공하는 능력에서 비롯되었다.

튜더 왕조의 통치 말기의 근대적 전쟁이 자금을 확보하는 긴박한 수단을 요구했다. 1588년에 스페인 무적함대를 격파한 후에 엘리자베스 여왕은 자금을 확보하기 위하여 왕실 재산의 1/4을 매각했고, 제임스 1세는 군대의 비용을 마련하기 위하여 더 많은 왕실 재산을 경매에 부쳤다.

나머지를 이어받은 그의 아들 찰스 1세는 독점권 판매, 적법성이 의심스러운 세금, 특별인가, 세습 직위 판매, 종종 상환되지 않는 강제 대출, 그리고 마지막으로 노골적인 도둑질 등 가능한 모든 원천에서 현금의 흐름을 추구했다. 그에 대하여 의회가 제동을 걸면서 피비린내 나는 내전이 이어졌고 찰스가 머리를 잃었다.

크롬웰의 의회 역시 정치적·재정적 안정을 회복하지 못했고 스튜어트 가문이 왕좌로 복구했다. 왕실이 다시 한번 재정적 무능을 드러냈고, 의회가 네덜란드에서 이주하도록 윌리엄을 초청하는 결과로 이어졌다. 권력의 이양은 역사상 가장 절묘한 거래인 혁명적 타협Revolutionary Settlement를 낳았다. 의회가 윌리엄에게 프랑스와의 전쟁에 자금을 대기 위한 안정적 과세 기반을 제공했고 윌리엄은 그 대가로 의회에 법적 우위를 부여했다.[17] 왕이 의회를 해산할 수 없게 되었고 악명높은 성실청Star Chamber-종종 야만적인 판결로 관습법의 판결을 뒤엎은 왕실 법원-이 폐지되었다.

국왕은 더 이상 판사를 해임할 수 없었고 의회만이 무능력이나 부패의 이유로만 그렇게 할 수 있었다. 의회 또한, 부와 성별에 의하여 심각한 제한을 받기는 했지만, 유권자의 손아귀에 확고하게 장악되었다. 새로운 정치 체제가 진화했다. "국왕이 요구하고, 의회가 승인하고, 영주들이 승인에 동의한다."[18]

윌리엄과 의회는 순식간에 국가를 괴롭히던 중요한 정치적·재정적 문제를 해결했다. 이것이 영국의 금융시장에 미친 영향은 놀라웠다. 왕실 예산이 네 배로 늘어났고, 국왕이 이전에 상상할 수 없었던 규모의 대출을 거의 네덜란드 수준의 낮은 이자율로 유동화할 수 있었다. 국가를 향하는 자본의 흐름이 기업 자본의 도관conduit과 비슷한 길을 가리켰다. 평범한 영국인들이, 이전에 네덜란드인이 그랬던 것처럼, 더 이상 왕실의 채무불이행과 압류를 두려워하지 않고 점차 자본시장을 신뢰하기 시작했다. 경제사학자 T. S. 애슈턴Ashton의 말대로, 그들이 수화, 금괴, 판금을 금고에 가둬두거나 과수원과 정원에 파묻어

둘 가능성이 낮아졌다.[19]

농장과 공장

영국에서 농업에 종사한 노동력의 백분율이라는 매우 간단한 통계를 생각해보자(그림 7-1). 모든 사회에서 이 비율이 번영의 대략적인 척도를 제공한다. 노동력의 100퍼센트가 농업에 종사하고 식량을 수출하지 않는 국가는 정의에 따라 최저생활 수준에서 존재한다.

그림 7-1 | 영국에서 농업에 종사한 노동력의 비율

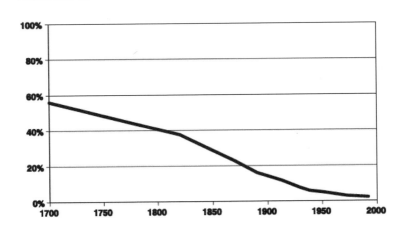

출처: 매디슨, 『세계 경제: 천 년의 관점』 95; 『세계 경제 모니터링, 1820-1992』 39.

농업 노동력의 상대적 규모가 감소한 것이 여러 세기에 걸쳐서 점진적으로 이루어진 일이었음에 주목하라. 가장 급속한 감소는 산업혁명이 시작되고도 한 세기가 더 지난 1800년대 중반에 이루어졌다.

작은 사고실험thought experiment을 생각해보자. 거의 총체적인 농업 경제에서 노동력의 절반이 공장에 고용되는 경제로 전환한 가상의 국가로 시작한다. 식량의 수입을 피하려면 농장에 남아있는 절반의 노동력이 생산성을 배가해야 한다.

현실적으로 이러한 과정은 부분적으로만 이루어진다. 농업 생산성의 향상과 아울러 식량의 수입이 농업 노동력의 부족을 메운다. 실제로 농업 생산성의 향상은 농장 노동자의 수요가 줄어드는 것을 의미하고, 그들이 다른 곳에서 일자리를 찾을 수밖에 없도록 한다.

더욱 중요하게, 농업 및 산업 노동자 모두가 의식주를 해결한 후에는 쏟아져 나오는 새로운 공산품을 구매할 수 있는 돈이 남아야 한다. 미국 경제의 역사가 이를 생생하게 보여준다. 1800년과 2000년 사이의 200년 동안 미국의 실질 1인당 GDP가 30배로 증가했다. 전례가 없는 기업가적 효율성과 기술 혁신이 반영된 놀라운 성취였다. 그보다 덜 알려진 것은 같은 기간에 농업 노동력의 상대적 규모-미국 국민뿐만 아니라 나머지 세계 여러 지역의 사람들을 먹여 살리는 농업 인구의 비율-가 70퍼센트에서 2퍼센트 미만으로 떨어졌다는 사실이다. 즉 농업 생산성이 산업과 기술의 놀라운 발전을 능가하여 35배로 향상되었다. 20세기 후반의 미국에서는 산업 생산성이 연간 2.6퍼센트 증가하는 동안에 농업 생산성은 연간 2.1퍼센트 증가했다.[*]

미국 녹립혁명 당시의 영국은, 식량의 수출과 수입이 대략 대등한, 농업적으로 자급자족하는 국가였다. 격동의 프랑스가 합리적인 가격의 신뢰할 수 있는 식량 수입원이 되지 못함에 따라 영국의 산업화를 위해서는 농업 생산성이 향상되어야 했다.

개선된 윤작 일정과 수확 계획 등 농업 혁명의 기계적 측면은 매우 간단했다. 가장 큰 이득이 파종기와 수확 도구 같은 일상적 농기구의 개선에서 비롯되었다. 아마도 가장 극적인 발전은 1830년에 발명된 로더햄Rotherham 삼각 쟁기였을 것이다. T. A. 애슈턴이 "후기 철기시대 이후로 쟁기 설계의 가장 큰 발전"이라 묘사한 이 쟁기는 한 사람이 모는 말 두 마리만이 필요했고, 소몰이꾼과 쟁기질하는 사람이 모두 필요하고 6~8마리의 황소가 끌었던 전통적인 사각형 쟁기를 대체했다. 그리하여 밭갈이의 생산성이 순식간에 두 배 이상 증가하게 되었다.

영국은 체계적이고 공격적으로 과학적 방법을 농업에 적용

---

[*] 미국 노동부 경제국에 따르면 이 경우의 '생산성'은 노동 시간당 산출량으로 정의된다. 19세기 이전의 노동 시간을 추정하는 것이 거의 불가능하기 때문에, 이 책에서는 '생산성'이 1인당 GDP와 동의어로 사용된다.

한 최초의 국가가 되었다. 1838년에 왕실은 베이컨의 영감을 얻은 왕립협회를 모델로 왕립농업협회를 인가했다. 5년 뒤에는 과학자들이 로담스테드 농업연구소Rothamstead Agricultural Resarch Station를 설립하고 농작물 수확량에 관한 최초의 체계적인 실험을 시작했다.

이러한 조직의 창설이, 특히 질소의 보충을 포함하여 영농 기법에 거의 즉각적인 배당금을 안겨준, 농업에 대한 과학적 접근법의 시작을 의미했다. 집약적 농업으로 빠르게 고갈되는 토양의 질산염nitrate은 박테리아가 대기 중의 질소를 식물에 필요한 질산염으로 변환하고고정fixation하면서 서서히 대체된다. 로담스테드 연구소는 재빨리 클로버clover와 콩과 식물이 질소를 고정하는 박테리아를 유인한다는 것을 확인하고 농부들이 단순히 수확기 사이에 클로버를 심는 것만으로 수확량을 배가할 수 있다는 결론을 내렸다.

동물 비료로 질산염을 보충한 결과는 더욱 극적이었다. 농장의 동물이라는 전통적인 공급원의 비료는 값이 비쌌지만, 오래지 않아 처음에는 신세계의 조분석guano 퇴적물과 나중에는 합성 질산염이라는 대안이 발견되었다.

농촌의 사유화

이러한 기술적 진보가 영국의 농업 생산성이 폭발한 이야기의 전부가 아니었다. 제도적 발전도 똑같이 중요했다. 그중에 가장 중요한 것이 중세기에 시작되어 1650년 이후에 질정에 달한 인클로저enclosure 운동이었다. 그전에 영국은, 중세 유럽의 나머지 국가들과 마찬가지로, 주로 개방경지제도open field system로 운영되었다. 개방경지제도는 지역의 영주와 농민이 광대한 토지를 공동으로 소유하는 봉건제도의 유산이었다.

개럿 하딘이 공유지의 비극에서 탁월하게 설명한 것처럼 명확한 소유권이 없는 영농은 엄청난 경제적 비효율을 초래한다. 농부들이 공격적으로 밭을 갈고 비료를 주는 방식으로 공유지를 개선하려는 노력을 기울이지 않을 것이기 때문이다.[20] (이와 관련하여 하버드 대학교 총장이며 미국의 재무장관을 지낸 로런스 서머스가 말했다는 현대의 격언이 있다. "세계 역사상 빌린 차를 세차한 사람은 아무도 없었다."[21])

러니미드 이후에 영주와 마을 사람들이 서서히 공유지에 울타리를 쳐서, 또는 인클로저로 만들어, 사유화하기 시작했다. 1700년까지 개방 경지의 절반 정도가 그렇게 사유화되었다. 인클로저를 만들려면 해당 교구에서 토지의 4/5를 소유한 사람들이 서명한 인클로저 청원서를 의회로 보내야 했다. 하원은 17세기와 18세기에 이러한 사유화 법령 수천 건을 의결했다.

1801년에 의회는 절차를 간소화한 일반 인클로저 법령 General Enclosure Act을 통과시켰다. 1700년 이후의 급속한 가속을 거쳐서 1830년에는 사실상 영국에 개방 경지가 남지 않게 되었다. 미국 독립혁명과 나폴레옹 전쟁 사이의 기간에, 곡물 가격의 급격한 상승으로 개인 경작지의 가치가 점점 높아지면서, 가장 많은 토지가 인클로저로 바뀌었고 19세기 중반에 이르러서는 공유지가 거의 사라졌다.[22]

인클로저와 관련한 수많은 문학적·역사적 분노의 목소리가 있고 소수의 농민이 부당하게 자신의 땅에서 쫓겨나기도 했지만, 이제 대부분 역사학자는 재산권과 정당한 절차에 대한 영국인의 관심이 대부분 관철되었고 인클로저 운동의 과정이 전반적으로 공정하고 정당했다는데 동의한다. 여러 세대에 걸쳐 작은 공유지를 돌본 가족에게 인클로저 법령에 의한 소유권이 부여됨에 따라 소규모 토지를 소유한 사람이 크게 늘어났다. 사상처음으로 이들 소규모 지주가 토지를 팔거나 경작하는 선택권을 누리게 되었다.[23, 24]

이는 인클로저에 따른 충격이 없었다는 말이 아니다. 그러나 인클로저 운동에 이어진 농촌과 도시의 사회적 혼란은 의식적인 소작농 착취 때문이 아니었다. 오히려 경제적 필요성에서 비롯된 위기였다. 인클로저로 바뀐 토지가 공유지보다 훨씬 더 많은 식량을 생산하면서 에이커당 필요한 농부의 수가 더 적었기 때문에 수많은 농상 노동자가 일자리를 잃게 되었다.

인클로저의 노동력 절감 효과가, 높은 곡물 가격으로 인하여 대규모의 한계 토지가 생산에 투입되고 농장의 고용이 높게 유지된, 나폴레옹 전쟁까지의 기간에는 문제가 되지 않았다. 그러나 1815년 빈 회의가 끝난 뒤에는 이야기가 달랐다. 거의 즉각적으로 하락한 곡물 가격이 1세기 뒤에 다음번 대규모 전쟁이 일어날 때까지 그대로 유지되었다. 한계 토지의 생산이 중단되고 일자리를 잃은 농장 노동자가 도시와 공장에 넘쳐났다.

농업에 대한 과학적 접근과 새로운 소규모 지주 집단에 부여된 잘 정의된 재산권이 결합하여, 혁신적인 영농 기술을 통하여 끊임없이 작물 수확량의 증대를 추구한, 개선하는 농부 improving farmer라는 새로운 생산자 계층을 낳았다.

노동의 분업

어떤 의미에서, 산업혁명이나 농업혁명 같은 것은 없었다. 오히려 재산권, 과학적 합리주의, 자본시장, 근대적 운송과 통신의 점진적 발전이 농부, 발명가, 산업가에게 혁신의 인센티브를 제공함에 따른 생산성 및 전문화의 혁명이 있었다. 이렇게 새로운 힘을 얻은 자본가들은 거의 모든 것을 대량으로 다양하게 생산했고, 그 과정에서 거의 모든 영국인의 일반적인 생활 수준을 높였다.

다른 어떤 현상보다도 근대와 중세를 가르는 것이 전문화의 정도다. 중세 세계에는 거의 모든 사람에게 적용되는 하나의 기본적 직업 설명job description, 즉 땅에서 일하는 농사가 있었다. 한가한 시기에는 농부들이 자신의 집을 짓고 유지하고, 장원의 도로 건설을 돕고, 스스로 실을 잣고 천을 짜서 옷을 만들었다. 산업혁명의 초기에 상업적 직조 작업 대부분이 공장보다는 계절적으로 한가한 농가에서 이루어졌다. 근대 이전 세계의 소규모 공동체는-심지어 대부분 가족까지도-거의 전적으로 자급자족에 의존했다.

반면에 오늘날에는 한 가족은 고사하고 한 공동체가 소비하는 상품과 서비스의 극히 일부라도 자체적으로 생산할 수 있다는 것을 상상하기 어렵다. 미국 노동부가 약 10년 주기로 갱신하는 직업명 사전Dictionary of Occupation Titles의 최근 판에는 1만 2740가지의 직업 설명이 수록되었다.

현대의 번영은 네 가지 요소-재산권, 과학적 합리주의, 자본 시장, 근대적 운송과 통신-가 엔진이고 결과물인 생산성이 바퀴에 해당하는 자동차의 동력전달계통drive train으로 생각할 수 있다. 엔진의 힘(네 가지 요소)을 바퀴GDP로 전달하는 변속기는 노동 전문화의 수준이다. 전문화가 거의 없는 경제가 1단 기어로만 덜컹댈 수 있는 반면에 고도로 전문화된 경제는 고속으로 주행할 수 있다.

산업혁명이 도래했을 때는 이미 전문화 과정이 상당히 진행된 상태였다. 애덤 스미스는 노동의 분업division of labor이라는 용어로 전문화에 영원성을 부여했다. 분업의 원리에 대한 그의 설명-하찮은 핀의 제조에 적용된-은 오늘날까지도 타의 추종을 불허한다.

이 사업(노동의 분업에 의한 독특한 작업)에 대한 교육을 받지 못하고 사용되는 기계(노동의 분업에서 비롯된 발명일 수도 있는)의 사용법에도 익숙하지 못한 노동자는 최선의 노력을 기울이더라도 하루에 핀 한 개를 만들기가 어려울 것이고 20개를 만들지 못할 것은 확실하다. 그러나 오늘날 이런 사업이 수행되는 방식에서는 전체 작업이 특이한 형태일 뿐만 아니라, 대부분 마찬가지로 특이한 형태인 여러 갈래의 가지로 나뉘어진다. 한 사람이 철사를 뽑고, 다른 사람이 곧게 펴고, 세 번째 사람이 자르고, 네 번째 사람이 날카롭게 하고, 다섯 번째 사람이 핀의 머리가 되도록 꼭대기를 간다. 머리를 만드는 데는 두세 가지 별도 작업이 필요하다. 머리를 붙이는 것도 특이한 작업이고 핀을 회게 하는 것이 또 다른 작업이다. 완성된 핀을 종이에 포장하는 일도 그 자체로 하나의 작업이다. 핀을 만드는 중요한 사업이 이런 방식으로 약 18가지 개별 작업으로 나뉘어지고, 한 사람이 두 가지나 세 가지 작업을 하는 곳도 있지만, 일부 제작소에서는 모든 작업이 별개의 손으로 수행된다.[25]

스미스는 열 명의 직원을 고용하고 18개 개별 단계를 통해서 핀을 제조하는 가장 간단한 작업장조차도 어떻게 하루에 4만 8000개-열 명의 비숙련공이 각자 독자적으로 생산할 수 있는 양의 240배에 달하는-를 만들어낼 수 있는지를 설명했다.

어떻게 이런 일이 일어날까? 노동의 분업은 기술의 변화를 부로 변환하는 기계다. 분업이라는 기계의 작동 방식은 다음과 같다. 작업의 단순화가 가용한 노동력 풀을 확장한다. 각 작업자는 자신이 가장 생산적일 수 있는 일에 매력을 느끼고 경험을 통하여 점점 더 작업에 익숙해진다. 제조 과정을 여러 작은 작업으로 나누면 기술 혁신이 촉진된다. 특정한 작업을 위하여 설계되는 기계의 발명 및 개선이 상대적으로 더 쉽기 때문이다. 혁신가들이 점진적으로 기계를 개선함에 따라 일반적으로 기계를 운영하는데 필요한 기술이 줄어들고 노동력 풀이 확장되어 지불해야 할 임금이 하락한다.[26]

현대의 예가 이러한 원리를 생생하게 보여준다. 2001년에 사우스웨스트 항공사는 3만 1600명의 직원을 고용하여 445억 마일의 승객 마일리지를 기록했다.[27] 그 해에 각 직원이 2000시간씩 일했다고 가정하면 한 사람의 근무 시간당 704 승객 마일-당신이 한 시간 동안 자동차를 몰아서 이동할 수 있는 거리의 10배, 두 다리만 사용하여 걸어갈 수 있는 거리의 200배 이상-에 해당한다.

사우스웨스트 노동 인력의 전형이 조종사고 항공사를 대표하는 기술이 보잉Boing 737이지만, 수백 가지 다른 유형의 직원을 활용하는 복잡한 노동의 분업과 당혹스러울 정도로 다양한 기계적·전자적 도구가 없이는 몇 백 달러의 요금으로 당신과 동료 승객을 로스앤젤레스에서 볼티모어까지 데려다 줄 수 없을 것이다.

인간은 선천적으로 창의적인 존재다. 역사가 시작된 이래로 지능적이고 혁신적인 개인이 지구상의 모든 곳에 존재했지만, 노동의 분업이 이루어지는 곳에서만 그들의 통찰력이 더 폭넓은 번영과 성장으로 이어질 수 있었다.

부의 원단

영국의 경제적 변혁의 요람은 맨체스터와 주변 지역에 밀집한 섬유공장을 중심으로 형성되었다. 경제사학자 에릭 홉스봄Eric Hobsbawm의 말대로, 산업혁명을 말하는 사람은 누구든지 면화를 이야기한다.[28] 태곳적부터 농부와 그의 가족이 아마flax 섬유에서 실을 뽑아 아마포linen를 짜냈다. 농부들은 이 작물을 유럽 전역에서 광범위하게 재배했다. 그들 대부분이 자체적 필요를 충족함과 아울러 물물교환 및 판매를 위하여 작은 밭을 경작했다. 직물의 또 다른 주요 공급원은 양모였고, 양이 수 세기 동안 영국 무역의 주요 원천이었다.

영국에서도 자체적으로 소량의 면화가 생산되었지만 품질이 좋지 않았다. 왕실과 부유한 상인들을 위한 값비싼 수입 견직물과 주로 인도 아대륙에서 온 옥양목calico인 고품질의 면직물이 육로를 통해서 공급되었다. 이들 직물 역시 값이 비쌌는데, 희소성이나 높은 제조 비용 때문이 아니라 수입 관세가 높았기 때문이었다. 포르투갈인, 네덜란드인, 영국인의 (동인도회사를 통한) 희망봉을 경유하는 해상 무역로가 열림으로써 공급이 늘어났지만 가격을 크게 낮추기에는 충분치 않았다.

아마포, 모직물, 면 제품의 생산은 오두막 산업cottage industry이었다. 아이들이 원면을 따고 여자들이 실을 잣고 남자들이 천

소면 (carding)		방적 (spinning)		직조 (weaving)
원면	→	깨끗한 면화	→	원사	→	완성된 직물

을 짜냈다. 숙련된 장인들이 최고 품질의 모직물을 생산하기는 했지만, 양모 생산도 여전히 소규모 사업이었다. 생산의 모든 단계에서 노동의 전문화가 거의 없었기 때문에, 가격이 높게 생산량은 낮게 유지되었다. 원면에서 완성된 직물로 가는 일련의 단계를 시각화하는 것이 도움이 된다.

이러한 과정의 핵심은 직물의 제조를 개선하기 위하여 제조 과정의 세 단계-원면에서 씨와 다른 부스러기를 제거하는 소

면, 깨끗한 면화에서 실을 뽑아내는 방적, 뽑아낸 실로 완성된 직물을 짜내는 직조-모두에서 거의 동일한 수준의 개선이 필요하다는 것이었다. 한 단계만의 개선은 다른 두 단계의 병목 현상을 일으킬 뿐이었다.

이것이 바로 1773년 시계제작자 존 케이의 효율적인 직조기-나는 북flying shuttle-발명에 따른 섬유기술 분야 최초의 근대적 발전과 함께 일어난 상황이었다. 낡아빠진 베틀에 비하여 극적인 개선이 이루어졌지만, 직조기가 이미 심각했던 여성 직조공의 부족을 악화시켰다. 농가의 여자들이 들에 나가 추수를 도와야하는 수확기에는 직물의 제조가 중단되었다. 1748년에 루이스 폴Lewis Paul이, 이전에는 판자에 배열된 못을 가로질러 힘들게 끌어야 했던, 원사의 소면 작업을 위한 기계 두 가지를 고안했다. 유감스럽게도 폴의 발명 역시 이미 과도한 방적공의 수요를 더욱 악화시켰을 뿐이었다.

당시의 기계 기술로는 여성의 엄지와 집게손가락 사이에서 형성되는 섬세한 비틀림을 모방할 수 없었기 때문에, 방적이 가장 해결하기 어려운 문제였다. 고대의 방추spindle에서 유래하여 중세 후기에 널리 사용된 물레spinning wheel는 단순히 완성된 방적사를 실패에 감기 위하여 사용되었다. 여성의 섬세한 손길만이 물레에 공급할 실을 뽑을 수 있었다.

1700년대 후반에 마침내 일련의 발명이 공정을 기계화했다. 루이스 폴이 강철 롤러roller 쌍으로 직조공의 손가락을 모방하는 아이디어를 냈으나 그의 기계는 잘 작동하지 않았다. 리처드 아크라이트Richard Arkwright가 1769년에 최초의 실용적인 기계적 방적 장치인 수력방적기water frame에 두 번째 롤러 쌍을 추가했다. 제임스 하그리브스James Hargreaves는 물레가 옆으로 넘어진 뒤에도 계속해서 작동하는 것을 보고 방적사에 더 고른 꼬임twist을 부여하는데 그러한 관찰을 활용했다. 1779년에는 새뮤얼 크롬프턴Samuel Crompton이 자신의 자동 노새self-actuating mule에 하그리브스의 회전방적기와 아크라이트의 롤러를 결합했다.

크롬프턴은 이 악마처럼 복잡한 장치를 실을 뽑아내면서 앞뒤로 움직이는 운반대에 장착했다. 기술 혁신의 기본 원리 중 하나는 생산성을 높이는 복잡한 장치가 일반적으로 운영자에게 이전의 장치보다 더 적은 기술을 요구한다는 것이다. 예를 들어 재봉틀이 바늘과 실을 사용하는 가장 숙련된 재봉사보다 더 빠르고 곧고 강하게 단hem을 만들어내고, 현대의 개인용 컴퓨터는 서투른 중년의 작가까지도 100년 전에 최고의 인쇄기에서 나온 것보다 더 멋진 문서를 작성할 수 있게 해준다. 작동의 용이성은 종종 설계의 복잡성에 기인한다.

크롬프턴의 노새가 일찍이 이런 원리를 입증했다. 공장의 직원은 비교적 적은 훈련으로도 다양한 굵기의 매끄러운 실을 생산할 수 있었다. 고도로 숙련된 전임자들이 하지 못한 일이었다.[29] 불과 몇 년 안에 공장주들이 와트-볼턴 증기기관과 방적기를 결합함으로써 이 중요한 작업의 기계적 전환이 완성되었다.

직조 작업은 그렇게 빨리 기계화되지 못했다. 처음에는 기계적으로 방적된 막대한 양의 실이 직조공들에게 노다지를 제공했다. 1813년까지도 영국에 있는 2만 5000개 직조기 중에 기계적으로 구동되는 직조기가 1퍼센트에 불과했다. 기계화 및 산업화에 대한 직조공들의 저항은 19세기가 지나면서 그들에게 비탄을 안겨주게 된다.[30]

깨끗한 면화의 생산은 씨앗을 제거하는 비싸고 힘든 과정을 수반한다. 1793년에 일라이 휘트니Eli Whitney가 발명한 조면기 cotton gin가 이러한 장애물을 제거했다. 1790년과 1810년 사이에 미국의 면화 생산량이 연간 150만 파운드에서 8500만 파운드로 증가했다. 휘트니의 발명은 필적할 발명이 거의 없을 정도로 세계 경제의 판도를 재편성했다. 그리고 불행하게도 미국의 정치 지형까지 바꾸어 놓았다. 1790년과 1850년 사이에 미국의 노예가 70만 명에서 320만 명으로 늘어났다.[31]

세계 시장에 면화가 넘쳐났다. 옛 영국의 주요 상품이었던 아마 섬유와 양모가 거의 사라졌다. 처음으로 농민과 도시 빈민의 노동 계층이 값싼 면직 의류를 소유할 수 있게 되었다. 면직물 가격이 1786년의 파운드당 38실링에서 1800년의 10실링 미만으로 하락했다. 섬유 제품은 매우 탄력적인 상품이다. 비교적 적은 가격 하락이 수요의 대폭 증가로 이어진다. 개인용 컴퓨터의 가격 하락이 판매를 촉진했듯이, 19세기 초의 직물 소비도 폭발적으로 증가했다. 면화는 역사상 최초의 진정한 성장 산업이었다. 같은 14년의 기간에 영국의 면화 수입이 10배로 늘어났고 1840년에는 50배가 되었다.[32] 맨체스터의 항구도시 리버풀을 중심으로 거대한 삼각무역이 이루어졌다. 원면이 미국에서 영국으로, 완성된 직물이 영국에서 아프리카로, 그리고 1808년에 불법화될 때까지 수많은 노예가 아프리카에서 아메리카로 운송되었다. 노예제도에 대한 혐오감은 차치하고, 값싼 면직 의류의 가용성에는 우리가 이제서야 서서히 이해하기 시작한 이점이 있었다. 예를 들면, 값싸고 쉽게 구할 수 있는 면직 내의가 1850년 이후에 전염병의 극적인 감소를 초래했을 가능성이 크다. 당시의 가장 치명적인 질병-콜레라와 장티푸스-은 위장병으로 대변과 구강 오염에 의하여 전염되었다. 이들 질병은 또한 사회 계급을 존중하지 않았다. 1861년에는 빅토리아 여왕의 부군 앨버트공이 장티푸스로 사망했다. 평범한 면제품이 한 벌의 옷을 자주 갈아입지 않음으로 인한 자극과 염증을 제거하여 질병의 전염을 줄이고 수백만의 생명을 구했다.[33]

새로운 철기시대

산업 발전의 또 다른 주요 분야는 철이었다. 근대 이전 시대의 철 생산에는 숯을 사용한 제련이 필요했고, 18세기 말까지 영국의 주조공장들이 인근 숲의 나무를 고갈시켰다. 얼마 지나지 않아서 미들랜즈Midlands의 공장을 위하여 스코틀랜드의 나무를 베어야 했고, 영국의 엔지니어들은 스웨덴에서 철을 수입하는 편이 더 값싸다는 것을 알게 되었다. 근대 이전 시대의 수상 운송에 육상 운송보다 훨씬 적은 비용이 들었기 때문에 영국의 주조공장도 스칸디나비아산 목재를 수입하는 편이 더 저렴했다. 발트해를 통한 운송 비용이 영국에서 20마일 거리를 육로로 수송하는 비용과 비슷했다.

영국에는 코크스cokes가 풍부했지만, 용광로에서 숯을 코크스로 대체하려면 훨씬 더 강력한 송풍장치가 필요했다. 이런 목적으로 와트와 볼턴은 1775년에 철 제조업자 존 윌킨슨의 풀무에 증기기관을 적용했다. 10년 뒤에는 헨리 코트Henry Cort가 교련puddling 기법을 도입하여 고품질 연철의 대규모 연속 생산이 가능하도록 했다. 그리고 윌킨슨이 분당 150회의 타격으로 코트 공정의 최종 제품을 마무리하기 위한 증기 해머를 발명했다.

코트의 혁신은 점점 더 부족해지는 목재에 의존하던 영국을 해방시키고 목재가 풍부한 스웨덴의 역사적 이점을 박탈했다. 이전에는 스칸디나비아에서 수입된 철강의 품질이 영국 제품보다 월등하게 뛰어났기 때문에 국내외 제조업자 모두가 영국 제품이 우수하다는 아이디어에 익숙해지는 데 몇 년이 걸렸다. 면직물과 마찬가지로 철강 생산이 급증했다. 1770년과 1805년 사이에 비용이 급감하고 생산량이 거의 10배로 증가했다. 새로운 철도, 다리, 건물에 투입될 엄청난 양의 철강이 확장된 주조

공장에서 쏟아져 나왔다.

면직물과 철의 생산에서 설명된 진보는 크롬프턴의 노새나 코트의 교련 공정에서 끝나지 않았다. 이후 수십 년 동안 거의 연속적인 개선의 과정이 이어졌다. 주조공장이 점점 커지고, 철 1톤당 석탄 사용량이 줄고, 더 고품질의 제품이 생산되었다. 역사학자 필리스 딘은 이렇게 매끄러운 혁신의 과정을 멋지게 요약했다. "기계와 기계를 만드는 기계가 무한한 개선의 연속이 가능하다는 사실을 입증했고, 이러한 연속적·자기발생적self-generating 기술 혁신의 과정이 오늘의 우리가 당연하게 여기는 지속적 경제성장의 궁극적 원천이었다."[34]

덜 낙관적인 존슨 박사는 조금 다르게 표현했다. "이 시대는 혁신에 열광하고 있다. 모든 세상사가 새로운 방법으로 수행되고, 사람들이 새로운 방법으로 교수형에 처해질 것이다."[35]

좋든 싫든 세계는 끊임없는 변화와 혼란, 그리고 끊임없이 증가하는 번영의 길을 걷기 시작했다. 과거에든 지금이든 되돌아 갈 수는 없었다.

근면 혁명

노동의 전문화와 생산성의 향상에 소비의 전문화가 동반되지 않으면 별 의미가 없었다. 자신이 소비할 식량을 재배하고 자신의 집을 짓고 자신의 말수레를 만드는 농부는 새로운 공장에서 생산된 제품의 시장이 되지 못했다. 스스로 실을 잣고 천을 짜서 가족의 옷을 만들어내는 그의 아내도 마찬가지였다. 19세기가 지나가면서 소비자들은 소박하나 비효율적인 자립 시스템에서 매우 생산적인 난일 식업에 송사하면서 자신의 급여를 모든 물질적 소요와 교환하는 현금 기반 시스템으로 전환했다. 얀드 브리스는 이리한 전환에 근면 혁명industrious revolution이라는 이름을 붙였다.[36]

그 어떤 정부도, 그리고 모든 것을 꿰뚫어 보는 개발의 황제도 근로자와 소비자가 모두 전문화되고, 생산성이 향상되고, 농업과 산업의 부상takeoffs이 이루어질 것을 선언하지 않았다. 오히려 대부분 지주와 사업가였던 판사와 국회의원들이 상업과 산업을 장려하는 판례법을 만들고 법안을 통과시켰다. 이전에는 아리스토텔레스적 사고방식에 의하여 절름발이가 되었던 과학자들은 베이컨식의 새로운 과학 도구를 사용하여 우주의 비밀을 풀고 상업 활동에 적용하기 시작했다. 마지막으로 새로운 금융시장이 투자자의 신뢰를 확보하여 막대한 자본의 흐름을 벤처기업에 제공했다. 가장 행복한 영국의 우연이었다.

산업혁명: 그것은 얼마나 나빴는가?

산업혁명의 영광에는 아동 노동, 저임금의 끔찍한 노동 환경-"어두운 악마의 공장"-그리고 소외라는 대가가 따랐다. 1760년과 1830년 사이에 영국의 생활 수준에 정확히 무슨 일이 일어났을까? 오랫동안 이 문제는 역사학자, 경제학자, 이념가들이 울타리에 갇힌 수많은 돼지처럼 꿀꿀거리게 할 수 있음이 입증되었고, 제시된 답이 관찰자의 정치적 공감을 보여주는 확실한 지표를 제공했다. 좌파에 속한 사람들은 대단히 부정적이었다. 익명의 재담가wag에 따르면 산업혁명 기간의 삶은 끔찍하고, 영국적이고British, 짧았다.[37]

프리드리히 엥겔스는 새로운 산업기계의 주요 수혜자였다. 프러시아 면화 제조업자의 아들로 태어난 그는 1840년대에 유럽 대륙을 휩쓸었던 혁명의 열정에 사로잡혔고 곧 또 다른 망명자가 될 카를 마르크스를 만나게 된다. 1848년의 격변의 와중에서 두 사람은 영국으로 도피했고, 그곳에서 엥겔스는 아버지의 공장 중 하나를 관리하기 시작했다. 그가 물려받은 부와 경영의 재능이 이후 수십 년 동안 자신과 마르크스를 지원하게 된다.

엥겔스는 19세기의 사회적 사다리의 밑바닥에 있는 삶, 즉 영국 노동계급의 상황을 충격적으로 묘사했다. 젊은 엥겔스-당시 겨우 24세-는 처음에 산업화 이전 영국 시골의 목가적인 삶을 그렸다.

그래서 노동자들이 경건함과 정직함이 가득한 의롭고 평화로운 삶을 영위하면서 그런대로 안락하게 살았고, 그들의 물질적 상황이 후계자들보다 훨씬 나았다. 그들은 과로할 필요가 없었고 자신이 원하는 것 이상으로 일하지 않고도 필요한 것을 얻을 수 있었다. 그들에게는 징원과 들에서 건강한 일을 할 수 있는 여유가 있었다. 그 일 자체가 여가 활동이었을 뿐만 아니라 이웃과 함께 하는 레크리에이션과 게임에도 참여할 수 있었고, 그런 모든 게임-볼링, 크리켓, 축구 등-이 신체적 건강과 활력에 기여했다. 그들은 대체로 튼튼하고 체격이 좋은 사람들이었고, 이웃한 농부들과 체격적으로 거의 또는 전혀 차이가 없었다. 아이들은 전원의 신선한 공기 속에서 자랐다.[38]

18세기 말에 엥겔스의 목가적 이상향Arcadia이 사라지고 산업화한 영국 빈민가의 황량함, 절망, 아우게이아스의 더러움(그리스 신화의 영웅 헤라클레스가 청소하는 임무를 맡은 아우게이아스 왕의 외양간을 의미함-옮긴이)으로 대체되었다. 『노동 계급의 상황Condition of the Working Class』에서 정부 보고서를 직접 인용한 짧고 비교적 악의 없는 구절이 산업주의가 불러온 끔찍한 결과를 전달하기에 충분할 것이다.

허더즈필드Huddersfield 타운은 거리 전체와 수많은 정원과 골목에 포석이 깔리거나 포장되지 않고 하수도나 배수 시설이 없는 것으로 악명이 높다. 지면에서는 방치된 쓰레기와 오물이 발효되거나 썩어가고, 거의 언제나 고여있는 물웅덩이가 있으며, 인접한 주택도 열등하고 더러운 환경이 될 수밖에 없어서 질병이 발생하고 타운 전체의 건강이 위험에 빠지게 된다.[39]

여전히 암울하지만 보다 균형 잡힌 평가는 현대의 관찰자 조이스 말로우Joyce Marlow의 말이다. "사람들이 나오는 집이 궁전은 아니었지만, 정원이 없고 나무도 볼 수 없고 신선한 공기의 냄새도 맡을 수 없는, 수많은 하수도 위에 지어진 것도 아니었다."[40]

후대 좌파 진영의 노력의 전형은 18세기 초의 런던에서 1인당 식량 소비가 감소했음을 보이려 시도한 에릭 홉스봄Eric Hobsbawm의 이념적으로 오염된 글이다. 그의 주장에는, 식품 공급의 감소가 그 기간을 특징짓는 급격한 인구 증가에 부합하지 않는다는, 한 가지 사소한 결함이 있었다. (인구가 증가했을 뿐만 아니라 증가율도 높아졌다.) 홉스봄은 산업화 이전 사회의 식품 공급이 더 풍부하기는 했지만, 또한 더 불규칙했기 때문에 주기적으로 대규모 기아가 발생했다고 주장하여 이러한 모순을 합리화했다. 좌파인 홉스봄에게는 어쨌든 후자가 바람직한 상황으로 보였을 것이다.[41]

평균적인 영국인의 웰빙에 미친 총체적 효과가 무엇이었든 간에, 산업자본주의의 부상이 수많은 원주민에게 재앙이었다는 데는 의심의 여지가 없다. 카를 마르크스는 말했다.

> 아메리카에서 발견된 금과 은, 광산의 노예로 매몰되어 몰살
> 한 원주민, 동인도의 정복과 약탈의 시작, 상업적 흑인 사냥을
> 위한 사육지로 바뀐 아프리카가 자본주의 생산 시대의 장밋
> 빛 새벽을 알렸다.[42]

현대 서구의 관점에서, 마르크스, 엥겔스, 그리고 후대의 영
국인 추종자-홉스봄, 베아트리스Beatrice와 시드니 웹Sidney Webb,
조지 버나드 쇼를 비롯하여 옥스퍼드와 케임브리지 졸업생의
전체 세대-들의 이념적 열정은 약간 이해하기 어렵다. 여러 개
발도상국에서 사회주의가 지속적인 호소력을 갖는 것도 마찬
가지다. 풍요 속의 비참한 타락과 빈곤에 대한 엥겔스의 묘사-
약간 과장되었을지라도 대체로 정확하다고 생각되는-는 초기
사회주의자들의 분노와 객관성 결여를 더 쉽게 이해하도록 해
준다.

그 시대에 만연한 혼잡과 불결함이 산업 하층민의 높은 사
망률의 원인이었음은 의심의 여지가 없다. 새로운 기계의 생산
성은 또한 노동력의 과잉으로 이어졌다. 집 하인의 수가 1800
년대 내내 꾸준하게 증가했고, 곧 중산층 가정에서도 하녀와 집
사를 부리게 되었다. 1차 세계대전이 시작될 무렵에는 영국의
노동 인구에서 "가사 근로자domestic servants"가 차지하는 비율이

15퍼센트에 달했다. 그런 직업이라도 찾은 사람은 운이 좋은 것으로 여겨졌다. 육체와 영혼을 보존하기 위해서 종종 타락과 범죄가 필요했다. 절망적이었던 노동 계층의 상황이 오늘날까지 영어라는 언어를 우아하게 만든 빈민가의 틈새 직업으로 이어졌다. 개펄을 뒤지는 사람mudlark, 쓰레기 더미를 뒤지는 사람scavenger, 부랑아guttersnipe, 그리고 양털수집가woolgatherer.[43]

이념적 분열의 반대편에 선 우파는 평균적인 노동자 가족의 삶에 대하여 훨씬 더 밝은 그림을 그렸다. 1948년에 T. S. 애슈턴은 산업혁명의 영국과 산업화 되지 않은 극동 지역의 삶을 비교하면서 반대론자들에게 대답했다.

> 오늘날 인도와 중국의 평원에는 역병에 시달리고 굶주린 채로, 낮에는 함께 수고하고 밤에는 잠자리를 공유하는, 소떼보다 외견상 별로 나을 것 없는 삶을 살아가는 사람들이 있다. 그러한 아시아적 표준과 기계화되지 않은 공포는 산업혁명을 거치지 않고 머릿수를 늘리는 사람들의 운명이다.[44]

애슈턴의 감상(정확한 그의 말이 아닐지도 모르지만)은 후대의 월트 로스토Walt Rostow, 필리스 딘, 그리고 하버드의 전설 알렉산더 거센크론Alexander Gerschenkron과 마찬가지로 원인과 결과를 혼동한 것이었다. 제3세계 사람들의 비참한 상황은 공장과 기계가 부족해서가 아니라 제도와 관행−재산권, 과학석 선망, 사본시장-이 결핍된 상태로 어설프게 근대 의학의 진보와 마주침으로써 인구가 폭발적으로 증가했기 때문이었다.

근년에는 학자들이 산업혁명 기간의 생활 수준에 대한 이념적 논쟁의 온도를 낮추고 복지에 대한 보다 객관적인 생물학적 척도에 초점을 맞췄다. 평균수명에 대한 연구는 1760년과 1820년 사이에 수명이 크게 늘어나서 1860년까지 그대로 유지되었다는 사실을 밝혔다. 거의 같은 패턴이 나타난 유아 사망률도 18세기 후반에 감소했다가 19세기 초에 다시 증가했다.* 역시 18세기 후반에 개선되었다가 19세기 초에 악화하는 패턴을 보여주었다.[45]

결국 엥겔스와 홉스봄 모두 부분적으로 옳았다. 우세한 현대적 증거가 산업혁명의 후기 단계에서, 적어도 사회적 사다리의 밑바닥에서는, 생활수준이 약간 저하되었음을 가리킨다. 산업혁명은 많은 사람에게, 어쩌면 대부분 사람에게 형언할 수 없을 정도로 야만적인 사건이었다. 나폴레옹 전쟁 이후 경제가 퇴보한 기간에 영국의 상황은 오늘날의 관찰자 대부분이 기꺼이 인정하는 것보다 내전과 혁명에 훨씬 더 가까웠다.[46] 다행히도 영국의 정치적 리더십이, 면화업계 거물의 아들인 로버트 필처

---

* 계량경제사학자들이 선호하는 척도인 인간의 신장 데이터 유골에 대한 연구는 고대 세계의 경제 동향을 조사하는데도 매우 귀중한 것으로 판명되었다. 이안 모리스 『철기시대 초기의 그리스Early Iron Age Greece』초고, 저자의 허락을 얻어 인용.

럼 탁월한 선견지명이 있는 정치인이 보여주듯이, 적절한 개혁 조치로 대응할 수 있을 정도로 유연했다.

엥겔스는 맬서스 함정에서 벗어나기 전에 영국인의 삶이 얼마나 암울했는지를 잊었거나 아니면 결코 알지 못했을지도 모른다. 초기 산업 빈민가의 일상적 삶이 열악했음에도 불구하고, 그 기간에 영국의 인구가 급격하게 늘어났다는 데는 논쟁의 여지가 없다. 생활 조건은, 거의 정의상, 늘어나는 머릿수가 인구 증가를 억제할 정도로 심각한 생활 수준의 하락을 초래했던 2세기 전이 훨씬 더 나빴을 것이 틀림없다. 1740년과 1820년 사이에 사망률이 1000명당 35.8명에서 21.1명으로 떨어졌다.[47] 산업혁명 이전의 삶에 대한 엥겔스의 목가적 비전은 열광적 상상력의 산물이자 산업화 이전 시대의 인구통계학의 철칙을 외면한 것이었다.

1650년 이후 영국 인구의 급격한 증가는 사실상 미스터리에 가깝다. 정확한 데이터의 결핍이 논점을 흐린다. 대부분 학자는 세례와 매장 기록의 차이를 계산하는 것으로 그친다. 인구를 통제하는 중요한 메커니즘 중 하나는 결혼 연령의 규제였다. 번영하는 시대에는 사람들이 더 일찍 결혼하여 더 많은 자녀를 낳았다. 불경기에는 더 늦게 결혼하고 더 적은 자녀를 낳았다. 그 너머에서 다시 정치적 이념이 개입한다. 좌익의 인구학자들은 급격한 인구증가가 값싼 아동 노동의 수요 때문이라고 생각하는 반면에, 우익의 학자들은 가난한 가속의 자녀 출생을 보상해준

스핀햄랜드Speenhamland 빈민구제 시스템의 탓으로 돌린다. 중세 후기의 인구증가에 대한 가장 설득력있는 설명에는 생활 조건의 점진적 향상에 힘을 보탠 위생의 개선이 포함된다.[48]

그렇지만 이 문제는 여전히 골치 아픈 문제다. 전체 기간에 1인당 경제 생산이 인구와 함께 증가했다. 하버드의 경제사학자 사이먼 쿠즈네츠Simon Kuznets는, 급속한 산업화 기간에 선두에 선 사람들이 나머지 사회의 희생에 바탕하여 번영하면서 부와 소득의 불평등이 일시적으로 증가한다는, "곡선 가설curve hypothesis"로 이러한 역설을 설명했다.[49] 일련의 동일한 사건이 전개된 1990년대의 기술 붐 기간에도 컴퓨터에 능통한 수천 명의 20대 젊은이가 상상할 수 없을 정도로 부유해지면서 (일시적이라도) 소득의 거대한 격차가 발생했다.

인플레이션율 및 생활수준과 관련한 불확실성으로 인하여 우리는 아마도 근대 초기 영국의 웰빙과 경제성장의 윤곽을 결코 알 수 없을 것이다. 정확히 어느 시점에서 영국의 근대적 경제 도약이 일어났고 전반적 생활수준이 개선되기 시작했는지는 논란의 여지가 큰 문제다. 산업혁명 초기의 역사가-필리스 딘과 윌리엄 콜William Cole-들은 급속한 경제성장이 일찍이 1700년대 후반에 시작되었다고 주장했지만, 보다 최근의 연구는 20세기초까지 그런 일이 일어나지 않았음을 시사한다. 이러한 논쟁은 이 책의 범위를 멀리 넘어선다. 그러나 혼돈의 18세기가 거의 연속적인 강대국간 갈등으로 가득했다는 것은 분명하다.

계속되는 살육이 1793년과 1815년 사이에 새로운 유형의 세계적인 대규모 전쟁이 출현하면서 절정에 달했다. 이 끔찍한 기간의 말기에는 영국에서조차도 굶주림의 유령이 출몰했기 때문에 1800년을 전후한 몇 년 동안 성장이 정체되었다는 것은 놀라운 일이 아니다. 영국이 7년전쟁, 미국 독립혁명, 프랑스 혁명과 전쟁, 나폴레옹 전쟁을 아우르는 기간에 생활 수준의 하락을 막으면서 인구를 두 배로 늘린 것은 기적에 가까웠다. 빈 회의 이후에 유럽이 안정되고 증기 동력과 전신이 경제에 활력을 불어넣기까지는 다양하고 집중적인 근대적 경제성장이 이루어질 수 없었다.

어쨌든 이 책의 4-요소 모델은 증기 동력 운송과 전자적 통신이 사용되기 시작한 19세기초 이전에 지속 가능한 성장이 이루어지지 않은 이유를 이해하는데 도움이 된다. 제조업 부문의 생산성이 아무리 향상되더라도 철도와 전신이 없이는 기업가가 수많은 새로운 상품을 궁극적인 소비자에게 마케팅하고 운송할 수 없었다.

비산업혁명

근대적 번영의 탄생은 일반적으로 산업혁명과 관련지어진다. 1830년대에 외국 평론가들이 처음으로 사용하기는 했지만,

1844년에 맨체스터에서 행한 일련의 강연을 통하여 산업혁명이라는 용어를 대중화한 사람은 역사학자 아놀드 토인비였다. 전통적으로 산업혁명은 1760년과 1830년 사이의 기간을 의미한다.[50] 점점 더 조직화된 삶과 생산 방식이 서구 번영의 원천이 있다는 아이디어는 필리스 딘 같은 20세기 조숭빈의 역사학자와 경제학자들에게 명백하게 보였다.

> 산업혁명을 통해서 풍요로 가는 길이 열린다는 것은 이제 경제발전 이론의 공리axiom처럼 되었다. 각 세대가 이전 세대보다 높은 수준의 생산과 소비를 누리게 될 것으로 확신할 수 있는 연속적인 자체 유지self-sustaining는 경제성장의 과정이 산업화를 이룬 국가에서만 열려있다. 20세기 중반의 이른바 선진국 국민의 생활수준과 오늘날의 저개발국 또는 후진국에 만연한 생활수준의 현격한 차이는 본질적으로 전자가 산업화를 이루었고 후자는 그렇지 못했기 때문이다.[51]

1960년대까지 정책 입안자들은 산업화를 세계적 번영의 필수 조건으로 인식하고 강제적 산업화를 제3세계의 유일한 희망으로 보았다. MIT 경제학자 월트 로스토는 국가 경제가 마침내 지속적 성장에 대한 장애물과 저항을 극복하고, 산업화가 이루어지는 시점을 의미하는 부상takeoff이라는 용어를 대중화했다. 그는 영국에서 1800년 직후에, 미국에서 1860년에, 일본에서 1900년경에, 그리고 가장 부정확하게 오스트레일리아에서 1950년에 산업적 이륙이 일어났다고 설명했다.[52]

로스토는 경제적 이륙의 가장 중요한 요건이 경제의 근대화를 심각하고 고차원적인 정치 문제로 간주하는, 산업의 하향식 변혁을 추구하는 정치 엘리트의 존재라고 생각했다.[53] 로스토의 이론에서 사유재산과 시민의 자유 같은 말을 찾아볼 수는 없지만, 공정하게 말해서, 그는 과학적 합리주의와 종교적 관용성의 중요성을 인식했다. 로스토의 글을 읽으면 마음의 눈에 수십 개 소국이 지구의 경제 활주로 끝에서 산업화의 푸른 하늘로 이륙할 허가를 기다리고 있는 모습이 보인다. (로스토라는 이름이 과거 미국 대통령에 대한 기억을 자극하는 것은 당연한 일이다. 그는 정말로 린든 존슨 대통령의 가장 매파적인 조언자였고, 자신의 숫자와 도표가 매우 고무적이었기 때문에, 베트남 전쟁의 막바지까지도 전쟁이 잘 진행되고 있다고 믿었던 W. W. 로스토 바로 그 사람이다.[54])

아마도 지난 50년 동안의 가장 저명한 경제사학자라 할 수 있는 알렉산더 거센크론까지도 산업화를 경제 발전의 시작이자 끝으로 보았다. 거대한 공장 부문이 없이는 절대로 국가가 번영하고 선진화될 수 없었다.[55]

근대적 부의 원천은 거의 문명의 여명기까지 거슬러 올라가고, 지속적인 성장이 영국보다 훨씬 전에 네덜란드에서 이루어졌다. 근대의 다른 예도 산업 중심 가설에 배치된다. 18세기 후반의 오스트레일리아가 특히 두드러진 사례다. 딘-로스토-거센크론 이론에서 오스테일리아는 소규모의 산업 부문만을 보유한 낙후된 농업 국가였다. 그렇다면 다른 농업 국가들이 빈곤에 빠져있던 시기에 어떻게 세계에서 최상층의 생활 수준을 유지할 수 있었을까?

부상을 위한 또 하나의 중요한 로스토식 전제조건은 국민소득의 10퍼센트를 넘어서는 투자율의 증가다. 여기서 다시 한번 MIT 교수가 원인과 결과를 혼동했다. 전체주의 사회를 제외하고 국민소득의 투자 비율을 선택하는 주체는 정부가 아니고 개인이다. 투자자는 기업이 높은 수익을 약속할 때만 자본을 제공한다. 활기찬 현대 경제의 저축율이 높은 것은 수익성 있는 다양한 기회가 제공되기 때문이지 저축율이 높기 때문에 수익성 있는 기회가 생기는 것이 아니라는 사실을 현대의 계량경제 연구가 분명하게 보여준다.[56] 어쨌든 산업혁명 기간에 영국의 저축율은 로스토의 10퍼센트 하한선보다 훨씬 낮았다.[57]

이 훌륭한 학자들이 어떻게 그토록 심각한 오류를 범할 수 있었을까? 첫째로 그들은, 1980년 이전에 많은 사람이 그랬듯이, 제도적 요소-특히 재산권과 법의 지배-의 중요성을 과소평가했다. 둘째로 그들은 정확한 역사적 데이터에 접근할 수 없었다. 경제학자들이 여러 세기 심지어 수천 년을 거슬러 올라가는 경제성장의 윤곽을 재구성하려 시도한 것이 불과 몇십 년 전에 시작된 일이었다. 이러한 최근 정보는 19세기 후반의 미국이 여전히 전반적으로 농업 국가였지만 1인당 GDP가 영국과 거의 대등한 국가였음을 시사한다. 같은 시기에, 이미 우리가 살펴본 대로, 로스토의 계산에 따르면 50년 뒤에야 부상하게 될 오스트레일리아가 잠시 동안 세계 최고 수준의 1인당 GDP를 보유했다.

우리도 국가적 부의 부상을 (로스토가 실제로 그랬던 것처럼) 전화, 롤렉스 시계, 또는 루이 15세 의자 덕분으로 돌릴 수 있다. 그러나 산업화와 마찬가지로 이런 물건-사치품이든 아니든-은 번영의 근본 원인이 아니라 결과물이다. 이제는 거리의 사람들까지도 산업화 자체가 경제 발전의 초석이 아니라는 것을 인식한다. 강제된 산업화에 기초한 소비에트 실험의 붕괴와 제3세계에서 외국의 지원을 받아 사회 기반시설을 건설하는 대규모 프로젝트 대부분의 비참한 실패는 번영에 단순히 공장과 댐을 건설하는 것 이상의 무언가가 있음을 보여준다. 제조업 부문이 쇠퇴하고 저임금 국가로 이동함에도 불구하고 정보 및 서비스 기반의 경제가 급속하게 성장한 선진국들이 20세기 후반에 이룩한 주목할만한 후기산업적 부가 번영의 근원으로서 산업화의 중요성을 강조하는 생각이 틀렸음을 말해준다.

개발도상국이 관세를 비롯한 수입 장벽으로 자국의 초기 산업을 보호해야 한다고 주장하는 수입 대체import substitution 이론 역시 신빙성을 잃었다. 최근의 데이터는 그러한 정책이 유아기에 있는 자국 산업의 장기적 경쟁력을 떨어뜨리고 전반적으로 느린 경제성장을 유발할 뿐임을 시사한다.[58]

영국은 네 가지 제도적 요소 모두에서 적수가 거의 없는 선도적 발전에 힘입어 1인당 GDP뿐만 아니라 총 GDP 측면에서도 높은 경제 성장률을 유지한 최초의 국가였다. 하지만 결국 영국의 오랜 경제 역사가-아무리 영광스러웠더라도-짐이 되었다. 18세기까지도 영국의 두툼한 법령집에는 수많은 중세기 규정이 수록되어 있었다. 한 가지 예는 엘리자베스 여왕 시대에 제정되어 1814년까지도 폐지되지 않았던 도제법Statute of Apprentices이다. 이 법을 조사한 애덤 스미스는 말했다.

예를 들면 마차 제작자가 자신의 마차 바퀴를 스스로 또는 장인을 고용하여 만들 수 없고 마스터 바퀴 제조인에게서 구입해야 한다고 판결되었다...그러나 바퀴 제조인은, 마차 제작자의 도제로 일한 적이 없음에도 불구하고, 스스로 또는 장인을 고용하여 마차를 만들 수 있었다. 영국에서 법령이 만들어질 당시에 (실행되지 않았기 때문에) 마차 제작자의 거래가 포함되지 않았기 때문이다.[59]

양모의 거래도 그러한 규정에 얽매여있었고, 면화 산업이 폭발적으로 성장한 이면에는 새로운 상품으로서 규제를 피해 갔다는 이유가 있었다. 산업가들은 이러한 규정이 적용되지 않고 낡은 규정을 시행할 치안판사가 자리를 잡지 못한 버밍햄과 맨체스터 같은 신도시에서 사업을 벌임으로써 도제법 같은 규제를 피해갈 수 있었다.

영국의 독점 전통 역시 사라지는 데 오랜 시간이 걸렸다. 동인도 회사의 독점권이 인도와의 무역에서 1813년까지 유지되었고, 중국과의 무역에서는 그보다 10년 더 지속되었다. 극동과의 무역을 원한 다른 회사들을 불구로 만든 동인도 회사의 독점은 영국의 상업 활동에 득보다 실이 많았다. 남해회사 사태의 여파 속에서 투기를 억제하기 위하여 1720년에 통과된 거품법은 주식회사를 설립할 때 의회의 인가를 받도록 함으로써 혁신을 절름발이로 만들었다. 의회는 1825년까지 거품법을 폐지하지 않았고, 1856년까지도 주식회사의 설립 절차를 간소화하지 않았다.

거품법은 또한 공매도와 선물을 포함하여 1720년에 시장 붕괴의 원인으로 지목된 수많은 투기적 도구speculative tools의 사용을 금지했다. 오늘날의 우리는 이러한 장치가 시장의 안정성을 강화하고 자본의 비용을 낮춘다는 사실을 알고 있다. 그런 장치의 부재로 인하여 이어지는 세기 동안에 영국의 금융시장은 극도로 불안정한 시장이 되었다.

유럽의 나머지 국가와 마찬가지로 영국은 워털루 전투 이후로 오랫동안 보호주의의 장벽을 없애지 않은 대단히 중상주의적인 국가였다. 우리는 이미 곡물법이 폐지된 경위를 살펴보았다. 의회는 1849년까지도 항해법을 폐지하지 않았다. 정부가 자국의 농업과 산업을 과도하게 보호한다면 증기선이 무역에서 별로 쓸모가 없다. 영국이 보호주의 법령을 폐지하고 나서야 번영의 기반이 되는 마지막 블록-효율적인 운송-이 안전하게 자리 잡을 수 있었다.

새로운 부의 성지, 미국

아메리카 식민지는 영국의 모든 제도적 이점을 보유했을 뿐만 아니라 그에 따른 대부분의 저주에서도 벗어났다. 미국의 자본 형성은 특히 제도적 방해를 받지 않았다. 헌법이 비준된 직후에 미국은 세계에서 가장 발전된 특허 시스템을 만들었다. 부족한 것은 자본 자체와 노동력뿐이었다. 그리고 곧 자본과 노동력이 내외부로 자유롭게 흐르게 된다. 1855년까지 미국은 영국보다 많은 주민을 보유하게 되고 1870년에는 경제 규모도 영국보다 커졌다.

그림 7-2는 헌법이 비준된 이후 미국의 1인당 GDP 성장을 보여준다. 19세기초 영국의 성장 불확실성과는 대조적으로 미국은 거의 처음부터 매년 약 2퍼센트의 생산성 성장을 달성했다. 대서양 건너편보다 훨씬 빠른 성장 속도였다. 그림 7-2에서 1인당 GDP 그래프와 2퍼센트 추세선의 근접성은 기묘하다. 1장에서 살펴본대로 20세기 동안에 세계 주요 선진국의 1인당 GDP 성장율도 2퍼센트 주변에 매우 밀접하게 모여 있음을 상

그림 7-2 | 미국의 실질 1인당 GDP

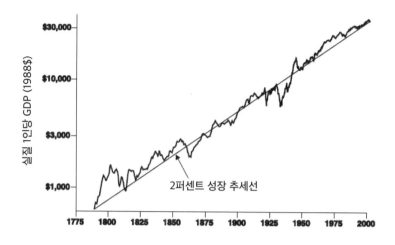

출처: 인구 데이터, 『흑사병으로부터 오늘날까지 영국 인구의 역사(British Population History from the Black Death to the Present Day)』, 마이클 앤더슨 편집 (케임브리지 대학교 출판부, 1966), 77; 1인당 GDP, 그레고리 클라크, 「산업혁명의 감춰진 역사(The Secret History of the Industrial Revolution」, 조사보고서, 2001.

기하라.

미국의 초기 생산성 성장은 대부분 다양한 부문에서 영국을 추격하는 성장이었다. 매디슨은 1820년 미국의 1인당 GDP 가 영국의 73퍼센트에 불과했고, 미국의 생산성이 20세기 초까지도 영국을 능가하지 못했다고 추정했다. 그러나 이민과 높은 출산율로 인하여 미국 경제의 순raw 규모는 그보다 훨씬 전에 영국을 넘어섰다.[60]

풍부한 토지와 자원이 새로운 국가를 축복했지만 거대한 대류의 지형은, 긴 강이 있음에도 불구하고, 특히 영국이나 네덜란드와 비교할 때 경제적 번영에 전혀 유리하지 않았다. 처음부터 영국에서 세계 최고의 제도와 관행이라는 훨씬 더 가치 있는 재화를 물려받은 미국은 그중에서 자유와 상업 활동을 장려하는 제도와 관행을 선택하고 그렇지 않은 것은 버렸으며 일부는 자체적으로 발명했다. 파괴적인 내전을 촉발하게 되는 노예제도 같은 고유한 결점만이 미국이 세계에서 지배적인 위치에 오르는 것을 지연시킬 수 있었다.

08 두 번째로 성장한 나라
- 프랑스, 스페인, 일본

—

네덜란드와 영국의 급속한 번영은 곧 나머지 서유럽으로, 나중에는 동아시아로 퍼져나갔다. 국가가 부유해질 것인지 아닌지는 뿌리 깊은 제도적·문화적 요인에 달려있었다. 나는 네덜란드와 영국의 뒤를 이어 번영을 이룩한 수십 개 국가 중에 프랑스, 스페인, 일본을 분석 대상으로 삼을 것이다.

그림 8-1은 영국과 함께 이들 세 국가의 1인당 GDP 성장을 보여준다. 영국과의 근접성과 혁명 이후의 개혁으로 인하여 프랑스가 해협 건너에 있는 이웃을 바짝 뒤쫓았다. 스페인과 일본이 그 뒤를 따르는 데는 한 세기가 더 걸렸다. 세 나라 모두의 경제 이야기는 그들의 길에 있었던 성장의 장애물, 그런 장애물을 어떻게 극복했는지, 그리고 오늘날의 개발도상국을 위하여

어떤 교훈이 도출될 수 있는지에 중점을 둔다.

그림 8-1 | 1인당 GDP (인플레이션 보정)

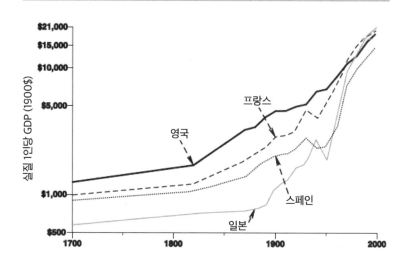

출처: 매디슨『세계 경제 모니터링, 1820-1992』『세계 경제: 천 년의 관점』

서유럽에 부는 변화의 바람

네덜란드와 영국에서 시작하여 상인과 소귀족 계층이 점차 통치자의 특권을 억제하고 국가와 시민의 관계를 근본적으로 변화시켰다. 서서히 서유럽의 나머지 지역으로 퍼져나간 변화의 전개 과정은 부드럽지도 균일하지도 않았다. 예를 들어 루이

14세 치하의 앙시앵 레짐ancien régime은 현대의 공산주의와 국가사회주의가 출현하기 전까지 다시는 볼 수 없었던 정치적·경제적 절대주의의 정점에 도달했다.

수천 년 동안 모든 통치자의 주된 목표는 자신의 부를 최대화하는 것이었다. 1215년 러니미드에서처럼 가장 강압적인 상황에서만 신성한 왕권이 양보되었다. 근대 이전 시대의 유럽은 국가nation는 가장 큰 나라를 제외하고 이들을 설명하기에 너무 거창한 단어였고 소국 간의 끊임없는 전쟁의 소용돌이였다. 추정치는 다양하지만, 중세 시대에 1,000개에 달하는 주권 공국이 유럽 전역에 흩어져있었다. 현명한 왕자나 공작은 노동자와 상인에게 너무 무거운 세금을 부과하면 도로를 따라 몇 마일 떨어진 세금이 더 가벼운 곳으로 사업을 옮겨가기 십상이라는 것을 알게 되었다.

통치자들은 서서히 자신의 복지와 신민의 복지를 동일시하기 시작했고 거위의 깃털을 너무 많이 뽑지 않는 법을 배웠다. 신민에게 지나치게 무거운 세금을 부과하지 않고 그들의 재산을 너무 자주 압류하지도 않는 국가가 그렇지 않은 국가보다 더 풍부한 국고와 규모가 큰 군대를 보유하게 되었다. 신민을 약탈하기를 자제할 수 없는 국가는 점점 약해지고 대부분 완전히 사라졌다. 이러한 다윈적Darwinian 과정을 통하여 점차 계몽된 세금, 법의 지배, 안전한 재산권이 있는 국가가 번영하면서 덜 발전된 이웃 국가들에 대한 우위를 차지했고, 유럽은 부자가 되기에 좋은 곳이 되었다. 따라서 잘게 나누어진 유럽의 정치 지형이 중앙집권 체제하에서 잘못된 정부 정책에 불만을 품은 기업가들이 갈 곳이 없었던 터키와 중국 같은 국가와 극적인 대조를 이루었다.

현명한 통치자는 자유시장의 인센티브를 저해하지 않는 방식으로 세금을 징수한다. 경제적·사회적 관점에서 최적의 과세가 소비세 또는 판매세다. 가장 일반적인 현대판 소비세는 기본적으로, 일반 판매세처럼 생산 과정의 중간 단계를 통하여 증폭 cascade되지 않는 국가 판매세인, 유럽식의 부가가치세다. 소득세는 재산세와 마찬가지로 다소 왜곡된 세금이다. 돈을 벌고 투자하려는 인센티브를 줄이기 때문이다. 국가의 수입을 얻는 최악의 길은 경쟁을 억제하는 독점권의 판매다.

세금의 종류나 어쩌면 세율보다도 더욱 중요한 것이 세금을 관리하는 방식이다. 복면을 쓴 강도나 뱃지를 단 공직자에 의한 자의적인 재산의 압류만큼 경제의 건강을 해치는 것은 없다. 마찬가지로 특정한 사회계층 전체에 대한 세금의 면제만큼 사회의 사기를 떨어뜨리는 것도 없다. 소득에 대한 30퍼센트의 세금은 쉽게 용인되지만, 자의적이고 완전한 도용의 가능성 30퍼센트나 인구의 30퍼센트에 대한 세금 면제는 사회를 빈곤으로 이끌고 혁명을 조장할 것이다.

번영을 향한 첫걸음

근대 이전 시대에는 상업 활동을 통해서 국가가 부유하고 강력해질 수 있다는 아이디어 자체가 거의 존재하지 않았다. 수천 년 동안 승리와 약탈이 부로 향하는 길이었다. 르네상스 이탈리아의 미지근한 번영과 네덜란드의 보다 견고한 번영이 나타날 때까지 상업과 산업을 국가적 우선순위로 삼는 것은 고사하고 그 가치를 이해하는 통치자도 거의 없었다. 정복만이 부를 창출할 수 있었고 전리품이 마르면 특징적인 죽음의 소용돌이가 펼쳐졌다. 통치자는 줄어든 수입을 보충하기 위하여 부의 주요 생산자인 농민에 부과하는 세금을 올렸고, 인상된 세금을 낼 수 없게된 농부들은 농지를 팔거나 그냥 버렸다. 이로 인한 세수의 감소가 더 높은 세율의 과세로 이어졌고 더 많은 농장이 버려졌다. 후기 헬레니즘 시대의 그리스에서 콘스탄티누스 황제 이후의 로마와 오스만제국 말기에 이르기까지 쇠퇴하는 국가의 특징은 농촌 지역의 인구 감소였다.

따라서 번영을 향한 첫걸음은 자신의 복지와 신민의 복지의 연관성에 대한 통치자의 인식이다. 현대의 선진국은 적극적으로 공공재를 공급하고 상업 활동을 장려하는 서비스 국가service state다. 몇 가지만 말하자면

- 젊은이들을 위한 교육
- 공공 안전과 재산권을 보장하는 경찰의 보호
- 시민의 충성심을 보장하는 독립적 법원에 의한 사법 관리
- 노동력과 생산물을 수송할 도로

그렇다면 번영으로 가는 여정에서 누가 앞서고 누가 뒤처질지는 지배층인 귀족이 국가적 부의 기반을 제공하는 다음 요소들의 중요성을 언제 어디서 처음으로 파악하는지에 달려있다. 바로 법의 지배, 개인 재산의 안전성, 권력 분립, 활기찬 민간 상업활동과 무역, 독점권 임대에서 광범위한 소비세 체계로 바뀌는 국가 수입의 전환. 공공 안전, 교육, 도로의 제공 같은 요소들이다.

프랑스는 왜 뒤처졌을까?

경제사학자 N. F. R. 크래프츠Crafts는 영향력 있는 에세이에서 영국이 산업혁명에서 프랑스를 이긴 것이 우연의 결과였다는 결론을 내렸다.[1] 그는 두 나라 모두 근대적 성장에 필요한 지적·사회적 인프라를 보유했으므로 영국의 승리가 확률적stochastic, 즉 무작위적 사건이었다고 주장했다. 크래프츠는 18세기가 여러 번 되풀이될 수 있었다면, 프랑스가 적어도 영국만큼 자주

경제 시합에서 승리했을 것이라고 말했다.

의심의 여지 없이 역사에는 강력한 무작위적 요소가 스며든다. 떠돌아다니는 미생물이나 빗나간 총알 때문에 히틀러, 웰링턴, 또는 루이 14세가 일찍 생을 마감했다면 어떻게 되었을까? 그렇지만 유럽의 제도와 관행의 역사를 잠시만 살펴보더라도 산업혁명을 향한 경주에서 실제로 프랑스인이 이길 기회가 결코 없었음이 드러난다.

적어도 표면적으로 프랑스인은 네 가지 중요한 경제 요소 모두에서 영국인에 필적했다. 당연히 프랑스가 영국 및 네덜란드와 함께 세계적 번영의 선봉에 섰어야 했다. 프랑스인의 재산권이 강력한 중앙정부와 고도로 조직화된 사법부에 의하여 보장되지 않았나? 데카르트와 파스칼의 고향 프랑스가 과학적 계몽의 발상지라고 주장할 자격이 있지 않았나? 프랑스의 기술 혁신의 기록이 영국만큼이나 인상적인 것으로 판명되지 않았나? 베르사유 궁전이 이자rentes에 굶주린 대중으로부터 막대한 자본을 모으지 않았나? 앙리 4세와 루이 14세 치하에서 건설된 도로와 운하 시스템이 17세기 영국의 울퉁불퉁한 도로와 허름한 부두보다 우월하지 않았나? 이 모든 질문에 대한 대답은 매우 긍정적이다. 그렇지만 프랑스의 경제적 도약은 영국보다 한 세기 이상 뒤처졌다. 수수께끼의 답은 앙시앵 레짐 하에서 작동한 네 가지 성장 요소의 효율성에 있다.

프랑스인이 진정으로 원하는 것

1589년에 앙리 4세의 통치가 시작될 무렵의 프랑스는 봉건주의가 거의 사라진 국가였다. 토지와 소유물에 대한 명확하고 양도할 수 있는 권리가 널리 확산되었고 상업 활동이 빠르게 성장했다. 그러나 프랑스의 재산 시스템은 소유권을 부여하지만 인센티브는 제공하지 않는 시스템이었다. 문제는 경제학자들이 말하는 지대추구 행동(돈을 벌기 위하여 열심히 일하고 사업을 운영하는 대신에 특권을 이용하려는 성향)에 있었다. 친숙한 현대의 예에는 필수적 차량검사에 대한 과도한 수수료, 노조의 지나친 고용 요구, 그리고 기업 최고경영진의 과도한 급여와 혜택이 포함된다. 지대추구는 인간 본성의 기본적 특성으로 모든 사회가 어느 정도는 그로 인한 고통을 받는다. 지대추구의 매력이 정직하게 돈을 버는 것보다 점점 더 커지는 상황이 지속될 때만 경제적 피해가 발생한다. 앙시앵 레짐 시대의 프랑스가 바로 그런 경우였다.

근대 이전 시대의 프랑스에서 지대추구가 어떻게 진화했는지를 파악하려면 프랑스의 세금 구조를 이해해야 한다. 프랑스의 주된 수입원은 토지와 건물에 대한 세금 타이에taille였다. 귀족과 성직자에게는 세금이 면제되었기 때문에 기본적으로 농민과 소상공인이 부담하는 세금이었다. 따라서 귀족의 지위를 사거나 성직자가 되는 서약을 하면 영적·물질적 측면에서 짭짤한 배당금이 돌아왔다. 왕실은 귀족과 성직자로부터도, 처음에는 가벨레gabelle-소금세-와 에디aides-와인, 비누, 양초 같은 사치품에 붙는 세금-로 나중에는 복잡한 인두세 카피타시옹capitation으로, 수입을 얻으려 시도했다. 세금 부담의 불평등으로 인하여 땅을 팔 수밖에 없었던 농부들이 종종 소작농으로 남게 되었다. 베르사유의 보호를 받으면서 대리인을 파견하여 이전에 토지를 소유했던 농부와 그의 자손으로부터 영주세와 소작료-상 메르시sans merci-를 징수하는 부재지주 귀족의 손에 재산이 축적되었다. 루이 14세가 사망할 무렵에 거의 봉건국가로 퇴보한 프랑스는 혁명을 촉발하는 빠짝 마른 불쏘시개의 주요 공급원이 된다.[2] 그렇게 광범위하고 복잡한 세금을 걷는데 어려움을 느낀 왕실은 세금 청부인tax farmers-정부를 위하여 세금을 징수하고 수수료를 받는 민간 사업자-에 점점 더 의존하게 되었다.[3]

번거롭고 혐오스러운 시스템이 국가의 상업적 활력을 파괴했다. 앙리 4세 시대부터 신흥 부자들이, 오늘날의 현대적 전문직 종사자들이 자녀를 아이비 리그Ivy League 대학교에 보내고 싶어하는 것처럼, 아들을 관료와 세금 청부인으로 만들려는 꿈을 꾸었다. 군사적 모험과 궁정의 사치를 위한 자본이 만성적으로 부족했던 왕실은 기꺼이 미래의 수입을 현재의 현금과 교환했다. 프랑스에서 기업인이 성공하기가 특별히 어렵지는 않았지만, 그러한 시스템에서는 가족 기업가 정신이 한 세대 이상 지속되는 경우가 드물었다. 한 역사학자는 프랑스인의 사고방식을 다음과 같이 설명했다.

네덜란드는 물론이고 영국에서도 재산을 모은 상인, 제조업자, 금융업자는 아들이 자신의 사업을 확장하는 것 외에 다른 바람이 없었던 반면에, 프랑스에서 자수성가한 사람들은 모두 장남에게 관직을 사주기를 꿈꾸었다. 사다리의 꼭대기에 있는 사람은 아들을 회계법원Chambres de Comptes의 위원으로, 작은 가게 주인은 사무원으로 만들려 했다.[4]

가족들이 생산적인 활동을 사들인 직위와 명목상의 관직으로 교환함에 따라 한 마을의 성씨중 80퍼센트 이상이 세금 명부에서 사라질 수 있었다.[5] 재산권은 인센티브를 제공함으로써 마법을 부린다. 프랑스는 표면적으로 강력한 재산권을 보유했지만 지대추구 행동을 장려하는 제도가 시민의 인센티브를 고갈시켰다. 오늘날까지도 프랑스인은 퐁쇼네fonctionnaire-대략 국가에 의하여 상당한 지위, 혜택, 특전을 부여받는 관료-의 지위를 열망한다. 다시 한번 강대국의 몰락이 세금 정책에서 비롯되었다.

영국의 스튜어트 왕조도 독점권 판매를 왕실의 수입원으로 삼았지만, 군주의 환심을 먼저 얻은 신하에게 이 상품의 수입이나 저 완제품의 판매에 대한 배타적 권리를 부여한 영국인은 독점권 분야에서 순전한 아마추어였다. 루이 14세 치하의 프랑스는 독점권의 국가적 착취를 새로운 차원으로 올려놓았다.

베르사유의 문제

그러한 체제를 묘사하는데 사용할 수 있는 가장 연상적인 형용사가 조종to steer을 뜻하는 프랑스어에 뿌리를 둔 지도주의dirigiste다. 프랑스의 중앙집권화 본능은 백년전쟁 (실제로는 1337년부터 1453년까지 116년 동안 노르만 프랑스의 지배권을 두고 싸웠던) 이후의 쇠약과 혼란에서 비롯되었다. 대부분 전투-크레시Crécy, 아쟁쿠르Agincourt, 푸아티에Poitiers-에서 영국이 이겼지만 전쟁의 승리는 잔 다르크가 오를레앙 포위 공격을 격파한 후에 프랑스로 돌아갔다. 전쟁이 끝나고 영국에 남은 것은 칼레뿐이었다.

전쟁의 여파로 프랑스라는 국가-샤를 7세에 의하여 느슨하게 묶인 봉건 영지의 조각보에 지나지 않았던-가 난장판이 되었다. 샤를 7세는 국세의 도입과 관직의 매각을 시작으로 서서히 국가 차원의 권력을 행사하기 시작했다.[6] 앙리 4세 치하에서는 특정 산업의 독점권이 부여된 장인 길드들이 경쟁을 질식시키고 혁신을 가로막았다. 이어진 두 세기 동안 왕위를 계승한 군주들은 왕실에 권력을 집중시켰다. 루이 14세가 프랑스의 귀족들을 베르사유 궁전이라는 화려한 감옥에 모아놓으면서 이런 과정이 절정에 달했다. 이는 국가를 정치적으로 통합했지만, 또한 귀족 계층을 지방의 사회적·상업적 뿌리에서 분리하고 국가의 상업 활동을 분열시키는 결과를 낳았다.

여기서 되풀이할 필요가 없는 궁정의 사치가 국가 예산의 무려 6퍼센트를 소비했다. 궁정의 간접적 비용은 훨씬 더 많았다. 태양왕의 환심을 사는데 집착한 국가 엘리트들이 고향의 상업적 이익에서 멀어지게 되었다.[7]

　루이 14세의 가장 유명한 콩트롤레 제네랄contrôler général－재무상관－은 장 바티스트 콜베르Jean Baptiste Colbert였다. 열심히 일했고, 진심으로 프랑스의 복지에 집중했고, 당시의 기준으로는 정직했던 그는 루이 14세가 귀족을 조종한 것만큼이나 거의 완벽하게 프랑스의 경제를 지휘했다. 무엇보다도 중상주의자인 콜베르는 금고에 있는 금－무역 수지에 의존하는－에서 국가의 경제적 건강이 도출된다고 믿었다. 수출이 활발하게 흐르고 수입이 억제될 수 있으면 부가 축적되었다. 수출이 줄어들면 금이 떠나고 국가의 힘이 약해졌다.

　따라서 중상주의는 모든 국가에 해를 끼치는 제로섬zero-sum 게임이었다. 중상주의의 가장 유해한 특성은 또 한 명의 열렬한 중상주의자 프랜시스 베이컨 경의 "모든 재산의 증가는 외국인에게서 비롯되어야 한다"는 말로 간결하게 설명된다.[8] 경제의 발전에는 역사적으로 수많은 시행착오가 있었다. 애덤 스미스의 통찰력 있는 지혜는 상호 합의가 없이는 무역이 이루어질 수 없고 중상주의 이념의 혜택을 입을 사람이 거의 없다는 것을 꿰뚫어 보았다. 이러한 개념의 진실이, 오늘날에도 계속해서 세계화에 반대하는 사람들의 마음을 피하는 것처럼, 콜베르를 포함하여 이전 시대의 가장 현명한 마음들을 피해나갔다.

수출을 강화하기를 원했던 콜베르는 태피스트리, 유리, 도자기 (당시에 남부 네덜란드, 베네치아, 그리고 중국이 각각 지배했던) 같은 중요한 사치품 수출 품목에서 프랑스가 발군의 우위를 확립해야 한다고 생각했고 1667년에 이들 품목에 징벌적 수입 관세를 부과했다. 그는 공장 노동자를 거대한 산업 군대의 총알받이로 보고 그들의 파업을 금지하고 공무원들에게 노동자의 마음에 두려움을 불어넣을 것을 지시했다.[9]

연이은 칙령이 극히 미세한 세부사항까지 생산 방식을 의무화했다. 특정한 유형의 직물에는 1,376가닥의 실이 포함되어야 했고 2,368가닥이 요구되는 직물도 있었다. 각 유형의 직물에는 특정한 폭도 요구되었다. 317개 조항에 달한 직물의 염색 관련 규정이 각자 고유의 길드가 있는 세 종류의 염료를 정의했다. 세 그룹은 서로 엄격하게 분리되어야 했다. 콜베르의 부서는 다양한 산업과 관련한 44개 법령을 공표하고 규정이 준수되는지를 확인하기 위한 조사단을 임명했다.[10, 11, 12]

이것은 시작에 불과했다. 콜베르가 사망했을 때는 15개의 개별 조사단이 활동하고 있었다. 기존의 규정이 제조 과정의 전 단계에 적용되지 못한다는 것이 발견되면 콩트롤레가 규정을 확장하고 더 많은 조사관을 임명했다. 1754년까지 조사단의 수가 64개로 불어났다.

길드도 규제 기관을 부추겼다. 천으로 만든 단추가 뼈로 만든 단추를 대체했다는 놀라운 사실을 단추 제작자 길드가 발견하면,

콩트롤레가 조사관이 규정을 위반한 재단사에게 벌금을 물리고 심지어 개인 주택에까지 들어가서 금지 품목을 입고 있는 사람들을 처벌하도록 지시했다. 양털은 5월과 6월에만 깎을 수 있었고, 검은 양을 도살할 수 없었으며, 빗질carding 장치는 특정한 종류의 철사로 제작되고 일정한 수의 이빨을 포함해야 했다.[5] 난해하고 포괄적인 상업 규제로 이루어진 콜베르의 시스템이 혁신을 질식시키고 거의 무한에 가까운 부패의 기회를 제공했다.

모든 국가에는 수입이 필요하다. 그리고 수입을 확보하는 방식이 종종 국가의 삶과 죽음을 결정한다. 오늘날에도 아프리카와 아시아의 여러 나라에서는 공직과 독점권의 판매가, 그에 따르는 경쟁과 성장의 저해와 함께, 너무도 손쉬운 정부의 수입원을 제공한다. 근대 이전 시대의 프랑스와 스페인이 이러한 함정에 곤두박질쳤다.

우리가 이미 살펴본 것처럼 영국과 네덜란드도 조달하는 자금과 독점권을 교환하는 상태에서 벗어나지 못했지만, 그들은 시간이 가면서 모두에게 부과되는 소비세에 점점 더 의존하게 된다. 1700년 이후의 영국과 네덜란드에서는 부로 향하는 길이 더 이상 정부 부서를 거치지 않았다. 시민들은 제조업, 상업, 또는 무역에 종사함으로써 점점 더 부유해졌다.

영국과 네덜란드의 무역회사는 독점적 지위의 혜택을 누리는 특권의 대가로 상당한 위험을 부담했다. 제한적 독점권을 부여하는 오늘날의 특허법도 발명가가 감수해야 하는 부담을 수반한다. 어쨌든 1624년의 독점법이 영국에서 왕실이 자의적으로 독점권을 부여하는 관행을 거의 종식시켰다. 반면에 프랑스는 혁명 이후까지도 독점권을 축소하지 않았다. 이 두 사건 사이에 있는 174년의 간격이 프랑스의 경제적 번영이 뒤처진 이유를 설명하는데 큰 도움이 된다.

합리주의를 망치는 방법

프랑스인이 과학적 계몽시대에 주도적으로 참여했다는 사실을 부인할 사람은 거의 없을 것이다. 과학의 획기적인 성과가 국가의 영광을 나타냈기 때문에 베르사유는 과학을 중요시했다. 우리는 또한 프랑스인이 선천적으로 영국인보다 지능, 호기심, 또는 야망이 부족했다고 주장할 수 없다. 같은 맥락에서 영국의 과학적·기술적·지적 성취가 어떤 식으로든 프랑스를 능가한다고 정색을 하고 단언할 수도 없다. 뉴턴이 은유적으로 어깨 위에 올라섰다고 말한 데카르트에서 시작되는 영향력 있는 철학자의 목록이 적어도 그 시대의 위대한 영국인 과학자의 목록 만큼이나 길고 두드러진다. 마찬가지로 프랑스인은 증기 동력, 철도 운송, 그리고 전신의 채택에서도 영국인과 대등했다.

그렇지만 영국 해협의 양안에서 지적·기술적 진보에 대한 사고방식의 미묘하고도 중요한 차이가 발생했다. 종교적 불관용은 오랫동안 프랑스인의 정치적 삶을 대표하는 요소였다. 개신교도로 태어나 1589년에 부르봉 가문 최초로 왕위에 오른 앙리 4세도 왕관을 쓰기 전에 가톨릭으로 개종해야 했다. 그는 파리는 엄청난 가치가 있다고 외침으로써 자신의 개종을 합리화했다. 왕위에 있는 동안에 앙리는 격통하는 종교적 물결에 기름을 뿌리려고 노력했다. 1598년에는 낭트 칙령Edict of Nantes을 선포하여 개신교 위그노교도Huguenots에게 보호와 어느 정도의 자치권을 부여했다. 개신교를 경멸했던 루이 14세가 1685년에 칙령을 취소했다. 태양왕은 단숨에 프랑스에서 가장 탁월한 과학자와 재능있는 장인들을 없애버렸고, 그들 대부분이 영국과 저지대 국가로 도피했다. 증기기관의 최초 모델을 제작한 드니 파팽도 그런 망명자의 한 사람이었다.

17세기와 18세기의 위대한 산업 혁신은 과학자가 아니라 재능 있는 장인들에게서 나왔고, 거기에 프랑스의 또 다른 약점이 있었다. 프랑스에서는 궁정의 총애를 받고 학원에 안락하게 자리를 잡은 과학자들이 엘리트 계급으로 남아 있었다. 이들 유명인이 일반 대중, 장인, 또는 발명가들과 상호작용하는 경우가 드물었다. 반면에 영국에서는 학자와 장인이 자유롭게 소통하고 섞여들었다. 휘트스톤 교수가 건방진 벼락부자 쿠크를 간신히 용인했을 지도 모르지만 그것이 두 사람의 협력을 막지는 못했다. 후크와 핼리 같은 존경받는 과학자들이 종종 엔진 기사 뉴커먼과 시계 제작자 해리슨처럼 교육 수준이 낮은 장인들에

게 거리낌없이 시간과 조언을 제공했다. 경제사학자 조엘 모키어_Joel Mokyr에 따르면

> 영국에서는 자연철학자와 기술자를 연결하는 다리가 다른 나라보다 더 넓고 건너기도 쉬웠다. 영국은 다른 어느 나라보다도 추상화, 기호, 방정식, 청사진, 도표의 세계와 지레, 도르래, 실린더, 회전축의 세계 사이를 쉽게 이동할 수 있는 사람들에게 의지할 수 있었다.[14]

확률적 논문을 발표하고 거의 20년이 지난 뒤에 크래프츠는, 기존의 기계에 대한 기술적 개선이 점진적으로 이루어지는 미시적 발명_microinventions에서는 영국인이 프랑스인보다 우위를 점했을지도 모르지만 뜻밖의 행운과 기회에서 비롯되는 혁명적 장치인 거시적 발명_macroinventions에서는 프랑스인이 영국인과 대등했다는 주장으로 자신의 논문을 변호했다.[15] 사실일 수도 있지만, 논점과는 관계가 없는 주장이었다. 프랑스인은 발명-미시적이든 거시적이든-에서 실제로 영국인을 이긴 경우에도 자본을 조달하여 발명품을 생산할 능력이 없음을 되풀이하여 보여주었다. 산업혁명의 대표적인 거시적 발명품은 방적기였다. 1689년부터 1759년까지 프랑스의 경제 규제는 새로운 장치의 대표적인 최종 제품인 날염된 면 옥양목_calico의 생산, 수입, 심지어 착용까지 금지했다.

설령 프랑스인이 방적기를 발명했더라도 미세하게 관리되는 산업 및 자본 시스템이 혁명적인 기계의 광범위한 사용을 막았을 것이다. 오늘날에는 믿기 어려운 일이지만, 프랑스에서 1만 6000명 이상의 농부와 소상인이 면화 규정을 위반한 죄로-대부분 교수형이나 바퀴 위에서 신세가 부서지는 방식으로-치형되었다.[16] 대학살에 경악한 개혁가들이 더 인도적인 사형 방법으로 단두대를 옹호할 정도였다.

자본이 프랑스를 떠나다

세 번째 영역인 자본시장에서는 프랑스의 어려움이 더욱 미묘했다. 프랑스는 막대한 자본을 보유했지만 기업가들이 그 자금을 이용할 수 없었다. 성공적인 사업가가 자신의 회사에 투자하기보다 왕실에서 (나중에는 외국의 투자로부터) 받는 이자로 소득을 올리는 행복하고 수동적인 이자소득자rentier의 지위를 열망했다. 중산층과 하층민이 선호한 금융 수단은 비밀장소bas de laine-금화와 은화로 채워져 관습적으로 매트리스 밑에 상주하는 양모 양말-였다. 두 가지 전통적 수단(이자와 비밀장소)이 기업가에게 필요한 자본-애당초 상대적으로 적은 규모였던-을 밀어냈다. 19세기 동안에 프랑스의 투자자들은 전체 저축의 약 3/4을 중앙 및 지방정부나 해외로 보냈다.[17]

종교적 편협성 역시 자본시장에 큰 해를 끼쳤다. 장 칼뱅은 물론 프랑스인이었다. 신자의 직업과 적절한 이자를 받는 대출에 대한 승인을 통해서 영혼의 구원이 이루어진다는 그의 믿음이 라 로셸La Rochelle, 님Nîmes, 리옹, 파리의 강력한 개신교 은행을 낳았다. 왕실이 개신교도에게 공직을 팔지 않았기 때문에 상업계 진출이 강제된 개신교 은행은 여러 세대에 걸쳐 번성했다. 루이 14세가 낭트 칙령을 철회하자 개신교도들은 개종과 망명 중 하나를 선택해야 했다. 대개는 가족 구성원의 일부가 암스테르담, 런던, 함부르크, 또는 단치히Danzig로 이주하고 나머지는 카톨릭으로 개종하여 프랑스에 남았다. 분리된 가족의 지부는 나중의 로스차일드 가문과 마찬가지로 긴밀한 접촉을 유지했다. 그럼에도 불구하고 이 문제에 대한 왕실의 어리석음이 프랑스 자본시장에 큰 피해를 입혔다.[18] (그러나 사업의 휴대성이 훨씬 더 높은 개신교도 장인과 발명가들이 집단으로 도피한 기술 분야가 초래한 것만큼 큰 피해는 아니었다.)

도로와 통행료

프랑스의 지리적 위치 또한 영국보다 불리했다. 영국에는 바다에서 70마일 이상 떨어진 지역이 없는 반면에 프랑스는 국토가 넓은 대륙 국가였다. 순전히 기계적인 관점에서, 프랑스는 불리한 지형이라는 도전에 맞섰다. 프랑스의 도로 체계는 영국에 뒤떨어지지 않았다. 더욱이 프랑스의 중상주의에는 유익한 특징도 있었다. 긍정적인 무역 수지를 위해서는 효과적인 운송(균일한 중량, 측정, 통화 시스템과 아울러)이 필요했다. 이는 운하와 도로를 신설하는 왕실의 오랜 전통으로 이어졌다. 앙리 4세의 재무 장관 설리 공작Duke of Sully은 합스부르크 왕가의 무역로를 우회한 북부의 광대한 운하망을 구상했다.

제안된 시스템의 일부로 설리가 건설에 착수한 센강과 루아르강을 연결하는 운하는 앙리 4세가 사망하고 수십 년이 지나도록 완성되지 않았다. 콜베르가 수로를 개선하고 설리의 웅장한 나머지 설계를 실행하기 시작했지만, 그 역시 콜베르 자신과 태양왕이 사망하고도 오랜 시간이 지나서야 완성되었다. 그보다 더 거대한 프로젝트—두 바다 운하Canal de Deux Mers—는 지중해와 가론Garonne강을 연결하는 운하였다. 1691년에 완공된 운하는 건설에 투입된 비용과 100개의 수문을 관리하는 비용이 너무 높아서 해상 수송로에 대한 경쟁력을 확보하지 못했다.[19]

설리와 콜베르는 운하의 건설과 같은 열정으로 도로 건설을 추진했다. 앙리 4세와 루이 14세의 통치 기간에는 편리한 도로가 파리와 프랑스의 모든 국경 지역을 연결했다. 운송 시간이 절반으로 단축되었고, 17세기 말에는 불과 닷새 만에 고속 마차가 파리에서 리옹까지 갈 수 있었다. 18세기 중반의 프랑스는 유럽 최고의 내륙 운송 시스템을 보유했다.

그러나 효율적인 도로 및 운하 시스템의 시작과 함께, 콜베르는 내부 통행료라는 루브 골드버그 체계도 물려받았다. 이 시스템이 국가를 관세구역으로 나눔에 따라 구역간 통행이 엄청난 통행료 부담을 안게 되었다. 설상가상으로 밉쌀스러운 세금 청부인들이 광대하고 난해한 통행료 시스템을 관리했다.

앙리 4세의 통치 기간에는 낭트에서 270마일 거리의 느베르Nevers까지 운송되는 소금이 실제 화물 가치의 네 배에 달하는 통행료를 물어야 했다.[20] 통행료 시스템이 나라를 대략 30개의 교역 구역으로 쪼개고, 통합된 국가 경제와 비슷하기라도 한 모든 것을 파괴했다.[21] 콜베르는 내부 관세를 철폐해야 할 필요성을 인식했으나 통행료로 상당한 수입을 얻는 지역의 왕자들이 번번이 그를 가로막았다. 콜베르는 결국 프랑스 중심부에 대규모의 관세 면세지역인 5개 대농장Cinq Gross Fermes을 만들고 외곽 지역을 이웃한 외국과의 자유무역 지구로 격하시켰다.[22]

은유적으로 말해서 오전에는 콜베르가 자신의 운하망을 위하여 애쓰고, 오후에는 지방의 지주들이 내부 관세에 대한 콜베르의 창조물을 방해했다.* 1683년에 콜베르가 사망한 뒤에는 모

---

* 내부 통행료는 독일에서 프랑스보다도 심각한 피해를 초래했다. 오늘날의 관광객에게 그토록 사랑받는 라인강변의 경치 좋은 성들은 아래쪽의 하천 교통을 위협할 목적으로 건설되었다. 한 중세의 관찰자는 일반적으로 10마일에 한 번씩 부과되는 하천 통행료를 "독일인의 미친 광기(the raving lunacy of the Germans)"라 불렀다. 빌 그내로 농행료 묘금소가 시아에서 사타시기도 친에 디믐빈 요금소를 볼 수 있었다. 헤크셔(Heckscher), 56-60 참조.

든 재정적 제한이 사라졌다. 3년 뒤에 루이 14세의 통치가 끝났을 때 국가가 관리하는 도로와 하천의 통행료가 두 배로 올랐고, 한때는 유럽의 식량창고였던 나라가 요구되는 신용의 부족으로 절실하게 필요한 곡물을 수입할 수 없었다. 영국이 법의 지배하에서 번영하는 동안에 프랑스는 농민 총독의 통치reign of the Farmers-General에 의하여 흘린 피로 극심한 빈혈에 시달렸다.[23, 24]

개혁이 되살린 경제

앙시앵 레짐이 전복된 후의 프랑스는 어떻게 되었을까? 프랑스 혁명의 과도함이 무엇이었든 간에, 혁명으로 인한 두 가지 개혁이 빈사 상태의 국가 경제를 되살렸다. 첫째로, 제헌의회가 모든 내부 통행료를 일거에 폐지했다.[25] 둘째로, 혁명적으로 토지를 정리하는 조치를 통하여 소작농의 토지 소유권을 확인하고 수많은 임차인에게 소유권을 이전했으며 마침내 공유지의 인클로저를 허용했다. 그와 동시에 농민이 자신의 토지를 더 작게 나누는 것도 허용되었다. 그 결과 수많은 소규모 농장이 존재하는–이른바 세분화morcellement–현대의 패턴이 생겨났다.[26] 프랑스 농업의 세분화는 부적절하게 높은 비율의 인구를 점점 효율이 떨어지는 농업 부문에 가둬놓았고, 19세기 후반에 프랑스를 휩쓴 보호주의 정책에 대한 지지 세력을 강화하는 결과로 이어졌다.

1853년과 1888년 사이에 영국인이 가능한 대로 빨리 관세를 인하하는 동안에 프랑스인은 곡물의 수입세를 9배, 가축의 수입세를 40배로 인상했다. 19세기 말 프랑스의 정치적 담론은 모두가 모두를 보호하기로 약속했다는 말로 깔끔하게 요약된다.[27] 세분화는 프랑스의 산업에서 절실하게 요구된 숙련된 노동력을 빼앗았을 뿐만 아니라, 비효율적인 농업과 보호주의의 결합으로 인하여 유럽에서 가장 값비싼 식량이 생산되는 결과로 이어져서 프랑스 여성의 지갑을 고갈시키고 자본시장을 굶주리게 했다. 20세기가 되어서야 프랑스는 중상주의의 과거를 벗어던지고 설리와 콜베르 시대 이후로 어떤 형태로든 국가를 괴롭혔던 주체할 수 없는 관세를 인하하게 된다.

처음부터 불운했던

어떤 면에서는 크래프츠가 옳았다. 프랑스에 대한 영국의 경제적 승리는 우연한-그가 말한 원래의 의미는 아니지만-사건이었다. 카드를 뗀 것은 행운의 여신이었지만 그 한 벌의 카드가 제도의 카드였다. 17세기에 제도의 패가 각자에게 나눠진 후에 판돈을 차지한 나라는 영국이었다. 그리고 나서 모두가, 오늘날과 마찬가지로, 국가의 수입과 권력의 최대화라는 동일한 목표를 추구했다. 17세기 동안 네덜란드인과 영국인은, 20세기에

서구가 경제대국으로 보이는 소련을 보고 떨었던 것처럼, 중상주의적 중앙계획경제의 이웃 나라 프랑스를 보고 떨었다.[28] 자신들의 시스템, 즉 법 아래의 평등, 권력의 분립, 탈중앙화된 상업, 불필요한 규제의 철폐 등이 우위를 차지할 것으로 확신한 네덜란드인이나 영국인은 거의 없었다. 우리가 베르사유의 다른 관리들의 마음을 알 수 있는 것만큼이나, 콜베르가 산업의 중앙집중화라는 재앙적인 계획을 실행했을 때 염두에 둔 것은 프랑스를 위한 최선의 이익뿐이었다.

위대한 게임의 심판 애덤 스미스가 나와서 게임의 결과와 근거를 선언하기까지는 한 세기를 더 기다려야 했다. 그제서야 재산의 인센티브 시스템에 결함이 있고, 과학자와 장인의 소통이 부족하고, 자본시장이 위축되고, 숨막히는 내부 관세가 시행된 프랑스가 지는 패를 받았다는 사실이 눈이 있는 모든 사람에게 분명해졌다.

스페인의 실책

위대한 서유럽의 경제 경주에서 스페인은 후미로 밀려났다. 의도적으로 자국의 경제성장과 지정학적 영향력의 목을 조르려는 대국이 있었더라도, 근대 이전 시대 스페인만큼 효율적으로 의도를 실행할 수 있었던 국가는 없을 것이다.

그들 이전의 로마인처럼 스페인 사람들은 정복과 약탈-산업, 무역, 상업이 아니라-을 주요 경제 목표로 삼았다. 1469년에 아라곤의 페르디난드와 카스티야의 이사벨라가 결혼함으로써 유럽의 두 대국이 통합되었다. 그들의 딸 후아나는 오스트리아 황제 막시밀리안의 아들이며 나중에 신성로마제국 황제가 되는 필리페와 결혼함으로써 또 하나의 거대한 왕조 통합을 완성했다.

그러한 결혼 동맹의 자손인 카를로스 1세가 왕위에 오르면서 물려받은 합스부르크 제국에는 스페인 전체, 남부 이탈리아, 부르고뉴(네덜란드, 벨기에, 북부 프랑스의 일부), 오스트리아, 헝가리, 그리고 독일의 여러 소국이 포함되었다. 할아버지의 뒤를 이어 신성로마제국 황제 카를 5세가 된 카를로스는 유럽에서 가장 부유하고 두려움의 대상이 된 국가의 통치자였다. 대륙의 나머지 국가들은 두려움에 떨었지만, 이 거인은 독특한 재정적·제도적 구조로 인하여 파멸할 운명이었다. 한 세기 안에 신성로마제국은 스스로 붕괴하여 이전 희생자들의 자비를 구하는 처지가 된다.

1492년의 사건은 신세계와 구세계 모두에 중대한 사건이었다. 합스부르크 왕조의 스페인은 국민 중에 가장 선진적이고 근면한 사람들-유대인과 무어인Moors-을 박해하고 추방하기로 결정했다. 무슬림에 대한 처우가 특히 끔찍했다. 이전에 그라나다를 정복한 스페인의 조건은 그들에게 예배의 자유를 부여했지만, 그러한 권리가 교회에 의하여 거의 즉각적으로 폐기되었다. 종교재판이 대부분의 무슬림에게 기독교로 개종할 것을 강요했고, 개종한 기독교인과 그들의 자손이 모리스코Moriscos로 알려지게 되었다.

16세기 동안에는 종교재판이 모리스코를 그라나다에서 내쫓아 스페인 전역으로 흩어지게 했고 1609년에 마침내 그들을 모두 제국에서 추방했다. 북아프리카의 무슬림 국가에 새로 도착한 수많은 모리스코가 기독교인이라는 이유로 순교를 당하면서 비극이 더욱 확대되었다. 스페인 역시 모리스코의 처리 결과로 인한 어려움을 겪었다. 무어인과 모리스코는 포도, 딸기, 쌀, 설탕의 대량 생산에 도움이 된 정교한 관개 프로젝트를 운영했다. 이런 시설들이 그들이 추방된 후 몇 세대 안에 황폐해졌다.

정복과 상업

어리석음의 긴 행진이 계속되었다. 페르디난드가 신세계로 출발하는 정복자들에게 내린 명령은 더이상 명확할 수 없었다. "금을 확보하라. 가능하면 인도적으로, 그러나 모든 위험을 무릅쓰고라도 금을 찾아라."[29] 그들은 실제로 금, 그것도 엄청난 양의 금을 얻었다. 콜럼버스의 네 차례 임무가 끝난 직후에 탐험가들이 최초의 스페인 식민지 히스파니올라(오늘날의 아이티와 도미니카 공화국을 포함하는 섬)에서 비교적 적은 양의 반짝이는 금속을 발견했고 이어진 채굴 작업이 원주민 인구를 사실상 말살했다. 수십 년 안에 탐험가들은 멕시코와 안데스 지역에서 훨씬 더 많은 금과 은의 원천을 발견하게 된다. 두 지역에서 스페인 정복의 잔인한 이야기는 오늘날에도 놀라움을 준다.

1519년과 1521년 사이에 주로 에르난 코르테스가 이끈 약 2000명의 스페인 사람들이 멕시코를 정복했다. 그들의 주적인 아즈텍인도 유럽인에 전혀 뒤지지 않을 정도로 용감하고 잔인하게 싸웠다. 실제로 아즈텍의 잔인성이 결국 그들의 몰락으로 이어졌다. 아즈텍의 채찍 아래 고통 받았던 지역의 부족들은 수만 명의 연합군을 기꺼이 제공했다. 그들이 없었다면 정복이 불가능했을 것이다. 1548년에 스페인 사람들이 과나후아코Guanajuato 근처에서 처음으로 발견한 대규모 노천 은광맥은 결국 세계 생산량의 1/3을 공급하는 사상 최대의 귀금속 광산이 되었다.

1532년에 거의 동일한 일련의 사건이 안데스 고지대에서 펼쳐졌다. 10년이 넘는 계획과 정찰 끝에 프란시스코 피사로가 200명의 군대를 이끌고 산맥을 넘어 350만이 넘는 인구를 보유한 잉카제국을 정복했다. 그 과정에서 피사로는 잉카의 황제 아타우알파Atahualpa를 사로잡고 몸값을 요구했다. 정복자들은 가로 17피트, 세로 22피트, 높이 9피트의 방을 가득 채운 금붙이의 몸값을 받고 나서 손바닥을 뒤집듯이 잉카 황제를 교살했다. 잉카인들도 스페인식 사고방식의 절묘한 감각을 보여주었다. 그들은 황제의 처형에 대한 보복으로 스페인 인질의 목구멍에 녹인 금을 부어넣어 죽이면서 조롱했다. "그대의 몫을 마셔라. 여기

가장 탐욕스러운 자들까지 만족시키기에 충분한 금이 있다."[30]

아즈텍에 대한 스페인의 승리에 비하면 잉카의 정복은-최소한 유럽인의 관점에서-상대적으로 짧고 피를 흘리지 않은 사건이었다. 10년이 조금 지난 1547년에는 구알시Gualci라는 잉카 목동이 볼리비아에서, 나중에 스페인 사람들이 은의 산a mountain of silver으로 묘사한, 거대한 포토시Potosí 광산을 발견했다.

부를 위한 죽음의 강

은 광산은 대부분 개인적으로 운영되었지만 스페인 왕실이 전체 과정-금속의 제련부터 은괴가 최종적으로 세비야의 무역관에 도착할 때까지-을 철저히 통제했다. 정부는 은을 추출하는 데 필수적인 수은을 생산하는 우앙카벨리카Huancavélica의 대규모 광산을 소유하고 수은 광산을 이용하여 은 제련소를 감시했다. 지역에서 제련된 은괴는 식민지의 왕실 시금소로 보내져 바bar와 판sheet으로 주조되고 검인quinted(과세 대상임을 나타내는 스탬프) 되었다. 스페인 당국은 검인이 없는 은을 소지한 사람을 엄중하게 처벌했다.

멕시코에서는 정복자들이 은괴를 스페인으로 선적하기 위하여 육로로 베라크루즈까지 수송했다. 남아메리카의 은은 유일한 운송 수단인 라마를 이용하여 산지에서 태평양 연안으로 내려와 북쪽의 파나마로 선적되고, 지협을 가로지른 후에 카리브해의 항구 놈브레 데 디오스_{Nombre de Dios}와 포르토 벨로_{Porto Bello}에서 환적되는 더 복잡한 경로를 거쳤다.

세 곳의 카리브해 항구와 스패니쉬 메인_{Spanish Main}이라 불린 주변의 바다에서 역사상 가장 규모가 큰 부의 흐름이 이루어졌다. 일반적으로 해마다 한 번씩 삼엄한 경비를 받는 호송대가 파나마와 멕시코에서 출발했다. 카를 5세는 호송대가 안전하게 스페인에 도착한 것이 기뻐서 박수를 쳤다고 전해지는데, 일반적으로 알려진 것과는 달리, 그가 실망하는 일이 자주 일어나지는 않았다. 은 수송선단 전체를 해적이 가로챈 경우는 1628년에 멕시코 선단이 네덜란드 해적의 습격을 받았을 때와 1656년에 남아메리카 선단이 영국 해적에게 당했을 때의 두 번뿐이었다. 뒤처진 배가 손쉬운 먹잇감이 되는 일이 더 흔했다. 특히 영국은 1569년에 한 달 동안에만 22척의 스페인 선박을 플리머스로 끌고 갔다. 결국 악천후가 해적보다 훨씬 더 많은 배를 앗아갔다.[*]

---

* 스페인의 아메리카 정복에 관한 세 가지 자료를 적극 추천한다. 빅터 D. 핸슨의 『살육과 문명(Carnage and Culture)』은 아즈텍에 대한 코르테스의 놀라운 승리를 생생하게 설명한다. 1847년에 출간되고 1957년 헤리티지 출판사에서 재출간된 윌리엄 H. 프레스콧의 『페루 정복의 역사(History of the Conquest of Peru)』는 피사로와 잉카에 대하여 같은 설명을 제공한다. 신세계에서 채굴되어 스페인으로 수송된 귀금속에 대한 매우 흥미롭고 읽기 쉬운 설명은 얼 J. 해밀턴의 「스페인으로 수입된 아메리카의 금과 은(Imports of American Gold and Silver Into Spain)」《계간 경제학저널》 43 (1926): 436-472를 참조하라. MIT 출판부는 이 기사를 http://www.efficientfrontier.com/files/hamilton spain.pdf에 게시할 수 있도록 허락해주었다. 그리고 자료를 사용할 수 있게 포화문 JSTOR에도 감사한다.

그림 8-2는 무역관House of Trade을 통해서 운송된 귀금속의 가치-16세기 후반에 절정을 이룬 스페인의 합법적 수입품의 총합-를 보여준다. 불법적인 금괴와 은괴의 양에는 논란의 여지가 있고, 학자들은 신세계로부터 유입된 은이 17세기 중반까지 정점에 달하지 않았다고 수상했다. 그러나 이는 요섬을 벗어난 주장이다. 그림 8-2는 스페인 재무부가 의존했던 공식적 집계를 정확하게 보여준다. 막대한 부의 유입이 스페인 왕실의 권력을 강화하고 대담하게 만들었다. 그리고 스페인 사회의 심각한 부패도 초래했다. 신세계로부터의 횡재가 세 가지 이유로 수 세기 동안 스페인 경제를 마비시켰다.[*]

그림 8-2 | 신세계에서 스페인으로 유입된 금과 은

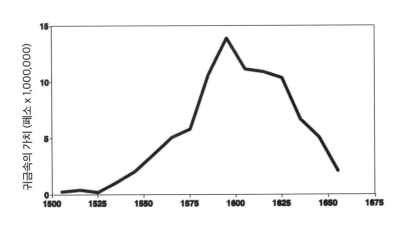

출처: 얼 J. 해밀턴, 「스페인으로 수입된 아메리카의 금과 은, 1503-1660」, 464.

• 신세계 보물의 홍수는 카를로스 1세 국왕이 신성로마제국 황제 카를 5세가 된 직후에 시작되었다. 높아진 직위가 카를 5세의 야망을 부추겼고, 불행하게도, 새로운 부가 야망을 실현할 수단을 제공했다. 카를과 그의 아들 필리페 2세가 통치한 거의 전 기간에 걸쳐서 스페인은 프랑스, 영국, 네덜란드와 전쟁을 벌였고 때로는 세 나라 모두와 싸우기도 했다. 스페인은 반-종교개혁의 보루이자 참된 신앙의 수호자로 자처했다. 종교적 열정이 신성한 목적의식과 함께 네덜란드와 영국, 그리고 독일의 여러 소국에 맞선 투쟁에 스며들었다. 이러한 도덕적 사명감이 재정적 재앙이었다. 새로운 유형의 전쟁에 그 누구도 상상하지 못한 막대한 비용이 들었다. 스페인은 곧 수입을 초과하는 지출을 시작하여 막대한 재정 적자를 지속적으로 떠안게 되었다. 1552년의 메츠Metz 전투에만 은에서 나오는 연간 세수의 10배에 달하는 비용이 들었다. 1555년에 퇴위한 카를 5세는 은으로 인한 연간 수입의 거의 100배에 달하는 재정 적자를 남겼다. 스페인 왕실은 끊임없이 유입되는 금과 은의 급류 속에서도 놀라운 빈도-1557, 1575,

---

* 신세계에서 유입된 막대한 양의 은은 또한, 팽창된 통화 공급이 일정량의 상품을 쫓으면서, 심각한 인플레이션을 유발했다. 그러나 통화 공급의 원인이었던 스페인이 이러한 상황을 통해서 이웃 나라들보다 크게 번영했다는 사실에는 변함이 없다.

1576, 1607, 1627, 1647년-로 채무불이행을 선언했다.

- 신세계로부터의 노다지가 정복과 보물에 대한 국가적 에너지와 야망에 집중되었다. 은이 떨어졌을 때, 그러한 에너지와 야망의 상실은 산업적·생업적 본능이 결여된 스페인 사회를 남겼다. 19세기의 한 역사학자는 말했다. 부유한 사람들은 물려받았거나 신세계에서 유입된 부를 편안하게 누렸다. 가난한 귀족은 교회로 향하거나 무기의 직업을 따르거나 중요하지 않은 공직을 추구하면서 (중략) 운명이라 체념하여 (중략) 자기 손으로 일하는 삶보다는 헐벗고 굶주리면서 불행을 겪는 삶을 선택했다.[31] 엄청난 자연적 부가 국내에서 열심히 일하려는 의욕을 꺾고 해외에서의 종교적 모험주의에 자금을 댄 두 나라, 16세기의 스페인과 오늘날의 사우디아라비아의 유사점에 대해서는 언급할 필요가 거의 없다.

- 1550년까지 스페인은 이미 번영에 필요한 네 가지 요소-재산권, 과학적 합리주의, 자본시장, 운송과 통신-의 발전에서 개신교의 북부 유럽에 멀리 뒤처졌다. 스페인 왕실이 광물로부터 새롭게 얻은 부와 권력이 네 요소 모두의 골화ossification로 이어졌다.

스페인의 네 가지 성장 요소

이제 우리는 합스부르크 스페인-약탈에 기초한 부가 지대추구자들에 의하여 더욱 강화되어 깊이 뿌리내리는 저주를 받은 사회-이라는 경제적 재앙이 펼쳐질 무대를 설정했다. 그와 동시에 스페인은 국내에 남아있던 상업적 본능을 모두 없애버렸다. 신대륙 광물에의 의존과 군사적 모험주의를 위한 착취가 전통적인 4요소의 발전에 영향을 미쳤다. 우리는 각 요소를 차례대로 살펴볼 것이다.

1. 재산권

스페인의 봉건 역사와 손쉬운 신세계 보물의 초기 흐름이 효과적인 경제적 인센티브의 중요성에 눈이 멀게 했다. 영국의 튜더와 스튜어트 왕가까지도 자신들의 이익과 신민의 이익이 일치한다는 것을 어렴풋이 인식했지만, 합스부르크 왕가는 신민의 복지가 중요하다는 것을 알지 못했다. 아메리카에서 오는 은, 약탈품, 저지대 국가에서 오는 공물이 끝없는 부의 흐름을 제공하는데 상업, 산업, 그리고 민중의 복지에 신경 쓸 이유가 무엇인가?[32]

게다가 1200년 이후에는 스페인 왕실이 가장 특이한 수입원을 개발했다. 그 기간에 양모 산업은 국내의 대지주-그랜디grandees로 알려진 20~30개 가문-들이 지배하고 있었다.[33] 13세기에 왕실은 세금 수입의 대가로 이들 양목장주 그랜디의 컨소시엄-나중에 메스타Mesta로 알려지는-에 방목 독점권을 부여했다. 17세기에 아메리카의 금광과 은광이 고갈되고 저지대 국가가 스페인의 손아귀에서 빠져나가면서 양 독점권이 왕실의 주요 수입원이 되었다.

무어인과 모리스코가 추방된 후에 남부 스페인의 넓은 지역이 주인 없는 땅으로 남게 되었다. 이 땅이 기후가 온화한 남부에서 겨울 목초지의 큰 잠재력을 보았던 메스타의 관심을 끌었다. 왕실은 무어인이 소유했던 토지뿐만 아니라 양떼의 이동 경로와 이전에 경작되지 않았던 토지에 대해서도 메스타에게 방목 특권을 부여했다. 이러한 방목권을 보호하기 위하여 지역의 농부들에게는 공유지의 인클로저가 금지되었다. 이동하는 양떼가 시골의 삼림을 없애고, 농업을 황폐화하고, 토지의 가치를 떨어뜨렸다. 메스타의 목동들이 목초지를 개선하기 위하여 나무를 불태움에 따라 광범위한 토양의 침식이 이어졌다. 심지어 이동하는 양떼가 마을의 공유지에서 풀을 뜯기도 했다.[34] 간단히 말해서, 메스타의 특권은 중세 귀족의 사냥 특권을 연상시켰다. 메스타가 농업의 의욕을 꺾었고, 그들에 맞서는 사람들은 스페인에서 가장 좋은 토지의 일부가 불모지로 변할 수 있다는 것을 알게 되었다.[35]

근대 이전 시대에는 독점권의 판매가 너무도 손쉬운 수입원-당장의 필요를 충족하지만 장기적 경제성장을 저해하는 중

독성 즉효약-을 제공했다. 메스타는 사실상 스페인의 농민으로부터, 영국과 프랑스 농촌에 활기를 불어넣었던, 인클로저의 농업적 이점을 훔쳤다.

스페인 토지 제도의 문제점은 메스타만이 아니었다. 신세계와 마찬가지로 스페인 본토의 여러 지역이 정복의 결과, 특히 무어인을 정복한 결과로 얻은 땅이었다. 법원은 뛰어난 군인과 왕실의 총애를 받는 사람들에게 막대한 토지를 보상했다. 관습과 법에 따라 이런 땅은 귀속entailed되었다. 즉 장자상속으로 세습되고 팔 수 없는 땅이었다. 이러한 시스템이 나태함을 부추기고, 거대한 영지가 수 세기 동안 그대로 유지되도록 하고, 토지를 개선할 수 있는 사람에게 파는 것을 금지했다. (예를 들어 오늘날의 짐바브웨나 인도네시아에서 일어나는 일과 다르지 않았다.) 경제 파괴의 씨앗을 뿌리기로 작정한 악의적인 통치자라도 그보다 나은 방법을 고안해내지는 못했을 것이다.

17세기의 끝나지 않는 전쟁이, 신세계 은의 상실 및 저지대 국가의 독립과 결합하여, 스페인을 재정 악화의 소용돌이로 몰아넣었다. 필리페 2세는 가능한 모든 곳에서 수입을 갈구했다. 그는 직함과 면죄부(성직자의 아들들을 위한 적법성 증명서로 선호된)를 팔고 후로스juros라는 대출(정부 채권)을 강요했다. 다음에는 후로스의 상환을 유예하고 머지않아 개인 소유의 금과 은을 압수하는 노골적인 도둑질을 시작했다. 스페인의 인구가 줄어들고 점점 더 많은 사람이 성직자가 되거나 귀속의 시위를 사늘이는 방법으로 세금의 피난처를 찾음에 따라 점점 더 적은 수의 농민과 상인에게 점점 늘어나는 세금 부담이 지워졌다. 이러한 일련의 사건은 로마 제국의 쇠퇴기에 일어난 사건들과 거의 동일했다.[36] 혼란으로 인한 신뢰의 상실이 1640년까지-심지어 아메리카의 스페인 식민지까지-상업의 붕괴를 촉발했다.[37]

17세기로 들어서면서 민간의 모든 경제적 인센티브가 사라졌다. 역사하자 존 엘리엇John Elliot의 말대로, 경제 시스템의 본질은 사람들이 학생이 아니면 수도사가 되고, 거지가 아니면 관료가 되는 것이었다. 다른 것은 아무것도 없었다.[38]

2. 과학적 합리주의

합스부르크 왕조는 국가 재정을 마비시킨 것과 같은 방식으로 지적 삶의 목을 졸랐다. 16세기 초 스페인에서는 에라스무스의 계몽적인 탐구가 번성했다. 그러나 필리페 2세 치하에서 반-종교개혁 테러의 무기고가 된 제국의 변모가 스페인의 학문적 전통을 뒤엎어놓았다. 종교재판이 학자를 체포하고 학생의 외국 여행을 금지함으로써 피레네 산맥 이북의 유럽을 휩쓸고 있는 전염성 이단으로부터 국가를 효과적으로 격리시켰다.[39]

종교재판은 스페인의 발명품이 아니라 서기 1000년 이후 기존의 교회 구조에서 서서히 진화한 것이었다. 시간이 흐르면서 종교재판이 유럽 전역에 신학적 규율을 강요했다. 1696년에는 에딘버러에서 이단으로 몰린 아이켄헤드Eikenhead라는 불운한 의대생이 종교재판으로 교수형을 당했다.

종교재판 제도는 페르디난드와 이사벨라가 결혼한 뒤에 교황의 감독과 통제에서 독립된 국립 종교재판소가 설립된 스페인에서 꽃을 활짝 피웠다. 자체적으로 자금을 조달하는 자급자족의 강력한 관료체제-국가 안의 국가-가 된 스페인의 종교재판은 수익성 있는 시혜dispensation 제도를 놓고 교회와 경쟁을 벌였고 때로는 고위 성직자들을 공격하기까지 했다. 종교재판의 주된 희생자는 이단자-유대인, 회교도, 그리고 나중에는 개신교도-였지만, 스페인의 경계 안에서 거주하는 불운을 맛보았던 계몽시대 철학자와 과학자를 포함하는 더 세속적인 표적도 겨냥을 피할 수 없었다.

제국은 종교재판이라는 수단을 통해서 17세기에 성공을 거둔 과학적 합리주의에 참여하고 그 열매를 즐기지 못하도록 주민을 보호하는 데 성공했다. 스페인 사람들이 상당한 규모로 세계 과학의 최전선에 다시 합류하기까지는 200년이라는 시간이 지나게 된다. 아마도 스페인의 지적 후진성의 가장 해로운 결과는 점점 더 무능해지는 군주의 계승에 대한 관용이었을 것이다. 18세기 유럽에서는 다음과 같은 합스부르크 혈통에 대한 냉혹한 평가가 자주 인용되었다. "카를 5세는 전사이자 왕이었고, 필리페 2세는 그저 왕이었을 뿐이고, 필리페 3세와 필리페 4세는 왕도 아니었고, 카를 2세는 사람도 아니었다."[40]

3. 자본시장

합스부르크 왕가의 모험주의와 사치가 스페인의 금융시장에 끼친 피해가 그 모든 전쟁으로 인한 피해보다 더 컸을지도 모른다. 무역관을 통과한 엄청난 양의 금과 은이 다시 스페인을 떠나기 전에 아주 잠시만 스페인 땅에 머물렀다. 신세계 은 대부분의 중간 기착지는 스페인의 부와 높은 임금에 끌려서 노동자들이 피레네 산맥 너머 남쪽으로 내려온 프랑스였다. 옛 속담에 스페인 사람들이 엘도라도 광산에서 일한 것은 프랑스인을 부자로 만들기 위함이었다는 말이 있을 정도였다.[41]

역설적이게도 16세기 중반까지 금화와 은화가 스페인에서 거의 사라졌다. 그 자리에는 일반 대중, 상인, 심지어 왕족까지 의심스럽게 바라본 왕실 주조 구리 동전이 쏟아져 들어왔다. 정부의 엄청난 재정 적자, 끊임없는 채무불이행, 화폐 가치가 하락하는 상황에서 이자율이 치솟았다. 일찍이 1617년에 스페인 재무위원회는 10퍼센트에 달하는 이자를 지급하는 후로스가 국내에 넘쳐나는 상황에서 민간기업이 자본을 유치할 수 있을 정도로 높은 수익을 제공할 수 없다는 우려를 제기했다.[42] 현대의 용어로 말하자면 엄청난 정부 부채가 민간 부문을 밀어냈던 crowded out 것이다. 1673년에 왕실은 부채에 대하여 연간 40퍼센트의 이자를 지급했는데, 이는 같은 해에 암스테르담에서 3퍼센트까지의 저리로 유통된 대출과 극명한 대조를 이루었다. 아마도 스페인의 사례를 염두에 두었을 두 경제사학자는 냉정하게 논평했다. "금리의 추세와 수준이 (유럽 국가들 사이에서) 매우 달랐고, 종종 각국의 미래 경제적·정치적 파워의 상당 부분을 예시했다."[43]

4. 운송과 통신

풍부한 광물자원이 저주라면, 논란의 여지가 없는 가치를 지닌 자연의 선물은 바로 비교적 평탄하고 항행이 가능한 강이 많은 섬 지형이다. 프랑스도 이점에서 영국보다 지리적으로 불리했을 수 있지만 스페인은 훨씬 더 나빴다. 건조한 산악 지형의 광대한 오지라는 저주를 받은 스페인에는 쓸모있는 수로가 거의 없었다.

스페인은 가끔씩만 지리적 한계를 해결했다. 필리페 2세가 제국의 수도를 마드리드로 옮기기 위해서는 리스본까지 가는 타구스Tagus강의 항행이 가능해야 했다. (당시에는 포르투갈도 제국의 일부였다.) 1580년까지 엔지니어들은 200마일 상류의 알칸타라 Alcantara까지 1차 준설작업을 마쳤다. 1588년까지는 프로젝트가 200마일 더 연장되어 마드리드 바로 남쪽의 톨레도에 이르렀다. 불행히도 그해에 스페인이 영국에게 무적함대를 잃음에 따라 국가의 우선순위가 바뀌게 되었다. 필리페 3세의 시대에는 알칸타라와 톨레도 사이의 하천 구간이 토사로 막혔다.[44] 또 다른 중요한 운송 프로젝트로 타구스강과 몬자나레스Monzanares강을 연결하는 운하의 제안이 성직자 위원회에 제출되었다. 16세기 합스부르크 왕가가 중세의 논리를 극복하지 못한 충격적인 사례로, 운하 계획을 거부한 성직자들은 신의 뜻을 들먹였다. "강이 연결되기를 신이 원하셨다면, 그렇게 만드셨을 것이다."[45]

노새와 좁은 도로에 대한 스페인의 선호가 신세계까지 전파되었고 여러 세기 동안 시속되었다. 펠리페 4세의 위대한 총리이자 분신이었던 올리바레스Olivares 백작은 외국인이 자신의 나라를 야만적이라고 생각할 것이 틀림없다고 한탄했다. "그들이 카스티유의 모든 도시에 대한 공급을 짐승이 나르는 짐에 의존해야 하는 우리를 본다면 당연히 그렇게 생각할 것이다. 모든 유럽 국가가 내륙 통행을 시도하여 큰 수익을 얻고 있기 때문이다."[46]

황폐해진 나라

합스부르크 스페인의 역사는 낭비의 연대기다. 제국의 절정기에, 스페인 본토의 생산이 제국 수입의 1/10에 불과했다. 경제 시스템은 손대는 모든 것을 망쳐놓았다. 네덜란드에 속한 북부 부르고뉴가 번영하는 동안에 스페인에 속한 남부 부르고뉴는 쇠퇴했다.[47] 합스부르크 왕조가 거대한 국가적 부와 권력을 파괴하기 위한 대본을 썼다. 농업, 산업, 무역보다 정복과 보물을 추구하라. 다음으로 그러한 추구를 위하여 최대한으로 자금을 조달하고, 무자비하게 세금을 부과하고, 가격을 동결하고, 채무불이행을 자주 선언하라. 마지막으로 국경과 사람들의 마음을 외부의 영향에서 차단하고 운송과 통신의 인프라를 무시하라.

스페인은 스스로 파멸적인 경제 제도의 부담을 지고, 그 짐을 아메리카 식민지에 전달했다. 스페인이 구세계에서 그랬던 것처럼, 라틴아메리카가 신세계의 천덕꾸러기가 되었다.

그뿐만 아니라 16세기 스페인의 거대한 부와 권력이 나중에 유럽 경제의 저주가 되는 중상주의를 부추겼다. 이웃 국가들은 금과 은의 축적이 스페인에게 좋은 것이라면 자국에도 좋을 것이 틀림없다고 추론했다. 스페인의 경쟁국들은 스페인처럼 손쉽게 약탈로 금과 은을 확보할 수 없었기 때문에 무역을 통해서 그렇게 해야 했다.[48]

되돌아가는 머나먼 길

스페인의 제도 개혁은 길고 고통스러운 과정이었다. 스페인 왕위계승전쟁(1701-1704)의 결과로 합스부르크 왕조가 부르봉 왕조로 교체되면서도 죽은 나무의 일부만이 제거되었다. 1766년에 카를 3세가 모든 지방의 토지를 평가하여 가장 어려운 주민에게 분배하도록 명령했지만, 강력한 지주와 목동들이 번번이 그를 가로막았다.[49]

스페인은 나폴레옹 이후의 한 세기 동안 재산 제도의 진지한 개혁을 시도하지 않았다. 코르테스Cortes 의회가 교회 소유의 토지와 사유지의 귀속을 해제하는 복잡하고 광범위한 토지개혁 법안을 여러 차례 통과시켰지만 그때마다 새로 부활한 왕권에 의하여 뒤집힐 뿐이었다. 초기의 전형적인 사례는 1811년에 코르테스가 봉선수의 산채를 폐시한 조치였나. 3년 뒤에 페르디난드 7세가 의회의 조치를 무효화했다. 그후에 왕이 스페인 경제학자들의 강력한 지지를 받은 인클로저 법령을 무효화하는 데는 6개월 밖에 걸리지 않았다. 왕실은 19세기초에, 나폴레옹에 의해 폐지되었던, 종교재판까지 부활시켰다.

19세기의 대부분 기간에 코르테스와 왕실의 격렬한 시소게임이 벌어졌다. 스페인은 아주 천천히 교회의 막대한 재산을 처분하고 공유지를 사유화했다. 500년 동안 유럽의 가난한 사촌이었던 국가의 경제적 족쇄에서 벗어나기 시작하는 데는 프랑코의 부상이 필요했다.

그러나 합스부르크 체제의 흉터는 남아있었다. 스페인에서는 1930년까지도 토지 소유자의 4퍼센트가 2/3에 달하는 농지를 소유했고, 가장 부유한 0.1퍼센트가 토지의 1/3을 소유했다.[50] 20세기가 되어서야 스페인은 재산 제도를 현대화하고 자유 민주주의 대열에 합류하게 된다.

일찍이 17세기에 스페인 사람들은 자신들의 제도적 결함을 절실하게 인식했다. 일단의 경제 비평가였던 아르비트리스타arbitristas가 문제점을 명확하게 파악하고 정확한 처방의 해결책-세금 개혁, 교회의 권력 축소, 코르테스의 권력 회복, 노동자를 위한 세금 감면, 항행과 관개 프로젝트-을 제시하기까지 했다.[51] 불행히도 오늘날 이들 비평가-곤잘레스 데 세레리고González de Cellerigo, 산초 데 몬카다Sancho de Moncada, 페르난데스 나바레테 Fernández Navarrete -의 이름은 동시대 스페인의 가장 유명한 가상 인물인 라만차의 돈키호테보다 훨씬 덜 알려져 있다.

일본에 흘러들어온 번영

경제 발전에 필요한 제도적 기반이 전혀 없이 근대로 들어선 국가가 있었다면 바로 일본이었다. 일본의 대다수 시민이 가장 기본적인 개인의 자유와 재산권을 박탈당했다. 일본의 농민은 오로지 거대하고, 게으르고, 기생적인 무사 계급을 지원하기 위해서 존재했다. 17세기와 19세기 사이에 일본은 외부 세계로부터 스스로를 봉쇄하고 유럽 봉건주의 최악의 측면을 재현했다.

떠오르는 태양의 나라에는 농지가 풍부하지 않았다. 국토의 3/4이 산악 지역이었고 경작할 수 있는 땅이 16퍼센트에 불과했다. 산업화 직전에 9000만 명까지 불어난 인구를 먹여살리려면 마지막 한 뼘의 땅까지 활용해야 했다.[52]

봉건시대 일본 농업의 악순환

일본은 비교적 새로운 국가다. 기원전 5000년이 되어서야 최초의 수렵-채집 사회의 증거가 나타난다. 조몬Jomon으로 알려진 최초 거주자는 현대 일본의 원주민 아이누Ainu족으로 진화했다. 그리스도 탄생 직전에 한국의 농부들이 남쪽 섬 큐슈에 도착했다. 이후 수 세기 동안 그들은 섬의 남쪽으로, 그리고 내해를 건너 북동쪽의 본섬 혼슈로 거주지를 넓혔다. 이들 농업인은 원주민 조몬과 결혼하면서 서기 1세기에 최북단의 섬 홋카이도에 도달했다. 일본은 모든 토지를 정부의 소유로 선언하고 귀족과 전사에게 봉급을 제공한 서기 645-650년의 다이카Taiko 개신reforms으로 억압적 봉건사회의 기초를 마련했다. 개별 농부가 소유한 토지가 거의 없었다는 것이 1000년 후에 일본 지배계급의 파멸을 초래하게 된다.[53]

전사로 이루어진 지배계급이 곡물, 옷감, 그리고 노동의 의무라는 형태로 농민에게 세금을 부과했다. 이러한 의무는 고정되어 있었다. 농부들은 풍년이 들든 기근이 닥치든 동일한 양의 쌀을 부담해야 했다.[54] 흉년 기간에 소작농에게 불가능한 부담을 지우는 시스템이 근대까지도 지속되었고 심각한 사회적 불안정을 유발했다. (시스템에 약간의 유연성이 내장되었지만 충분할 정도는 아니었다. 극심한 흉작이 발생했을 때 일시적으로 세금이 줄어들 수도 있고 그렇지 않을 수도 있었다.)

이렇게 고정된 부담 체계는 극도로 치명적이었다. 근로자가 일을 하든 안 하든 해마다 1만 달러를 부담해야 하는 소득세 체계를 상상해보라. 서서히 그러나 확실하게, 대부분 근로자가 빚에 빠져들어 파산하고 국가의 경제가 붕괴할 것이다.

초기의 다이카 개신 이후에 정부는 귀족, 사원, 그리고 새로운 경작지를 개간한 사람들에게 약간의 사유지를 부여했다. 이런 토지에는 종종 세금이 면제되어 공공 토지를 경작하는 사람들의 부담을 가중시켰다. 그리하여 농민에 대한 부담스러운 과세, 생산량 감소, 인구 감소로 이어지는 너무도 친숙한 소용돌이가 시작되었다. 중앙집권적 권위는 거의 없었고 세금을 걷는 능력이 칼끝에서 나왔다. 14세기 중반까지 무정부 상태가 일반적이었다.[55]

사무라이 전사들의 강압적인 통치하에, 일본 사회가 서서히 세 가지 뚜렷한 사회계층-황실, 사무라이, 평민-으로 진화했다. 평민은 다시 지위에 따라 세 집단으로 나뉘어졌다. 농민이 가장 높이 존경받았고 장인이 그 뒤를 따랐으며 가장 낮은 곳에는 상인과 기업가가 있었다. 농민의 높은 지위는 순전히 이론적이었다. 과도한 세금과 다이묘(지역의 사무라이 봉건 영주)나 하급 사무라이에 의한 신체적 학대와 처형에 시달린 그들의 삶은 비참하다고 묘사할 수밖에 없었다. 한 역사학자에 따르면, 도쿠가와 가문은 농업을 높이 평가했지만 농민은 높이 평가하지 않았다.[56]

기생충의 나라

19세기 후반에 일본의 산업화가 시작되기 직전에 인구의 약 85 퍼센트가 농사를 지었고, 적어도 6퍼센트가 비생산적인 사무라이였다. 나머지 인구는 장인과 상인 계급에 속했다.[57] 엄청난 수의 사무라이-미국이 국내에서 1500만 명의 군대를 유지하는 것과 맞먹는 가 봉건시대 일본을 무너뜨렸다. 일본 역사의 대부분 기간에 사무라이가 권력의 고삐를 쥐었고, 황실과 신하들은 쿄토의 궁정에 갇힌 허수아비에 불과했다. 사무라이는 도쿠가와 쇼군 (쇼군은 대략 총사령관으로 번역된다) 막부의 최고위층과 하급 다이묘를 형성했을뿐만 아니라 국내외의 중요한 적이 없는 일본에서 더 이상 서비스가 필요 없게 된 방대한 수의 전사 계층을 형성했다. 지배층의 다이묘들은 실직한 형제들의 머릿수가 많은 것을 점점 더 경계하게 되었고, 점차 더 쉽게 관찰하고 통제할 수 있는 성읍으로 그들을 모아들였다. 평범한 사무라이의 지위와 재산이 서서히 하락하고 줄어들었다. 도쿠가와 시대 말기에는 불운한 전사가 자신의 보검과 직함을 평민에게 파는 일이 드물지 않았다. 게다가 상업에 종사하는 사무라이까지 있었다.

평민의 처지는 절망적이라고 표현할 수밖에 없었다. 다이묘는 소작농의 이주나 소유물의 판매를 금지했고, 그들을 빈약한 작물 수확량의 절반까지도 짜낼 수 있는 순전한 수입원으로 간주했다.[58] 일본의 농노는, 최소한 게르만-로마의 봉건법에 의하여 명목상의 보호를 받았던, 유럽의 농노보다 훨씬 더 열악한 처지에 있었다. 일본인의 일상적 활동을 관장한 유교 체제도 악덕 영주를 견제하는 기본적 규범이나 신뢰할 수 있는 제재를 거의 제공하지 못했다.

혼돈에서 고립으로

다른 비서구 사회와 마찬가지로 총기의 도입이 일본을 통일하는 역할을 했다. 강력한 신무기를 처음으로 손에 넣은 사람들은 선점자 우위first mover advantage를 확보할 수 있었다. 세 사람의 주목할만한 다이묘-오다 노부나가, 그의 가장 위대한 장군 히데요시, 그리고 히데요시의 부관 도쿠가와 이에야스-가 정치적 안정과 국가의 통합을 이루기 위하여 총기를 이용했다. 노부나가는 처음으로 복잡한 봉토의 실타래를 봉합한 인물이었지만 1582년에 암살당했다. 일본을 통합하는 임무를 완수한 후에 한국까지 정복하려던 히데요시의 시도는 참담한 실패로 끝났다. 1598년 히데요시의 죽음이 무모한 모험을 포기할 명분을 제공했고, 후계자인 도쿠가와 이에야스가 자신의 이름을 딴 막부를 세웠다. 총기를 휘두르는 농부가 숙련된 검객을 손쉽게 처리할 수 있다는 사실에 격분한 사무라이는 새로운 무기를 불법화했다. 끊임없는 정치적·군사적 혼돈의 일본 역사를 잊지 못한 이에야스는 안정을 확립하는데 집착하게 되었고 자신의 원대한 꿈을 뛰어넘는 성공을 거두게 된다. 역사학자이며 주일 미국대사를 지낸 에드윈 라이샤워Edwin Reischauer는 250년 동안 지속된 이에야스의 막부를 비교할 수 있는 기간에 다른 어떤 국가도 필적하지 못한, 대내외적으로 절대적인 평화가 지속된 상태로 규정했다.[59]

도쿠가와 막부가 수 세기에 걸친 정치적 혼돈을 끝냄에 따라 회복된 정치적 안정은 그 자체로 약간의 성장을 유발하기에 충분했다. 1600년과 1820년 사이에 일본의 1인당 GDP가 연간 0.14퍼센트-네덜란드의 미지근한 성장률에도 크게 못미치지만, 고립된 봉건국가로서는 인상적인 성장율-성장했다.[60] 하지만 그러한 번영에는 나머지 세계에 대한 일본의 쇄국과 경직된 봉건 구조의 고착화라는 엄청난 대가가 따랐다.

1641년 이후에 막부는 외부 세계와의 접촉을 나가사키 근처에 있는 두 곳의 교역소-각각 네덜란드인과 중국인을 위한-로 제한했다.[61]

도쿠가와 체제의 외향적 표현은 오늘날까지 남아있고-새로운 쇼군이 수도를 교토에서 에도(도쿄)로 옮겼고, 그의 성곽 배치가 제국 황실 부지의 중심이 되었다-현대 일본사회는 여전히 많은 도쿠가와 시대의 흔적을 간직하고 있다.

시골이 일본을 구하다

도쿠가와 막부가 경제 발전을 이룩한 것은 사실이지만, 막부가 제공한 특별한 수준의 평화와 질서 때문은 아니었다. 그들은 사무라이를 붐비는 성곽 도시로 옮겼다. 그에 대응하여 수많은 사업가들이 엄격하게 통제되는 영지를 떠나 무거운 세금과 길드의 규제가 상업 활동을 억압하지 않는 시골 지역으로 향했다.

엄격한 봉건 통치의 상대적 부재 외에도 시골에는 다른 이점들이 있었다. 여기에는 풍부한 수력과 화폐 경제에 익숙하고 농사일과 공장일을 번갈아 할 수 있는 농부 집단이 포함되었다. 시골의 두 가지 이점-다재다능한 노동력과 수력-은 산업화를 위한 핵심적 요건이었다. 1868년 메이지 유신으로 막부 체제가 무너지고 일본의 산업혁명이 시작되었을 때 시골이 새로운 유럽식 공장의 기계를 다룰 준비를 갖춘 잘 훈련된 노동력을 제공했다. 영국인이 요코하마와 도쿄 사이의 첫 번째 철도 노선을 건설한지 불과 8년 후인 1880년에 시골 공업학교에서 훈련받은 토착 노동자들은 교토와 오쓰Otsu 사이의 구릉지대에서 훨씬 더 어려운 노선을 건설했다.[62]

따라서 일본의 경제 활동은 어디든 사무라이가 없는 곳으로 흘러가는 경향이 있었다. 도쿠가와 통치의 본질적 역설은 주된 희생자가 사무라이 자신이라는 사실이었다. 빈곤한 성곽 도시에 거주하도록 강요된 그들은, 정부 지출의 약 절반에 해당하는 사무라이 연금을 점진적으로 삭감한, 수입에 굶주린 다이묘들의 가장 손쉬운 표적이 되었다. 1868년에 막부의 시대가 저물어갈 때, 메이지 유신의 최선봉에 선 사람들이 불만을 품은 사무라이였다.

지구의 반대쪽에서 스페인 사람들이 스스로 경세를 망치고 있는 동안에 도쿠가와 막부는 체계적으로 일본의 경제적 번영으로 이어질 수 있었던 네 가지 요소의 목을 졸랐다. 그들의 경직된 사회 구조가 거의 모든 대중에게서 재산권과 비슷하기라도 한 것을 박탈했고 효율적인 자본시장의 발전을 저해했다. 프랑스와 스페인의 왕실이 그랬던 것처럼, 쇼군과 다이묘는 무역, 산업, 길드의 독점권 판매를 주요 수입원으로 삼았다. 그런 수입은 대개 성문화된 구조의 일부가 아니었다. 대부분 기부금과 사례금의 형태로 이루어진 지불이 오늘날까지 살아남은 정부의 부패 문화를 유발했다.[63]

쇼군은 일본 경작지의 1/3에 달하는 토지를 소유했고, 나머지는 200명이 넘는 다이묘에게 분배되었다. 쇼군과 다이묘가 때때로 개별 농부들에게 작은 땅을 부여했지만, 그 땅을 파는 것은 허용되지 않았다. (평민은 또한 죽음의 고통 속에서도 비단을 사용하거나 차를 마시거나 특정한 다이묘를 응시할 수도 없었다.) 그러나 농부들이 자신의 땅을 담보로 돈을 빌릴 수는 있었다. 기묘하게도 농부의 땅이 팔릴 수는 없었지만 담보권의 행사를 통하여 압류될 수는 있었던 것이다. 20세기 동안에 통제할 수 없는 지경에

이른 압류의 문제가 2차 세계대전 이후 더글라스 맥아더 장군의 토지 개혁을 촉발했다.[64]

외국과의 접촉 차단은 서구의 과학적 계몽의 획득을 가로막았다. 자체적으로 부과된 무역 금지 조치가 어떤 면에서는 영국만큼이나 호의적이었던 섬 지형의 자연적 이점을 무효화했다. 일본은 서구보다 멀리 뒤처졌다. 19세기 중반까지 일본의 1인당 GDP가 영국의 1/4, 스페인의 1/2이었고 일본의 군대는 절망적일 정도로 구식이었다.

흑선에 실려온 기회

일본의 현대적 변화를 상징적으로 보여주는 이미지가 1853년 7월에 도쿄만에 도착한 매슈 페리Matthew Perry 준장의 흑선black ships이다. 그러나 흑선은, 모든 상징적인 역사와 마찬가지로, 지나치게 단순화된 이야기다. 실질적인 개혁은 페리와 함께 온 것이 아니라 흑선의 충격적인 등장보다 10여년 전에 시작되어 50년 이상 지속되었다.

서구의 파워는 일찍이 1839~1842년에 중국에서 벌어진 아편전쟁을 통하여 도쿠가와 막부를 놀라게 했다. 19세기 초에도 일본의 많은 귀족이 서구의 지식을 습득했다. 네덜란드인들은 1838년에 개교한 영향력 있는 학교에서 수천 명을 가르쳤다. 미국과의 무역이 개방한 것도 1853년의 첫 번째가 아니라 1854년에 두 번째로 도쿄만에 나타난 페리의 방문을 통해서였다.

페리의 원정 이후에는 다른 나라들이 미국보다 훨씬 더 치명적이고 화려한 방식으로 서구 해군의 우월성을 과시했다. 1863년에 기고시미에서 빈린을 일으긴 디이묘에 대힌 영국 해군의 파괴적인 포격과 1864년의 시모노세키에 대한 다국적군의 포격이 페리의 방문보다 훨씬 더 인상적이었다. 마지막으로, 그리고 중요하게, 막부는 흑선이 나타나고도 20년 이상 지나서야 최종적으로 붕괴되었다.[65]

말기의 막부는 실제로 다음 메이지 정부에서 완성되는 여러 가지 개혁에 착수했다. 마지막 도쿠가와 쇼군은 외교관과 학생을 서방으로 유학 보내고, 프랑스와 미국에서 조선소와 산업 프로젝트를 위한 자본을 빌리고, 처음으로 재능있는 평민에게 고위 공직을 개방했다.[66]

그러나 너무 미흡했고 너무 늦었다. 처음으로 무역을 개방하는 국가는 가격 수렴price convergence(큰 승자와 패자를 낳는 극도로 불안정한 상황에 대한 완곡어법)을 겪는다. 국가의 상품 가격과 그에 따른 세 가지 투입물-노동, 토지, 자본-의 가격이 나머지 세계의 가격으로 수렴한다.*

일본의 주요 수출품-쌀, 차, 비단-가격이 국제 수준보다 훨씬 낮았기 때문에 이들 상품의 가격이 상승함에 따라 많은 지주와 상인이 부자가 되고 소비자 특히 성읍에 거주하는 사무라이들이 고통을 겪었다. 그와 동시에 값싼 외국산 면화와 산업용 장비가 들어오면서 가격이 극적으로 하락하여 이들 제품의 국내 생산자에게 심각한 피해를 입혔다. 농민과 사무라이는 입을 모아 새로운 국제 무역으로 심각한 피해를 입은 국가적 이익과 외국의 대포 사이에 사로잡힌 쇼군을 비난했다. 1868년에는 막부에 불만을 품은 매우 유능한 남부 사무라이 집단이 도쿠가와 정권을 전복시켰다. 거의 같은 시기에 천황도 사망하여 젊은 후계자로 교체되었다.

개혁은 비단을 찢는 면도날처럼 봉건국가 일본을 파고들어 철저한 방식으로 4요소를 도입했다. 몇 년 안에 새로운 정권이 봉건국가의 제도적 기반을 파괴했다. 봉건주의의 죽음으로 초보적이긴 하지만 확고한 개인과 재산의 권리가 부여되었다. 사상 처음으로 법이 길드를 제압하고, 계급 간의 법적 차별을 폐지하고, 농민에게 이주와 토지의 분할 및 매각을 허용하고, 무엇이든 원하는 작물을 심을 수 있도록 했다.

일본인은 열정적으로 서구의 문화와 그에 따른 과학적 합리

---

* 다시 헥셔-올린 모델(178쪽 각주 참조). 가격 수렴은 종종 세계의 무역 패턴을 평가하는 도구로 사용된다. 예를 들어 발견의 시대(1492년 이후 세기)에 상품 가격이 극적으로 변하지 않았다는 사실은 그 시대에 실질적인 무역이 거의 이루어지지 않았음을 가리킨다. 케빈 오루크와 제프리 윌리엄슨, 「19세기 말 영미 요소가격의 수렴: 헥셔와 올린이 옳았는가?」를 참조하라. 또한 동 저자, 「1400년과 2000년 사이의 헥셔-올린 모델. 요소가격 수렴을 설명할 때는 언제이고 그렇지 않을 때의 이유는 무엇인가(The Heckscher-Ohlin Model Between 1400 and 2000: When It Explained Factor Price Convergence, When It Did Not, and Why)」, NBER 조사보고서 7411, 1999, http://www.j-bradford-delong.net/pdf_files/W7411.pdf. 참조

주의를 받아들였다. 새로운 정부는 공학, 군사과학, 정부, 금융의 신비를 조사하기 위하여 가장 뛰어난 인재를 독일, 영국, 프랑스, 미국으로 파견했다. 정부는 또한 근대적 공교육 시스템-강력한 능력 중심주의에 입각한 날카로운 피라미드 형태-의 기반을 마련했다. 이제는 정부와 산업의 시휘권이 사무라이와 다이묘의 게으르고 무능한 아들들에게 맡겨지지 않을 것이었다.[67]

마침내 근대적 서비스 국가의 기반을 확립한 일본은 자본시장과 운송 및 통신에 절실하게 필요한 지원을 제공하고, 균일한 주화 및 지폐와 아울러 철도, 전신, 우편 서비스를 도입했다. 일본의 급진적 변모의 상징으로, 새 정부는 수도의 이름을 에도에서 도쿄로 바꾸고 천황의 궁전을 옛 도쿠가와 요새 부지로 옮겼다.

사무라이의 사투

그 다음에 모든 혁명정부가 직면하는 가장 위험한 과업-옛 귀족의 잔해 처리-이 능숙하게 처리되었다. 메이지 정부는 처음에 다이묘들에게 이전의 공물과 세금의 1/10을 급료로 지불하다가 몇 년 후에 완전히 중단하고, 사무라이의 급료를 시장 금리 이하의 채권으로 전환하여 사무라이의 전통적인 소득을 크게 줄였다.

1877년에 반항적인 남부 사무라이 연합이 주도한 막부의 마지막 저항으로 사쓰마 반란이 일어났다. 반란군은 징집된 병사들에 의하여 쉽게 진압되었다. 누더기를 걸친 농부의 손에 사무라이가 당한 굴욕이 오랫동안 자신들의 군사적 뿌리에서 단절되었던 전사 계급의 완전한 무능을 보여주었다.[68]

심지어 외국의 무역 지배까지도 축복이 되었다. 유럽인에 의하여 관세 장벽을 세울 능력을 박탈당한 상황에서 외국과의 치열한 경쟁이 일본 기업의 체질을 강화했다.[69] 내부로부터의 힘 또한 산업에 대한 국가의 통제를 줄이는 역할을 했다. 서구식 산업주의에 대한 막부의 실험은 새로운 국가에 수많은 정부 소유의 비효율적인 공장과 광산을 남겨놓았다. 유신 이후에 메이지 정부가 빠르게 민영화를 추진함에 따라 이들 시설이 비교적 소수의 소유주 재벌zaibatsu의 손으로 들어갔다. 이러한 독과점의 힘은 2차 세계대전이 끝난 뒤에야 깨지게 된다. 민영화의 한 가지 불길한 예외는 정부의 엄격한 통제하에 남아 있는 군수품 생산이었다.[70] 서구적 지렛대crowbar의 적용과 국내 민영화의 결합이 일본의 무역과 성장에 강력한 반-콜베르적 자극제를 제공했다.

일본이 너무 뒤처졌기 때문에 가장 단순한 기술 발전조차도 상당한 이득을 유발했다. 메이지 유신 이전에는 거의 모든 쟁기를 사람이 끌었고 그에 따른 농작물 수확량이 빈약했지만, 1904년에는 모든 경작지의 절반 이상에 소가 끄는 쟁기가 등장했다. 이는 경제성장의 일상적 특성으로 종종 나타나는 현상이다. 1870년과 1940년 사이에 1인당 GDP가 연간 1.9퍼센트씩 성장했다. 견고하기는 했지만, 메이지 이후 시대의 성장은 2차 세계대전 이후의 성장에 비하면 미미한 수준이었다.

나쁜 습관을 얻은 일본

일본은 흑선의 교훈을 약간 지나치게 잘 배웠다. 메이지 시대의 일본은 스페인과 같은 지정학적 실수를 저지르면서 군사적 정복을 통한 번영을 추구했다. 1894년에 처음으로 시작한 중국과의 전쟁과 1904년의 러시아와의 전쟁이 성공했을 뿐만 아니라 저렴한 비용으로 일본 경제에 활기를 불어넣었다. 두 전쟁이 진행된 1890년과 1910년 사이에 일본의 1인당 GDP 성장율이 연간 2.16퍼센트로 상승했다.

　이러한 승리가 일본의 식욕을 자극했다. 1931년에 일본은 중국을 침공하여 서구와의 긴장을 고조시켰다. 국가 예산에 대한 군사비 지출이 1931~1932년의 31퍼센트에서 1936~1937년의 47퍼센트로 늘어났고, 합스부르크 스페인에서 그랬던 것처럼, 정부 부채의 엄청난 증가를 요구했다. 유능한 재무장관 다카하시 코레키요가 과도한 군사비 지출에 반대하자 군부가 그를 암살했다.[71] 군사적·경제적 진로가 정해진 일본의 최후는 해피엔딩이 아니었다.

450

맥아더의 기적

재앙적인 2차 세계대전을 포함하는 1940년과 1998년 사이에 실질 1인당 GDP가 연간 3.51퍼센트의 경이적인 비율로 증가했다. 20세기 후반 일본의 경제성장에 불을 붙인 것은 무엇이었을까? 두 가지가 있었다. 첫째, 2차 세계대전 이후의 시기가 전반적인 세계적 경제성장의 황금기였다. 인류는 한 세대를 조금 넘는 기간에 두 차례의 재앙적 분쟁에서 벗어났다. 더욱이 그 사이에 역사상 최대의 경제 불황이 끼어있었다. 지치고 나이든 영국까지도 전후 기간에 1.83퍼센트의 실질 GDP 성장률을 기록했다. 둘째, 미국의 냉전 전략의 우산이 이전에 파멸을 초래했던 일본의 군사비 지출을 거의 없앨 수 있게 해주었다.

많은 사람이 전후 일본의 기적을 더글라스 맥아더 장군이 이끄는 연합군의 점령에 따른 민주적·경제적 개혁 덕분으로 돌린다. 위대한 전사는 실제로 패전국 일본에 세 가지 주요 영역의 제도 변화를 요구했다. 그는 재벌을 해체하고, 전쟁 전의 민주주의를 되살리고, 광범위한 토지 개혁을 강요했다.

칭찬 받을만한 세 가지 조치중에 경제적 중요성이 입증된 것은 없었다. 재벌은 경쟁을 크게 저해하지 않았다. 현대의 계량경제학 연구는 정부가 법의 지배와 기초적인 개인의 자유를 제공한 후에는 민주주의의 추가적 발전이 경제 발전에 거의 도움이 되지 않고 심지어 성장을 해칠수도 있다는 사실을 입증했다. 번영은 민주주의를 자극하지만 민주주의가 번영을 자극하지는 않는다.* 맥아더가 여성의 선거권을 확대하지 않고, 경찰기구를 분권화하지 않고, 인도적인 노동법을 제정하지 않고, 수많은 가치 있는 정치 개혁을 추진하지 않았더라도, 경제적 번영에 따라 더 많은 것을 요구하는 유권자가 생겨나면서 그러한 변화가 스스로 이루어졌을 것이다. 일부 역사학자는 현대 일본의 국력과 번영의 기원을 양국적binational 결합, 소위 국내에서 형성된 제도와 미국에서 수입된 제도의 결합[72]이라 부르지만, 사실은 연합군의 점령에 따라 일본에 강요된 개혁의 많은 부분이 이미 70년 이상 진행되어온 개혁이었다.

토지, 지주, 농민

이는 특히 토지개혁에 대하여 사실이었다. 메이지 정부는 기초적인 자유, 재산권, 명확한 토지 소유권을 도입하는 "거친coarse 메커니즘"(2장 참조)을 통하여 대규모 귀족 지주로부터 소규모 개인 소유주로 토지가 재분배되도록 했다. 이 빙하처럼 느리지

---

* 이 주제는 10장에서 좀 더 자세히 다룰 것이다. 상세한 설명을 원하는 독자는 로버트 J. 배로, 『경제 성장의 결정요인(Determinants of Economic Growth), 2판』(케임브리지: MIT 출판부, 1999)을 참조하라.

만 안정적인 과정이, 근대 이전 시대의 영국에서 그랬던 것처럼, 소규모 농민이 무기력해진 부와 특권의 상속인들로부터 점진적으로 토지를 사들일 수 있게 했다.

그러나 영국과 일본의 토지 재분배 과정은 근본적으로 달랐다. 메이지 정부가 부여한 명확한 소유권과 자유로운 양도권에도 불구하고, 일본의 고정된 쌀 세금이 흉년기에 자본이 부족한 귀족과 소규모 자작농의 토지가 부유한 채권자에게 넘어가도록 했다. 고정된 쌀 세금-유신의 개혁으로 토지 감정가의 3~4퍼센트에 해당하는 고정된 화폐 세금으로 전환된-은 소규모 농민을, 흉년기에 적어도 약간의 융통성을 허용했던, 이전의 시스템보다 더 억압했다.

20세기 이전에는 채무를 이행하지 못한 농부를 고용할 수 있는 산업의 일자리가 없었기 때문에 농민이 소유했던 땅에서 소작인으로 남을 수밖에 없었다. 1871년과 1908년 사이에 이러한 소작지가 전체 경작지의 30퍼센트에서 45퍼센트로 늘어나서 2차 세계대전이 끝날 때까지 그 수준으로 유지되었다. 맥아더가 도착했을 때 일본의 시골 지역은 극렬하게 대립하는 두 진영-다수의 소작농과 부유한 소수의 엘리트 부재지주-으로 나뉘어 있었다.

한편으로 메이지 구조개혁의 75년이 일본의 사회적 면모를 극적으로 변화시켰다. 보편적인 징집과 교육이 지주의 아들에게 예외를 두지 않았고 부유한 토지 상속인이 종종 더 나은 교육을 받은 소작농의 지휘하에 군대에서 복무했다. 새롭게 문해력과 영향력을 얻은 소작인들은 자신의 처지에 점점 더 불만을 품게 되었다. 양 대전 사이의 기간에 토지 개혁이 뜨거운 정치적 이슈였다. 1930년대에는 군부가 지배하는 정부의 지원으로 지수들이 우위를 섬할 수 있었다.[73]

엄밀한 경제적 관점에서 볼 때 지주와 소작인으로 이루어진 소유권 시스템은 매우 효율적이다. 농업 생산을 개선하려는 지주의 인센티브가 자작농의 인센티브와 동일하다. 게다가 지주에게는 토지를 개선하기 위한 자본이라는 월등한 자원이 있다. 지주가 지배하는 체제에서 일본의 농업 생산성이 유신 이후에 급속하게 향상되었다.

그러나 사회적 관점에서는 일본의 소작인과 지주의 갈등이 재앙이었다. 가난한 사람이 더 가난해지고 부유한 사람이 더 부유해졌다. 지주 계급이 파시즘과 군국주의의 기반을 형성한다고 믿었던 맥아더의 점령군은 지주 계급의 파괴에 착수했다. 대지주의 토지가 전쟁 이전 가격으로 보상되었다. 전후에 만연한 인플레이션으로 가치가 떨어진 엔화로 지급된 토지 보상은 몰수나 다름없었다. (평균적 농장의 규모가 2.5에이커인 국가에서 10에이커 이상을 소유한 사람은 모두 대지주로 간주되었다.)[74,75] 소작인과 소작농이 부유한 지주보다 우리의 동정을 더 많이 이끌어낼 수는 있지만, 맥아더의 토지개혁이 부동산 시스템에 실질적인 폭력을 가한 것도 사실이다. 라이샤워가 신랄하게 말했듯이, 혁명적인 개혁은 남의 나라에서 하기가 더 쉽고 재미있다.[76] 일본의 토지개혁은, 사회적·정치적 결과가 무엇이었든 간에, 결국 경제적으로 중요하지 않았다. 점점 더 산업화하는 국가에서는 토지의 소유 구조가 중요성을 잃는다.

맥아더가 일본인에게 남긴 마지막 교훈은 자유민주주의 체제에서 법치주의가 발휘하는 놀라운 힘을 자신도 모르게 보여주게 된다. 1951년 4월 11일 해리 트루먼 대통령이 그를 해임했다. 일본인들은 보잘것없는 민간 지도자의 신랄한 편지가 그토록 강력하고 존경받는 전사를 넘어뜨릴 수 있는 것을 보고 깜짝 놀랐다.

더 중요한 것은 미국의 군사적 우산 덕분에 일본이 GDP의 1퍼센트만을 국방비로 지출할 수 있었다는 사실이다. 20세기의 첫 40년 동안의 자본과 인력에 대한 압도적인 군사적 요구에도 불구하고 일본의 경제가 성장한 것은 진정한 일본의 기적이었다. 군국주의의 굴레에서 벗어난 일본의 경제는 2차 세계대전의 잿더미 속에서도 힘차게 성장할 수밖에 없었다.

요약하자면, 전후의 급성장은 여러 가지 평범한 요인의 필연적인 결과였다.

- 일본인은 나머지 세계 대부분과 마찬가지로 30년간의 전쟁과 경제적 재앙을 겪은 궁핍한 상태였다. 용량을 훨씬 밑도는 수준으로 산업이 돌아가고, 자본이 소비로부터 공

장과 장비를 복구하고 현대화하기 위하여 전용되어야 할 때, 그 결과는 활발한 경제성장이 된다.

• 미군의 주둔이 강대국을 가장 확실하게 탈선시키는 악마의 손아귀—과도한 군사비 지출 에서 일본을 해방시켰다.

• 맥아더가 도착하기 70년 전에 일본인들은 원시적이지만 적절한 재산 제도를 확립하고 서구식의 과학, 자본시장, 운송과 통신을 채택했다.

근면, 절약, 문해 능력을 강조하는 일본의 문화와 맥아더가 수입하기 전에 50년이 넘는 의회민주주의 경험이 있었다는 것도 도움이 되었다.

떠오르는 태양

1980년대에는 일본이 세계를 지배할 때까지 일본의 경제성장이 수그러들지 않고 계속되리라고 가정하는 것이 유행이었다. (1960년대에 나머지 선진세계가 전후 일본의 기적의 독일판인 라인강의 기적을 초조하게 지켜본 것과 마찬가지로.) 이 역시 진지한 가능성이 결코 아니었다. 첫째, 일단 재산권과 법의 지배가 확립되면 침체된 경제가 저절로 빠르게 성장하게 된다. 전속력으로 달리는 경제의 성장이 지속되기는 훨씬 더 어렵다. 둘째, 제도의 축복은 일회성이다. 재산권과 법의 지배가 확립되고 나면 다른 영역에서 성장을 찾아야 한다. 마지막으로 미국이 부유한 일본의 방위를 보조하는데 빠르게 지쳐가고 있다. 머지않아 일본은 자국의 군사적 필요를 적절하게 충족하려는 열망을 되찾을 것이다. 일본이 다시 한번 지나치게 잘나가는 일이 없기를 바랄 뿐이다.

09 뒤처진 나라들
- 이슬람 세계와 라틴아메리카

뒤에 남겨진 국가들을 생각해 볼 차례가 되었다. 제2부의 첫 두 장은 네덜란드, 영국, 프랑스, 스페인, 그리고 일본의 경제 발전에 대하여 세대를 따라가는 전통적 설명과 함께 다소 선형적으로 진행되었다. 그러나 세계적 경제 경주에서 패배한 국가들의 이야기는 일어나지 않은 사건-달리기를 거부한 그레이하운드-이기 때문에 전통적인 역사 서술로 설명될 수 없다.

경제 실패의 역사는 변화에 저항하는 전통 문화의 이야기다. 따라서 국가별로 분석하는 방식으로는 쉽게 조사할 수 없다. 오히려 특정한 국가들이 번영에 이르지 못한 이유를 이해하기 위하여, 우리는 문화적으로 정의되는 두 곳의 광범위한 지역-오스만제국과 그 후예인 현대 아랍세계와 라틴아메리카-

을 살펴볼 것이다.

이 장의 전반부에서 우리는 네 가지 성장 요소-재산권, 과학적 합리주의, 자본시장, 근대적 운송과 통신-가 오스만제국에서 어떻게 작용했는지를 논의한다. 오스만제국의 붕괴는 근대 중동과 발칸반도의 빈곤과 분노가 끓어오르는 가마솥을 낳았다. 장의 후반부에서는 라틴아메리카의 자본시장과 재산권의 특정한 측면, 특히 8장에서 논의된 스페인 식민 유산이 어떻게 라틴아메리카의 경제성장을 끊임없이 저해하는지를 살펴볼 것이다.

아주 최근까지도 이념적 유행에 따라 세계적 부의 불균형한 분배가 천연자원과 마르크스주의의 쌍둥이 귀신-식민주의와 제국주의-의 자원 착취의 차이에 기인하는 것으로 여겨졌다. 이 장의 끝에서 우리는 통계적 증거와 강력한 일화적 사례를 통해서 이러한 이론을 해부할 것이다.

우리는 세계의 모든 실패한 국가, 특히 아프리카와 아시아를 다룰 수 없다. 그 수가 너무 많기 때문이다. 관심 있는 독자는 중동과 라틴아메리카의 4요소 역학을 나머지 저개발 세계에 어렵지 않게 적용할 수 있다.

이슬람 세계는 왜 뒤처졌을까?

이제 오늘의 세계에서 중요한 지정학적 분열의 하나인 세속적 서구사회와 더 전통적이고 독실한 무슬림사회의 분열에 우리의 4요소 패러다임을 적용하고자 한다. 우리는 오스만제국에 대한 4요소의 유감스러운 역사에서 아랍인의 절망의 근원을 탐구할 것이다. 다음 장에서는 무슬림과 서구세계 사이에 점증하는 경제적 시위의 격차가 종교적 교리와는 관련이 거의 없고 진적으로 지역적 문화와 관련됨을 시사하는 데이터 집약적 사회학적 접근법으로 분석을 계속해 나갈 것이다.

21세기 초반의 관점에서 볼 때, 서구에서는 당연하게 여겨지는 수준의 번영과 개인의 자유를 달성하는데 필요한 가장 기본적인 도구조차 추종자들에게 제공하지 못하는 이슬람에 후진적이라는 꼬리표를 붙이기가 너무도 쉽다. 그러나 시계를 500년 전, 심지어 1000년 전으로 돌려보면 오늘의 불균형이 거울에 비친 이미지-가난하고 후진적인 기독교 국가들을 압도할 태세로 보이는 활기차고 강력한 무슬림 문화-가 보인다.

7세기에 처음으로 무슬림 정복의 급류가 흐른 뒤에 이슬람 세계는 전쟁을 일삼는 여러 칼리프국caliphates으로 급속하게 분열되었고, 1453년에 오스만 튀르크가 콘스탄티노플을 정복할 때까지 포괄적이고 통합된 이슬람 국가가 돌아오지 않았다. 오스만제국의 전성기에는 오직 중국만이 크기, 파워, 문화적 성취, 그리고 과학적 정교함에서 오스만제국에 필적할 수 있었다.

오스만제국이 부상하기 전에도 아랍의 천문학이 세계 최고 수준이었다는 사실을 생각해보라. 유럽에는 알라젠Alhazen으로

460

알려진 이븐 알 하이삼Ibn al-Hytham은 11세기에 유럽 암흑시대의 모든 이론을 훨씬 능가하는 광학과 천체이론을 공식화했다.[1] 1550년에 터키인은 유럽의 어느 등대보다도 크고 발전된 120 계단 높이의 등대를 보스포루스 해협에 건설했다.[2]

아라비아반도에 양피지용 동물 가죽이 부족했기 때문에 초기의 무슬림 필경사들이 중국에서 종이 기술을 빌려와 크게 개선했다. 이슬람 학자들은 1453년 콘스탄티노플의 함락으로 르네상스 이탈리아의 관심을 끌기 오래 전에 고대 그리스 문헌을 번역했다.[3] 아랍인이 인도에서 수입한 혁명적인 개념-자릿수 관리자로서 0의 사용-이 포함된 숫자 체계가 없었다면 거의 모든 근대 수학이 존재할 수 없었을 것이다. 그리스인이 기하학을 발명하고 유럽인이 미적분을 발명한 것과 마찬가지로 아랍인은 알자브르al-jabr, 즉 오늘의 우리가 아는 대수학algebra을 발명했다.[4] E. L. 존스는 중세 기독교 세계와 이슬람의 격차를 가장 잘 요약했다. "대학교와 거대한 도서관이 있는 크고 환하게 불켜진 무슬림 스페인의 도시들이 오두막과 스파르타적 수도원이나 다름없는 피레네 산맥 이북의 기독교 세계와 극명한 대조를 이루었다."[5]

초기의 아랍 칼리프국과 마찬가지로 예루살렘의 정복자 살라딘Saladin이 기독교 세계에 경외심과 두려움을 불러일으켰고, 16세기와 17세기의 오스만제국은 서구를 집어삼키기 직전의 서인처럼 보였다. 제국의 규모와 영향력이 엄청났다. 오스만제국은 전성기의 로마제국만큼이나 크고 부유했고, 로마제국과 동일한 우월감과 영속성이 부여되었다. 오스만제국의 지리도 현대 세계에 강력하게 각인되었다. 제국은 오늘날 지정학의 중심을 이루는 여러 지역-사우디아라비아와 페르시아만 연안 국가, 요르단, 시나이, 팔레스타인/이스라엘, 이집트, 이란의 대부분 지역, 발칸반도, 그리고 북아프리카의 대부분 지역-을 포함했다. 오늘날 이들 불안정한 지역에서 발산되는 모든 희망, 열망, 분노, 그리고 좌절이 유럽 대륙 자체의 남동쪽 가장자리에 수도가 있었던 거대한 제국에 깊은 뿌리를 두고 있다. 한 동안 파샤pashas가 부다페스트에서 통치했고 아랍의 해적이 일상적으로 영국 제도를 공격했다. 1627년에는 가장 가치있는 상품-유럽인 노예-을 노린 오스만제국이 멀리 북쪽의 아이슬란드까지 습격한 일도 있었다.[6]

오스만제국의 쇠퇴 과정

터키인은 17세기에 비엔나를 두 번 포위했다. 1683년 9월에 오스트리아가 터키인의 두 번째 공격을 무산시켰을 때가 유럽의 운명의 전환점이었다. 10년 후에 표트르 대제Peter the Great는 이전에 터키의 호수였던 흑해의 북쪽 해안에 교두보를 확보했다. 1699년에는 카를로비츠Carlowitz 조약이 터키 제국의 규모와 지위 축소를 공식화했다.

1798년에 이집트를 정복한 나폴레옹의 빠른 진격 속도가 오스만제국에 충격을 주었다. 실제로 젊은 코르시카 장군의 침공은 지형이나 기후에 대한 적절한 지식이 없이 어설프고 서투르게 계획된 사건이었다. 몇 년 뒤에 나폴레옹의 군대는 또 다른 젊은 군인 허레이쇼 넬슨Horatio Nelson 제독에 의하여 쉽게 쫓겨나게 된다. 역사학자 버나드 루이스Bernard Lewis에 따르면, 이러한 사건의 중요성이 너무도 분명했다. 유럽의 강대국만이 이집트에 와서 마음대로 행동할 수 있었을 뿐만 아니라, 또 다른 유럽의 강대국만이 그들을 쫓아낼 수 있었다.[7] 한 세기 안에 오스만제국은 합스부르크 오스트리아의 파워에 대한 균형추로서 영국과 프랑스가 살려 둔 유럽의 병자가 되었다.

쇠퇴해가는 문명과 문화는 자신들의 쇠퇴를 받아들이기 위하여 두 가지 근거 중 하나를 사용한다. 첫 번째 근거는 건설적이지만 어려운 질문을 제기한다. 우리가 무엇을 잘못했을까? 두 번째 근거는 희생양을 찾으면서 누가 우리에게 이런 짓을 했을까를 묻는다. 다행히도 오스만제국은 두 번째가 아닌 첫 번째 질문을 선택했지만,[8] 불행하게도 잘못된 대답에 도달했다.

17세기에 오스만제국은 자국의 군사기술이 서구에 훨씬 뒤처졌다는 것을 깨달았다. 그들은 무기와 조언자의 대량 수입을 통해서 상황을 개선하려 시도했다. 카를로비츠 조약 이후 2세기 동안 오스트리아, 독일, 프랑스의 군 장교와 군수 전문가들이 꾸준하게 이스탄불로 유입되었고, 터키인은 서구 무기고의 최신 제품을 확보하기 위하여 막대한 양의 보물을 소비했다. 오스만제국은 서구의 군복을 채택하고, 심지어 서구의 군악까지 수입했다.

적을 평가하기 위하여 외교관과 상업 공관이 서유럽 전역으로 퍼져나가면서, 새로 건설된 공장의 막대한 생산력이 오스만제국을 놀라게 했다. 한 터키 대사는 제국이 코담배, 종이, 크리스털, 직물, 도자기의 5개 공장을 사들일 것을 제안하며 이렇게 말했다. "5년이 지나면 (우리가 그들을 능가할 것이다) 현재 그들의 모든 무역이 이들 상품에 기초하기 때문이다." 공장을 지어놓으면 사람들이 몰려올 것이라는 로스토 교수에 필적할만한 전략이었다. 그러나 서구의 다른 제도를 발전시키지 않고 단순히 근대적 공장을 건설하는 전략에는 중대한 결함이 있었다. 견고한 법적·지적·재정적 기반이 없이 서구식 공장만을 건설하려는 시도는 실패로 이어질 수밖에 없다. 터키인이 건설한 몇 안 되는 시설이 곧 황폐해졌다.[9] 명확하게 정의된 재산권과 술탄 sultan (이슬람 세계의 통치자-옮긴이)이나 이맘imam(이슬람의 성직자-옮긴이)의 행동에 대한 엄격한 제한이 없이는, 분별 있는 사업가로서 큰 공장을 짓고 운영하는데 필요한 막대한 노력을 기울일 사람도 없고 그에게 필요한 자본을 빌려줄 분별 있는 투자자도 없을 것이다.

'우리가 뭘 잘못했지?'라는 질문에 답하는 더욱 비생산적인 방법도 있었다. 많은 사람에게 그 대답은 예전 방식으로 돌아가는, 즉 종교적 보수주의로 더 멀리 후퇴하는 방법이었다. 오스만제국은 군사 과학과 공장 생산을 제외하고 서구에 대하여 철저하게 무관심했다. 영국이 이끈 유럽인이 빠르게 대학의 아랍학과를 설립했지만 오스만제국은 대학의 서구 연구 프로그램으로 대응하지 않았다는 사실이 두 문화에 대하여 많은 것을 말해준다.

이러한 지적 호기심의 결핍은 부분적으로 유대교와 기독교를 참된 신앙으로 가는 길의 불완전한 중간역으로 보는 무슬림 교리에서 비롯된다. "기독교에서 진실이었던 것은 이슬람에 통합되었다. 그렇게 통합되지 않은 것은 거짓이다."[10] 서구인은, 더 큰 부와 더 나은 무기를 소유했더라도, 깨달음을 얻지 못한 이교도였다.

15세기 무렵에 무슬림 학자들은 코란Koran의 해석을 동결시켰다. 이 조용한 재앙-타클리드taqlid로 알려진, 이전의 해석을 온순하게 수용하고 모든 미래의 해석으로부터 이슬람을 차단하는 교리-이 이슬람의 역동적인 사회적·경제적 활력을 마비시켰다.[11] 마치 흑인은 시민권을 주장할 수 없고 의회가 노예제도를 금지할 수 없다고 선언한 1857년의 드레드 스콧Dred Scott 판결 이후에 미국 대법원이 헌법의 모든 재해석을 중단시킨 것과 같았다.

타클리드에 내재한 자유로운 지적 탐구의 금지가 경제적 번영에 필요한 두 번째 요소인 과학적 합리주의에 영향을 미쳤다. 본질적으로 외부 세계에 대한 호기심이 없고 자신의 가정assumption에 도전하기를 꺼리는 사회는 혁신하지 않는 사회다. 혁신하지 않는 사회가 발전하거나 번영할 수는 없다.

오스만제국의 악순환

오스만제국은, 유럽인이 자신들의 성공을 알았던 것과 마찬가지로, 자신들이 실패하고 있다는 것을 알았다. 그러나 양측 모두 성공과 실패의 진정한 이유를 이해하지는 못했다. 터키의 열등한 군사력과 경제는 단지 훨씬 더 광범위한 질병의 증상일 뿐이었다. 8장에서 우리는 국가의 특성에서 농업, 상업, 산업의 중요성 특히 세금을 걷는 방식의 중요성을 강조했다. 계몽된 통치자는 시민에게 경찰의 보호, 공중보건의 예방 조치, 도로, 교육, 그리고 독립적인 사법부와 같은 중요한 서비스를 제공한다. 그렇게 하는 국가는 번영하고 아닌 국가는 뒤처진다.

수입을 정복과 약탈에 의존하는 국가는 필연적으로 실패한다. 전리품이 소진되면 헬레니즘 시대의 그리스, 로마, 그리고 도쿠가와 막부 이전의 일본이 겪었던 것과 동일한 사건들이 이어진다. 국가는 충분한 수입을 올리기 위하여 세금을 인상하고 인상된 세금이 한때 비옥했던 농지의 경제적 생존성을 박탈하고 농촌 지역의 인구를 줄여서 경제의 목을 조른다. 오스만제국은, 이전의 로마제국보다도 심한, 생산적 국내 경제가 없는 약탈 기계였다. 따라서 제국의 몰락이 필연적이었다. 1675년에 한 관찰자는 유럽에 속한 터키의 일부 지역에서 농지의 2/3가 버려졌다고 지적했다.[12]

네덜란드와 영국은 군사적·경제적으로 서비스 국가가 되는 것과 파워를 얻는 것의 연관성을 최초로 인식한 국가였다. 프랑스가 곧 그들의 뒤를 따른 반면에, 스페인과 일본은 몇 세기 동안 지체한 후에야 마침내 따라잡았다. 오스만제국은 그러한 연관성을 결코 보지 못했고, 나머지 무슬림 세계 대부분도 마찬가지였다.

오스만제국의 네 가지 성장 요소

이제 잠시 오스만제국에서의 네 가지 성장 요소를 살펴보자.

1. 재산권

전통적 사회의 통치자들은 법의 지배나 재산의 신성함을 크게 존중하지 않는다. 가장 노골적인 재산권 침해가 노예제도임은 확실하다. 오스만제국은 19세기에 서구의 압력을 받고서야 수익성 높은 노예 부역을 축소했고, 20세기까지도 제국의 경계

안에서 노예제도를 금지하지 않았다. 예멘과 사우디아라비아는 1962년이 되어서야 노예제도를 폐지했고,[13] 수단, 소말리아, 모리타니아에는 오늘날에도 30만에 달하는 노예가 있다.[14]

2. 과학석 합리수의

초기에 지적 탐구를 찬양했던 이슬람은 15세기 무렵의 어느 시점에서 그것에 등을 돌렸다. 과학에 대한 오스만제국의 태도를 보여주는 데는 작은 삽화 하나로 충분할 것이다. 1577년에 제국이 이스탄불 근처에 거대한 천문대를 건설했다. 티코 브라헤의 우라니보르크 천문대에 대한 아랍의 대응으로 덴마크 천문대에 못지않은 장비와 인원을 갖춘 천문대였다. 천문대가 완공되자마자 술탄은 종교 고문들의 권고에 따라 천문대를 파괴하도록 했다.[15]

3. 자본시장

이자 지급에 대한 이슬람의 금지가 상업 활동을 질식시켰다. 게다가 술탄이 마음대로 재산을 압류할 수 있었기 때문에 자본이 부족했고 은행업이 존재하지 않았다. 앞에서 언급된 바와 같이, 19세기에 터키 최초의 은행을 설립한 것은 유럽인이었다.

4. 운송과 통신

이 분야에서는 유럽의 우위가 크지 않았다. 중세 말기와 근대 초기 오스만제국에서 운송과 통신의 발전이 미흡한 수준이었지만 유럽도 크게 나은 상황이 아니었다.

현대 중동 국가의 네 가지 성장 요소

현대 무슬림 세계의 제도적 지형은 근본적으로 다르다. 1장에서 논의된 바와 같이, 4요소 중 세 가지-과학적 합리주의, 자본시장, 현대적 운송과 통신-는 중동에서도 쉽게 가용하다. 성장과 번영을 위하여 유일하게 남은 요건은 재산권과 법의 지배다. 그러나 오늘날의 중동에서는 서구식 권리의 개념이 매우 인기가 없다. 그러한 비호감이 심지어 법조계까지 확대된다.[16] 범죄자에 대한 샤리아shari'a(이슬람의 율법과 규범-옮긴이)의 극단적 조치-돌로 치기와 신체 절단-는 엄격한 법치의 인상을 준다. 그러나 현대 중동의 대부분 국가는 경찰국가로 기능하고, 국가 권력 자체가 억제되지 않는다면 엄격한 법 집행이 거의 의미가 없다. 무법사회의 특징-철조망과 유리 조각으로 덮인 높은 벽이 부유층의 집과 심지어 관공서까지 둘러싸고 있는 것-을 무슬림 세계의 모든 곳에서 볼 수 있다.

지리학자와 고고학자들은 심지어 중동의 광대한 사막도 부분적으로 명확한 토지 소유권이 부재했던 결과라는 설득력 있는 주장을 제시했다. 로마의 통치하에 한때 숲이 우거지고 비옥했던 북아프리카의 여러 지역이 이슬람 제국의 도래와 함께 건조한 불모지가 되었다. 로마 시대에 북아프리카의 인구와 생산량이 천년도 너 지나서 오스만제국의 통치를 받을 때보다 훨씬 더 많았다.

관개의 기술은 거의 역사만큼이나 오래되었다. 가장 오래된 메소포타미아 문명이 수력 사회였고 로마인이 방대한 관개 프로젝트를 통해서 북아프리카의 넓은 지역을 성공적으로 경작했다. 아랍과 오스만제국의 정복으로 안전한 재산 제도가 사라짐에 따라 이러한 관개 프로젝트가 점차 중단되고 지역의 인구가 감소했다. 놀랍게도 많은 경우에 현대의 고고학자들은 거의 힘들이지 않고 1000년이 넘도록 휴면상태였던 옛 로마의 관개 시스템에서 지하수의 압력으로 물의 흐름을 재건할 수 있었다.[17]

유목민으로 목축에 종사하는 아랍의 전통은 잘 정의된 재산권의 부재에 따른 논리적 결과다. 염소는 이동성이 뛰어나고 어디서나 먹이를 찾을 수 있는 동물이다. 아무에게도 명확한 토지 소유권이 없고 언제든지 칼리프가 농부나 목동의 재산을 압류할 준비가 되어 있는 지역의 이상적인 특징이다. (그래서 아마도 '움직임에 축복이 있다'는 아랍의 옛 속담이 생겼을 것이다.) 지면에 가까운 식물을 뜯어 먹는 염소는 특히 효율적인 토지 약탈자다. 염소가 가는 곳마다 토양이 침식되고 사막이 확대된다. 사람들은 소유권이 확보되지 않은 토지를 관개하거나, 경작하거나, 비료를 주지 않는다. 수십 년이 지나면서 아랍판 공유지의 비극이 점점 더 많은 한계 토지를 사막에 내주었다.

이슬람 세계의 미래

무슬림 세계가 경제의 함정에서 벗어나는 것은 가족과 종교에 기초한 전통적 통치 시스템을 신뢰할 수 있고 세속적이며 서비스에 기초한 국가적 통치 시스템으로 교체함을 의미할 것이다. 카이사르를 신과 분리하는 것은 무슬림 세계에서도 불가능한 일이 아니다. 터키와 말레이시아에서는 이미 그러한 분리가-미약할지라도-대부분 달성되었다.

현대의 무슬림 세계는 3세기 전의 유럽대륙보다 후진적이지 않고, 여러 측면-운송, 통신, 자본에의 접근 같은-에서 더 나은 위치에 있다. 16세기부터 서유럽은 서서히 조직 원리로서의 종교를 전복했다. 다시 말해서 시민 사회를 건설하기 시작했다. 현대에 진입하기를 진정으로 원한다면 무슬림 세계도 그렇게 해야 한다. 그 과정은 수 년이나 수십 년이 아니라 수 세기를 요구할 것이다. 단순한 정권 교체-원인이 내부적이든 외부적이든-는 기껏해야, 1차 세계대전 이후에 옛 오스만제국 영토에 의회 제도를 만들었던 영국과 프랑스의 실패에서 볼 수 있듯이,

겉치레일 뿐이다.

우리는 현대의 중동에서 이런 일이 어떻게 일어날지를 추측할 수 있을 뿐이다. 하나의 가능한 경로는 다음 장에서 자세히 논의되는 성장 모델이다. 이 모델에서는 개인의 자유와 재산권의 발전이 더 큰 번영으로 이어짐에 따라 시민의 권리가 강화되고 결국 민주주의적 개혁이 이루어진다. 이맘과 모스크보다 훨씬 더 큰 개혁이 필요한 것이 마을과 족장patriarch이다.

버나드 루이스가 더욱 흥미로운 또 다른 가능성을 제시한다. 그는 초기의 이슬람이 사제, 주교, 대주교, 추기경, 그리고 교황으로 이어지는 기독교의 피라미드와 달리 평등주의적이고 비계층적이었다고 지적한다. 훨씬 뒤에 터키인은 대무프티grand mufti-대략 이스탄불의 대주교에 해당-의 임명으로 절정에 달하는 일련의 종교 관리를 임명했다. 지난 수십 년 동안 이란 사람들은 현대의 가톨릭 기구를 거의 정확하게 모방한 완전히 새로운 아야톨라ayatollahs 관료 체제를 허공에서 만들어냈다. 아마도 루이스의 바람대로, 때가 되면 그들이 종교개혁을 촉발할지도 모른다.[18]

어떤 경로를 통해서든 무슬림 세계의 광활한 영역에 필요한 변화가 도래하겠지만, 그동안에 슬프고 가난한 여러 세대가 지나갈 것이다. 1853년에 일본인은 페리 준장의 흑선을 보고 올바른 결론을 도출했다. 오늘날 서구식 부 및 파워의 흑선과 그것을 지원하는 제도가 무슬림 세계에서도 서구 못지않게 눈에 띈다.

거기서 도출되는 결론이 무슬림 세계의 운명을 결정할 것이다.

라틴아메리카의 불운한 유산

영국의 문화적·식민적 자손-미국, 캐나다, 오스트레일리아, 뉴질랜드-이 세계에서 가장 부유한 국가의 반열에 오른 것은 우연이 아니다. 스페인과 포르투갈의 자손이 그렇게 잘 해내지 못한 것 역시 우연이 아니다. 8장에서 우리는 근대 이전 시대 스페인의 정치와 경제, 특히 발전하지 못한 재산권 시스템의 역기능적 특성을 살펴보고 스페인이라는 식민 기계의 범죄적인 착취적 본성을 논의했다. 놀랄 일도 아니지만, 스페인의 후손들은 스페인의 잔인한 관리stewardship와 결함 있는 제도로 인하여 고통을 겪었다.

　성장을 촉진하는 4요소 중 두 가지에 대해서는 라틴아메리카의 문제가 비교적 작았다. 라틴아메리카는 종교개혁이 마침내 교회의 도그마의 족쇄를 깨뜨리고 나서도 한참 뒤에 성년이 되었다. 종교재판이 몰락한 후에는 영어권과 스페인어권의 신세계 전역에서 과학적 합리주의가 번창했다. 그리고 유럽과 미국이 19세기 후반에 라틴아메리카의 해운, 철도, 전신 시스템 건설에 넉넉한 자금을 지원했다. 국제적 금융 및 전신과 함께 정교한 자본시장이 도래했다. 20세기로 들어설 무렵에는 세계에서 가장 큰 증권거래소의 하나가 부에노스 아이레스의 자랑거리였지만, 아르헨티나에서 가장 큰 기업의 주식은 그곳에서 거래되지도 않았다. 중요성을 보여주는 표시로, 아르헨티나의 거대한 전신 및 철도회사 주식이 런던 거래소에서 매매되었다.[19]

라틴아메리카 경제의 중심적 문제는 헌대의 선명적 사베인 재산 제도에 있다. 나폴레옹 전쟁 이후 부르봉 왕조 스페인으로부터의 남아메리카 해방은 표면적으로 미국의 독립혁명을 닮았고, 새로운 공화국들이 미국을 모델로 삼은 정부 제도를 채택했다. 그러나 민주적 외관의 이면에는 스페인의 모든 결함이 있었다. 새로 독립한 국가들의 합스부르크 유산이 미국인과 영국인이 누렸던 개인의 자유와 재산권의 문화를 부정했고, 새로운 라틴아메리카의 정치 제도가 전체주의적·폭력적 합스부르크 왕조의 과거를 반영했다.

미국에서는 혁명의 발발이 독립을 열망하는 소규모 지주의 분산된 집단에 의하여 촉발된 자발적 사건이었다. 영국군이 콩코드와 렉싱턴에서 분노한 소규모 지주들에게 패퇴하여 보스턴의 안전 지역으로 돌아올 때까지 건국의 아버지들은 더 조직적인 투쟁 계획이 신속하게 필요하다는 것을 깨닫지 못했다.

반면에 남아메리카의 독립전쟁은 모험적인 대지주 엘리트 계층-원래 정복자의 말 그대로의 후손은 아닐지라도 영적 후손이라 할 수 있는-에 의하여 하향식으로 주도된 전쟁이었다. 반란의 마른 불쏘시개에 불을 붙인 것은 미국에서와 마찬가지로

474

억압적인 과세(이 경우에는 나폴레옹 전쟁을 지원하는데 필요한 막대한 세금)였다. 미국 독립혁명도 피비린내나는 사건이었지만, 남아메리카의 투쟁은 완전히 다른 차원이었다. 반란군은 북아메리카의 반군과 전혀 닮지 않았고 자원한 병사도 거의 없었다. 볼리바르의 군대는 용병, 보물 사냥꾼, 징집병으로 가득 찼고, 징집병의 상당수가 수갑을 차고 있었다. 일부 반란군은 경쟁하는 군사 지도자의 지휘하에 배회하는 도둑의 무리에 지나지 않았다.

남아메리카 해방전쟁은 집단 학살, 잔혹한 즉결 처형, 잘린 머리의 공개 전시로 특징지어졌다. 남아메리카의 조지 워싱턴 격인 시몬 볼리바르Simón Bolivár가 사실상의 독재자로서 베네수엘라와 안데스 산맥 너머의 국가들을 통치했다. 볼리바르도 잔인하게 행동할 수 있는 인물이었지만-1813년에 카라카스를 해방시킨 그는 전투에서 죽인 것만큼이나 많은 사람을 처형했다-부통령 프란시스코 산탄데르Francisco Santander의 잔인성에는 상대가 되지 않았다. 1819년 여름의 보고타 함락에 이어진 드라마가 대표적인 사례였다. 도시를 확보하고 왕당파를 수비대 감옥에 투옥한 볼리바르는 산탄데르에게 지휘를 맡기고 서쪽으로 이동했다. 볼리바르가 지평선 너머로 사라지자마자 산탄데르는 30명의 왕당파 장교를 모두 총살대 앞에 세웠고, 그들의 처형을 기념하는 노래의 작곡을 의뢰했다. 덤으로 그는 왕당파 장교들을 위하여 자비를 간청한 행인까지 총살했다. 이런 사선이 해방전쟁 뿐만 아니라 후속되는 남아메리카 역사의 많은 부분에 대한 분위기를 설정했다. 이같은 폭력의 행진은 1970년대에 남아메리카 남단에 있는 국가의 우익 독재자들에 의한 집단 처형에서 현대적인 모습을 드러냈다.

스페인 사람들은 반란군보다 더 나빴다. 안데스 지역에서 펼쳐진 연극에서 가장 기피한 배우는, 자신의 스페인 혈통에도 불구하고 백인을 경멸한, 호세 토마스 보브José-Thomas Bove라는 왕당파 지휘관이었다. 보브는 가능한 한 많은 백인을 죽여 없애고 혼혈 정착민으로 대체하려는 계획을 세웠다. 그가 선택한 무기는 백인 남성을 위한 창과 여성을 위한 채찍이었다.

라틴아메리카 혁명의 살인적인 무법, 약탈, 그리고 전반적인 아수라장의 기원은 거의 2세기에 걸친 광범위한 정치적 불안정에서 시작되었다. 독립 직후 멕시코의 역사가 그 점을 생생하게 보여준다. 1821년 2월에 반란군에 가담한 스페인 현지 사령관 아구스틴 데 이투르비데Agustín de Iturbide가 멕시코시티에 입성하여 스페인으로부터의 독립을 선언함으로써 식민 통치의 운명을 확정지었다. 헌법상의 지도자로 만족하지 못한 그는 이듬해에 자신의 정부를 상대로 쿠데타를 일으키고 스스로 황제임을 선포했다.[20] 이후 9년 동안 멕시코에서 네 차례의 쿠데타가 일어났다.

어느 무명 경제학자의 이야기

안정적인 정부의 부재는 이야기의 절반에 불과하다. 영국의 문화적 자손들이 강력한 재산권 제도를 물려받아 번영한 것과 마찬가지로, 스페인과 포르투갈의 옛 식민지는 재산권 제도의 부재로 인한 고통을 겪었다.

우리가 라틴 국가들의 재산권 문제를 이해하고 싶다면, 재산권이라는 권리의 근본적 성격을 좀 더 깊이 파고들어야 한다. 2장과 7장에서 재산권이 단지 가용할 뿐만 아니라 효율적이어야 하다는 사실이 간략하게 언급되었다. 즉 재산권을 획득, 유지, 집행하기가 너무 비싸지 않아야 한다. 아브라함이 에브론의 땅을 사는데 든 비용은 크지 않았다. 집행 비용이 증인들을 위한 포도주와 간단한 음식으로 제한되었다. 일단 획득한 아브라함의 땅에 대한 권리에는 논쟁의 여지가 없었고, 그에 따라 불법 거주자와 밀렵꾼을 처리할 수 있는 권위가 부여되었다. 마찬가지로 중요하게, 토지에 대한 그의 권리는 양도 가능했다. 아브라함은 누구든 자신이 원하는 사람에게 땅을 팔 수 있었다.

이제 4000년이라는 시간을 빨리 돌려보자. 1950년대 중반에 로널드 코스 Ronald Coase 라는 시카고 대학교 경제학자가 민간 당사자 간의 갈등에 대한 정부 규제의 비밀을 탐구하기 시작했다. 예를 들어 가축 목장에 인접한 옥수수 농장을 생각해보라. 소 떼가 평소의 버릇대로 옥수수 농상을 돌아다니면서 농부의 옥수수를 먹어치운다. 경제학자들이 부정적 외부효과negative externality 라 부르는 이런 현상은 수천 마일 떨어진 곳에서 발생한 산업 오염이 당신의 식수를 더럽히거나 100피트 떨어진 이웃에서 발생하는 소음이 당신의 고요함을 방해하는 것과 비슷하다.

코스는 이런 유형의 갈등을 해결하는데 두 가지 가능한 방법이 있음을 깨달았다. 첫째로 가장 확실한 방법이 목축업자가 피해를 보상하는 것이다. 둘째로 덜 직관적인 방법은 목축업자가 소 떼를 가두는 대가로 울타리를 치는 비용을 요구하는 것이다. 코스의 천재성은 최초의 책임 소재가 누구에게 있었는지가 중요하지 않음을 깨달은 데 있었다. 각 경우에 최종적 결과는 동일하다. 동일한 액수의 돈이 단지 방향만 바꿔서 이동하게 된다. 두 가지 가능한 결과가 경제적으로 동등했다.* 경제학자와 법학자들은 곧 재산권도 마찬가지라는 것을 깨달았다. 처음에 재산이 얼마나 공평하게 분배되는지보다는 재산권이 얼마나 명확하고 효율적으로 정의되는지가 더 중요하다. 코스에게 중요한 것은 세 가지뿐이었다.

---

* 로널드 H. 코스, 「사회적 비용의 문제(The Problem of Social Cost)」 법률 경제 저널 3 (1960년 10월): 1-44. 코스의 이름은 주로 경제학자와 법률가들 사이에 알려져 있다. 이 논문은 경제학 문헌에서 가장 많이 인용된 논문의 하나이며, 그는 1991년에 이와 관련된 연구 업적으로 노벨 경제학상을 받았다.

- 소유권과 책임이 명확히 정의될 것
- 재산과 책임을 자유롭게 사고팔 수 있을 것
- 협상, 판매, 집행의 비용이 낮을 것

세 가지 조건이 충족되는 한, 재산이 결국 가장 효율적으로 재산을 사용할 수 있는 사람을 찾게 되고, 책임을 제거하는 가치가 가장 큰 사람에 의하여 책임이 소멸될 것이다. 그러한 세계에서는 정부가 재산권을 정의하고 집행하는 것 외에 규제 역할을 맡지 않는다. 모든 재산의 거래가 개인 간에 이루어진다.

예를 들어 효율적이고 안전한 재산권 제도를 갖춘 국가의 모든 재산이 갑자기 수십 개 가족에게 이전되었다고 상상해보자. 원래 소유주의 방탕한 상속자들이 사치스러운 생활을 위한 돈을 마련하기 위하여 자신보다 훨씬 더 효율적으로 이용할 수 있는 사람에게 땅을 팔면서, 2~3세대 안에 집중되었던 소유권이 분산되기 시작할 것이다. 한두 세기 안에는 널리 분산된 소규모 토지 소유가 대세가 되고 대규모 토지는 현명하게 토지를 관리한 가족에게만 남아 있게 된다.

이것이 바로 노르만 정복 이후에 영국에서 일어난 일이었다. 점점 더 효율적인 재산권 시스템이 처음에 소수의 노르만 가문에 집중되었던 토지 소유가 서서히 분산되도록 했다. 코스와 그의 추종자들이 옳았다. 장기적으로는 정확히 누가 무엇을 소유하는지보다는 그 소유권이 얼마나 명확하고 양도 가능한

지가 더 중요하다. 평이한 영어로 말하자면, 사회의 건강이 공정해 보이는 부의 분배보다 명확히 이해되고 시행되는 법에 훨씬 더 크게 의존한다. 더 쉽게 말해서 사회 정의보다 법의 지배가 중요하다.

무어인이 추방된 뒤의 스페인에서는 노르만 영국의 상황과 비슷하게 20~30명의 대지주가 토지 대부분을 소유했다. 스페인은 이러한 토지 소유의 집중을 라틴아메리카 식민지로 수출했다. 예를 들어 멕시코에서는 16세기에 수백만의 소규모 농부가 천연두로 사망한 후에 그들의 토지가 스페인 대농장주 haciendos의 손으로 넘어갔다. 그들의 거대한 농장이 심지어 모국에 있는 대지주의 농장조차 왜소하게 만들었다.[21] 스페인에서 물려받은 결함이 있는 재산 메커니즘 때문에 멕시코의 대부분 토지가 현대에 이르기까지 부실하게 관리되는 거대한 세습지가 되었다.

스페인과 스페인 식민지의 상황은 노르만 정복 이후의 영국과 다르게 전개되었다. 스페인 재산 제도의 후진성이 대서양 양안에서 대규모 토지가 자유로운 시장의 역학을 통하여 소규모로 분산되는 것을 막았다. 제국의 역기능적 재산 제도를 생각하면 스페인의 방치가 실제로 장기적인 이점을 제공했다. 오랫동안 식민 체제의 변방으로 여겨졌던 코스타리카는 토지가 거대한 사유지로 축적되는 상황을 피함으로써 중앙아메리카에서 유일하게 경제적 성공 사례가 되었다.[22]

현대의 라틴아메리카는 코스의 세 조건 중 어느 것도 충족하지 못한다. 재산권의 효율성을 이해하는 가장 쉬운 방법은 토지의 구입을 생각해보는 것이다. 미국에서는 토지를 구입할 때 가장 복잡하고 어려운 과정이 가격 협상이다. 일단 가격이 합의되면 판매자의 소유권이 적법한지를 적은 비용으로 확인하고, 수표를 쓰고, 카운티 사무소에서 소유권 이전을 등록한다. 완료.

라틴아메리카에서는 그렇지 않다. 라틴 재산법의 카프카Kafka적 세계를 연구한 경제학자 에르난도 데 소토는 페루의 리마에서 주택을 제대로 구입하는데 728단계가 필요하다는 사실을 발견했다.[23] 그런 세계에서는 가장 부유한 개인과 대기업 외에는 아무도 명확한 소유권을 획득할 여유가 없다. 농부도 자신의 땅을 팔 수 없다. 구매자가 제약이 없는 소유권을 얻는 것인지를 확신할 수 없기 때문이다. 그런 사회에서 가족의 재산을 유지하는 유일한 방법은 재산을 아들들에게 나누어주는 것이다. 여러 세대 후에는 이러한 토지의 점진적 분할이 굶주리는 먼 사촌들의 서로 다투는 집단을 낳게 된다. 농부가 자신의 토지를 개선하기 위하여 돈을 빌릴 수도 없다. 대출금이 상환되지 않을 때 농부의 토지를 압류할 수 있다는 것을 은행이 확신하지 못하기 때문이다. 마찬가지로 기업도 자본을 얻을 수 없다. 잔여 권리residual rights가 확실하지 않다면 투자자들이 자본의 제공을 꺼릴 것이다. 데 소토는 제3세계 국가를 죽은 자본(명확한 소유권에 의하여 담보가 될 수 있을 때만 막대한 자본의 유치가 가능한 재산)의 보물창고로 묘사한다.

라틴아메리카의 포퓰리즘적 정치 수사학도 유독한 경제 분위기를 부추긴다. 인민의 복수라는 유령이 공중에 무겁게 떠 있는 곳에서 토지나 사업을 개선하더라도 더 기름진 몰수 대상이 될 뿐이다. 국가가 매입하거나 수용한 토지를 빌린 소작농은 다른 소규모 지주와 같은 처지가 된다. 토지를 팔지 못하고, 토지를 담보로 돈을 빌리지도 못하고, 다음번 쿠데타에 의하여 선물이 취소될 것을 두려워해야 한다.

서구도 도움이 되지 않았다. 수십 년 동안 선진국들은 정부 법령을 통한 토지개혁을 장려했고, 그 과정에서 팔거나 개선할 수 없는 토지가 농민에게 부여되는 시스템을 낳았다. 번영과 민주주의를 촉진하는 가장 효과적인 방법은 안전한 재산권과 자유로운 공개시장을 통해서 소규모 농민에게 토지를 분배하는 영국식 토지 개혁을 통하는 방법이다. 인민의 이름으로 토지를 몰수하거나 강제로 매각하게 하는 것은, 아무리 좋은 의도라도, 권리를 박탈당한 사람들을 빈곤에서 구해내는데 필요한 제도를 부식시키는 데 기여할 뿐이다.

지연과 혈연 그리고 자본

라틴아메리카 부동산 시장의 혼란스러운 상황은 자본시장에도 족쇄를 채운다. 멕시코가 잘 연구된 사례를 제공한다. 1890년 까지 멕시코에서 농부와 사업가의 유일한 자금원은 가족이었 다. 서구 세계에서 흔히 볼 수 있는 개인을 위한 은행의 소액 대 출, 대기업을 위한 주식과 채권의 발행 등의 비개인적 금융 자 원이 아예 존재하지 않았다. 1864년에 멕시코 최초의 은행이 문을 연 뒤에도, 때로는 연간 100퍼센트가 넘는 매우 높은 이 자율로만 기업에 대한 담보 대출이 가능했다.[24] 이러한 상황이 1930년대 후반까지 계속되었다. 2차세계대전이 발발했을 때 멕시코 증권거래소에서 거래된 주식은 14개에 불과했다.

19세기 멕시코에서 강력한 정치적 연줄이 없는 사업가는 곧 고위직의 친구가 있는 경쟁자에게 무릎을 꿇게 되었다. 19세 기 초중반에는 정부 공직의 재임 기간이 월 단위로 측정되었고, 가장 부유한 사람들까지도 자신의 재산을 지키기가 어려웠다. 1877년에 독재자 포르피리오 디아스Porfirio Díaz가 집권한 후에 상황이 덜 복잡해지기는 했지만 개선되지는 않았다. 1910년까 지 계속된 포르피리오의 집권 기간에 멕시코의 거의 모든 주요 회사의 이사회에는, 주식이나 채권을 발행할 때 정부의 승인을 보장하기 위하여, 정부의 장관이나 그들의 친척이 있었다. 정부 의 인맥이 있는 회사만이 주식과 채권의 발행을 통하여 자본을 이용할 수 있었기 때문에 은행의 수가 크게 줄고 소규모 기업과 농민을 위한 자본이 부족하게 되었다.

라틴아메리카 국가들은 스스로 서비스 국가로 여기지 않

왔기 때문에 자본시장의 제도적 인프라-신용, 대출, 모기지mortgages, 그리고 법인의 설립을 관장하는 법률-를 무시했다. 멕시코에서는 심지어 19세기 말까지도 기본적인 상업과 재산 관련 법규가 없었다. 투자자를 보호하는 법적 장치가 없는 곳에서는 대출자나 투자자가 요구하는 수익률이 너무 높아서 자본을 효율적으로 이용하기가 어려워진다.

라틴 정치의 부패는 합스부르크 스페인에서 시작되었고 정치적 불안정으로 인하여 영구화되었다. 정복, 약탈, 착취, 광물적 부의 강제적 추출로 가득한 유산은 효율적인 자본시장에 큰 가치를 두지 않는다. 현대 안데스 지역 국가들의 재앙-마약 산업과 그에 따른 무법천지-은 질병이 아니라 증상이다.

스페인어권에서 가장 부유하고 민주적인 두 나라-칠레와 스페인-가 안전한 재산권을 강조한 억압적인 우익 독재정권을 거쳐서 민주 국가가 되었다는 것은 우연이 아니다. 칠레의 사례가 특히 교훈적이다. 아우구스토 피노체트Augusto Pinochet의 경제정책은 시카고 보이즈Chicago Boys-바람의 도시Windy City에서 교육받고 로널드 코스와 밀턴 프리드먼의 영향을 많이 받은 경제학자들-에 의하여 주도되었다. 물론 우익 독재자를 선택하는 것은 위험한 게임이다. 피노체트나 프랑코보다는 페론, 마르코스, 뒤발리에 같은 독재자를 만날 가능성이 크기 때문이다. 그리고 피노체트와 프랑코도 그리 훌륭한 선택은 아니었다.

재산 제도가 싹트기 시작하고, 자본에의 접근이 상대적으로

용이하고, 서구 문화를 수용하는 라틴아메리카의 경제적 전망은 무슬림 세계보다 밝아 보인다. 그러나 라틴아메리카의 번영이 기정사실화된 결론과는 거리가 멀다. 남아메리카에서 가장 가난한 국가—안데스 지역 코르디예라cordillera의 국가들—와 더 부유한 몇몇 국가가 여전히 부패하고, 폭력적이고, 경제적 결함이 있는 이베리아 식민 유산의 노예로 남아있다. 마지막 국가가 노예 상태에서 탈출하기까지는 여러 세대가 걸릴 것이다.

라틴아메리카와 무슬림 세계의 실패한 국가들은, 우리 행성에서 가장 부유한 국가와 가장 가난한 국가 사이의 점증하는 격차가 일종의 아마겟돈Armageddon으로 이어지지 않도록 하려면, 정면으로 맞서야 하는 종교와 문화의 문제를 제기한다. 다음 장에서 우리는 문화, 종교, 그리고 경제성장의 상호작용을 다룰 것이다.

천연자원과 제국주의

19세기 프랑스, 스페인, 일본에서 심각한 제도적 결함으로 경제발전이 지연되었다. 현대 세계에서는 동일한 제도적 결함이 무슬림 세계와 라틴아메리카 대부분 지역의 번영을 탈선시켰다. 일부 국가가 다른 국가보다 뒤처지는 원인에 대하여 중요하지 않은 다음 두 가지 요소의 언급이 없는 그 어떤 분석도 완전할 수 없다.

1. 천연자원. 부와 천연자원 사이에 역의 상관관계가 있을 수 있다. 합스부르크 제국과 아울러 현대의 나이지리아, 사우디아라비아, 자이레로 시선을 돌려보면 풍부한 천연자원이 저주라는 결론을 피하기가 어렵다. 위험을 감수하고 땀을 흘리는 상업 활동에서 생산된 부는 건전한 정부 제도를 장려하여 더 많은 부를 낳는다. 제한된 수의 땅 구멍에서 생산되고 정부가 소유하거나 통제하는 부는 지대추구와 부패를 낳는다.

　싱가포르, 네덜란드, 스위스를 생각하면, 천연자원의 부족이 오히려 이점으로 작용하지 않았는지에 대한 궁금증을 떨칠 수 없다. 석탄의 산 위에 앉아 있었던 것은 사실이지만, 영국은 산업혁명의 핵심 원료인 철광석의 대부분과 면화의 거의 100퍼센트를 수입해야 했다. (철광석은 스웨덴에서 왔고, 면화는 희망봉을 돌아서 운송되어야 했다.) 반면에 프랑스는 하나가 아니라 두 개의 손쉬운 면화 공급원-서인도 식민지와 레반트Levant로 가는 효율적인 지중해 항로-이 있었다. 그렇지만 최초로 면화 기반의 섬유 산업을 발전시킨 나라는 영국이었다. 마지막으로 일본만큼 천연자원이 부족했던 선진국은 거의 없었다. 1868년 이후 일본의 급속한 성장이 천연자원과 경제발전이 전혀 무관하다는 것을 극명하게 보여준다. 유일하게 중요한 천연적 자질이 내부 운송에 유리한 지형이다. 막대한 광물 자원은 장기적 번영을 촉진하는 바로 그 제도를 부식시킨다.

2. 제국주의. 죄책감과 자기 혐오가 현대 서구의 거대한 성장산업이 되었다. 일부 국가는 부유하고 다른 국가는 가난하다면, 전자가 후자보다 더 많이 생산하기 때문이 아니라 전자가 후자로부터 훔쳤기 때문일 수밖에 없을 것 같다. 마르크스를 시작으로 학자와 수다꾼들이 영국의 (그리고 서구의) 번영을 제국주의적 착취의 측면에서 설명하기 시작했다. 이러한 오해는 운동화를 착용한 나이키 회사의 경영진과 목이 긴 군화를 신은 여

그림 9-1 | 1995년의 1인당 GDP와 1500년의 인구밀도

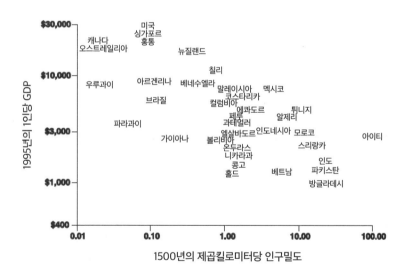

출처: 다론 아제모을루, 사이먼 존슨, 제임스 A. 로빈슨 「부의 역전: 현대 세계의 소득 분배를 만든 지리와 제도(Reversal of Fortune: Geography and Institutions in the Making of the Modern World Income Distribution)」, 《계간 경제학 저널》117 (2002): 1286-1289, 동 저자 「상대적 발전의 식민적 기원. 실념적 조사(The Colonial Origins of Comparative Development: An Empirical Investigation)」, 《미국 경제학 리뷰》91 (2001년 12월): 1398.

왕 폐하의 군대를 동일시하도록 논리를 왜곡할 수 있는 사람들에게 오늘날까지 남아 있다. 하지만 잠시만 생각해보더라도 이러한 좌익의 신성한 암소sacred cow가 크게 중요하지 않다는 것을 알 수 있다. 식민 정부는 상상할 수 없을 정도로 잔인하고 착취적일 수 있었지만, 또한 법의 지배를 수입함으로써 불철석 번영을 가져왔다.

근년에 경제학자들은 식민주의, 경제학, 그리고 국가 제도의 상호작용에 초점을 맞추기 시작했다. 1500년 이후에 개발도상 세계에서 운의 역전reversal of fortune이 일어났다. 1500년에 가장 부유했다가 나중에 식민지가 된 국가-인도의 무굴제국, 아즈텍, 잉카-는 이제 가장 가난한 국가가 되었고, 1500년에 가장 가난했다가 나중에 식민지가 된 국가-북아메리카, 오스트레일리아, 뉴질랜드-는 가장 부유한 국가에 속한다.[25] 그림 9-1은 식민 국가들의 1500년도 인구밀도(산업화 이전 사회에서 1인당 GDP의 적절한 대용치)와 오늘날의 1인당 GDP를 보여준다. 그림 9-2는 유럽 정착민의 사망률과 나중의 경제 발전 사이의 더욱 흥미로운 관계를 보여준다. 백인의 사망률이 높았던 국가가 이후에 낮은 경제성장을 기록했다.

그림 9-2 | 1995년의 1인당 GDP와 정착민 사망률

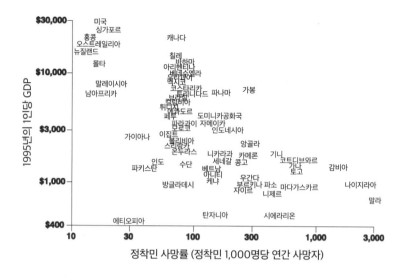

출처: 다론 아제모을루, 사이먼 존슨, 제임스 A. 로빈슨『상대적 발전의 식민적 기원: 경험적 조사』, 1398.

두 도표는 인구 밀도와 백인 사망률이 높았던 식민지가 더 적은 정착민을 끌어들였음을 시사한다. 서구 정착민의 낮은 인구 밀도와 높은 사망률은 두 가지를 의미한다. 첫째는 서구의 제도와 법의 지배가 미약했다는 것이고 둘째는 그러한 역경을 견디고 살아남은 소수의 정착민이 수익성 높은 채굴과 착취 활동, 특히 광산업-레오폴드 콩고Leopold's Congo를 생각해보라-에 종사하는 경향이 있었다는 것이다. 북아메리카, 오스트레일리아, 뉴질랜드처럼 인구 밀도와 백인 사망률이 낮은 국가는 유럽

인이 대규모로 유입되어 서구의 제도와 농업·산업경제적 기반의 혜택을 입었다. 이들 지역에서는 현지 주민에 비하여 다수인 영국인 정착민이 체계적으로 식민지 원주민을 말살함으로써 유럽의 문화와 제도가 번성할 수 있는 독무대clear field가 마련되었다. (매우 냉소적인 관찰자라면 식민 국가의 번영을 위한 다섯 번째 요소가 집단 학살이라고 지적할 수 있을 것이다.)

두 가지 유형의 식민주의 모두 야만적일 수 있었지만, 어느 것도-특히 후자-살아남은 원주민을 원래 상태보다 훨씬 더 심각한 빈곤에 빠뜨리지 않았다. 식민주의 자체는 빈곤을 낳지 않았다. 오히려 식민주의가 취한 형태가 후일의 빈곤과 부의 차이를 만들었다. 농업과 산업에 집중한 다수의 정착민이 참여했을 때 번영이 뒤따랐다. 질병에 시달리는 소수의 정착민이 원주민을 노예로 삼아 광물에 의존한 부를 추구했을 때는 빈곤과 후진성이 필연적인 결과였다. 후자의 경우조차도 식민주의의 경제적 이점이 상당할 수 있었다. 예를 들어 대부분 서구인은 인도가 다양한 언어를 쓰는 공동체로 구성되어 서로 소통할 수 있는 모국어가 없다는 사실을 깨닫지 못한다. 따라서 칼끝에서 도입된 영어라는 공용어가 없었다면 인도라는 국가의 존재 자체가 의심스러웠을 것이다.

가해자에 대해서는 아마도 식민주의가 득보다 실이 더 많았을 것이다. 이제까지 영국의 가장 부유한 식민지는 미국이었다. 식민주의 가설이 타당하다면 영국이 미국의 독립으로 황폐해졌어야 한다. 실제로는 정반대되는 일-영국의 패배로 무역 관계가 평등해지면서 두 나라의 경제가 폭발적으로 성장하는-이 일어났다. 대영제국의 전성기에도 영국의 식민지는 영국 생산량의 1/4 미만을 흡수했다. 유럽과 미국 같은 보호되지 않은 시장으로의 수출이 영국 수출 무역의 대부분을 차지했다.[26]

제국주의가 정말로 중요한 세계에서는 부탄, 몽고, 에티오피아, 러시아처럼 대체로 서구의 통치로부터 자유로웠던 국가들이 지구상에서 가장 부유해야 하고, 홍콩과 싱가포르처럼 가장 오랫동안 식민 체제에 있었던 국가들이 가장 가난해야 한다. 그렇다면 제국주의는 부와 군사력의 엄청난 격차의 원인이 아니라 최종적 결과다.

자연의 현상금이나 제국주의 지배로부터의 자유가 아니라 제도와 관행이 세계 경제의 승자와 패자를 구분한다. 무엇보다도, 게임의 규칙을 존중하는 수준-법의 지배, 법 아래의 평등, 시민의 자유에 대한 존중-이 국가의 부를 결정한다.

3부
✳
성장의 결과와
풍요의 흐름

제3부에서는 이전 아홉개 장에서 논의된 역사적 개념의 현대적 관련성을 살펴본다. 지난 10년 동안 세계의 긴장이 이념에서 종교로 초점이 옮겨졌다. 10장에서는 종교, 부, 이념, 그리고 민주주의 발전의 관계에 대한 사회학·경제학적 연구의 최전선을 탐색할 것이다.

현대 서구-특히 미국-의 삶에 대한 대중의 압도적인 인상은 점점 더 괴롭고, 불안하고, 스트레스가 많은 삶이라는 것이다. 부가 우리를 더 행복하게 만들지 않는다면 국가가 부유해지는 것이 무슨 소용이 있을까? 11장에서 우리는 경제성장과 행복 사이에 실제로 존재하는 상충관계trade-off를 살펴볼 것이다.

행복을 살 수 있든 없든, 돈은 지정학적 파워에 확실한 영향을 미친다. 12장에서는 지난 500년의 세계 역사에서 부, 정복, 영향력의 얽힌 가닥-특히 단극화 unipolar 세계에서 미국의 헤게모니 증가와의 관련성-을 논의할 것이다.

지속적 성장이 이루어진 지난 2세기는 전례가 없는 시기였지만 역사의 한순간에 불과하다. 인류의 전체 역사를 하루로 나타낸다면 번영하는 현대는 10초도 되지 않을 것이다. 현대의 성장 체제가 얼마나 지속될 수 있고, 더욱 중요하게, 세대가 바뀔 때마다 1인당 부가 두 배로 늘어나는 세계가 얼마나 안정적일까? 이 책의 말미에서 우리는 번영, 인간의 욕구 증가, 그리고 지속적 성장의 전망에 대하여 숙고해볼 것이다.

10 사회의 풍요와 개인의 행복

돈으로 행복을 살 수는 없지만,
적어도 안락함 속에서 고통받을 수는 있다.

- 릴리안 번스타인 (작가의 어머니_{Author's Mother})

부와 행복

이 책의 전제는 사회가 일단 네 가지 핵심 요소-재산권, 과학적 합리주의, 자본시장, 현대적 운송과 통신-를 확보하면 번영의 물결이 자연스럽게 흐른다는 것이다. 훌륭하고 그럴듯한 이야기지만, 이런 가설을 객관적으로 검증할 방법이 있을까? 어쨌든, 국가는 통제된 과학 실험의 대상이 되기가 쉽지 않으니까.

예리한 독자라면 이 책에 수많은 GDP 수치와 도표가 있음에도 모든 국가의 데이터를 모아놓고, 예컨대, 법의 지배 수준을 비교한 곳은 없었다는 사실을 알아차릴 것이다. 그러한 포괄적인 정량적 정보가 실제로 존재할까? 그리고 존재한다면 우리에게 무엇을 말해줄까?

말이 나온 김에, 이 모든 부의 이점은 도대체 무엇일까? 점증하는 번영에 따라 세계가 더 행복한 곳이 될까 덜 행복한 곳이 될까? 사회·정치적 정책이 사회의 번영과 전반적 행복에 어떤 영향을 미칠까? 부와 행복의 관계는 정확히 무엇일까?

지난 수십 년 동안 사회학자, 정치학자, 경제학자들은 100개 이상의 국가에 대하여 부와 성장을 다양한 정치적·경제적·사회적 특성과 연결하는 엄청난 양의 데이터를 축적했다. 우리는 모든 국가를 각기 다른 사회적·제도적 자질을 지닌 자연의 실험experiment of nature으로 생각할 수 있고, 신중한 통계분석을 통하여 번영의 원인과 결과에 대한 조심스러운 결론을 도출할 수 있다. 이러한 숫자의 눈보라 속에서 번영, 심리적 안녕, 민주주의, 그리고 전통적 가치와 개인에게 부여되는 권한에 대한 사회학적 척도 사이의 매혹적인 관계가 나타난다. 알고 보면 부는 우리의 행복을 크게 늘리지는 못하지만 민주주의를 크게 강화할 수 있다.

1950년대 후반에 정치학자 세이무어 립셋Seymour Lipset이 처음으로 이런 유형의 객관적 분석을 시도했다. 립셋의 주된 관심사는 민주주의의 발전이었다. 당시에는 민주주의에 대한 정치적·경제적·종교적 요소의 상대적 중요성에 대한 논쟁이 치열했다. 예를 들어 종교적 결정론을 지지하는 사람들은 거의 모든 민주주의가 유대교와 기독교에 기원한다고 지적했고, 반대하는 사람들은 이탈리아와 독일의 파시즘을 언급했다. 립셋이 우려한 것은 어느 쪽도 이용가능한 모든 데이터를 분석하려 하지 않는 것처럼 보인다는 사실이었다. 통계적 관점에서 볼 때 정치·경제적 시스템은 매우 더럽다. 제 몫을 하는 사회학자라면 누구라도 가장 근본적인 사회학 원리에서조차 수많은 예외를 찾아낼 수 있다.

립셋은 민주주의 발전의 간단한 척도로 시작하여 민주주의 발전에 영향을 미칠 수 있는 모든 가능한 요소에 대한 통계분석을 수행했다. 가장 중요한 요소는 민주적 제도와 관행을 뒷받침하는 것으로 보이는 부와 교육 수준으로 밝혀졌다.[1] 1959년에 립셋의 선구적 논문이 발표된 이후 수십 년 동안 사회학자, 경제학자, 정치학자들이 그의 뒤를 따랐다. 이 장에서는 세계적 부라는 그림 맞추기 퍼즐의 가장 어려운 부분-돈, 행복, 민주주의, 종교, 문화의 관계-과 관련된 작지만 흥미로운 연구의 조각을 살펴볼 것이다. 여기서 우리는 조심스럽게 접근해야 한다. 사회적 요소와 정치적 요소의 상관관계가 있는 것처럼 보일 때 속아 넘어가기 쉽다. 의학적인 비유를 들어 설명하면 충분할 것이다. 수십 년 전에 페인트공의 IQ가 평균 이하라는 것을 보여준 연구가 있었다. 처음에 연구원들은 페인트에 뇌를 손상시키는 무언가가 있다는 결론을 내렸다. 그러나 이는 사실이 아닌 것으로 밝혀졌다. 신중한 분석은 IQ 효과가 용량 의존적dose dependent이 아니라는 것, 즉 직업 때문에 페인트에 대한 노출이 증가해도 효과가 더 심해지지 않는다는 것을 보여주었다. 오히려 페인트칠이 상당히 지루한 작업이기 때문에 IQ가 낮은 사람들을 끌어들이는 경향이 있었다. 인과관계의 사슬이 예상했던 것과 반대였다. 말하자면 IQ가 낮은 사람이 페인트공이 되었다.[2]

부유한 프로테스탄트와 가난한 무슬림

우리는 종교와 경제성장의 관계를 다루는 일을 피할 수 없다. 서구의 번영이 프로테스탄트의 북유럽에서 시작되었고, 종교를 비교경제학의 분석 도구로 휘두르고 싶은 유혹이 참으로 강하다. 한 세기도 더 전에 철학자이자 사회학자 막스 베버Max Weber가 세계를 바라보았을 때, 그는 종교적 설명을 거부할 수 없었다. 사회학의 창시자 중 한 사람인 베버는 『프로테스탄트 윤리와 자본주의 정신The Protestant Ethic and the Spirit of Capitalism』에서 종교개혁이 근대적 자본주의를 촉발했고, 자기 부정과 근면을 강조한 칼뱅주의가 프로테스탄티즘을 세계적 성장의 엔진으로 만들었다고 제안했다.[3]

현대의 관찰자도 같은 상황을 본다. 왜 이슬람교와 힌두교 국가들이 세계에서 가장 가난할까? 세계의 주요 종교에, 좋든 나쁘든, 각기 커다란 경제적 짐이 있는 것이 분명하다. 그러나, 곧 알게 되겠지만, 이런 생각이 틀렸음을 데이터가 보여준다.

부와 빈곤은 종교보다 사회학적·문화적 요소와 더 밀접한 상관관계가 있다.

베버의 가설에는 여러 현실적 문제점이 있었고, 현대의 경제학자와 사회학자들은 서구 번영의 원동력으로서 칼뱅주의의 역할을 중요하게 여기지 않는다. 우선 칼뱅의 제네바는 자본주의적 자유기업의 보루와 거리가 멀었다. 이자를 받는 대출을 금지한 고대로부터의 관행을 끝내기는 했지만, 금리와 상품 가격에 대한 칼뱅의 거의 끊임없는 간섭이 제네바의 경제에 실질적인 해를 끼쳤다. 당시의 제네바는 다른 면-특히 공교육과 관련된-에서도 진보하고 계몽된 도시였지만 칼뱅 이후 수 세기 동안 경제적 변방으로 남아 있었다.[4] 종교개혁 이후 3세기가 지나서야 프로테스탄트 국가에서 애덤 스미스의 보이지 않는 손이 부리는 마법이 허용되기 시작했다. 1905년에 베버의 책이 출간되었을 때, 가톨릭 국가인 오스트리아와 프랑스가 세계에서 가장 번영하는 국가의 대열에 합류하고 있었다.

무력하고 낙후된 중세기 유럽에 대한 아랍 칼리프국과 초기 오스만제국의 우위는 기독교가 이슬람에 대하여 본질적인 정치적·경제적 이점을 제공하지 않았다는 것을 생생하게 보여주었다. 더욱이 현대의 데이터에 따르면 경제적 차이는 종교적이 아니라 문화적이다. 이러한 종교적 상관관계의 결여를 아무리 강조해도 지나침이 없다. 문화는 예배 장소가 아니라 지리에 의하여 결정된다. 예를 들어, 독일 가톨릭 신자의 가치관이 개신교 신자보다 더 보수적·전통적일 가능성이 크기는 하지만, 독일의 가톨릭 신자와 남아메리카나 심지어 이탈리아의 가톨릭 신자가 크게 다르다는 것을 사회학적 조사가 보여준다. 인도나 아프리카 무슬림의 전망이 다른 국가의 무슬림보다는 자국의 기도교나 힌두교 신자의 전망과 더 비슷할 것임을 보여주는 데이터가 있는 제3세계의 가장 편협한parochial 지역도 마찬가지다.[5]

무엇보다 가장 놀라운 것은 보스니아의 무슬림이 복장, 매너리즘mannerism, 감성의 측면에서 종교가 같은 사우디인보다 파리 사람들과 더 비슷하다는 사실이다. 이 주제에 대한 또 다른 변형은 이스라엘의 스파라드Sephardic 유대인과 아슈케나즈Ashkenazi 유대인의 문화적 차이다. 스파라드 문화는 아랍세계의 문화를 밀접하게 반영하는 반면에, 아슈케나즈 문화는 고도로 서구화되었다. 버나드 루이스는 말한다.

> 그들[스파라드와 아슈케나즈]의 마주침의 많은 부분에서 우리가 보는 것은, 자신들이 속했던 두 문명의 강점과 약점을 축소판처럼 반영한 이전의 유대인 소수 집단으로 기묘하게 대표되는, 기독교 세계와 이슬람 세계의 충돌이다.[6]

이슬람의 가장 사려 깊은 관찰자 중 한 사람인 막심 로딘슨 Maxim Rodinson은 이슬람의 가르침 중에 본질적으로 반자본주의적인 가르침이 없다고 단언한다.[7] 피상적으로만 살펴보더라도 말레이시아와 터키처럼 이슬람 세계에서 가장 발전한 국가가 로딘슨의 주장이 사실임을 보여준다. 더 중요한 것은 중동, 파키스탄, 인도의 독실한 무슬림이 세속적인 서구 세계로 이주한 후에 기업자본주의라는 도구를 효과적으로 휘두르는 것을 막을 종교적 요소가 아무것도 없다는 사실이다.

이는 종교가 경제에 전혀 영향을 미치지 않는다는 말이 아니다. 적어도 이론적으로는 기독교에 다른 종교와 대비되는 독특한 교리적 이점이 있다. 기독교는 교회와 국가의 분리를 명확하게 표현한다. "그런즉 가이사의 것은 가이사에게, 하느님의 것은 하느님에게 바치라."[8]

콘스탄티누스 황제의 개종에서 칼뱅의 제네바에 이르기까지 이러한 분리에 대하여 준수보다 위반이 더 장려되었다. 초기 로마 시대부터 마르틴 루터 이후까지 기업자본주의에 대한 교회의 입장은 카를 마르크스보다 약간 오른쪽이었다. 1장에서 보았듯이 아우구스티누스와 아퀴나스가 명백히 상업 활동에 적대적이었고, 교회는 첫 천년기 동안에 대부업과 자본 형성에 반대하는 교리를 점점 더 발전시켰다. 중세 유럽이 당시의 이슬람 세계에 비하여 낙후된 주요 원인도 초기 교회의 반자본주의적 사고방식이었다. 아이러니하게도 유대인이 유럽에 제공한 금융 인프라가 없었다면 아마도 투르크인이 유럽을 압도했을 것이다. 바바라 터크만은 유럽의 반자본주의적 반감의 정도를 분명하게 말해준다.

상법은 아무도 다른 사람보다 우위를 차지하지 못하도록 도구와 기술의 혁신, 정해진 가격보다 낮은 저가 판매, 인공 조명을 이용하여 늦게까지 일하는 행위, 추가 견습생이나 아내 또는 미성년 자녀의 고용, 그리고 제품을 광고하거나 타인에게 피해를 주면서 칭찬하는 행위를 금지했다.'

세계의 주요 종교 중에는 힌두교가 종교적 가르침이 신봉자의 경제적 지위에 직접적 장애가 되는 종교다. 힌두교의 어리석어 보이는 카스트 제도는 인간을 하층계급의 비참한 상태를 축복하는 계층구조로 세분하고 내세의 놋쇠 팔찌brass ring(영원한 행복을 의미하는 힌두교의 상징물-옮긴이)를 위하여 현세의 번영을 부정한다.*

종교는 단순히 사회의 전통이 걸러지는 렌즈를 제공할 뿐이다. 무슬림 세계의 여성에 대한 다양한 대우가 그 점을 잘 보여준다. 일부 이슬람 사회에서는 직장에서 여성과 남성이 동등하게 일하는 반면에 다른 사회에서는 전통이 여성의 취업을 금지한다. 표면적으로는 이슬람이 인적 자본의 절반을 낭비하여 무슬림 국가의 경제에 해를 끼치는 것으로 보인다. 실제로는 전통

---

* 현대 인도의 헌법은 불가촉천민의 관행을 금지한다. 인도 정부는 또한 하층 계급을 겨냥한 세계 최대 규모의 차별 철폐(affirmative action) 프로그램을 운영하고 있다. 샤시 타루어, 『인도: 자정에서 천년기까지(India: From Midnight to the Millennium)』 (뉴욕: 퍼레니얼, 1998), 프랜시스 후쿠야마, 『역사의 종말과 마지막 인간』 228.

사회의 편협한 문화가 이들 국가에서 대부분의 피해를 초래한다. 아라비아반도와 다른 지역에서 이슬람과 코란은 예언자보다 수천 년 앞선 고립된 사막 사회의 금기를 합리화하려고 채택된 연막일 뿐이다. 아랍인이 이슬람 대신 유대교나 기독교로 개종했더라도 현대의 사우디아라비아 사회는 여전히 오늘과 같은 근본주의적 사회일 가능성이 크다.

행복의 피라미드

그렇지만 프로테스탄티즘과 번영의 연관성에 대한 베버의 추측은 매우 귀중한 것으로 밝혀졌다. 그가 탄생을 도운 사회학이 정치구조와 경제성장에 영향을 미치는 종교적·문화적 요소에 절실하게 필요한 빛을 비췄다. 실제로 행복과 가장 강력한 상관관계가 있는 요소의 하나가 자신의 삶을 통제한다는 개인의 인식이다. 개인의 자율성과 행복의 견고한 연관성이 아르헨티나에서 짐바브웨까지 수십 개 국가에서 수행된 설문조사를 통하여 입증되었다.[10]

  1950년대에 심리학자 에이브러햄 매슬로Abraham Maslow가 자신이 명명한 욕구의 계층hierarchy of needs을 대중화했다. 이 개념은, 근래의 사회학적 연구와 함께, 부와 민주주의의 관계를 조사할 수 있는 강력한 패러다임을 제공한다. 젊은 학자로서 매슬로는 인간의 특정한 욕구가 다른 욕구에 우선한다는 사실에 주목했다. 가장 기본적인 욕구는 호흡이다. 누군가가 당신에게서 공기를 박탈한다면, 1분도 지나지 않아서 괴로움을 느끼게 될 것이다. 공기에 대한 굶주림이 다른 모든 충동-목마름, 배고픔, 심지어 고통까지도-을 지워버리게 된다. 다시 숨을 쉬기 시작한 후에야 당신은 다른 감각에 주의를 기울일 수 있다. 매슬로의 위대한 공헌은 이러한 욕구의 계층 구조를 정의한 것이었다.

즉각적인 생리적 욕구-산소, 물, 음식, 온기-가 충족된 후에는 안전safety의 욕구-개인적 안전과 안정된 직업-를 추구할 수 있다. 그런 욕구가 대체로 충족되면 소속belonging의 욕구-배우자, 가족, 공동체에 대한 사랑-를 만날 수 있다. 그다음에 오는 것은 존중esteem-자기 존중과 동료에 대한 (단순한 사랑과 구별되는) 존중-의 욕구다.

피라미드의 위쪽으로 올라갈수록 내면의 안정감을 느끼게 된다. 계층 구조의 꼭대기에 있는 자아실현self-actualization이 뉴에이지New Age의 성배가 되었다. 매슬로는 이 용어가 실제로 무슨 의미인지에 대하여 다소 모호한 입장을 취했지만, 링컨과 간디처럼 자아실현의 높은 상태에 도달한 사람들의 특징을 설명했다. 그들은 자기중심적이지 않았고, 목적과 수단을 구별했고, 불평하기보다 해결했고, 동료 압력peer pressure의 부식 효과를 걸러냈다.

매슬로 피라미드의 바닥 근처에 있는 사람들은 순전히 본능에 의존하고 추상적 사고를 거의 하지 않는다. 그들은 개인적 선택권이 거의 없어서 웰빙의 어려움을 겪게 된다.

매슬로의 피라미드는 전 세계 사회학자들에게 다양한 유형의 심리학·사회학적 데이터-특히 웰빙의 척도-를 측정하고 해석하는 프레임워크를 제공했다. 그러한 노력 중 가장 큰 것이 세계가치조사World Values Survey, WVS와 유로바로미터Eurobarometer 조사다. WVS는 원래 1981년에 유럽 10개국을 대상으로 수행된 연구였는데, 너무도 놀라운 결과가 나옴에 따라 세계 인구의 80퍼센트를 포함하는 65개국으로 확대되었다. 지금은 미시간 대학교의 사회연구소Institute for Social Research, ISR가 연구 활동을 조정하고 있다.

ISR은 종교적·국가적 분류보다는 쉽게 정의되고 측정이 가능한 개인적 특성에 주로 초점을 맞춘다. ISR의 연구원들은 성격, 문화, 종교, 정치, 그리고 번영의 연관성을 파악하기 위하여 이러한 기법을 사용해왔다.

부와 민주주의의 관계

사회학자들은 문화, 웰빙, 부, 그리고 민주주의의 상호작용을 어떻게 평가할까? 그들도 다른 과학자들과 같은 방식으로 가설을 세운 후에 데이터를 모아서 가설을 검증한다. 이 복잡한 영역의 가장 기본적인 도구는 다수의 국가를 대상으로 한 여러 사회학적 변수의 조사를 포함한다. 그러한 변수 중 하나가 독립적 사고와 표현에 대한 개인의 태도를 측정하기 위하여 WVS가 고안해낸 생존/자기표현survival/self expression, S/SE 척도다. 대략적으로 말해서 S/SE는 매슬로의 피라미드를 오르는 개인의 상승을 측정한다. 예를 들어 연구원들은 조사 대상자에게 신체적 안전보다 자기표현을 더 중시하는지, 청원서에 서명한 적이 있는지, 그리고 다른 사람들을 얼마나 신뢰하는지를 묻는다. "그렇다"라는 대답이 우세하면 S/SE 점수가 높아지고, "아니다"가 많으면 S/SE 점수가 낮아진다. 점수가 높을수록 조사 대상자가 매슬로 피라미드를 더 높이 오르고 더 행복해지는 경향이 있다.

미시간 대학교의 사회학자 로널드 잉글허트Ronald Inglehart와 브레멘 국제대학교의 크리스티안 벨첼Christian Welzel은 S/SE 점수와 민주주의 제도의 강도 사이의 상관관계에 주목하고, 국가의 S/SE 평균점수와 민주주의의 활력 사이의 높은 상관관계를 발견했다.

S/SE가 민주주의와 상관관계가 있다는 것은 놀라운 일이 아니다. 진짜 문제는, 어느 것이 닭이고 어느 것이 달걀인가다. 민주주의가 자기표현의 증가로 이어진다고 상상하는 것은 자기표현의 증가가 더 강력한 민주주의로 이어진다고 상상하는 것만큼이나 쉽다. 그들의 데이터는 둘 사이의 연결고리가 부자체라는 놀라운 관계를 보여준다. 잉글하트와 벨첼은 지연된 교차 상관관계lagged cross-correlations로 알려진 통계적 도구를 이용하여 이러한 인과관계의 사슬을 찾아냈다. 구체적으로 그들은 1995년도 S/SE와 2000년도 민주주의 지수의 상관관계가 2000년도 S/SE와 1995년도 민주주의 지수의 상관관계보다 훨씬 높다고 판단했다. (민주주의 지수는 시민적·정치적 권리에 대한 프리덤하우스 점수와 국제투명성기구의 부패 지수를 합산하여 산출되었다.)

다시 말해서, 현재의 민주주의는 이전의 S/SE 점수와 높은 상관관계가 있지만, 이전의 민주주의와 현재의 S/SE 점수의 상관관계는 그만큼 높지 않다. 이러한 데이터는 권한이 부여되고, 자율적으로 행동하고, 자유로운 선택을 할 수 있는 인구집단이 민주주의를 강화하는 것이지 그 반대가 아님을 시사하고, 개인에게 부여되는 권한이 민주주의를 낳는다는 것을 입증하지는 않지만 그러한 결론에 매우 근접한다.

다음으로 잉글하트와 벨첼은 S/SE와 개인적 부의 관계를 조사했다.* 다시 한번 그들은 부와 S/SE의 강한 상관관계를 발견했고, 지연된 교차 상관관계 기법은 부가 더 높은 S/SE와 더 강력한 민주주의로 이어지는 것이지 그 반대가 아님을 다시 한번 시사했다.

분명히 이 모델은 엄청나게 복잡한 과정을 지나치게 단순화한다. 민주주의가 시민에게 권한이 부여되는 느낌을 강화하는 것은 사실이다. 하지만 그 반대−시민에게 부여되는 권한이 민주주의를 낳는다−는 훨씬 더 강력한 역학이다. 이는 최근의 역사와도 일치한다. 20세기 후반기는 침묵하고 두려워하는 대중이 있는 국가에 민주주의 제도를 수출하는 일이 불가능함을 보여주었다. 삐걱거리는 정부 기구조차 유지하려면 대규모의 유엔 평화유지군이 장기 주둔해야 하는 보스니아와 코소보에서의 최근 경험이 이를 입증한다. 파키스탄 같은 가난한 국가에서 위축된 상태의 민주주의도 마찬가지다. 인도는 덜 극단적인 사례를 제공한다. 비굴한 카스트 제도 때문에 인도의 민주주의 제도는, 적어도 서구의 기준으로는, 미약하다. 법적으로는 폐지되었지만, 카스트 제도가 여전히 강력한 문화적 영향력을 행사하고 있다.

---

* 벨첼과 잉글하트는 "파워 자원(power resources)"이라 부른 부의 지수를 사용했다. 이 지수는 무엇보다도 부의 표준 지수와 교육 수준을 결합하고 인구 집단에 대한 분포의 균등성을 측정한다는 점에서 단순한 1인당 GDP와 다르다. 파워 자원 파라미터는 단순한 1인당 GDP보다 S/SE와의 상관관계가 훨씬 더 높다. 로널드 잉글하트, 개인적 대화.

이 글을 쓰는 시점에 미국과 미국의 동맹국들은 이라크에 민주주의를 이식할 수 있다고 믿고 있다(또는 믿는다고 말한다). 위의 논의는 이것이 위험한 망상일 수 있음을 시사한다. 게다가 이라크의 민주주의가 망상이라면, 아프가니스탄의 민주주의는 열에 들뜬 꿈이다.

모든 것의 이론

우리는 이 책의 주제를 벨첼/잉글하트 가설과 결합하여 다음 도표를 만들 수 있다.

분명히 이 모델에는 결함이 있다. 위 도표의 패러다임은, 추진력이 떨어지기는 하지만, 오른쪽에서 왼쪽으로도 움직인다. 예를 들어 민주주의의 발전이 시민에 대한 권한 부여와 4요소에 도움이 된다는 데는 논쟁의 여지가 없다. 그러나 벨첼, 잉글하트 등의 데이터는 이 모델의 주된 추진력이 오른쪽에서 왼쪽이 아니라 왼쪽에서 오른쪽으로 작동한다는데 의심의 여지를 거의 남기지 않는다. 민주주의가 자체적으로 매우 바람직하기는 하지만, 민주주의의 직접적인 경제적 이익은 기껏해야 논쟁의 대상일 뿐이라는 것을 데이터가 보여준다.

립셋의 또 다른 주요 결정요인인 교육 수준은 어떨까? 교육은 주로 경제적 효과를 통해서 민주주의를 강화한다. 교육 수준이 낮은 사회는 새로운 생산성 향상 기술을 습득할 수 없어서 빈곤에 처하게 된다. 그러니 효과적인 경제적 인센티브가 없으면 교육 수준이 높은 사회도 같은 운명을 겪을 수 있다. 두 경우 모두-교육 수준이 낮아서 가난한 국가와 교육 수준은 높지만 부적절한 재산 제도 때문에 가난한 국가-결과적인 빈곤이 민주주의 발전을 저해한다.

공산주의는 교육 수준이 높으면서 경제·정치적 발전에 실패한 국가를 무더기로 만들어냈다. 그중에 가장 극적인 실패는 혁명 이후 40년 동안 모든 수준의 교육이 획기적으로 개선되고 약 35퍼센트의 문맹률이 2퍼센트 미만으로 떨어진 쿠바의 사례다. 같은 기간에 쿠바의 1인당 실질 GDP는, 소련의 막대한 원조에도 불구하고, 1/3로 떨어졌다. 나머지 세계의 1인당 실질 GDP가 두 배 이상 증가한 시대에 이룩한 특이한 성과였다. 위의 분석은 또한 피델 카스트로가 쿠바를 세계에서 가장 억압적인 국가의 하나로 만드는데 쿠바의 빈곤 자체가 도움이 되었음을 시사한다.

비공산주의 국가들의 실적, 특히 새롭게 힘을 얻은 아시아의 경제 또한 민주주의가 번영으로부터 흐른다는 가설을 지지한다. 대부분 경우에 번영하는 국가가 민주주의 국가가 되는 것이지 그 반대가 아니다. 초기의 사례가 발생한 일본에서는 메이지 정부가 허용한 겉치레뿐인 대의기구가 국가의 번영에 따라 활기찬 의회 시스템으로 빠르게 발전했다. 메이지 시대가 시작될 무렵에는 높은 재산 요건으로 인하여 50만 명 미만의 일본인에게만 투표권이 있었다. 번영의 증대가 일본의 농민에게 힘을 실어주었고 1925년에 보편적 (남성) 참정권이 확립될 때까지의 점진적인 자유화를 정부에 강요했다. 1930년대에는 정부가 사실상 서서히 진행되는 쿠데타의 희생자가 되면서 민주화가 좌절을 겪기도 했다. 그러나 오늘날 일본의 활발한 민주주의 제도가 전후 일본의 활기찬 번영에서 비롯되었고 그 반대가 아니라는 데는 의문의 여지가 없다.[11]

폭군에 대한 찬사

오늘날 중국의 경제 자유화와 정치적 억압의 결합은 러시아의 거울 이미지보다 성공 가능성이 높아 보인다. 이런 현상의 희귀한 이중 사례double example가 칠레에서 발생했다. 살바도르 아옌데 대통령과 마르크스주의자인 자크 촌촐 농업장관은 헌법에서 재산권 조항을 삭제하고 토지를 수용하여 국가 경제를 망가

뜨렸다. 이것이 재산권을 다시 확립하고 시장을 자유화함으로써 경제적 피해를 복구한 파시스트 독재자 아우구스토 피노체트의 부상을 위한 무대를 마련했다. 그리고 새로운 번영이 국가의 민주주의 제도를 강화하고 독재자의 궁극적인 몰락을 불렀다. 재산권을 존중하는 우익 독재에서 사유민주주의로 바뀐 유사한 전환이 스페인에서도 일어났다. 프랑코의 경제장관 라우레아노 로페즈 로도Laureano Lopez Rodo는 스페인이 언제 민주주의를 실현할 준비가 되겠느냐는 질문을 받고 평균 소득이 연간 2000달러를 넘을 때 민주주의가 도래할 것이라고 대답한 것으로 유명하다. 1975년에 마침내 프랑코의 독재정권이 무너졌을 때 스페인의 평균 소득은 2446달러였다.[*]

존스홉킨스 대학교의 정치학자 프랜시스 후쿠야마는 논쟁의 여지가 있는 제목을 붙였지만 견고한 추론을 전개한 『역사의 종말: 역사의 종점에 선 최후의 인간The End of History and the Last Man』에서 비슷한 결론을 도출했다. 그는 필리핀의 민주주의가 토지를 소유한 강력한 소수집단 때문에 의미 있는 토지개혁을 달성하는 데 실패했다고 지적하고 미국의 일본 점령 기간에 토지개혁을 위하여 독재권력이 사용되었을 때처럼, 독재가 현대

---

[*]　　정치학처럼 지저분한 분야에서 이론에는 종종 우연의 도움이 필요한데, 1975년에 프랑코가 사망하고 민주적 성향의 후안 카를로스(Juan Carlos) 왕자가 국정의 책임을 맡게 된 것도 도움이 되었다. 후쿠야마, 110 참조.

사회를 불러오는 데 훨씬 더 기능적일 수 있지 않은지 궁금해 했다.[12]

번영과 민주주의의 연관성은 노벨상을 받은 경제학자 아마티아 센Amartya Sen의 주장에 흥미로운 측면을 더한다. 그는 기능을 발휘하는 민주주의 체제에서는 자유 언론과 야심찬 정치인에게 굶주림을 밝혀내고 바로잡으려는 강력한 동기가 부여되기 때문에 기근이 발생하지 않는다고 주장했다.[13] 의문의 여지가 없는 사실이기는 하지만, 기능하는 민주주의 체제에서 굶주림의 부재 또한 번영 자체가 민주주의를 장려함과 동시에 굶주림에 대한 멋진 치료법을 제공한다는 사실의 부산물일 뿐이다.

전통주의와 합리주의

WVS는 두 번째 주요 사회학적 매개변수 "전통적 가치"의 강도를 측정한다. 종교가 무엇이든 근본주의 사회는 낙태, 이혼, 동성애 금지 같은 전통적 가치를 강조한다. 강한 전통사회는 대개 권위주의적이고 독실하고 남성이 우위를 점하는 사회다.[14]

WVS는 "신은 내 삶에서 매우 중요하다", "나에게는 강한 국가적 자부심이 있다", "나는 권위가 더 존중받기를 바란다" 같은 진술에 동의를 구하는 방법으로 "전통성/세속적 합리성(T/SR)" 점수를 결정한다. "그렇다"는 답변은 설문 대상자를 척도의 "전통성"(T) 쪽(즉, 부정적 T/SR 점수)으로 위치시키고, "아니다"라는 답변은 "세속적 합리성"(SR) 쪽(즉, 긍정적 T/SR 점수)으로 위치시킨다.

T/SR 점수가 높은 사회는 점수가 낮은 사회보다 부유한 경향이 있다. 그러나 T/SR 점수의 영향력이 S/SE 점수만큼 강하지는 않다. 본질적으로 T/SR 점수는, 3장에서 논의된 개념인, 공동체의 지식 기반에 대한 반증가능성falsifiability의 수준을 측정한다. T/SR 점수가 높은 사회는 거의 모든 지식기반에 대한 도전을 기꺼이 수용하는 반면에 점수가 낮은 사회는 기존의 지식과 모순되는 정보가 아무리 설득력이 있더라도 신념을 고수할 것이다.

낮은 T/SR 점수는, 미국과 라틴아메리카가 어느 정도 예외이기는 하지만, 농업경제와 밀접한 관련이 있다. 가족과 공동체의 안정성을 중시하는 농장에서는 개인의 신념이 더 천천히 변화하므로 낮은 T/SR 점수와 대규모 농업부문의 연관성이 그리 놀라운 일이 아니다. 반면에 S/SE 점수는 서비스 경제의 규모와 밀접한 관련이 있다. 서비스 근로자는, 의견을 표현하고 수백 심지어 수천 가지 결정을 내리는, 자율성과 개인적 표현을 장려하는 환경에서 하루를 보낸다.

S/SE 점수와 T/SR 점수를 결합하면 세계가 서로 다른 종교적/문화적 집단으로 명확하게 구분된다. 그림 10-1에서 S/SE 점수축과 T/SR 점수축의 2차원 격자에 있는 국가들을 볼 수

있다. S/SE 점수와 T/SR 점수가 높은 유럽의 개신교 국가들은 도표의 우측 상단에 모여 있다. 우리는 이들 부유한 국가를 노골적 세속주의자로 묘사할 수 있다. 영어권 국가들은 도표의 중앙에서 우하단 쪽으로 위치하는 경향이 있다. 그들은 노골적 보

그림 10-1 | 종교, 문화, 자기표현, 전통적 가치의 상호작용

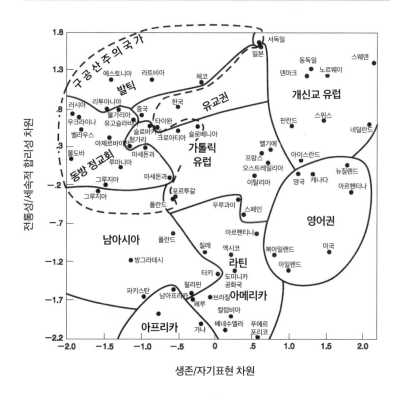

출처: 로널드 잉글허트와 웨인 E. 베이커의 허락을 얻어 재현됨, 「근대화, 문화적 변화, 그리고 전통적 가치의 영속성(Modernization, Cultural Change, and the Persistence of Traditional Values)」, 《미국 사회학 리뷰》65 (2000년 2월), 29.

그림 10-2 | 번영, 자기표현, 전통적 가치의 상호작용

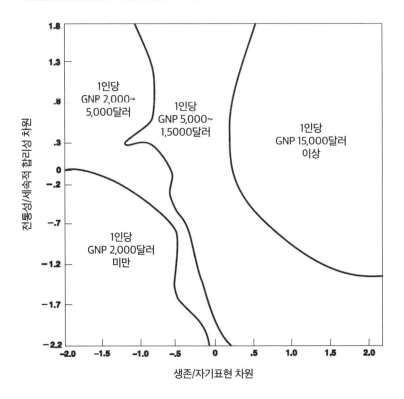

출처: 로널드 잉글허트와 웨인 E. 베이커의 허락을 얻어 재현됨, 「근대화, 문화적 변화, 그리고 전통적 가치의 영속성(Modernization, Cultural Change, and the Persistence of Traditional Values)」, 《미국 사회학 리뷰》65 (2000년 2월), 29.

수주의자다. 구공산권 국가-침묵하는 무신론자-들이 좌측 상단에 모여 있고, 주로 무슬림 국가와 인도로 구성되는 남아시아 세계가 좌측 하단을 차지한다. 그들은 침묵하는 근본주의자다.

그림 10-2는 10-1에 덮어씌울 1인당 GDP를 보여준다. 이 도표가 부와 개인적/문화적 가치의 관계-부자들은 정말로 다르다는 것-에 대하여 많은 것을 말해준다. x축(즉, S/SE)을 따라 왼쪽에서 오른쪽으로 이동하면 부가 증가한다. 부유한 사회에서 개인은 더 행복할 뿐만 아니라 자유롭게 말하고, 정부에 도전하고, 자신의 삶을 선택할 수 있다.

y축(즉, T/SR)을 따라 아래에서 위로 올라가면 이런 관계가 덜 명확해진다. 전통적인 사회가 덜 부유한 경향은 있지만, 부와 T/SR의 관련성이 부와 S/SE의 관련성만큼 강력하지 않다(즉, 오른쪽에서 왼쪽으로 이동하면 부의 경계를 2~3개 통과하게 되지만 위쪽으로 움직이면 1~2개만 통과한다). 번영과 프로테스탄티즘의 연관성에 대하여 베버가 옳았을 수도 있지만, 그것은 프로테스탄트 Protestants가 음...저항하는 사람들이었기 때문이다. 경건함은 번영과 아무런 관련이 없다.

T/SR 점수가 낮은 미국이 부유한 국가 중에 특이한 예외라는 사실을 그림 10-1에서 분명히 볼 수 있다. 이는 사회적 진보의 최첨단에서 살고 있다는 미국인의 자만심이 착각임을 보여준다. 대부분 북유럽 국가의 S/SE 점수가 미국보다 높을 뿐만 아니라 미국의 T/SR 점수가 방글라데시와 비슷한 수준에 불과하다.

지구상에서 가장 가난하고 불행한 곳은 그림 10-1과 10-2의 좌측 하단에 모여 있는, 불행한 시민들이 자유롭게 자신의 견해를 표현하거나 삶을 선택하지 못하는, 가난한 전통사회다.

그림 10-1과 10-2의 도식schemas이 전적으로 오래된 정적

힘static forces의 결과는 아니다. 50년간의 공산주의 통치가 없었

다면, 발트해 국가들과 체코공화국이 북유럽의 형제들과 함께

그림 10-3 | 시간에 따른 자기표현과 전통적 가치의 변화

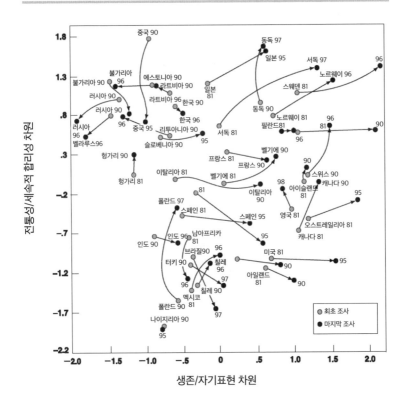

출처: 로널드 잉글하트와 웨인 E. 베이커의 허락을 얻어 재현됨, 「근대화, 문화적 변화, 그리고 전통적 가치의 영속성」, 《미국 사회학 리뷰》65 (2000년 2월), 40.

도표의 우측 상단에 자리 잡았을 가능성이 크다. 장기간에 걸쳐 수집된 데이터는, 그림 10-3이 보여주는 것처럼, S/SE와 T/SR 점수가 비교적 단기간에 상당히 변할 수 있음을 밝혔다.

그림 10-3에서 볼 수 있는 움직임은 단순한 무작위 변동이나 실험 오류가 아니고 체계적인 변화다. 시간이 가면서 거의 모든 선진국의 S/SE 점수가 크게 높아졌지만, 개발도상국의 점수는 상대적으로 움직임이 거의 없었다. 그림 10-3이 구공산권 국가들에 대하여 더욱 놀라운 결과를 보여준다. 이들 국가 대부분이 경제의 붕괴를 경험하면서 S/SE 점수가 떨어진 것은 번영이 개인의 행복을 대표하는 S/SE 점수에 영향을 미치는 것이지 그 반대가 아니라는 점을 강조한다. 이는 구소련 세계에 좋은 징조가 아니다. S/SE 점수가 민주주의의 원동력이기 때문이다.

그림 10-1의 문화에 따른 국가의 집단화는 문화가 부, S/SE, T/SR에 종교보다 더 큰 영향을 미친다는 것을 보여준다. 이는 S/SE 및 T/SR 점수가 공산주의의 역사, 부나 종교와 무관하게 서비스/산업/농업부문에 종사하는 인구 비율 등 여러 요소와 밀접한 관련이 있음을 보여주는 정교한 통계기법에 의하여 확인되었다.[15]

이미 논의된 바와 같이 S/SE 점수는 부와 가장 밀접하게 관련된다. 부와 S/SE를 연결하는 핵심 요소는 사람들이 타인을 신뢰하는 정도인 것 같다. 점점 부유해져서 매슬로의 피라미드를 올라감에 따라, 사람들이 낯선 사람을 더 신뢰하고 받아들이게 된다. 경제학자와 사회학자들은 점점 더 신뢰의 반경radius of trust이라는 현상-사람들이 직계가족의 범위 밖에 있는 타인의 말을 기꺼이 신뢰하고 그들의 행동에 의존하는 것-을 인식하게 되었다. 후쿠야마는 국가 내에서도 신뢰의 반경이 크게 달라질 수 있다고 지적하고, 북부 이탈리아에 비하여 열악한 시칠리아의 경제 상황을 남부의 작디작은 신뢰의 반경 탓으로 돌린다. "남부 이탈리아는 마피아와 뇌물 정치의 본거지다. 공식적 제도의 측면에서 북부와 남부 이탈리아의 차이를 설명할 수 없다."[16] 잉글하트/벨첼 가설은 그와 반대-부가 신뢰의 반경을 넓히는 것이지 그 반대가 아니라는 것-가 사실임을 시사한다.

경제성장의 과학

경제학자들이 행동에 나서기까지는 그리 오랜 시간이 걸리지 않았다. 문화와 제도의 영향에 관한 경제적 접근법의 중심을 이루는 것이 서머스-헤스턴 데이터 세트로 알려져 널리 사용되는 광범위한 통계자료 모음이다. 원래 편찬자인 경제학자 로버트 서머스Robert Summer와 앨런 헤스턴Alan Heston의 이름을 따라 명명되었다. 이 데이터는 또한 펜 월드 테이블Penn World Tables이라 불리기도 한다.

관련 분야의 많은 연구를 수행했고 이들 데이터를 예시하기 위하여 자신의 책 『경제성장Economic Growth』 2판에 있는 도표를 제공한 로버트 배로Robert Barro 교수에게 감사한다.

기본적 기법에는 교육 수준, 출산율, 기대 수명, 공공 및 민간투자 규모 등 경제성장에 영향을 미치는 것으로 믿어지는 광범위한 요소에 대한 정교한 통계분석이 포함된다. 이러한 모든 요소의 효과를 측정할 수 있으므로 경제성장에서 그들로 설명할 수 없는 부분이 남게 된다. 경제학자들은 성장의 "설명할 수 없는 부분"을 관심 요소와 연관시킨다.

이와 관련하여 다중회귀multiple regression라는 통계 기법에 익숙하지 않더라도 도표를 이해하기는 어렵지 않다. 예를 들어 그림 10-4에서 볼 수 있는 1인당 GDP 성장과 총 GDP 자체의 관계를 살펴보자. 도표는 둘 사이의 높은 음의 상관관계를 보여준다. 간단히 말해서 가난한 나라의 경제가 부유한 나라보다 빠르게 성장하는 경향이 있다. 더 쉽게 말하자면, 1960년 이후에 연간 6퍼센트에 달하는 실질 성장률을 달성한 동아시아의 호랑이들처럼 가난한 국가가 부유한 국가를 따라잡는 경향이 있다.

전문가들은 처음에 가난했던 이들 국가의 지속적인 고성장을 기적이라 불렀다. 하지만 그것은 기적이 아니라 가난한 근대 국가가 공개시장, 법의 지배, 그리고 안전한 재산권을 획득함에 따른 정상적인 과정이었다. 이 말이 익숙하게 들린다면, 우리가 이미 8장에서 메이지유신과 2차 세계대전 이후 일본의 기적 이야기에 대하여 이런 영화를 상영했음을 기억하라.

그러한 국가들이 일단 서구의 생활 수준에 접근하면, 더는 그처럼 빠르게 성장하지 못한다. 미국을 향한 니키타 흐루쇼프의 "우리가 당신들을 묻어버릴 것이다"라는 유명한 호언장담의

그림 10-4 | 경제성장과 부

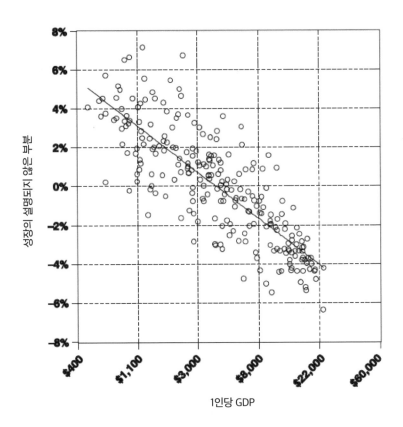

출처: 저자의 허락을 얻어 복제 및 수정됨. 로버트 J. 배로와 하비에르 살라이마틴, 『경제성장』, 2판 (케임브리지, 매사추세츠: MIT 출판부, 2004).

근거는 냉전 초기 소련의 높은 성장률이었을 것이다. 1950년대와 1960년대에 진지한 분석가들이 소련 경제의 힘에 대하여 정말로 우려했다는 것이 오늘날에는 거의 우스꽝스럽게 보이지만, 냉전 편집증의 열기가 그 정도로 높았다. 물론 우려할 필요는 없었다. 소련의 높은 성장률은, 허구가 아닌 한도 내에서, 다가오는 거인의 모습이 아니라 낙후된 개발도상국에서 일어나는 자연스러운 과정을 나타냈다.

'말 없는 며느리'를 떠올려 보라. 산업화 이전 사회에서는 가장 기초적인 기술의 도입으로도 기적이 일어난다. 기술의 첨단에 있는 국가는 성장이 느려진다. 선진국에서 인상적인 2퍼센트의 생산성 향상이 저개발 국가에서는 실망스러운 비율이다.

우리는 되풀이하여 재산권과 법의 지배의 중요성을 강조했다. 경험적 데이터는 얼마나 잘 축적되었을까? 그림 10-5는 국제국가위험가이드International Country Risk Guide의 법의 지배 지수가 성장의 설명되지 않은 부분에 미치는 영향을 보여준다.

법의 지배 지수가 사유재산에 제공되는 보호보다는 법적 시스템의 강도를 측정하기 때문에 실세계의 관계는 다소 지저분하다. 예를 들어 1982년에 당시 공산국가였던 헝가리와 폴란드에 7점 만점 척도의 6점과 5점(그림 10-5에서 0.83과 0.67의 점수에 해당)이 각각 할당되었다. 그렇지만 전반적 추세는 분명하다. 점수가 높은 국가의 압도적 다수에서 설명되지 않은 성장이 높았고, 점수가 낮은 국가 대부분에서 설명되지 않은 성장이 낮았

그림 10-5 | 경제성장과 법의 지배

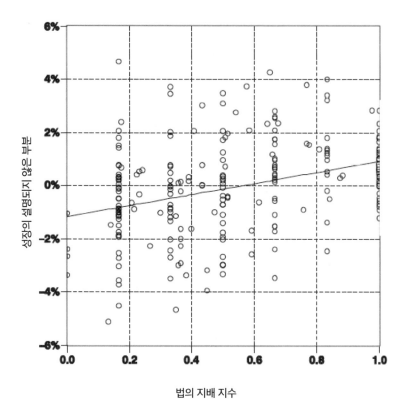

법의 지배 지수

출처: 저자의 허락을 얻어 복제 및 수정됨. 로버트 J. 배로와 하비에르 살라이마틴, 『경제성장』

다. 다른 연구자들도 이러한 결과를 확인했다. 보다 근래에 경제학자 로버트 홀Robert Hall과 찰스 존스Charles Jones는 자신들이 명명한 사회적 기반시설social infrastructure – 재산권과 법의 지배를 뒷받침하는 제도와 정부의 정책 – 과 노동자의 생산성 사이의

상당히 높은 통계적 상관관계를 발견했다.[*]

경제학자 브래드포드 들롱Bradford DeLong과 안드레이 슐라이퍼Andrei Schleifer는 수백 년에 걸친 유럽의 경제성장에 재산권이 미친 영향을 조사하는 탁월한 연구를 수행했다. 장기간에 걸친 정확한 정치적·경제적 데이터를 얻기가 어려웠던 그들은 확보한 데이터를 이용하여 최선을 다했다. 첫째로 저자들은 특정 세기의 국가 정부를 절대주의 또는 비절대주의로 단순하게 분류하고, 후자가 전자보다 재산을 더 잘 보호할 것이라고 추론했다. 다음으로 그들은 경제성장의 대략적 지표로 해당 국가에서 가장 큰 도시의 인구증가를 측정했다.

정부의 유형과 도시의 성장 사이의 상관관계는 놀라웠다. 거의 예외 없이, 비절대주의 국가에서 절대주의 국가보다 도시 인구가 훨씬 빠르게 늘어났다. 들롱과 슐라이퍼는 유럽의 경제적·인구통계학적 중심이 1500년 이후에 알프스 남쪽에서 북쪽으로 이동한 것이 알프스 북쪽에서 재산권을 존중하는 비절대주의 정부들이 부상함에 따른 직접적 결과라고 설명했다.[17]

성장의 또 다른 결정 요인-정치적으로도 중요한-이 정부의 규모에 달려있다. 전쟁을 부르짖는 정치적 우파의 외침은 경제

---

[*] 거시 경제 수준에서 노동자 생산성은 작업 시간당 GDP이므로 평균적 부의 훌륭한 척도가 된다. 로버트 홀과 찰스 존스, 「왜 일부 국가의 노동 산출물이 다른 국가보다 그렇게 많을까? (Why Do Some Countries Produce So Much More Worker Output Than Others?)」, 《계간 경제학 저널》114 (1999): 83-116 참조.

성장을 위한 정부 지출에 부정적 영향을 미친다. 그림 10-6에
서 겨우 볼 수 있는 큰 정부로 인한 약간의 부정적 영향은 법의
지배 도표만큼 인상적이지 않다. 도표에 표시된 산출된 추세선
이 없이는 큰 정부의 영향이 보이지 않는다.

그림 10-6 | 경제성장과 정부의 규모

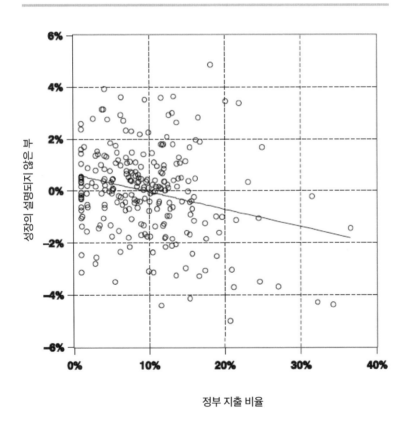

정부 지출 비율

출처: 저자의 허락을 얻어 복제 및 수정됨. 로버트 J. 배로와 하비에르 살라이마틴, 『경제성장』

경제학자들은 그림 10-7에서 볼 수 있는 대로 성장과 투자율-정부와 민간 부문 투자의 GDP 백분율-사이의 더 강한 상관관계를 발견했다. 성장과 투자 사이의 양의 상관관계는, 성장에 따라 투자가 늘어나는 것이지 그 반대가 아니라는, 역의 인과관계를 예시한다. 배로 교수는, 벨첼과 잉글하트가 부로부터 자기

그림 10-7 | 경제성장과 투자 수준

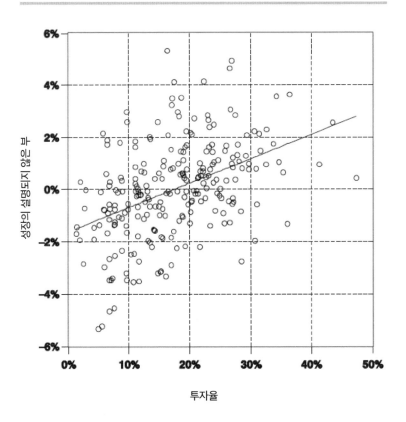

출처: 저자의 허락을 얻어 복제 및 수정됨. 로버트 J. 배로와 하비에르 살라이마틴, 『경제성장』

표현과 민주주의에 이르는 인과관계의 흐름을 확인하기 위하여 사용한 것과 유사한, 지연된 상관관계를 살펴봄으로써 통계적인 방법으로 이러한 사실을 알아냈다. 성장과 투자의 경우에 선행하는 성장과 이후의 투자가 선행하는 투자와 이후의 성장보나 더 나은 상관관계를 보인다. 따라서 성장이 투자로 이어지는 것이지 그 반대가 아니다.[18] 이는 이론과도 일치한다. 민간 당사자는 고성장이 고수익을 약속할 때만 투자를 선택한다.

마지막으로 민주주의 자체가 있다. 그림 10-8에서 볼 수 있는 성장과 민주주의의 관계는 뒤집힌 U자 모양의 기묘한 형태다. 어느 정도까지는 민주화가 성장에 도움이 된다. 전체주의의 가장 부담스러운 특성의 제거가 성장을 뒷받침한다.* 그러나 정부가 민주적 제도를 더욱 발전시킨 후에는 실제로 성장이 어려움을 겪는다.

배로 교수는 선진 민주주의의 해로운 영향이 부유층의 돈을 우려내는 포퓰리즘 정권에 기인한다고 제안했지만, 다른 원인을 상상하는 것도 어렵지 않다. 민주주의는, 특히 유럽과 일본에서 문제가 되는, 실패한 산업에 보조금을 지급하는 경향이 있다. 민주주의 제도는 또한, 더 억압적인 국가의 시민에게는 개

---

* 여기서 배로 교수는 민주주의 발전을 측정하기 위하여 시민의 자유를 나타내는 개스틸(Gastil) 지표를 사용한다. 레이먼드 D. 개스틸, 『세계의 자유(Freedom in the World)』 (웨스트포트, 코네티컷: 그린우드 출판 그룹, 1982) 참조.

그림 10-8 | 경제성장과 민주주의

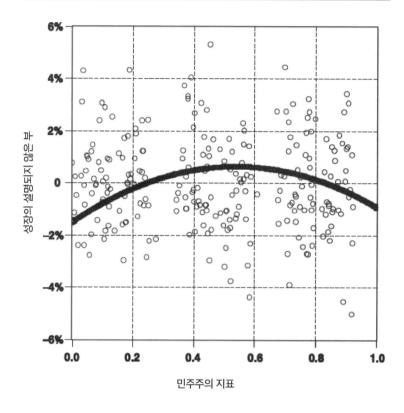

출처: 저자의 허락을 얻어 복제 및 수정됨. 로버트 J. 배로와 하비에르 살라이마틴, 『경제성장』

방되지 않는, 사회적으로 유용하나 경제적으로 비생산적인 다양한 자선적charitable, 지적, 정치적 배출구를 제공한다.

투자 성향도 과도한 민주주의로 인한 어려움을 겪는다. 경제학자들은 중간 수준의 민주주의 국가에서 가장 높은 투자율을 발견한다. 고도로 발전한 민주주의는 자본에 대한 수익률을 낮춰서 투자의 인센티브를 줄이는 경향이 있다.

성장과 민주주의의 인과관계는 배로의 데이터에도 나타나고, 잉글하트와 벨첼의 데이터와 일치하며, 립셋의 원래 가설을 확인한다. 선행하는 경제성장과 이후의 민주주의가 그 반대순서보다 나은 상관관계를 보인다. 번영은 민주주의를 위하여 매우 중요하지만 민주주의 자체는 번영과 거의 관련이 없다.[19] 배로는 또한 민주주의의 발전으로 수십 년에 걸친 번영을 추적할 수 있다는 사실을 발견했다. 지연된lagged 데이터는 성공적인 민주주의로의 전환에 평균적으로 약 한 세대의 번영이 필요함을 시사한다. 8장에서 우리는 프랑코 독재정권 하에서 폭발적으로 늘어난 스페인의 부가 매우 성공적인 민주주의로 이어졌음을 논의했다. 진보주의 역사학자들은 이러한 사건의 순서를 무시한다.

마찬가지로 칠레, 타이완, 그리고 한국은 서구 수준의 부에 근접한 지 수십 년이 지나도록 활기찬 민주주의 제도를 발전시키지 못했다. 그 과정은 빙하처럼 느리다. 거의 한 세대에 걸친 급속한 경제성장 이후에도, 중국의 민주주의를 전망하는 열정에는 낙관주의와 인내심이 모두 필요하다. 공급 측면의 세금감면, 교육 부문의 지출증대, 또는 다른 유형의 정치적으로 추진되는 경제적·사회적 땜질 정책이 선진적이고 번영하는 자유민주주의 체제에서 성장을 늘릴 수 있을까? 배로는 의심스럽다고 생각한다.

아마도 세금감면과 비생산적 정부지출이나 해로운 규제의 제거를 통해서 1퍼센트에 못 미치는 장기적 성장률 증대는 가능하겠지만 인프라 투자, 연구 보조금, 또는 교육비 지출이 큰 도움이 될 것이라는 증거는 없다. 기본적으로, 2퍼센트의 1인당 성장이 장기적으로 볼 때 이미 부유한 국가에 대한 최선의 성장률로 보인다.[20]

부와 행복의 관계

어느 시점에서, 사려 깊은 독자는 세계의 물질적 측면에 대한 이 책의 집착에 의문을 갖기 시작할 것이다. 서구인의 세속적 성공이 평범한 시민에게, 실존적 또는 영적 성취는 고사하고, 자그마한 행복조차 사주지 못한다면 경제성장이 무슨 소용이 있을까? 증가하는 번영은, 제3세계의 상당 지역 특히 무슬림 세계의 부유한 서구 국가들에 대한 시기심과 분노는 말할 것도 없고, 심각한 마약 남용, 직업의 불안정, 가족의 파괴를 수반했다. 존 케네스 갤브레이스John Kenneth Galbraith의 말을 빌리자면 개인의 가치와 목적을 측정하는 데는 "오늘 당신이 국가의 국내총생산을 늘리기 위하여 무엇을 했는가?"라는 질문이 아닌 더 중요한 척도가 있다.

산업혁명 초기의 생활 수준에 관한 논쟁과 마찬가지로 그러한 논의는 종종 세계화 및 신식민주의의 영향과 정부의 역할에 관한 이념적 주먹다짐으로 변질된다. 그런 정치적 지뢰밭에서는 가설을 세우고 객관적인 데이터로 검증하는 방법을 통해서만 통찰을 얻을 수 있다.

이제 부와 행복 자체의 관계를 살펴볼 때가 되었다. 서구의 부의 급속한 증대가 서구인의 웰빙을 해쳤을까 아니면 개선했을까? 그런 질문에 답하는 것이 가능하기는 할까?

최근 수십 년 동안 심리학자와 사회학자들이 인간의 만족도를 측정하는 광범위하고 정교한 척도를 개발했다. 거의 반세기 동안 인류의 번영에 따른 인간의 웰빙을 관찰한 수많은 연구가 수행되었다. 전형적인 연구 사례인 일반사회조사General Social Survey는 미국의 다양한 사회학적 척도를 표본 조사한다. 조사 설문에 포함된 다음 질문을 생각해보라.

모든 것을 고려할 때 당신은 오늘의 상황을 어떻게 생각하는가? 매우 행복하다, 행복한 편이다, 아니면 별로 행복하지 않다?

1970년 이후로 "매우 행복하다"라고 답한 미국인의 비율이 약 30퍼센트로 상당히 일정하게 유지되었다. 세계가치조사wvs와 유로바로미터 조사는 웰빙에 대하여 더욱 상세하고 체계적인 데이터를 제공했다.

행복의 과학

많은 사람이 세계의 이질적인 문화라는 넓은 캔버스에 일률적인 행복의 바로미터를 적용하는 것에 반대할 것이다. 그러나 연구원들은 모든 사회가 거의 같은 방식으로 행복과 웰빙의 개념을 명시적으로 포용하고 정의한다는 사실을 발견했다. 놀랄만한 발견은 아니다. 어쨌든 우리 모두 인간이니까.

이 장의 나머지 부분에서 우리는 웰빙well-being이라는 용어를 경제적 의미가 아니라 심리적 의미-즉, 행복의 동의어-로 사용할 것이다. 사회학자들은 거의 모든 사회에서 동일한 네 가지 지표-경제적 지위, 고용, 건강, 가족의 상태-가 웰빙을 예측한다는 사실을 발견했다.[21] 가족과 관련된 요소 중에 결혼 상태가 가장 중요한 것으로 밝혀졌다. 밤무대 코미디언을 제외하고, 결혼한 사람들은 독신자보다 훨씬 더 행복하다. 실업은, 다른 수입원으로부터의 소득이 충분하더라도, 불행을 유발한다. 다시 말해서 실업이 웰빙에 미치는 해로운 영향이 소득과 무관하다. 일반적으로 직업을 박탈당한 근로자는, 고용에 따른 소득이 완벽하게 대체되더라도, 훨씬 덜 행복해진다. 한 연구원의 말에 따르면, "일자리가 없는 사람을 위한 보상에는 막대한 금액의 추가 소득이 필요하다."[22]

더욱이 행복의 정량적 척도에는 예측 도구로서의 실질적 가치도 있다. 행복 점수가 높은 사람들이 심인성 질병과 실직의 발생률이 낮고, 기대 수명이 평균보다 높으며, 심지어 좌측 전두엽 영역의 뇌파 활동이 정상 수준보다 훨씬 더 활발하다.[23]

행복과 관련한 조사에 대하여 자주 제기되는 또 다른 이의는 행복happy과 만족satisfied의 서로 다른 문화적·언어적 해석을 고려하지 않는다는 것이다. 독일어, 프랑스어, 이탈리아어를 사용하는 인구로 구성된 스위스가 이런 문제를 연구하기 위한 훌륭한 실험실을 제공한다. 데이터는 세 언어 집단 모두의 행복 점수가 독일, 프랑스, 이탈리아에 있는 문화적 사촌들보다 훨씬 높다는 것을 보여준다. 따라서 행복에 관한 조사에서 언어가 중요한 역할을 할 가능성이, 적어도 스위스의 세 민족에 대해서는, 낮다는 것을 알 수 있다.[24]

정치적·군사적 스트레스도 사람들을 불행하게 만든다. 여러 연구 결과는 1950년대 말에서 1970년대 초까지 미국에서 웰빙이 감소한 것이 냉전의 긴장과 관련되었을 가능성이 크다는 것을 보여주었다. 1970년대 후반에 핵nuclear 아마겟돈의 망령이 사라지기 시작하면서 웰빙이 기준선 수준으로 회복되었다.[25] 그렇지만 이런 중요한 속성을 분리하기 위하여 정교한 통계적 검증이 사용되더라도, 경제적 지위가 여전히 행복과 웰빙의 강력한 원동력으로 남게 된다.

일부 사람들은 경제적 지위와 행복의 인과관계에 의문을 제기했다. 행복한 사람들이 가장 성공한다는 것이 가능하지 않을까? 아니다. 우선 연구된 모든 사회에서 사람들이 부를 자신들의 행복에서 중요한 요소로 인식한다. 둘째로 경제 위기를 겪은 구공산권 국가에서 측정된 평균적 웰빙이 최근에 극적으로 하락한 것은, 빈곤이 불행을 유발하는 것이지 그 반대가 아님을 보여준다.

아직 즐겁지 못한 이유

그림 10-9가 1973년부터 1998년까지 4반세기 동안 대표적인 유럽 4개국에서 인식된 웰빙의 추세를 보여준다. 도표는 이들 국가의 응답자 중에 자신이 "매우 만족한다"고 ("만족하는 편이다", "별로 만족하지 않는다", 또는 "전혀 만족하지 않는다"가 아니라) 답한 비율이다.

놀랍게도 유럽인들은 실질 1인당 GDP가 약 60퍼센트 증가하는 동안에 별로 행복해지지 않았다. 더욱 당혹스러운 것은 매우 만족한 인구의 비율이 평균적으로 60퍼센트인 덴마크인과 약 11퍼센트에 불과한 이탈리아인의 극단적인 차이다. 영국인의 만족도는 그 중간쯤이다. 그림 10-9는 또한 같은 사반세기 동안에 벨기에 사람들이 점점 더 우울해졌음을 보여준다. 이 우울함의 근원은 무엇이었을까? 그 답은 아마도 지난 수십 년간 분출된 벨기에의 문화적·언어적 (프랑스어 사용자 대 네덜란드어 사용자의) 긴장과 관련이 있을 것이다. 냉전 시대 미국과 1990년 이후 구공산권 국가에서 행복감이 감소한 것과 비슷하다.

그림 10-9 | 만족 지수

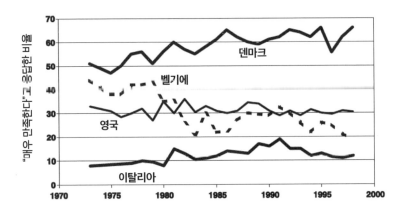

출처: 로널드 잉글하트와 한스 디터 클링게만, 「유전자, 문화, 민주주의, 그리고 행복(Genes, Culture, Democracy, and Happiness)」, 『문화와 주관적 웰빙』, E. 디너와 마크 서 편집, (케임브리지: MIT 출판부, 2000), 167.

　　사회학자들은 경제학만으로 이러한 국가 간의 차이-이들 4개국의 1인당 부의 차이는 전 기간에 걸쳐서 비교적 작았다-를 설명할 수 없다. 문화적 요인이 관련됨이 분명하지만, 고정 관념-상냥한 덴마크인과 시무룩한 벨기에인-으로 알 수 있는 것은 거기까지다. 외면적으로는 정열적인 이탈리아인의 낮은 점수가 작은 놀라움으로 다가온다.

　　일본이 돈으로 사지 못한 행복의 가장 극적인 사례를 제공한다. 일본의 1인당 GDP가 다섯 배로 증가한 1958년과 1987년 사이에 일본인의 행복 척도는 꿈쩍도 하지 않았다.[26]

국가의 발전과 개인의 행복

1인당 GDP와 평균적으로 인식된 웰빙의 관계를 조사하면 행복에 대한 다른 관점을 얻게 된다. 그림 10-10과 10-11은 1인당 GDP에 대한 또 다른 만족도 척도-WVS 행복 및 만족도 복합지수-를 보여준다. 충분히 넓은 범위에 걸쳐서 국가의 부와 국민 정서 사이에 느슨한 상관관계가 있다.

그림 10-10의 왼쪽 부분은 구공산권 국가들이 편입됨에 따라 가난한 국가들의 행복도가 크게 확산한 것을 보여준다. 구공산권 국가를 제외하면, 그림 10-11이 보여주듯이, 갑작스러운 정치적·사회적·경제적 상황의 악화로 인하여 행복도가 크게 떨어진 국가 대부분의 상관관계가 더 밀접해진다. 구공산권에서 가장 성공적으로 시장경제와 민주주의로 전환한 국가-폴란드, 체코공화국, 헝가리-의 행복 척도는 서구의 바닥 수준이지만 여전히 구공산권의 동료들보다 높다.

단편적인 증거는 구공산권 국가의 국민 정서가 악화한 것이 비교적 근래의 일임을 시사한다. 예를 들어 러시아의 탐보프 Tambov 지역에서 1981년과 1995년 사이에 복합 행복도 점수가 70에서 39로 떨어졌다. 러시아보다 훨씬 덜한 사회적·경제적 혼란을 겪은 헝가리의 점수는 훨씬 적게-1981년의 74.5에서 1990년의 62로-떨어졌고, 1998년에는 65로 약간 상승했다.[27]

그림 10-11에서 국가의 부가 국민의 웰빙에 미치는 영향

그림 10-10 | 만족 지수

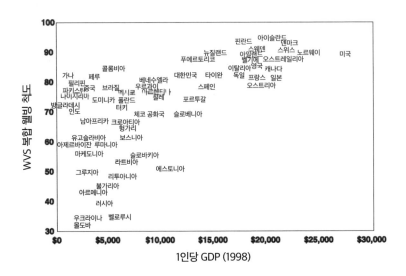

그림 10-11 | 비공산국가의 웰빙과 1인당 GDP

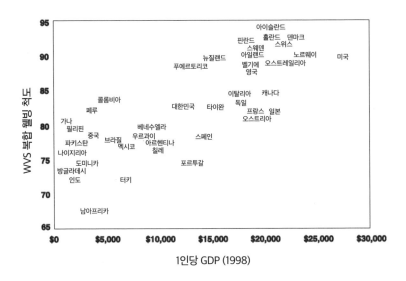

출처: 로널드 잉글하트와 한스 디터 클링게만, 「유전자, 문화, 민주주의, 그리고 행복」,『문화와 주관적 웰빙』, 172-173. 매디슨, 『세계 경제: 천 년의 관점』, 264, 276-279.

은 비교적 작다. 1인당 GDP가 1만 5000달러 이상인 국가를 표시한 도표의 오른쪽 부분이 부와 행복 사이에 관계가 거의 없음을 보여준다. 이 수준 이하에서만 부가 행복에 영향을 미치는 요소가 된다. 경제학에 익숙한 사람들은 부의 효용이 대수적logarithmic이라는-즉 부의 기하급수적 증가를 통해서만 행복이 얻어진다는-사실을 인식할 것이다. 그림 10-10과 10-11의 x축에 사용된 산술적 척도는 이러한 효과를 왜곡한다. 1인당 GDP를 1만 5000달러에서 3만 달러로 늘림으로써 얻는 행복의 이론적 증가분은 GDP가 1000달러에서 1만 5000달러로 늘어날 때의 1/15에 불과하다.

이미 살펴보았듯이, 국가의 부와 국민의 웰빙이 느슨하게만 관련된다는 것을 데이터가 보여준다. 예를 들어 콜롬비아인은 1인당 GDP의 네 배 차이에도 불구하고 오스트리아인보다 행복하다.

돈으로 행복을 살 수 있을까

하지만 국가 내에서는 부가 매우 중요하다. 수많은 연구가 예외 없이 가장 부유한 사람들이 가장 만족하고 가장 가난한 사람들이 가장 만족하지 못한다는 사실을 밝혔다. 그림 10-12는 대표적인 12개 국가에서 가장 부유한 시민과 가장 가난한 시민의 행복도에 상당한 차이가 있음을 보여준다.

　그림 10-13은 작은 소득 차이에서도 일어나는 이러한 현상-1973년 미국의 사례-을 세부적으로 보여준다. 매끄럽고 곡선적인 관계-소득이 낮을 때 행복의 이득gains이 가장 크고 소득이 높아지면 감소하는-에 주목하라. 일부 사회학자는 이런 유형의 도표와 아울러 그림 10-12에서 살펴본 것처럼 부유한 국가에서 행복에 미치는 부의 영향력의 명백한 결여가 문덕 효과

그림 10-12 | 개인의 행복도와 부

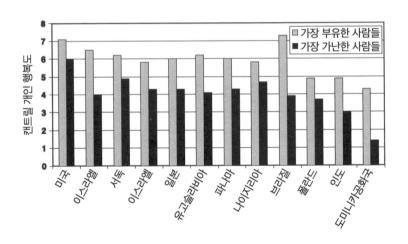

출처: H. 캔트릴, 『인간의 관심 패턴(The Pattern of Human Concerns)』, 365-377.

threshold effect를 보여주는 것으로 해석했다. 다시 말해서 일정 수준의 소득(이 연구가 수행된 1973년에는 대략 8000달러)에 도달하면

생존 및 안전의 욕구가 충족되어, 추가적으로 부가 증가해도 웰빙이 더 개선되지 않는다.

이는 아마도 사실이 아닐 것이다. 경제학자들은 오랫동안 사람들이 소득의 비례적 증가에 따라 대수적logarithmically으로 부를 인식한다는 가설을 세웠다. 이론적으로 당신의 소득이 주어진 배수로 늘어날 때마다 비슷한 웰빙의 증가분을 얻어야 한다는 것이다. 소득이 5만 달러에서 10만 달러로 두 배가 되면서 일정량의 행복의 증가했다면, 소득이 다시 20만 달러로 늘어날 때도 비슷한 양으로 행복이 증가하게 된다. 그림 10-14는 이런

그림 10-13 | 개인의 행복도와 부

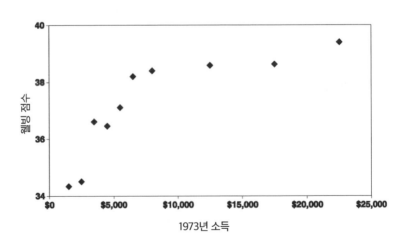

출처: 에드 디너 등, 「소득과 주관적 웰빙의 관계: 상대적인가 절대적인가? (The Relationship Between Income and Subjective Well-Being: Relative or Absolute?)」, 《사회 지표 연구(Social Indicators Research)》28 (1993): 208.

가설이 정말로 사실임-실제로 인간이 경제학자의 예측대로 행동하는 드문 사례-을 보여준다. 이 도표는, 그림 10-13의 보다 전통적인 산술적 표현과 달리, 수평 척도에서 대수적으로 부를 표시한 것을 제외하고 그림 10-13과 동일하다. 결국 경제학자들이 옳았다. 웰빙은 부의 대수logarithm에 따라 증가한다.

당신 아내의 시형제

그렇다면 돈으로 행복을 살 수 있다는 것은 상대적인 의미에서만 사실이다. 절대적 부가 이웃에 대한 상대적 부보다 중요하지 않다. 카를 마르크스에 따르면

> 집은 크거나 작을 수 있다. 그 집은, 주변에 있는 집들이 똑같이 작은 한, 주거에 대한 모든 사회적 요구를 충족한다. 작은 집 옆에 궁궐이 솟아오른다면, 작은 집이 오두막으로 줄어든다.[28]

또는 H. L. 멩켄Mencken의 더욱 신랄한 말대로, 부자는 아내의 시형제보다 더 많이 버는 남자다.*

우리가 동료 집단을 정의하는 방식은 미묘하고도 중요하다. 모든 사람이 친구와 이웃의 부에 대하여 자신의 부를 측정한다. 경제가 침체한 농촌 지역에서 연간 10만 달러를 버는 사람이

그림 10-14 | 소득과 행복 대수 척도 (미국, 1973년)

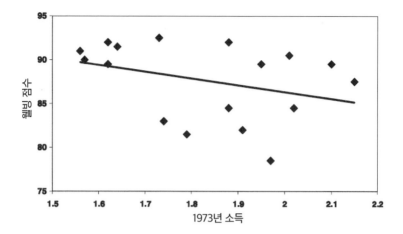

출처: 에드 디너 등, 「소득과 주관적 웰빙의 관계: 상대적인가 절대적인가? (The Relationship Between Income and Subjective Well-Being: Relative or Absolute?)」, 《사회 지표 연구(Social Indicators Research)》28 (1993): 208.

맨해튼의 어퍼 이스트 사이드에서 같은 금액-심지어 구매력에 맞춰 상향 조정된 금액이라도-을 버는 사람보다 훨씬 더 행복

---

* 이 말은 단순한 농담이 아니다. 여자 형제의 남편이 자신의 남편보다 더 많이 버는 여성이 고용될 확률이 20퍼센트 더 높다. 데이비드 뉴마크와 앤드류 포슬웨이트, 「상대 소득에 대한 우려와 기혼 여성 고용의 증가(Relative Income Concerns and the Rise in Married Women's Employment)」, 펜실베이니아 대학교, 미발표 데이터, 1996. 이런 현상에 대한 또 하나의 멋진 설명은 경제사학자 찰스 킨들버거의 말이다. "부자가 된 친구를 보는 것만큼 사람의 웰빙과 판단력을 교란하는 것은 없다." 킨들버거, 「뽕기, 패닉, 붕괴(Manias, Crashes, and Panics)」 4판 (뉴욕. 존 와일리 앤드 선즈, 2000), 15 참조.

할 것이다.* 인간 본성의 기반 중 하나인 이웃 효과_{neighbor effect}는 여러 다른 영역에도 적용된다. 경제학자 폴 크루그먼_{Paul Krugman}은 세계 최고의 대학 중 한 곳의 안정적인 위치에서 존경받고 보수도 높은 학자로서 자신의 불행을 다음과 같이 설명한다.

> 나에게는 꽤 좋은 급여를 받고 세계의 수많은 학회에 초청되는 매우 즐거운 직업이 있었다. 인류의 99.9퍼센트와 비교할 때 내가 불평할 거리가 없었다. 그러나 물론 인간이라는 동물이 구성된 방식은 그렇지 않다. 나의 감정적 참조 집단이 우리 세대의 가장 성공한 경제학자들로 구성되었고, 나는 일반적으로 그들의 숫자에 포함되지 않았다.[29]

현대의 통신이 이웃 효과의 지역적 특성을 무너뜨릴 수 있다. 50년 전까지만 해도 스탈린과 마오가 세계 인구의 1/4을 자신들이 처한 빈곤에 대한 지식으로부터 성공적으로 격리했다. 오늘날에는 북한이 이런 끔찍한 속임수를 쓸 수 있는 지구상의 마지막 국가일지도 모른다. 점점 더 세계화되는 사회에서는 멀리 떨어져 있는 사람들의 부가 진정한 의미를 얻는다. 집과 더

---

* 모든 데이터가 이런 가설과 일치하는 것은 아니다. 예를 들어 디너(Diener) 등은 주로 상대적인 부의 효과를 입증하지 못했다. 하지만 그들은 또한 웰빙이 비상대적 생존 욕구의 충족과 관련된다는 대안적 가설도 검증하지 못했다. 에드 디너 등, 「소득과 주관적 웰빙의 관계: 상대적인가 절대적인가?」《사회 지표 연구》28 (1993): 208 참조.

가까운 곳에서는 현대적 미디어에 의하여 도심 빈민가 거주자와 중산층의 안락한 구성원까지도, 꿈조차 꿀 수 없는 부자와 유명인의 생활방식과 비교된, 자신들의 빈곤을 더 잘 알게 된다. 해외에서는 아랍세계에서 거리의 사람들이 매일같이 서구와 비교된 생활방식의 물질적 결핍에 직면해야 한다.

우리 중의 부유한 사람들이 우리가 불행한 원인이라고 해도 지나친 말이 아니다. 그들이 부유할수록, 그리고 실제로든 전자적으로든 더 가까이 있을수록, 우리가 더 비참함을 느낀다. 이것이 사실이라면 부의 불평등이 가장 작은 사회가 가장 행복해

그림 10-15 | 웰빙과 부의 불평등

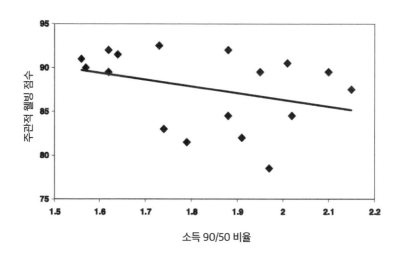

출처: 룩셈부르크 소득 연구, http://www.lisproject.org/keyfigures/ineqtable.htm 로널드 잉글하트와 한스 디터 클링게만, 「유전자, 문화, 민주주의, 그리고 행복」 『문화와 주관적 웰빙』 172-173.

야 한다. 실제로 그럴까? 그렇다. WVS의 주관적 웰빙 복합척도의 꼭대기에 있는 국가-아이슬란드, 네덜란드, 덴마크, 스위스, 판란드, 스웨덴, 아일랜드, 노르웨이-는 모두 공공연하게 재분배적인 세금정책이 있고 소득분포의 폭이 좁다.

이웃 효과를 측정하는 좋은 방법이 90번째 백분위 수에 있는 사람들과 중앙값median인 50번째 백분위 수에 있는 사람들의 소득 비율을 산출하는 것이다. 그림 10-15는 이 비율에 대한 WVS 웰빙 척도를 나타내는 도표다. 하향 추세선이 부의 불평등과 행복 사이의 느슨한 상관관계를 보여준다. 앞에서 설명된 서머스-헤스턴 데이터 세트의 분석 같은 더 정교한 분석에서도 같은 현상이 나타난다.[30]

심지어 국가 내에서도 소득 불평등의 서로 다른 정도가 행복에 영향을 미친다. 이스라엘의 다양한 공동체 조직이 소득 불평등과 행복의 역학을 연구하기 위한 실험실을 제공한다. 1977년에 예루살렘에 있는 히브리 대학교의 사회학자들이 두 곳의 협동사회moshavim를 연구했다. 이소스Isos라 이름 붙인 첫 번째 사회는 모든 구성원에게 동등한 급여를 지급했고, 아니소스Anisos라는 두 번째 사회는 생산량과 순위에 따라 급여를 지급했다. 0부터 10까지의 척도로 행복을 측정하는 캔트릴 점수의 평균은 이소스에서 7.88, 아니소스에서 7.25였다.[31]

차이는 작았지만 여러 가지 이유로 매우 중요한 결과였다. 첫째, 두 집단의 캔트릴 등급이 밀접하게 모여 있어서 드러난 차이에 통계적 유의성을 부여했다. 예를 들어 이소스 구성원의 20퍼센트가 자신을 캔트릴 척도의 완벽한 점수 10으로 평가한 반면에, 아니소스 구성원은 아무도 그렇게 하지 않았다. 둘째, 남아메리카 이민자들이 이소스의 구성원을 주도한 반면에, 아니소스의 구성원은 주로 유럽 출신이었다. 셋째, 아니소스 구성원이 이소스 구성원보다 더 나은 교육을 받았는데, 이 역시 행복과 관련이 있는 요소다. 마지막으로, 아니소스의 평균 소득이 이소스보다 1/3 더 높았다. 위의 네 가지 요소 모두 아니소스 주민을 더 행복하게 만들어야 했다는 것은 실제로 그렇지 않았다는 사실을 더욱 놀랍게 한다.[32]

요약하자면
- 국가나 사회 내에서 부가 중요하기는 하지만 행복의 유일한 결정 요인과는 거리가 멀다.

- 국가 간에는 부의 중요성이 더 떨어진다. 국가의 부가 국민의 행복과 느슨하게만 관련된다. 글로벌 차원에서는 문화적·역사적 요소가 더 중요해진다.

- 부를 인식하는 상대적 특성-이웃 효과-때문에 경제성장에 따라 국부의 총량이 늘어나더라도 국민이 더 행복해지는 것은 아니다. 가장 부유한 시민이 가장 행복한 경향은

있겠지만, 전체 국민은 더 부유해지더라도 더 행복해지지 않는다. 그렇다고 국가가 부유해짐에 따라 국민이 더 불행해지는 것도 아니다. 생산성 향상의 동료 여행자-시간 수요 및 스트레스의 증가와 고용 안정성의 감소-의 부정적 효과는 크지 않은 것 같다. (증가하는 부로 사람들이 더 행복해지는 부분이 현대 생활의 스트레스로 정확하게 상쇄된다고 말할 수도 있다.) 1995년에 경제학자 리처드 이스털린Richard Easterlin 이 다음의 수사학적 질문을 제시했다. 모든 사람의 소득을 늘리면 모든 사람의 행복이 늘어날까? 대답은 분명히 '노no'다.[33] 개인에게 좋은 것이 반드시 전체 국민에게도 좋은 것은 아니다.

빈곤과 부라는 움직이는 표적

현대인은 일종의 쾌락 러닝머신hedonic treadmill 위에 서있다. 국가가 부유해짐에 따라 시민의 만족을 동일한 수준으로 유지하기 위하여 점점 더 많은 상품과 서비스가 생산되어야 한다.[34] 한 세대 전에 한 달에 10달러를 버는 인도 농부의 말이 이러한 현상이 작동하는 방식의 간단한 예를 제공한다.

　나는 아들과 땅 한 조각을 원한다. 지금은 다른 사람이 소유한 땅에서 일하고 있기 때문이다. 나는 내 집을 짓고, 우유를 짜고 버터를 만들 수 있는 암소를 갖기를 원한다. 그리고 아내에게 더 좋은 옷을 사주고 싶다. 그렇게 할 수 있다면 행복할 것이다.[35]

농부가 오늘날 제3세계 주민의 행복에 필수적으로 여겨지는 현대적 장치-냉장고, 텔레비전, 오토바이-를 언급조차 하지 않았다는 것에 주목하라. 그의 물질적 기준틀은, 현대 중국 농부의 기준틀이 평균적 서구인과 다른 것만큼이나, 현대의 인도 농부와 달랐다.

부의 개념이 움직이는 표적이라면 빈곤의 정의도 마찬가지다. 오늘날 미국인 중에 가장 가난한 사람들조차도 1500년에는 꽤 부유하다고 여겨졌을 것이고, 앞으로 500년 후에는 오늘의 평균적인 서구인이 궁핍과 야만성의 독기miasma처럼 보일 것이다. 빈곤에 처한 세계 인구의 비율이 증가하고 있는지 감소하고 있는지에 대한 질문은 구체적이어야 한다. 우리가 말하는 빈곤이 절대적 의미인가 상대적 의미인가?

절대적 의미에서 우리는 전투에서 이기고 있다. 1장에서 보았듯이, 1인당 GDP를 무의미하다고 버리더라도, 지난 수십 년 동안에 지구상에서 가장 비참한 사람들의 기대 수명, 문맹률, 아동 사망률이 극적으로 개선되었다. 마찬가지로 대규모 기아의 방령도 반세기 전에 지구상에서 거의 사라졌다. (20세기 중반에 중국과 인도에서 발생한 대규모 기근은 자연적이기보다 인위적인 기근이었다. 보다 근래의 사하라 이남 아프리카의 기근은 치명적인 잠재력이 발휘되기 전에 현대적 운송으로 뒷받침된 무역과 원조의 국제적 시스템에 의하여 멈춰졌다.)

상대적 의미에서 우리는, 절대적 의미에서 이기는 짓과 마찬가지로 분명하게, 전투에서 패하고 있다. 지난 세기 동안에 가장 부유한 국가와 가장 가난한 국가의 격차와 국가 내에서 부의 격차가 극적으로 증가했다. 빈민과 그들의 옹호자들은 현대사회에서 가장 가난한 사람들의 실질 소득이 실제로 늘어났고 삶의 질이 개선되었다는 사실에서 거의 위안을 얻지 못할 것이다.

그렇다면 이러한 빈곤의 현대적 양상은 전적으로 소득이 분산된 정도에 달려있고 부의 재분배를 통해서만 개선될 수 있다. 어느 한도 안에서 강제된 소득 평준화가 빈곤을 줄이고 사회의 전반적 웰빙을 개선하겠지만, 그 과정에서 성장이 일부 희생되어야 할 것이다. 다음 장에서 우리는 성장과 경제적 평등주의의 상충관계를 탐구하고 그러한 상충관계가 대서양의 양쪽에서 어떻게 다루어졌는지를 살펴볼 것이다.

11 거대한 상충관계

—

막대한 부를 창조하는 메커니즘이 엄청난 분배의 불평등을 낳기도 한다는 것이 경제성장의 큰 역설이다. 사유재산은 자신을 위한 부를 생산함과 동시에 다른 사람의 부를 부정하는 강력한 인센티브를 제공한다. 나머지 인구 집단에도 부가 천천히 흘러가지만, 종종 정치적 갈등이나 그보다 더 나쁜 상황을 피할 수 있을 정도로 빠르게 흐르지는 않는다.

그렇다고 다른 방식이 될 수도 없다. 자신이 번 것을 지킬 수 없는 사람들은 생산하지 않을 것이다. 반면에 가장 많이 생산하는 사람들이 번 것을 지킬 수 있다면, 불평등이 증가하여 사회의 웰빙이 악화한다. 자신의 산출물을 즉시 전 세계로 전파할 수 있는 능력에 힘입어 개인의 독특한 재능이 거의 무한대로 확장될 수 있는 기술 지향적 세계에서 특히 그렇다. 활발한 경제 성장과 소득 불평등 사이의 상충관계는 재산권과 법의 지배를 강조함에 따른 필연적 결과다.

재산권은, 야기되는 소득 불평등이 없더라도, 순수한 축복이 아니고 유지하는데 큰 비용이 드는 경우가 많다. 경제학 용어로 말하자면 집행 비용enforcement costs이 필요하다. 광범위한 사법 및 경찰제도, 때로는 군사적·국가적 보안장치를 마련하는 데 드는 이러한 비용이 양도 가능한 재산권을 보장함으로써 얻는 이득을 초과하는 경우도 드물지 않다.

식민지의 래브라도Labrador 지역에서 비버를 사냥하던 몬타그네스Montagnes 인디언의 역사가 교훈적인 삽화를 제공한다. 수천 년 동안, 끝이 없는 비버 서식지에서 개인의 재산권을 확립하는 데 드는 비용이 이들 동물의 소박한 경제적 이익을 크게 상회했다. 따라서 인디언 부족은 비버를 모두가 사냥할 수 있는 공동의 재산으로 간주했다. 17세기 중반까지도 몬타그네스 인디언을 방문한 최초의 유럽인들은 비버 서식지에 대한 개인적 재산권의 부재에 주목했다. 그 후에 도착한 허드슨 베이Hudson Bay 회사가 비버 가죽에 천문학적인 가격을 제시하여 모든 것을 바꿔놓았다. 갑작스럽게 사냥터에 대한 재산권의 확립이 수지맞는 제안이 되었다.[1]

평원 인디언Plains Indians은 사냥터에 대한 재산권을 확립한 적이 없었다. 버펄로bufflalo를 비롯한 사냥감의 경제적 가치가 거의 없었기 때문이다. 설사 가치가 있었더라도, 사냥할 동물의 서식지가 너무 넓어서 감당하기 어려운 집행 비용이 들었을 것이다. 현대사회에서도 일부 재산권-다운로드할 수 있는 음악과 실베스터 스탤론 영화가 가장 쉽게 떠오른다-은 유지하기에 너무 큰 비용이 들 수 있다.

집행 비용은 사회마다 크게 다르다. 상대적으로 아프가니스탄보다 미국에서 훨씬 더 값싸게 재산을 보호할 수 있다. 캔자스시티에서는 지역의 경찰만 있으면 되지만 카불에서는 미군 특수부대의 서비스가 필요하다. 캔자스시티에서는 사람들 대부분이 스스로 이해당사자로, 즉 단지 자신뿐만 아니라 모든 사람의 소유에 대한 안전에 강한 관심을 갖고 법을 준수하는 시민으로 인식한다. 이해당사자가 많은 곳에서는 도둑질이 거의 없고 집행 비용이 저렴하여 재산을 쉽게 보호할 수 있다. 대중이 불만을 품고 권위에 대한 불신이 큰 곳에서는 재산권을 보호하는 비용이 급증하여 경제가 어려움을 겪는다.

내가 "이해당사자 효과"라 부르는 이러한 현상은 서구의 경제가 70년 동안 점진적으로 증가한 정부의 지출과 개입에 영향을 받지 않는 것처럼 보이는 이유가 될 수 있다. 국가의 죽은 손이 경제에서 차지하는 몫이 점점 늘어나는 것은 사실이지만, 그 증가의 대부분이 중산층에 대한 지원의 형태를 취한다. 개인의 지출-자기 돈이든 다양한 사회복지 시스템을 통해서 재분배된 돈이든-은 상품과 서비스에 대한 정부의 직접 지출보다 시장을 훨씬 덜 왜곡한다. 일반 대중이 사회복지 프로그램을 통해서 재분배되는 돈을 쓸 때의 지출은 상품과 서비스의 진정한 경제적 가치를 반영하지만 정부의 지출은 그렇지 않다. 다시 말해서 GDP의 30퍼센트가 이전 지출transfer payments의 형태로 시민에게 재분배되면 같은 돈을 정부가 상품과 서비스에 직접 지출할 때보다 가격의 왜곡이 훨씬 작다.* 굶주리지 않고 거처의 부족을 느끼지 않는 사람들은 도둑질을 하지 않는 경향이 있다.[2]

부와 소득의 불평등에 대하여

이해당사자 효과는 우리가 상상하는 것보다 훨씬 더 취약하다. 하버드 로스쿨의 마크 로Mark Roe 교수가 지적하듯이, 지난 세기로 접어들 무렵에 아르헨티나는 세계 8위의 1인당 GDP를 기록했다. 아르헨티나의 채권이 세계에서 가장 안전한 채권으로 평가되었고, 논평자들은 아르헨티나의 정치적 안정성이 영국

---

* 이는 크리스마스의 자중 손실(Deadweight Loss) 현상과 유사하다. 크리스마스 선물의 비용은 대체로 받는 사람이 인식하는 가치를 초과한다. 즉, 대부분 사람이 자신이 받은 선물에 대하여 선물을 준 사람이 실제로 지출한 것보다 적은 금액을 지불하려 할 것이다. 한 연구원은 1992년 시즌에 미국에서 발생한 크리스마스 선물의 "자중" 총액을 40억-130억 달러로 추산했다. 더 중요한 것은 의료보험(Medicare), 저소득층 의료보장(Medicaid), 공공주택 프로그램 지출(그 자체로 2003 회계연도 연방 예산의 23퍼센트를 차지하는)의 자중 손실이 9-39퍼센트로 추정된다는 사실이다. 조엘 발드포겔, 「크리스마스의 자중 손실」《미국 경제 리뷰》83 (1993년 12월): 1328-1336 참조.

만큼 높다고 말했다. 수많은 유럽인이 그곳으로 이주했다.

당시에는 분명하지 않았으나 아르헨티나의 모든 것이 좋지는 않았다. 나머지 라틴아메리카와 스페인처럼 토지 소유권이 소수의 부유한 지주에게 고도로 집중되어 있었던 아르헨티나에 대공황이 닥치자 수백 만의 땅 없는 소작농이 일자리를 찾아 도시로 몰려들었다. 수백 만의 극빈자들이 후안 페론의 선동정치의 손쉬운 표적이 되었고, 뻔뻔스럽게 그들에게 영합한 페론이 한때 번영했던 경제를 탈선시켰다.[2]

부와 소득의 불평등이 충분히 커지면 일반 시민의 웰빙이- 아르헨티나에서와 마찬가지로- 이해당사자라고 느끼지 못할 정도로 고통받게 된다. 재산권의 집행 비용이 치솟으면서 어느 시점부터 경제성장이 어려움을 겪기 시작할 것이다.

미국은 이런 길을 얼마나 걸어왔을까? 경제학자 토마 피케티Thomas Piketty와 엠마누엘 사에즈Emmanuel Saez가 최근에 20세기 대부분에 걸친 미국의 광범위한 소득 불평등을 조사했다. 그림 11-1은 소득세 신고자의 상위 1퍼센트가 벌어들인 소득이 국민소득에서 차지하는 비율을 주식과 부동산 소득이 포함되기 전·후로 보여준다. 피케티와 사에즈의 도표는 20세기 미국의 부의 분배에 대한 대중적 이미지와 일치한다. 20세기초 강도남작robber barons 시대의 극심한 불평등이 민주당과 공화당 정부의 재분배 조세정책에 의하여 개선되었다가 1980년대에 다시 놀아났다.

그림 11-1 | 소득세 신고자 상위 1퍼센트가 벌어들인 소득

출처: 저자의 허락을 얻어 수정됨. 「미국의 소득 불평등, 1913-1998」, 토마스 피케티와 엠마누엘 사에즈, NBER 조사보고서 8467.

불평등이 심화한 정도의 정확한 판단은 어느 매개변수를 조사하는지에 달려있다. 그림 11-1에서 상위 백분위 수에 해당하는 사람들의 그래프가 미국이 아직 20세기 초의 불평등을 극복하지 못했음을 시사한다. 투자 소득을 배제하고 급여만 보면 관점이 달라진다. 급여의 불평등은, 특히 기업의 최고경영자 층에서, 강도 남작 시대의 불평등보다 더 심각하다. 1970년대에는 대기업의 평균적인 CEO가 일반 근로자 임금의 약 40배를 벌었다. 초기의 영국 인구학자 그레고리 킹Gregory King이 설명한 17세기 영국사회 최상위 계층과 최하위 계층의 소득 비율과 비슷

하다. 1998년에는 평균적인 CEO가 일반 근로자 임금의 1000배 이상을 벌었다. 피케티와 사에즈의 절제된 결론은

> 오늘날 최고 임금 소득자는 수십 년 전보다 훨씬 더 큰 부를 축적할 수 있어야 한다. 소득과 재산에 대한 누진과세가 이런 새로운 현상을 상쇄하지 않는다면 향후 수십 년 동안 부와 자본 소득의 불평등도 급격하게 늘어나기 시작할 것이다.[3]

정치적 우파는 19세기 미국의 자유방임주의를, 민간 기업에 대한 몰수나 다름없는 세금과 정부의 간섭이 없는, 자본주의 기업의 황금시대로 낭만화한다. 그러나 이런 개념이 잘못되었음을 명백한 사실이 보여준다. 현대 서구세계에서는 세율이 급등하고 산업계에 대한 정부의 규제가 급증하는 중에도 경제가 번영했다. 오직 전쟁의 참화만이 일시적으로 경제성장의 속도를 늦췄다. 자유민주주의에는 번영을 억누를 수 있는 힘이 내재하지만, 그 힘은 1960년대와 1970년대의 영국처럼 공산주의 국가에 가까운 소득 배분배와 정부 지출이 있을 때만 나타난다. 심각한 부의 불평등이 적당히 불편한 세금 부담처럼 만만한 문제가 아니라는 사실을 역사가 가르쳐준다. 부와 소득의 심각한 격차가, 페론의 아르헨티나에서 그랬던 것처럼, 번영하는 것으로 보이는 경제를 탈선시킬 수 있다.

성 베드로 광장의 피

가장 안정되고 자유로운 자유시장 국가라도 그러한 재앙으로 부터 면역이 되지 않는다. 나폴레옹 이후 시대의 영국은 일반적으로 인식된 것보다 더 번영이 끝나는 격변기에 다가서 있었다. 산업혁명 초기에 공장의 높은 임금에 이끌린 영국의 노동자들이 미들랜드Midlands의 악취나는 빈민가로 몰려들었다. 나폴레옹 전쟁 중에는 기계를 조작하는 반숙련 노동자의 주급이 60실링에 달했다. 산업지역 공동주택의 끔찍한 상황을 견디기에 충분한 급료였다. 나폴레옹 이후 시대의 물가 하락에 따라 평균 주급이 24실링으로 떨어지는 임금의 붕괴가 이어지고, 곡물 수입을 금지하여 국내 가격을 인위적으로 높게 유지한 영국의 곡물법이 강화되었다. 낮은 임금과 치솟는 식품 가격의 결합이 수만 명의 노동자를 궁핍으로 몰아 굶주림과 그보다 더 심각한 지경에 처하도록 하여 정치적 지형을 불안하게 만들었다.[4]

영국의 하원은, 의회 제도의 어머니일지는 모르지만, 19세기 초까지도 대의적이라 할 수 있는 의회가 아니었다. 극단적으로 편협한 투표권이 영국의 남부와 서부에 유리하도록 의회의 대표성을 왜곡했다. 토리Tory 당의 변덕이 선거를 손쉽게 사고팔거나 심지어 취소할 수 있었다. 새로운 도시 노동자 계층의 절망적인 상황은 의회의 개혁을 요구하는 원동력이 되었고 점점 더 많은 급진적 정치인 집단을 결집했다.

프랑스 혁명의 기억에 시달리고 영국 땅에서 자코뱅 Jacobin(프랑스 혁명 당시 공포정치를 주도했던 급진 정파, 옮긴이)이 봉기할 것을 두려워한 리버풀과 케슬레이Castlereagh의 반동 정부는 개혁 운동을 잘못 해석하고 모든 곳에서 반란을 상상했다. 1817년 3월에는 정부가 거의 1년 동안 인신보호청원habeas corpus을 유보했다. 유보 조치가 급진적 동요를 일시적으로 줄였지만, 복구 과정에서 발생한 일련의 파업이 랭커셔를 혼란에 빠뜨렸다. 1819년 8월 16일의 구름 한 점 없는 따뜻한 날, 개혁가들이 맨체스터 외곽에서 행진하고 성 베드로 교회 근처의 들판에서 새로운 국회의원을 선출했다. 집회에 등장한 급진적 웅변가 헨리 헌트Henry Hunt의 선출은 불법이었다. 집회 참가자는, 특히 당시의 기준으로, 엄청난 규모였다. 최선의 추정치로 약 9만 명이 집회에 참가했고 그중 6만 명이 성 베드로 광장에 있었다.

존재하지 않는 무기 은닉처를 경계한 당국이 1500명 병력으로 현장을 포위했다. 행진과 집회의 질서정연함에 당황하고 두려움을 느낀 군대는 헌트를 체포하기로 했다. 더욱 꼬이게 된 논리로, 당국은 집회 참가인원이 많기 때문에 체포를 위해서 무력을 사용해야 한다고 판단했다. 휘두르는 칼이 밀집된 군중 속에서 헌트에게로 향하는 길을 뚫으면서 걷잡을 수 없는 상황이 빠르게 전개되었다. 수백 명의 구경꾼이 부상을 입었지만, 총기가 사용되지 않았기 때문에-선택된 무기는 칼과 곤봉이었다-사망한 사람은 11명에 불과했다.

희생자의 한 사람인 리처드 리스Richard Lees라는 워털루 참전용사는, 적어도 벨기에 전장에서는 일대일 대결이었지만, 그날 성베드로 광장의 사건이 순전히 단순한 살인이었다고 말했다.[5] 리스는 그 말을 한 직후에 부상으로 사망했다. 곧 피털루Peterloo로 명명된 그날의 학살이 정치 개혁을 요구하는 외침이 되었다. 시인 셸리는 난장판의 가면극The Masque of Anarchy이라는 시를 썼다.

도중에 나는 살인을 만났네-,

그는 케슬레이 같은 가면을 쓰고 있었지-

이 폭력 사태가 영국에 충격을 주고 개혁 정당 휘그Whig 당에 활력을 불어넣었다. 1833년의 공장법Factory Act은 산업 안전을 감독할 책임을 정부에 부과했다. 같은 해에 최초의 이민국 관리들이 대서양을 횡단하여 미국으로 항해하는 사람들의 준비가 잘 되어있는지를 확인했다. 1846년에 의회는 수십 년에 걸친 정치적 논쟁 끝에 곡물법을 폐지하여 소비재-특히 곡물-의 가격을 낮추는 자유로운 국제 무역의 시대를 열었다.

불과 3년 뒤에 의회는 항해법을 법령집에서 삭제함으로써 곡물 가격을 더 낮춰서 많은 노동자의 어려움을 완화했다. 철도법도, 재산권 침해라는 철도회사의 항변에도 불구하고, 교통안전을 개선하는 방향으로 바뀌었다. 공중보건 담당 관리들이 산업 빈민가의 위생 상태를 감독했고, 의회가 은행 규제의 강도를 크게 높였다. 로버트 필 런던 시장(나중에 총리가 된)은 최초의 지방자치 경찰력을 조직했다. 1800년대 중반에 영국은 서구세계 역사상 상거래와 사생활에 대한 정부의 권위가 가장 공격적으로 확대된 국가 중 하나가 되었다. 19세기의 영국은, 현대의 자유주의자들이 낭만화한, 안개에 싸인 자유방임주의의 발할라 Valhalla(북구 신화에 나오는 신비로운 성의 이름-옮긴이)가 아니었다.[6]

퇴역군인의 시위

1세기 후에 대공황의 와중에서 민간인의 1/4이 실업자가 된 미국에서도 비슷한 일련의 사건이 일어났다. 1932년 7월 프랭클린 델러노 루스벨트 대통령 후보의 보좌관 렉스포드 터그웰 Rexford Tugwell은 말했다.

> 이 무렵에 직업이 전혀 없는 수백만의 사람들이 더욱 절망적인 상황을 맞았다. 민간 자선단체의 자원이 사실상 고갈되었고, 공공기관은 빈약한 세출을 제한하고 있었다. 혹시 일자리가 있더라도 임금뿐만 아니라 봉급도 감소했다. 빚을 진 사람들은 감당할 수 없는 해결책에 직면했다. 그들은 서약한 담보-아마도 여러 해 동안의 저축으로 마련했을 사업용 부동산이나 주택-가 압류당하는 것을 체념해야 했다.[7]

터그웰은 실업이 더욱 심각하고 거리에 살기등등한 갈색 셔츠가 가득한 독일의 상황과 미국의 유사성을 놓치지 않았다.

> 우리는 이러한 사건을 주의 깊게 연구할 시간이 없었지만, 불길한 무언가를 예고한다는 것은 분명했다. 게다가 이곳에서 일어난 사건과 무섭도록 비슷했고, 동일한 즉시성을 갖기 시작했다.[8]

일자리를 잃고 전망도 없이 화물열차에 "무임승차ride the rods"하여 집을 떠난 수백만의 사람들이 소집단이나 전국적으로 생겨나는 거대하고 비위생적인 후버빌Hoovervilles(대공황 시기에 미국의 노숙자들이 지은 판자촌-옮긴이)에서 야영 생활을 했다. 실직한 1차 세계대전 참전용사들이 1945년에 받기로 약속된 보너스의 조기 지급을 요구하기 위하여 워싱턴 D.C.로 모이면서 상황이 절정으로 치달았다. 시위가 혁명으로 비화할 것을 두려워한 후버 대통령은 더글라스 맥아더 육군참모총장에게 아이젠하워와 패튼이라는 두 젊은 보좌관의 도움을 받아 펜실베이니아 애비뉴와 인근의 애너코스티아 플라츠Anacostia Flats 야영지에서 시위대를 해산할 것을 명령했다. 전쟁부장관 패트릭 J. 헐리Patrick J. Hurley를 통해 맥아더에게 전달된 후버의 명령은 명확했다.

> 대통령이 방금 컬럼비아 특별구의 시민 정부가 지역의 법과

질서를 유지할 수 없다고 보고했음을 알려왔다. 귀관은 즉시 군대를 무질서의 현장으로 파견하여 피해 지역을 포위하고 지체없이 정리해야 한다.[9]

다시 한번 칼을 빼든 자유민주주의의 무력이 평화로운 군중에게 달려들었다. 그렇지만 이번에는 군사적 기법의 우연성-병사들이 탄 말로 비무장 시위대를 위협할 수 있었고 칼등을 사용함으로써 심각한 부상을 초래하지 않았다-에 힘입어 도화선에 불이 붙는 것을 간신히 피할 수 있었다. 그러나 정규군이 비무장 상태의 퇴역 군인을 공격하는 광경이 온 나라를 역겹게 했고, 허버트 후버가 재선될 기회가 그 뜨거운 오후에 완전히 사라졌다. 4개월 전에 시카고 스타디움에서 민주당 대통령후보로 지명된 루스벨트는 후버가 끝났다는 결론을 내리고 선거운동을 위한 귀중한 시간을 뉴딜New Deal정책의 입안에 할애할 수 있었다.[10]

그 시기에 영국과 미국 모두 많은 사람이 인정하는 것보다 더 가깝게 혁명에 다가섰다.* 애너코스티아 플라츠 전투 이후 20년 동안 진보적 세금정책과 사회적 재분배 프로그램이 미국의 경제적 불평등을 완화했다. 피케티와 사에즈의 데이터는 최근 수십 년 동안에 경제적 불평등이 증가하기 시작했음을 보여

---

* 19세기초 영국의 혁명 직전 상황에 대한 탁월한 소사는 R. J. 와이트, 『워털루에서 피털루까지(Waterloo to Peterloo)』(런던: 하이네만, 1957)를 참조하라.

주지만, 그로 인한 불만이 워털루 이후와 대공황 시대의 위기 수준에 도달하지 못했음은 분명하다. 아직까지는.

최적의 평등과 행복

따라서 경제성장과 사회적 결속력 사이에는 상충관계가 있다. 우리는 내부에 있는 사회가 경제성장을 보장하는데 필요한 정도로 재산권을 제공하고 과세를 억제하는 안정성 봉투stability envelope를 생각해 볼 수 있지만, 사회적·정치적 불안을 초래할 정도로 극단적인 부의 불평등까지 봉투를 확대할 수는 없다. 미국은 최적의 성장을 위하여 소득과 부의 불평등이 얼마나 용인될 수 있는지를 살피면서 조심스럽게 봉투의 "오른쪽 테두리"를 탐색하고 있는 것으로 보인다.

나머지 선진국은 최적의 평등과 행복을 장려하기 위하여 경제성장이 얼마나 희생될 수 있는지를 판단하면서 봉투의 왼쪽 테두리에 머물러 있는 것 같다. 스칸디나비아 국가들과 미국이 정부지출의 한계에 대한 사례연구를 제공한다. 1924년과 1995년 사이에 덴마크의 GDP에서 정부지출이 차지한 비율이 11퍼센트에서 51퍼센트로 증가했다. 미국에서는 이 수치가 약 30퍼센트로 연방, 주, 지역의 예산으로 지출된 총액이다.[11,12] 지난 수십 년 동안 북유럽 국가의 정부 서비스 수준이 고통스러운 긴

축을 겪은 것을 생각하면, 유럽인은 과세의 상한선에 근접한 것 같다.

국가의 생산에 무려 50퍼센트의 세금을 부과하는 북유럽 경제가 어떻게 30퍼센트의 세금만 내는 미국 경제와 거의 같은 수준의 번영을 유지할 수 있을까? 세 가지 이유가 두드러진다.

• 유럽의 사회복지 시스템은 기꺼이 사회 규범을 준수하고, 법의 지배를 존중하고, 세금을 내는 이해당사자 시민의 탄탄한 저수지를 만들어냈다. 그 이면의 메커니즘-실업수당을 받는 실직 근로자는 세금 징수와 상업적 계약의 이행에 대한 이해당사자 효과에 따르는 더욱 미묘한 이익을 훔칠 가능성이 훨씬 낮다는 명백한 사실부터-은 다양하다. 높은 사회복지 지출의 모든 유익한 효과가 매우 저렴한 재산권 집행 비용으로 이어져 높은 세금으로 인한 경제적 인센티브의 손상을 크게 완화한다.

• 미국과 유럽의 정부지출 모두, 역사적 기준으로는 극도로 높은 수준이지만, 주로 이전 지출로 구성되어 자중 손실(구매자와 소비자가 동일인이 아닐 때 발생하는 낭비 요소)이 매우 낮다. 반면에 군사비의 자중 손실은 대단히 높다. 따라서 합스부르크 왕조와 소련에서 GDP의 15-25퍼센트에 해당한 군사비 지출이, GDP에서 군사비가 차지하는 비율

이 무시할 정도인, 북유럽 국가의 정부지출 50퍼센트보다 훨씬 더 큰 피해를 초래했다.

- 마지막으로 유럽 국가들이 미국보다 현명하게 세금을 부과한다. 유럽의 조세제도는 의외로 퇴행적이지만, 경제적으로는 미국 시스템보다 효율적이다. 유럽의 과세는 부가가치세 같은 소비기반 세금에 더 많이 의존하고 경제적으로 비효율적인 소득, 배당금, 자본소득에 부과하는 세금의 의존도가 미국보다 낮다.[13]

미국인이 지난 세기에 소득 불평등에 대하여 더 관대해졌을까? 어느 정도 사실이라고 말할 수 있는 것은 뉴딜정책과 함께 나타나기 시작한 재분배주의적 안전망의 결과일 뿐이다. 그러한 안전망이 없었다면 미국이 오래 전에 심각한 사회적·정치적 불안을 겪었을 것이다. 그러나 우리가 지나치게 현실에 안주하면 안된다. 부의 불평등에 대한 관용은, 대공황 시대에 그랬던 것처럼, 어려운 시기에 극적으로 감소한다. 어쩌면 오늘의 상황이 콘드라티예프Kondratieff가 가정한 유형의 길고 끝나지 않는 경제적·정치적 순환의 한 시기에 불과할지도 모른다. 콘드라티에프는 한 체제의 과잉이 다음 체제의 개혁을 유발하기 때문에 자유방임주의와 재분배주의적 활력의 시기가 번갈아 나타난다고 가정했다.*

우리가 바랄 수 있는 최선은 세계의 위대한 자유민주주의 체제, 새롭게 부상한 체제와 오랫동안 확립된 체제 모두가 이 영원한 순환을 합리적이고 질서있는 방식으로 관리하리라는 것이다.

인플레이션과 일자리

행복에 대한 하드 데이터hard data 접근법은 또한 인플레이션과 실업의 상충관계를 명확히 한다. 통화의 확대가 높은 인플레이션과 낮은 실업률을 낳고 통화의 긴축이 반대되는 결과를 낳는다. 특정 연령의 독자는 지미 카터 행정부의 경제고통지수misery index(실업률과 인플레이션의 합)를 기억할 것이다. 10장에서 보았듯이 실업은 고통의 강력한 엔진이다. 인플레이션도 그만큼의 고통을 유발할까? 그렇지 않다. 유럽 12개국과 미국에서 실업과 인플레이션이 행복에 미치는 영향에 대한 연구는 실업률이 1퍼센트 포인트 증가할 때마다 같은 비율로 인플레이션이 상승할 때보다 불행이 두 배 이상 증가한다는 사실을 발견했다.[14] 통화

---

* 니콜라이 콘드라티예프는 1920년대에 생산 및 투자와 관련된 60년 주기의 경제적 순환, 또는 파동(waves)을 제안한 러시아 경제학자다. 콘드라티예프는 이러한 파동이 1930년대 자본주의의 병폐가 일시적이고 자기 교정적(self-correcting)이었음을 의미한다고 결론지었다. 그런 견해를 못마땅하게 여긴 스탈린에 의해 수용소로 보내진 그는 1938년에 그곳에서 사망했다. 니콜라이 콘느라티예프, 『긴 파동의 순환(The Long Wave Cycle)』(뉴욕: 리처드슨 앤드 스나이더, 1984) 참조.

정책, 인플레이션, 실업률에 대한 세부적 논의는 이 책의 범위를 훨씬 넘어서지만, 선진국과 개발도상국의 정책 입안자들은 인플레이션이 유발하는 정서적 고통이 실업보다 훨씬 덜하다는 사실을 고려하면 좋을 것이다. 반대로 유럽식 사회복지국가를 선호하는 사람들은 그런 시스템에 내재한 높은 실업률이 대중의 사기를 떨어뜨리는 효과를 고려해야 한다.

부유한 국가, 가난한 국가

우리가 마지막으로 고려할 상충관계는 선진국이 개발도상국의 성장을 어떻게 도울지와 관련된다. 개발도상국을 지원하기 위한 자금, 노력, 인력에는 한계가 있다. 지난 반세기 동안 가장 선진적인 국가들은 덜 부유한 동료들을 위하여 두 가지 방식으로 행동했다. 민간 및 비정부기구는 의료나 농업 부문의 인도주의적 원조를 산발적이고 무차별적인 방식으로 제공했다. 정부와 국제적 차원에서는 사회기반시설 프로젝트를 위한 대규모 차관이 제공되었다. 원조의 또 다른 방식은 정치적 지원이다. 때때로 부유한 국가들(특히 미국)이 서방에 우호적인 독재자가 통치하는 국가를 제외하고 자유 선거를 장려하고 주시한다.

어떻게 하면 선진국이 제한된 자원을 가장 효율적으로 활용할 수 있을까? 보스니아와 헤르체고비나의 유엔 고위 대표 패디 애시다운Paddy Ahsdown이 간결한 해답을 제시한다. "돌이켜보면 우리는 먼저 법의 지배를 확립했어야 했다. 다른 모든 것, 즉 자유롭고 공정한 정치 시스템, 시민사회의 발전, 경찰과 법원에 대한 대중의 신뢰가 법의 지배에 의존하기 때문이다."[15]

다시 말해서 국가가 도로를 건설하고, 진료소를 세우고, 댐을 건설하기 전에 먼저 변호사와 판사를 훈련해야 한다. 그리고 충분한 인내심이 필요하다. 민주주의가 꽃피우기에 앞서서 수십 년 동안 경제가 성장해야 한다. 전통적인 농경문화나 유목문화의 척박한 토양에 민주주의의 씨앗을 심으려는 시도는 실패로 돌아갈 것이다. 원조 프로젝트로 학교와 공장을 지을 수는 있겠지만 재산권과 법의 지배가 무시된다면, 2세기 전에 오스만 터키와 30년 전에 아프리카에서 그랬던 것처럼, 지어 놓은 시설이 황폐화하여 폐기될 것이다.

개발도상국에서 자유시장 개혁을 강조하면 소득 불평등이 심화할 것을 우려해야 할까? 아니다. 부적절한 법의 지배는 통치 엘리트와 측근들이 매우 수익성 높은 지대추구 행동에 참여할 수 있도록 하고 때로는 노골적인 도둑질을 허용한다. 재분배주의적 조세시스템을 갖췄다는 멕시코에서도 소득의 90번째 백분위 수의 사람들이 10번째 백분위 수의 사람들보다 (미국의 5.5와 스웨덴의 3.0과 대비되는) 11.6배 더 많은 수입을 올린다.[16]

개발도상국은 사회적 하위계층에 미치는 해로운 영향 때문에 자유시장을 개혁할 여유가 없다는 주장이 종종 제기된다. 그러나 적어도 초기 단계에서는 경제제도의 개선이 도둑질을 더 어렵게 하는 것만으로도 소득 불평등을 줄인다. 따라서 가난한 국가에는 상충관계가 존재하지 않는다.

적절한 법의 지배가 없는 국가에는 어떤 유형의 경제적 지원을 제공하더라도 별로 도움이 되지 않는다. 1980년 이후로 150억 배럴 이상의 석유를 수출하여 서방이 지원할 수 있었던 것보다 훨씬 더 많은 수입을 올렸음에도 1인당 GDP가 23년 동안에 1/5로 줄어든 나이지리아가 가장 좋은 예다. 서구가 세계의 저개발 국가에 제공할 수 있는 유일하게 유용한 지원은 제도적 유산이고, 그것이 없이는 다른 모든 형태의 원조가 낭비된다.

12 승자의 저주

―

10장에서는 부가 반드시 국가의 웰빙을 개선하지는 않지만. 민주주의 제도의 발전을 촉진한다는 결론을 내렸다. 이제 우리는 번영의 또 다른 중요한 이점-거대한 파워power-에 관심을 가질 것이다. 경제는 국가의 생사가 걸린 문제라 해도 과언이 아니다. 경제 발전의 이해는 중요한 파워정치의 역사에 대한 깊은 통찰을 제공하고 현대세계의 양상을 설명한다.

부의 쌍둥이 자손인 민주주의와 파워는 하나 또는 그 이상의 가장 큰 자유민주주의 체제가 세계적 헤게모니를 확보하는 것을 점점 더 확실하게 한다. 우리는 첫째로 부와 파워 사이의 복잡한 역사적 연관성을 조사할 것이다. 그리고 인구가 많은 자유민주주의 국가들이 휘두르는 놀라운 지정학적 이점을 탐구할 것이다.

현대 세계에서 부와 파워의 관계는 단순하다. 현대전은 본질적으로 산업전쟁이고 일반적으로 가장 생산적인 국가가 우위를 차지한다. 군사적 생산성의 이야기는 역사만큼이나 오래되었다. 고대 그리스의 장갑보병hoplite 전술과 무구는 페르시아 적군이 극복할 수 없는 이점을 제공했다. 백년전쟁이 시작되었을 때 200야드 거리에서의 치명적인 정확도와 분당 최대 12발의 발사속도를 갖춘 장궁이 크레시와 아쟁쿠르 전투에서 프랑스의 정예병을 궤멸시켰다. 그 후에는 공성 투석기가 프랑스에 승리의 마진margin을 제공하면서 기술이 운명의 흐름을 역전시켰다.[1] 모든 산업적 경쟁에서와 마찬가지로 생산성이 결정적 요소를 제공한다. 생산물은 다를 수 있으나 경쟁의 본질은 모두 너무도 비슷하다. 가장 적은 비용으로 가장 치명적인 장비를 가장 많이 만들어내는 사람이 이긴다.

크롬프턴의 방적 노새가 영국에 산업혁명의 승리를 안겨준 것처럼, 그에 대응하는 군사 무기인 기관총이 19세기의 여러 식민지 전투-1만 1000명의 무슬림 병사가 학살되는 동안에 영국군 사망자가 수십 명에 불과했던 수단의 옴두르만Omdurman 전투 같은-에서 영국군의 승리를 보장했다. 마찬가지로 나치 독일이 폴란드, 네덜란드, 프랑스 북부에서 확보한 공중전과 전차전의 우위가 자국보다 큰 프랑스와 영국의 연합경제를 신속하게 격파하도록 했다.

물론 승리를 위해서는 단지 군용 하드웨어의 개발과 구입 이상이 필요하다. 양키 스타디움의 승리자는 배트 제작자가 아니다. 해변을 급습하고, 치명적인 고정진지를 공격하고, 탄약고가 떠다니는 바다의 위험을 무릅쓰고, 치명적인 공중전을 벌여야 한다. 그러나 고품질의 야구 배트가 없이는 양키스Yankees라 할지라도 실패할 수밖에 없다.

원천적 부, 첨단 무기, 잘 훈련된 용감한 병사, 지정학적 우위 외에도 국가적 파워의 추구를 위하여 재화와 피를 사용하려는 의지가 필요하다. 전체주의 국가-사실상 역사의 대부분 기간의 대부분 국가-에게는 그리 어려운 일이 아니다. 합스부르크 스페인과 구소련의 통치자들은 국민을 빈곤에 빠뜨리고 농민을 대포 밥으로 만드는 것을 개의치 않았다.

반대쪽 극단에서 근대 유럽과 19세기의 미국은 (남북전쟁을 제외하고) 파워보다 부를 선호하여 경제적 산출물의 군사부문 투입을 최소화했다. 놀랍게도 파워의 절정기에 있었던 영국도 후자의 범주에 속했다. 식민지의 적보다 훨씬 더 진보한 군대를 보유했기 때문에, 영국은 GDP 3퍼센트 미만의 미미한 군사비로 제국을 운영할 수 있었다. 게다가 영국의 GDP는 세계 총생산의 1/10(1945년에 2/5, 오늘날 1/5을 차지하는 미국과 대비되는)을 크게 넘어선 적이 없었다. 1880년까지도 영국군의 규모가 프랑스의 절반, 러시아의 1/3에 못 미쳤고 독일과 오스트리아보다도 작았다.[2]

때때로 국가는 군사적 적국의 부를 극복할 수 있다. 규모가 작은 국지적 분쟁에서는, 자국 땅에서 싸우면서 막대한 사상자를 감수할 의지가 있는 잘 훈련되고 의욕적인 군대를 보유한, 가난하고 후진적인 국가가 훨씬 더 크고 부유한 적을 이길 수 있다. 이런 일은 민족 해방전쟁-알제리에서 한 번, 인도차이나에서 두 번, 그리고 우리가 잊지 않도록 독립전쟁 중의 미국에서-중에 가장 자주 일어난다.

근대 이전 시대에 거리가 안전을 제공했다는 가상 대표적인 예를 미국 독립전쟁에서 볼 수 있다. 영국은 춥고 폭풍우가 몰아치는 대서양을 가로질러 모든 비스킷, 사람, 총알을 수송해야 하는 극복할 수 없는 어려움을 겪었다.[3] 거의 2세기 동안 미국의 물리적 고립이 유럽이라는 가마솥 한가운데 있는 국가들이 꿈만 꿀 수 있는 유형의 안보를 제공했다.

19세기에 증기기관이 등장하면서 상황이 서서히 바뀌기 시작했다. 서구 세계는 대양을 가로지르고 아프리카의 콩고강이나 중국의 양쯔강처럼 항해가 가능한 하천을 통해서 내륙 깊숙이까지 힘을 투사할 수 있게 되었다. 아프가니스탄이 가장 대표적인 산악 지형이 더 저항력이 있는 것으로 판명되었지만, 20세기에는 이러한 극단적인 지리적 난점까지도 극복될 수 있었다. 아프가니스탄의 미군이 이전에 영국군이 겪었던 불행한 운명을 맞을 것으로 예측한 사람들은 순항 미사일, 장거리 폭격기, 항공모함, 헬리콥터가 아프간 전사들의 물리적 거리와 험난한 지형 같은 우군을 효과적으로 무력화했다는 사실을 깨닫지 못했다.

그렇긴 하지만, 누구든지 마지막 에스쿠도escudo가 남겨진 사람에게 승리가 돌아간다는 데 멘도사de Mendoza의 분석은 기본적으로 정확함이 입증되었다. 현대를 특징짓는 거대 연합 간의 장기간에 걸친 세계적 분쟁에서는 기술, 의욕, 지리적 요소가 다수의 국가와 널리 확대된 전장으로 "평준화"되었고, 거의 언제나 경제적 요소가 승리의 마진을 제공했다.

제2차 세계대전은 전쟁의 개념을 산업적 경쟁으로 요약했다. 분쟁이 시작될 때는 초기 연합국인 영국과 프랑스의 총 GDP가 초기 주축국인 독일과 이탈리아의 총 GDP를 간신히 넘어선 수준(1990년 달러 가치로 연합국의 4,750억 달러와 주축국의 4,000억 달러)이었다. 사기, 장갑차량, 공군력에서 우세한 독일의 나치 군대가 1939년 9월에 폴란드, 1940년 5월에 프랑스를 빠르게 장악했다. 그후에 독일이라는 훨씬 더 큰 경제적·군사적 기계의 목구멍을 들여다본 영국에게는 자국의 생존조차 확실치 않게 보였다. 프랑스가 함락된 후에 영국은 항복 직전까지 갔다. 내각 회의에서 자신의 적수인 패배주의자 핼리팩스Halifax 경에 맞선 처칠의 역량만이 9세기에 걸친 영국의 독립이 수치스러운 종말을 맞는 사태를 막을 수 있었다.[4]

영국은 1941년에 미국이 참전하기까지 19개월 동안 혼란의 와중에서 벗어나지 못했다. 미국의 참전이 교전국의 경제 총합을 1조 7500억 달러(미국, 영국, 소련) 대 6000억 달러(독일, 이탈리아, 일본)로 바꿔놓았다. 처칠은 자주 그랬듯이 진주만 이후 암흑기에 스며든 혼란스러운 전략적 전망에서 단 하나의 본질적인 진실을 끌어냈다. "히틀러의 운명은 결정되었다. 무솔리니의 운명도 결정되었다. 일본은 갈려서 가루가 될 것이다. 남은 문제는 오직 압도적인 힘을 세심하게 행사하는 것뿐이다."[5]

친숙한 예로서, 미드웨이 해전은 종종 태평양전쟁의 전환점[6] 또는 결정적[7] 전투로 여겨진다. 일본군의 암호를 해독한 연합군이 적의 의도를 간파했음에도 불구하고 전투의 결과는 미국의 예정된 승리가 아니었다. 절망적일 정도로 조율되지 않았던 미군의 공격은 마침내 네 척의 일본 항공모함 중 세 척을 발견하게 된다. 미군의 급강하 폭격기가 머리 위에 도착했을 때 비행갑판에 연료와 폭탄이 가득했던 일본 항공모함은 일시적으로 무방비 상태였다. 군사역사학자 B. H. 리델 하트_{B. H. Liddell Hart}는 미드웨이 해전이 "장거리 해·공 작전이라는 새로운 방식으로 치러진 전투의 '우연성'을 보여주는 사례"라고 말한다.[8] 전통적인 군사적 판단은 미드웨이에서 입을 미군의 손실이 태평양전쟁에서 연합군의 전망을 황폐화하고 일본이 수년 동안 전쟁을 계속할 수 있게 하거나, 심지어 미국이 평화를 요청하도록 강요하리라는 것이었다.

그러나 숫자만 대충 훑어보더라도 이야기가 달라진다. 양측 모두 약 여섯 척의 항공모함으로 전쟁을 시작했다. 일본은 거의 모든 항공모함을 진주만 공격에 투입했고 그중에 네 척을 미드웨이에서 잃었다. 1942년 말까지 미국 항공모함 네 척-렉싱턴 Lexington은 산호해에서, 와스프Wasp는 잠수함 공격을 받고, 호넷 Hornet은 과달카날 근해에서, 요크타운Yorktown은 바로 미드웨이에서-도 침몰했다. 따라서 1942년 말에는 양측의 항공모함 수가 매우 적었고, 언제든지 한두 척이 수리와 재보급을 위하여 항구에 머무르는 것이 보통이었다. 이후 3년 동안 일본은 불과 두 척의 대형 항공모함을 새로 건조했고 미국은 16척을 건조했다. 또한 일본이 소형 항공모함 14척을 건조하는 동안에 미국은 118척을 쏟아냈다(그중 다수가 대서양의 호송 임무에 투입되기는 했지만).[9]

1943년 말에 니미츠Nimitz 제독은 길버트 제도Gilbert Islands 침공 작전에 대형 항공모함 12척을 배치함으로써 미군에 절대적인 제해·제공권을 부여할 수 있었다. 미드웨이에서 일본이 결정적인 승리를 거두었더라도 집계는 여전히 미국의 대형 항공모함 9척 대 일본의 5척이었을 것이다. 어쨌든 미국은 항공모함 세 척의 손실을 6개월 안에 복구할 수 있었지만, 일본은 마지막 두 척을 건조하는데 한 척당 1년 이상의 시간이 걸렸다. 다른 주력함, 잠수함, 항공기의 생산에서도 비슷한 마진에 따라 압도적인 힘의 적절한 행사가 일본의 파멸을 확실하게 예고했다. 태평양전쟁의 결과는 수많은 섬과 대양에서의 피비린내 나는 전투에서 결정된 만큼이나 미국의 조선소에서 결정되었다.

승리에는 단지 마지막 에스쿠도보다 많은 것이 필요하지만, 부가 항상 군사적 중요성의 중심이었다. 강대국의 운명은 경제 상황을 통해서 직접 추적할 수 있다.

크로이소스의 몰락

전설에 따르면 리디아Lydia의 엄청나게 부유한 왕 크로이소스 Croesus가 페르시아를 공격할지 말지에 대한 신탁을 들으려고 부하들을 델포이Delphi로 보냈다고 한다. 신탁의 대답은 "그가 페르시아에 군대를 보내면 위대한 제국을 파괴할 것이다"였다. 용기를 얻어 공격을 감행한 크로이소스는 신탁이 정확했음을 전투중에 깨달았다. 페르시아제국이 자신의 제국을 파괴했던 것이다.[10]

헤게모니는 종종 자체 파괴의 씨앗을 동반한다. 경제학자들은 오래전부터 승자의 저주winner's curse, 소위 경매의 낙찰자가 종종 과도한 지출로 인하여 경매에서 진 것보다 더 나쁜 상황에 빠지는 현상을 알고 있었다.[11] 지정학에서 승자의 저주는, 거대한 힘을 휘두르고 유지하는데 천문학적 지출이 필요하다는 단순한 이유로, 거의 자연의 법칙임이 입증되었다. 초기에는 영토의 획득이 짭짤한 보화의 흐름을 공급할 수 있는 것이 사실이지만, 약탈이 줄어든 뒤에는 점점 더 먼 곳에 있는 땅을 수비하고, 억압하고, 방어해야 하는 승자의 비용이 크게 늘어나서, 역사학자 폴 케네디Paul Kennedy가 말하는 제국의 과잉팽창imperial overstretch으로 이어지게 된다.[12]

　서기 1500년부터 오늘날까지 분쟁은 점점 더 비싸지기만 했다. 16세기 전쟁의 주요 참전국은 분쟁의 전 기간에 걸쳐서 1000만 파운드를 썼을 것이다. 나폴레옹 전쟁 시대에는 주요 참전국이 해마다 1억 파운드 이상을 썼고, 1793년부터 1815년까지의 "프랑스 전쟁" 기간에 영국의 지출 총액은 16억 파운드를 초과했다.* 전쟁의 비용이 전쟁을 지원하는 경제보다 훨씬 더 빠른 속도로 늘어났다. 1600년과 1820년 사이에 영국의 경제가 여섯 배 성장하는 데 그쳤고, 프랑스의 경제성장은 세 배 미만, 스페인은 두 배도 되지 않았다. 근대 이전 시대에는 군사비 과잉지출의 위험성을 인식한 군주가 드물었지만, 애덤 스미스는 1755년의 강연에서 전쟁과 전쟁을 지원하는데 필요한 무거운 세금의 해로운 영향을 공식화했다.

> 국가를 최하 수준의 야만 상태에서 최고 수준의 풍요로 이끄는 데 필요한 것은 평화, 가벼운 세금, 그리고 용인될만한 사법 관리가 거의 전부다. 나머지 모든 것은 자연스럽게 따라온다.[13]

---

* 인용된 모든 금액은 파운드 스털링(pounds sterling), 즉 당시 화폐의 실제 금액이다. 16세기 분쟁의 비용으로 인용된 1000만 파운드는 오늘날 약 50억 달러, 프랑스 전쟁 비용 16억 파운드는 오늘날의 약 600억 달러에 해당한다. 두 시대 사이에는 인플레이션이 비교적 낮았다. 도서 G. 입모손과 그레이 P. 브린슨, 『글로벌 투자(Global Investing)』(뉴욕: 맥그로-힐, 1993), 251-252 참조.

완고하지만 현명한 스코틀랜드인 조언자가 없었다는 것이 합스부르크와 부르봉 왕조의 불운이었다. 8장에서 우리는 스페인의 급증하는 군사적 의무와 국가의 만성적 채무불이행을 논의했다. 1598년에 필리페 2세가 사망했을 때 스페인 왕실은 1588년에 물운을 맞은 무석함대 비봉의 10배, 낭시 최고소에 달했던 신세계 은에서 나오는 연간 수입의 50배에 달하는 빚을 지고 있었다.

필리페의 사치스러운 모험주의는 사방에서 엄청난 양의 사람과 재화를 독일과 저지대 국가로 빨아들이고 재정이 부족한 합스부르크 왕가를 파멸시킨 유럽의 종교적 학살-비참한 30년 전쟁(1618~1648)-의 전주곡에 불과했다. 1650년까지 신세계에서 스페인으로 유입되는 귀금속이 80퍼센트 이상 감소했고 네덜란드로부터의 수입도 끊겼다. 스페인에 남은 것은 자국의 빈약한 국내 경제뿐이었다.[14]

약속과 비용이 급증하고 자원이 빠르게 줄어드는 상황에서 그 어떤 전략적 탁월함과 전투의 용맹성-쇠퇴하는 스페인이 충분히 보유했던-도 에스쿠도가 바닥났다는 사실에서 스페인을 구해낼 수 없었다. 곧 포르투갈과 네덜란드 모두 스페인으로부터 독립을 쟁취하면서 평화 테이블에서 굴욕을 안겼다. 폴 케네디는 다시 말한다. "방어해야 할 전선이 너무 많은, 그렇게 많은 영토를 소유한 대가는 수많은 적의 존재였다."[15]

합스부르크 왕가는 일상적으로 수입의 2~3배를 지출했다.

치명적인 위기가 닥쳤을 때는 그렇게 노골적인 군사비 과잉지
출이 생존을 위하여 필요할 수 있지만, 한 번에 수십 년 동안 그
런 지출을 계속하는 것은 전투의 운명과 상관없는 파멸을 의미
한다.[16]

누가 스페인의 자리를 차지했을까? 주변에서 서서히 조직
되고 있었던 대규모 국민국가들과 경쟁하기에 네덜란드는 너
무 작았다. 더 큰 이웃들과 달리 네덜란드는 30년전쟁의 끝자
락에서 독립을 쟁취했을 때 이미 부와 파워의 정점을 통과했다.
스페인의 몰락으로 이익을 얻었어야 할 영국은 살인적인 내전
의 불행한 여파-일련의 참담한 의회, 보호령protectorates, 그리고
나중의 스튜어트 왕정-를 정리하기 시작한 참이었다.

이 모든 것이 프랑스를 합스부르크 왕조의 내폭에 따른 힘
의 공백을 메우기에 가장 좋은 위치에 두었어야 했지만, 프랑
스 역시 오랜 분쟁 기간의 지출이 과도했다. 스페인과 프랑스는
1648년 베스트팔렌 평화조약이 체결된 후에도 11년 동안 싸움
을 계속했다. 1659년에 피레네 조약에 서명한 프랑스는 재정이
궁핍하고, 세율이 통제 불능이고, 국민이 빈곤에 빠지고, 신용
이 망가진 국가였다.

프랑스는 여러 세대가 지나도록 군사적 욕구를 통제하는 법
을 배우지 못한다. 루이 14세는 합스부르크 왕가만큼이나 무모
하고 방탕했다. 통찰력 있는 콜베르가 태양왕의 군사적 모험으
로 인한 재정적 혼란의 심각성을 잘 이해했지만, 왕을 제지하려

는 시도는 대체로 실패했다. 콜베르가 지지한 유일한 분쟁은 거대한 중상주의 게임에서 프랑스의 적수였던 네덜란드를 상대로 벌인 1672년의 원정이었다.[17]

루이 14세의 가장 노골적이고 값비싼 어리석음은 스페인 왕위계승전쟁이었다. 1700년에 합스부르크 왕가의 힘없던 미지막 군주 카를 2세가 사망하자 루이는 자신의 손자 앙주의 필립 Philip of Anjou을 즉위시켜 남부 네덜란드를 점령하고 아메리카의 스페인 식민지와의 모든 무역을 프랑스가 독점하도록 했다. 유럽의 거의 모든 국가가 자신에게 대항하는 대연합으로 통합되도록 하는 불가능한 일을 순식간에 해치웠던 것이다. 피할 수 없는 분쟁으로 프랑스는 신세계의 많은 영토와 무역권을 박탈당하고, 두 부르봉 왕조가 분리되고, 지브롤터를 영국에 내주고, 죽어가는 태양왕의 정권이 엄청나게 증가한 부채를 떠안게 되었다.

스페인 왕위계승전쟁 이후 프랑스의 재정적 혼란은, 존 로 John Law라는 스코틀랜드인이 자신의 미시시피회사 주식을 대가로 프랑스의 막대한 부채를 넘겨받도록 프랑스 왕실을 설득하게 되는, 당시의 재정적 '신들의 황혼'Götterdammerung(바그너의 4부작 오페라 '니벨룽의 반지'의 마지막 악극, 옮긴이)을 위한 무대를 마련했다. 미시시피회사의 투기는 1719-1720년에 파리와 런던에서 미시시피회사와 남해회사 거품이 결합한 사상 최대의 금융위기를 촉발했다. GDP와 비교해서 남해회사 거품의 규모는 근래의 인터넷 광풍보다 훨씬 컸다. 1720년에 영국의 주식시장에서 자본화된 주식 총액에 대한 최선의 추정치가 약 5억 파운드, 즉 GDP의 7배에 달한다. 인터넷 열풍의 절정기에 상장된 모든 미국 기업의 가치 총액은 GDP의 두 배 정도에 불과했다.

세 세대 뒤에는 태양왕의 증손자 루이 15세가 영국과 세계 최초의 글로벌 분쟁인 7년전쟁을 벌여서 다시 한번 프랑스의 금고를 고갈시키게 된다. 영국은 캐나다의 나머지 지역을 프랑스로부터 빼앗았을 뿐만 아니라 서인도 제도와 인도에 대한 프랑스의 영향력도 종식시켰다. 탈레랑Talleyrand은 모험적 성향을 억제할 수 없는 부르봉 왕가의 선천적 무능을 "그들은 아무것도 배우지 못했고 아무것도 잊지 않았다"라는 앙시앵 레짐의 특징으로 가장 잘 포착했다.[18]

영국 역시 재정난과 군사적 어리석음을 피하지 못했다. 30년전쟁 동안의 네덜란드에 대한 제한적인 개입조차도 영국의 빈약한 경제에 부담을 주었다. 의회와 왕실이 전쟁비용 지출에 대하여 끊임없이 다투었고, 임의로 해군 건설자금(악명 높은 선박자금)을 전용한 찰스 1세는 자신의 머리를 앗아갈 내전을 촉발하게 된다.[19]

반세기 뒤의 스페인 왕위계승전쟁 또한 영국에 상당한 빚을 안겼다. 프랑스에서와 마찬가지로 투기적 상업벤처인 남해회사가 정부 전쟁부채의 막대한 부담을 떠맡았고 존 로의 미시시피회사처럼 거품을 족발했다. 영국의 부채가 더 작았고 자본시장이 건실했기 때문에 1720년의 남해회사 거품으로 인한 피해는 파리의 미시시피 거품보다 작았다. 영국은 또한 18세기에 지리적 현실에 따라 결과가 예정된 값비싼 군사적 어리석음-미국 독립전쟁-도 저질렀다.

미국 독립전쟁에 간섭하려는 유혹을 뿌리치지 못한 프랑스에서도 루이 16세가 자신의 조부와 조부의 증조부의 실수를 되풀이하게 된다. 영국에 맞선 프랑스의 전쟁에는 (미국 독립전쟁과 동시에) 이전의 세 전쟁을 합한 만큼의 비용이 들었다.

다시 한번, 영국과 프랑스 정부는 근대적 전쟁의 막대한 비용과 상대적으로 취약한 국가 경제의 격차를 줄이기 위한 대출을 제공할 것을 정교한 금융시장에 요청했다. 미국 독립전쟁 말기에는 영국과 프랑스 모두 2억 파운드 정도로 비슷한 국가부채를 지고 있었다.

다시 한번 평범한 재정적 세부사항-이 경우에는 이자율의 수준-이 국가의 운명을 결정했다. 우월한 자본시장 덕분에 영국은 프랑스의 절반 정도 이자율로 돈을 빌릴 수 있었다. 즉 영국의 대출 서비스 비용이 프랑스의 절반에 불과했다. 영국은 어렵지 않게 그러한 부담을 질 수 있었지만, 프랑스는 그럴 수 없었다. 프랑스의 파산은 중대한 일련의 사건을 촉발했다. 루이 16세는 1789년에 이례적으로 삼부회States General를 소집하여 프랑스 혁명을 촉발했다. 당시의 관찰자들도 재정과 승리의 관련성을 보지 못한 것은 아니었다. 버클리Berkeley 주교에 따르면 신

용이 프랑스에 대한 영국의 주된 이점이었다.[20]

혁명이 전성기에도 불안정했던 프랑스의 자본시장을 황폐화했다. 나폴레옹은 정부부채 2/3의 상환을 포기하여 정부의 신용에 대한 신뢰를 무너뜨리고 이자율이 30퍼센트 이상으로 치솟게 했다.[21] 그렇다면 나폴레옹이 어떻게 거대한 국민개병 levee en masse 군대의 비용을 치렀을까? 정복과 약탈에 의존하는 옛날 방식이었다. 대담한 코르시카인은 종종 정복된 국가에 수입의 50퍼센트를 초과하는 엄청난 배상금과 세금을 부과허여 패배한 적에게 부담을 안겼다. 그는 자신이 처한 곤경을 고통스럽게 인식하면서 말했다. "새로운 영광과 새로운 승리를 공급하지 않는다면 나의 힘은 실패할 것이다. 정복이 지금의 나를 만들었고, 정복만이 내가 자리를 지킬 수 있게 해준다."[22]

한동안은 효과가 있었다. 프랑스는 번영했고 이자율이 영국과 거의 같은 수준으로 떨어졌다. 그러나 프랑스도 역사를 통하여 가장 오래된 함정에서 벗어날 수는 없었다. 약탈품이 소진되자 순식간에 바닥 난 재정이 군대의 산소를 박탈했다. 새롭게 부상한 제국 농민군의 유명한 기세élan는 잔인하고 새로운 방식의 총력전이 나폴레옹을 뒤따라 프랑스 땅으로 들어오면서 와해되었다. 그리고 얼마 후에 나폴레옹이 엘바섬으로 쫓겨났다.

19세기와 20세기에 전쟁의 비용이 계속해서 정부의 수입보다 빠르게 증가했다. 특별 전시부담금조차도 비용을 충당하지 못했고 싸움을 계속하기 위해서는 정부가 막대한 부채를 떠안아야 했다. 이전 세기와 마찬가지로 승자와 패자를 가른 것은 빌릴 수 있는 능력이었다. 증권 거래소가 야영지나 다름없었다.

지난 2세기 동안 영국과 미국의 자본시장은 각자의 전장임무를 훌륭하게 수행했다. 20세기의 두 차례 세계대전에서 미국의 금융기계가 발휘한 성능은 어느 보도 모른시 군사기세만큼이나 인상적이었다. 그림 12-1은 양호한 신용과 건전한 금융시장의 도움으로 막대한 전쟁비용을 성공적으로 흡수하는 경

그림 12-1 | GDP에 대한 미국의 군사비 지출과 부채 비율

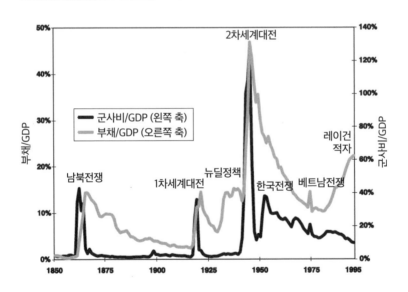

출처: 미국의 GDP 데이터는 미국 상무부, 군사비 지출 데이터는 전쟁 프로젝트의 연관성 (Correlates of War Project) 중 물질적 역량(Material Capabilities) 데이터 세트, 미시간대학교, http://www.umich.edu/~cowproj/, 국가 부채 데이터는 미국 상무부.

제의 개괄적인 초상화를 그린다. 검은 선이 GDP에 대한 군사비 지출비율(좌측 척도)을 보여준다. 우선 미국의 군사비 지출비율이 얼마나 낮았는지-역사의 대부분 기간에 1퍼센트 미만이었고 냉전시대에도 10퍼센트 미만-에 주목하라. 세 번의 중요한 전쟁-남북전쟁과 두 차례 세계대전-기간의 군사비 지출은 1945년에 GDP의 47퍼센트로 정점을 찍었다.

매우 높은 군사비 지출에는 차입이 필요하다. 미국 정부는 부족분을 메우기 위해 채권시장을 활용했다. 회색선이 역시 GDP 백분율로 표시된 (우측 척도) 부채 부담이 세 차례 전쟁 이후 수십 년에 걸쳐 어떻게 청산되었는지를 보여준다. 부채 곡선은 전시와 관련이 없는 두 번의 증가-첫 번째는 뉴딜 정책의 비용, 두 번째는 레이건 행정부의 감세와 냉전시대에 다소 증가한 군사비 지출이 결합된 비용-도 보여준다.

분쟁이 일어날 때마다 미국은 자본시장의 혼란과 이자율의 상승을 이전보다 줄이면서 전시 차입을 달성했다. 남북전쟁 기간에는 대량의 채권을 발행하는데 익숙하지 않았던 정부가 민간 부문-주로 일반 투자자에게 채권을 파는 중개인의 방대한 네트워크를 구축하는데 천재적이었던 투자은행가 제이 쿡Jay Cooke 개인-에 의존해야 했다. 차입은 정부채권의 수익률이 전쟁 전 4.5퍼센트 수준에서 6퍼센트로 오르는 정도의 비교적 적은 비용으로 이루어졌다.

20세기에 이르러 정부는 사유재권Liberty Bonds-1차 세계내전

비용-과 저축채권Savings Bond-2차 세계대전과 이후의 비용-의 형태로 기관투자가뿐만 아니라 일반 시민에게 직접 부채를 판매하는데 익숙해졌다. 결과적으로 1차 세계대전 기간에는 이자율이 전쟁 전의 기준선 4퍼센트에서 거의 변동이 없었고, 2차 세계대전 기간에는 정부와 대기업 모두 이자율에 진혀 영향을 미치지 않으면서 막대한 자금을 빌릴 수 있었다. 1945년에 국가 부채가 GDP의 131퍼센트라는 놀라운 수준으로 정점에 달했을 때도 미국의 정부채권은 전쟁 초기와 거의 같은 2.5퍼센트 수익률로 판매되었다.[23]

나머지 세계의 상황은 그렇게 좋지 않았다. 두 차례 세계대전 기간에 거의 모든 국가에서 멈출 수 없는 재정적 압박과 탈진이 계속되었다. 다수의 전선에서 계속되는 고강도 충돌의 살인적인 재정 수요가 각국의 경제를 부식시켰고 약한 국가가 부유한 동맹국에 빚을 지도록 했다. 약한 국가(1차 세계대전의 러시아, 오스트리아-헝가리, 이탈리아와 2차 세계대전의 이탈리아와 일본)는 군대를 먹이고 장비를 갖춰줄 수 없어서 후퇴하거나 1917년의 러시아처럼 전쟁에서 완전히 손을 뗄 수밖에 없었다.

다음에는 초기에 튼튼하게 보였던 국가들로 그런 과정이 확산했다. 1918년 말까지 경제가 군수물자에 과도하게 집중된 독일은 GDP가 전쟁 전 수준의 거의 1/3로 떨어지고, 산업생산은 그보다 더 떨어져서 국민이 굶주림의 위기에 처했다.[24,25] 그림 12-2는 독일의 20세기 군사비 지출을 GDP의 백분율로 나타낸 도표다. 전시에 급증한 독일의 군사비-1차 세계대전 기간에 GDP의 84퍼센트, 2차 세계대전 기간에는 GDP의 139퍼센트-가 미국보다 얼마나 더 높았는지에 주목하라. 게다가 그렇게 높은 수준의 지출이 미국보다 더 오랫동안 계속되었다. 독일은 2차 세계대전에서 거의 6년 동안 싸웠고, 일찍이 1938년에 군사비 지출이 GDP의 1/3을 차지했다. 미국의 거대한 자본시장조차도 그러한 노력을 지속할 수 없었을 것이다. 덜 발전된 독일의 자본시장이 그런 일을 감당하지 못했을 것은 확실하다.

그림 12-2 | GDP의 백분율로 나타낸 독일의 군사비 지출

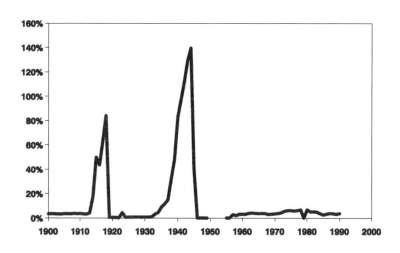

출처: 군사비 지출 데이터는 전쟁 프로젝트의 연관성 중 물질적 역량 데이터 세트, 독일의 GDP 데이터는 매디슨, 『세계 경제 모니터링, 1820~1992)』180. 이봇슨 허소시에이츠(Ibbotson Associates)의 수정 인자(deflator).

두 차례 세계대전의 결과로 미국이 경제적으로나 군사적으로나 최후의 승자가 되고 영국이 미국에 큰 빚을 지게 되었다. 케인스경의 길고 뛰어난 경력에서 마지막 전환점은 1946년 4월에 미국에서 열린 국제통화회의에 참석하여 영국의 전쟁부채에 대한 유리한 조건을 추구하는 어려운 임무였다. 그러한 목표는 결국 달성되었지만, 낙담하여 영국으로 돌아간 그는 2주 후에 사망했다.[26] 대영제국은 전투의 굉음이 아니라 파산의 신음 소리와 함께 종말을 고했다.

그렇다면 데 멘도사의 기지 넘치는 발언이 약간 수정될 필요가 있다. 승리는 마지막 에스쿠도가 있는 국가보다는 자국민으로부터 가장 낮은 이자율로 돈을 빌릴 수 있는 국가에게로 돌아간다.

번영, 민주주의 그리고 헤게모니

민주주의와 군사적 파워 모두 대중 속으로 널리 확산한 경제적 번영이라는 같은 근원에서 나온다. 기업적 활력과 군사적 혁신의 긴밀한 유대가 부와 파워의 연결고리를 강화한다. 이는 최근에 미국의 군사 기계가 아프가니스탄과 이라크에서 이룩한 놀라운 성과로 입증된다.

그림 12-3 | 세계 GDP의 백분율로 나타낸 미국과 영국의 GDP

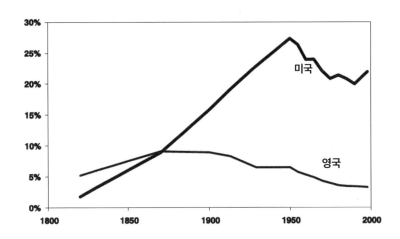

출처: 매디슨, 『세계 경제: 천 년의 관점』, 263, 『세계 경제 모니터링, 1820~1992)』, 182, 188, 227.

　　미국과 영국의 세계 GDP 점유율을 보여주는 그림 12-3에서 영국의 파워가 쇠퇴한 원인이 분명하게 드러난다. 한때 세계 최대 규모였던 영국 경제의 우위는 서서히 사라져갔다. 이는 물론 영국이 더 가난해졌다는 말이 아니다. 파워의 정점에 있었던 1870년과 세계적 지위가 크게 하락한 1998년 사이에 영국의 실질 1인당 GDP가 거의 여섯 배로 증가했다.[27] 영국의 전략적 불운은 나머지 세계가 그보다 더 빠르게 성장했다는 것이었다.

　　마찬가지로 그림 12-3은 높은 출산율, 대규모 이민, 눈덩이처럼 불어나는 생산성이라는 세 가지 요소로 형성된 미국의 부상하는 파워의 기반을 분명히 보여준다. 도표의 가는 선에 약간의 뼈와 살을 붙이면 도움이 될 것이다. 남북전쟁과 스페인-미국 전쟁 사이에 미국의 곡물 생산이 3배 이상, 철도 주행거리가 6배 이상, 석탄 생산량이 9배 증가했다. 세기가 바뀔 무렵에는 이미 유럽의 지도자와 언론인들이 미국의 값싼 식품 및 공산품과의 불공정한 경쟁에 대하여 냅석을 넬기 시작했나. 왕과 총리들이 미국이라는 거인에 대항하는 연합을 공개적으로 논의했지만, 가장 재앙적인 역사적 불운만이 미국이 20세기에 세계 최고의 자리에 오르는 것을 막을 수 있었다.[28]

원시raw GDP만으로는 지정학적 비중이 불충분하다. 세계적 영향력heft을 원한다면 부와 기술 발전을 결합해야 한다. 현대적 산업 및 군사기술이 없는 경제 규모가 거의 쓸모가 없다는 것을 러시아와 중국의 사례가 보여준다. 19세기 후반에 러시아는 세계 최대 규모의 경제와 가장 많은 군 병력을 보유하고 있었다. 역사의 대부분 기간에 중국도, 단순히 거대한 인구와 산업화 이전 시대의 상대적으로 작았던 1인당 부의 격차 덕분에, 세계에서 가장 높은 GDP를 기록했다. 심지어 오늘날에도 중국은 세계 최대 규모의 상비군과 경제를 보유하고 있다.[29]

현대 중동의 군사적 균형 또한 기술 발전이 원시 GDP의 부족을 보완할 수 있음을 보여준다. 중동 지역에서는 이스라엘이 1948년에 국가로 탄생한 이래로, 아랍 4개국의 총 경제 규모가 유대인 국가의 두 배 이상이라는 사실에도 불구하고, 이집트, 요르단, 시리아, 레바논이라는 네 최전선 이웃에 대한 우위를 유지해왔다.* 지정학적 파워에 대한 지나치게 단순화된 경제 공식을 찾는 사람들은 기술발전과 원시경제 규모를 모두 고려하는 척도를 생각할 수 있을 것이다. 비교적 간단한 파워 지수는 총 군사비 지출과 1인당 GDP의 곱을 포함할 수 있다.

20세기 '미국의' 세기에 미국의 지정학적 파워가 부상한 것은 경제력과 기술력 상승의 거의 필연적인 결과다. 미국과 영국은 19세기와 20세기의 거의 전 기간에 걸쳐서 세계 최고의 1인당 GDP를 기록함과 아울러 가장 정교한 군대를 보유했다. 따라서 그림 12-3의 메시지는 명확하다. 현대 세계에서의 지정학적 파워는 크고 번영하는 자유시장 국가의 영역이다. 전체주의 국가도 일시적으로 영토와 세계적 영향력을 얻을 수 있지만, 자유시장경제만이 제공할 수 있는 견고한 경제적 기반이 없이는 획득한 파워가 필연적으로 부스러질 수밖에 없다.

총알과 투표용지

민주주의와 파워는 어떨까? 현대의 자유민주주의에는 미묘하

---

* 매디슨, 『세계 경제: 천 년의 관점, 1820-1992』 307, 308, 311. 이 격차는 줄어들 기미가 보이지 않는다. 훨씬 더 낮은 1인당 GDP 에도 불구하고, 이랍의 경제가 이스라엘과 거의 비슷한 속도로 성장하고 있기 때문이다. 1인당 GDP 와 경제성장의 역관계에 대해서는 10장을 참조하라.

지만 강력한 지정학적 이점이 있다. 자유민주주의의 정치구조가 합스부르크 스페인, 앙시앵 레짐, 나치 독일, 그리고 소련의 파멸을 부른 제국의 과잉팽창에 대한 효과적인 제동장치를 제공한다. 모험주의 정치인이 민주적 유권자를 현명하지 못한 군사행농으로 유혹할 수는 있지만, 유권자는 상력하고 상기화한 군사행동으로 인한 사상자, 과도한 세금 인상, 그리고 정부 서비스의 축소를 무한정 용인하지 않는다. 결국에는 무언가를 양보해야 한다.

현대의 자유민주주의는 또한 두 번째 메커니즘을 통해서 군사적 모험주의를 억제한다. 부와 개인의 자유가 증가함에 따라 용인되는 전쟁 사상자의 규모가 낮아진다. 남북전쟁의 전사자 61만 8000명은 미국 남성 인구의 거의 4퍼센트에 해당했다. 이는 미국의 모든 후속 전쟁에서 발생한 인명 손실을 초과한 숫자다. (경제적 결정론의 또 다른 예로, 분쟁이 소모전이 되면서 남부연합의 빈약한 산업기반이 남군을 궁극적인 패배로 몰아넣을 수밖에 없었다.) 1970년대에 공산주의에 대항하는 생존을 위한 싸움이었다는 베트남 전쟁도 5만 8000명의 목숨을 앗아간 뒤에는, 미국의 인구가 1865년의 8배였다는 사실에도 불구하고, 용인될 수 없었다.

군사적 모험주의를 억제하는 제동효과 외에도, 부와 유혈사태에 대한 혐오감의 연결이 군사적 혁신을 촉진한다. 20년 전에는 이라크 같은 세계 최대 규모의 상비군-아무리 장비와 훈련이 부족하더라도-을 대부분 야간에 이루어지는 광범위한 기갑 전투, 헬리콥터 공격, 수만 회의 항공모함 함재기 발진을 통하여 100명이 조금 넘는 미군의 희생으로 패배시킬 수 있다는 것은 벌린 입을 다물지 못할 정도로 의심스러운 주장이었을 것이다. 이러한 눈부신 효율성의 추구는 군 장례식에 대한 대중의 반감이 커지는 것을 예민하게 인식한 방위 관련 기관 및 기업에 의하여 동기가 부여된 부분이 작지 않았다.

그림 12-3에서 2차 세계대전 이후에 미국의 상대적 부가 그리는 궤적이 흥미롭다. 세계의 경제 생산에서 미국이 차지한 비중은 2차 세계대전에서 승리한 1945년에 절정에 달했다. 앵거스 매디슨은 2차 세계대전 직후 세계의 경제 생산에서 미국이 차지한 비중을 약 30퍼센트로 추정했고, 심지어 50퍼센트에 가까운 비중을 제시한 사람들도 있었다.[30] 전후에 나머지 세계가 재건되면서 미국 경제의 상대적 우위가 쇠퇴할 것으로 예상되었지만, 두 가지 예상치 못한 일이 일어났다. 첫째로 미국 경제의 지배력 감소가 비교적 작았다. 지난 30년 동안 세계의 GDP에서 미국이 차지한 비중이 약 22퍼센트로 거의 변함이 없었다. 둘째로, 더욱 놀랍게도, 미국의 지정학적 우위가 1945년의 경제적 정점으로부터의 필연적인 후퇴와 함께 부식되지 않은 것으로 보인다.

「포린 어페어스Foreign Affairs」의 영향력 있는 기사에서 다트머스 대학교의 스티븐 브룩스Stephen Brooks와 윌리엄 월포스William Wohlforth 교수는 역사상 유례가 없는 단극성unipolar 세계를 적나라하게 묘사했다. 단극성 세계는 기술적으로 우월한 군사 기계를 기반으로 세계에서 가장 크고 활기찬 경제가 제공하는 미국의 헤게모니로 특징지어진다. 감당할 수 없게 비쌌던 로마 제국, 합스부르크 왕조, 부르봉 왕조의 군사력과는 대조적으로 미국이 글로벌 우위를 유지하는 비용은 아이젠하워 시절에 미국의 방위를 위하여 사용된 10퍼센트에도 훨씬 못 미치는 GDP의 3.5퍼센트에 불과하다. 저자들은 심지어 폴 케네디의 말까지 인용한다. "막대한 비용을 들여서 1등이 되는 것은 가능하다. 그러나 적은 비용으로 세계의 초강대국이 된다는 것은 놀라운 일이다."[31] 브룩스와 월포스는 더 나아가 테러리즘의 사회적·군사적 영향력을, 역사 자체만큼이나 오래된 이야기인, 정치적 동기의 대량 학살이 현대에 환생한 것에 지나지 않는다고 평가절하했다.[32] 우리는 테러리즘의 위협을 다른 관점에서 바라볼 수 있다. 핵 테러라는 최악의 시나리오가 실현되더라도 지난 세기의 괴물인 히틀러, 스탈린, 마오, 그리고 폴 포트 같은 지도자들이 빼앗은 수천만 명의 목숨 같은 희생은 없을 것이다.

너무 많은 것이 아랍 거리의 분노에서 비롯된다. 불만에 지정학적 의미가 있으려면 폭력이라는 효과적인 수단을 통해서 전달되어야 한다. 2001년 9월 11일의 사건이 미국인에게 무슬림 세계에 대한 재평가를 강요했다고 생각하는 사람은 거의 없다. 이념에 헌신하는 미국인은 신념에 따라 군에 입대함으로써 라발핀디, 카이로, 또는 자카르타에서 돌을 던지는 상대방보다 훨씬 더 쉽게 거대한 사탄satan을 해칠 수 있다.

브룩스와 월포스는 미국의 세계적 지배력이 적어도 수십 년 동안 계속될 것으로 예상한다. 미국의 경제가 나머지 세계보다 쇠퇴하고 있음에도 불구하고 미국이 어떻게 파워를 유지할 수 있을까? 간단히 말해서, 다른 모든 국가가 게임을 포기했거나 처음부터 게임에 참여한 적이 없었기 때문이다.

첫 번째 범주에는 가학적 이념가 집단과 왜곡된 인센티브 시스템이 경제를 절름발이로 만든 소련이 있었다. 두 세대 동안 소련은 보잘것없는 국가 생산의 1/6 이상을 코끼리 같은 군대로 흘려보냈고,[33] CNN의 시대가 도래하면서 사기가 저하된 국민에게 자국의 빈곤과 서구의 부를 숨길 수 없게 되었다.

소비에트 재정의 불투명성 때문에 구소련의 군사비 지출을 달러 가치로 정확하게 환산할 수는 없지만, 소련과 미국의 군비 경쟁은 상대적으로 비슷한 수준을 유지했던 것으로 보인다. 어느 해든 미국과 소련의 국방비 지출이 거의 같은 수준이었고, 실제로 냉전 기간 내내 양측의 군사력이 거의 대등했다.[34] GDP 측정에도 동일한 부정확성이 적용되는데, 가장 낙관적인 추정은 소련의 경제 규모가 미국의 40퍼센트 정도였다는 것이다.[35]

그림 12-4는, 다시 GDP의 백분율로 나타낸, 20세기 러시아의 군사비 지출을 보여주는 도표다. 이 도표의 기초가 되는 데이터에는 결함이 있다. 예를 들어, 역사학자들은 소비에트의 군사비 지출 비율이 정말로 2차 세계대전보다 냉전 기간에 더 높

았는지를 궁금해할 수밖에 없다. 그러나 근본적인 결론은 명확하다. 소련은 거의 반세기 동안 GDP의 15퍼센트 이상을 국방비로 지출했다. 냉전 기간에 러시아인들이 단지 미국의 위협만을 우려한 것은 아니었다. 1960년대 중국과의 불화로 인하여 소련은 중-소 국경에 40개 이상의 사난을 배치해야 했나. 냉선의 지출은 활기찬 미국 시스템에까지 압박을 가했다. 수십 년 동안의 동일한 부담이 훨씬 규모가 작은 소련 경제에 어떤 영향를 미쳤는지는 상상에 맡길 뿐이다. 소련은 1980년대 중반의 세계적인 유가 하락으로 체제의 마지막 버팀목-석유 수입-이

그림 12-4 | GDP의 백분율로 나타낸 러시아의 군사비 지출

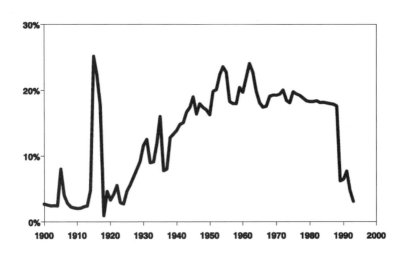

출처: 군사비 지출 데이터는 전쟁 프로젝트의 연관성 중 물질적 역량 데이터 세트, 러시아의 GDP 데이터는 매디슨, 『세계 경제 모니터링, 1820~1992)』186-187. 이봇슨 어소시에이츠의 수정 인자.

무너지면서 마침내 붕괴했다.[36]

한편 여러 세대에 걸친 분쟁에 지치고 충분한 자금 지원을 받는 통합 유럽군 사령부에 국가 주권을 넘겨주기를 꺼렸던 유럽 국가들은 경제력에 걸맞은 군사력을 포기하고 지정학적으로 거세당했다. 최근 역사의 낯선 이미지 중 하나는 국경 너머 보스니아와 코소보에서 벌어지는 약탈, 강간, 살인을 막기 위해 집단의 손가락 하나 까딱하지 않으려 하면서 결국 악명높은 전쟁광 윌리엄 제퍼슨 클린턴에게 F-18 전투기 편대를 보내는 일을 맡겨버린 번영하고 행복하고 무기력한 유럽의 모습이다. 일본도 선진 유럽 동료들의 활기차고 현대적인 자유시장 경제, 스미스의 용인될만한 사법 관리, 그리고 가까운 미래에 심각한 분쟁과 군사비 지출을 피하려는 열망을 공유한다.

중국과 인도 같은 국가가 지역적 파워를 열망하는 것은 분명하지만, 그들 역시 규모가 클지는 몰라도 장비가 열악하고 비효율적인 군대를 보유한 경제적·산업적 약자다. 그들이 가까운 미래에 미국의 세계적 헤게모니에 도전할 것 같지는 않다. 중국의 GDP 대비 군사비 지출 감소는 흥미로우면서도 종종 무시되는 이야기다. 소비에트의 사례에서 교훈을 얻은 마오의 후계자들은 등소평 이후에 경제개혁의 일환으로 조용히 군사비 지출을 줄였다. 중국의 국방 예산에 대한 평가도 소련과 같은 문제(오늘날의 군사비 지출 추정치는 150억 달러에서 600억 달러 사이다)를 제기하지만, 최대치조차도 1970년대 초의 추정치 17퍼센트에

서 감소한 총 GDP 대비 수 퍼센트에 불과하다.[37]

브룩스와 월포스의 분석은 미국의 헤게모니에 국한되었지만, 새로운 팍스 아메리카나Pax Americana에 대한 그들의 열광적인 예측 너머로 더욱 중요한 요점이 나타난다. 세계의 강대국 지위는 혁신적 에너지와 부의 일부라도 군사력에 투자할 용의가 있는 크고 성공적인 자유시장 국가 모두에 열려있다. 이 단순한 사실은 여러 국가가 강대국이 될 수 있는 후보이고, 미래에는 더 많은 국가가 자격을 얻을 것을 확인한다. 다음 세기에 세계의 강대국 지위를 열망할 그리고 획득할 국가가 없으리라는 것은 상상할 수 없는 일이다.

그림 12-5는 자유시장 경제, 민주주의, 군사력의 관계를 요약한다. 10장에서 보았듯이, 번영은 안전한 재산권과 민주주의 발전을 촉진하는 법의 지배에서 태어난다. 부가 민주주의를 낳는 것이지 그 반대가 아니다. 그러한 번영은 또한 군사적·지정학적 파워를 낳는다. 대략적으로 말해서 법의 지배와 재산권을 중시하는 국가가 민주적이면서 강력한 국가가 되는 경향이 있다. 그렇게 함으로써 자유민주주의가 자신의 부와 힘을 지킨다. 마지막으로 부유한 민주국가의 전쟁 사상자에 대한 혐오감이 첨단 군사기술 개발을 촉진한다.

이러한 자유시장 경제, 민주주의, 군사적 효율성의 연결이 브룩스-월포스를 넘어서는 결론을 제시한다. 미국의 패권이 지

그림 12-5 | 군사력, 민주주의, 번영의 상관관계

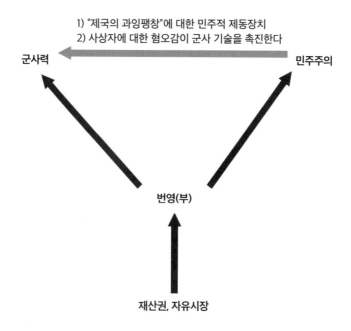

1) "제국의 과잉팽창"에 대한 민주적 제동장치
2) 사상자에 대한 혐오감이 군사 기술을 촉진한다

군사력　　　　　　　　　　　　　　　　민주주의

번영(부)

재산권, 자유시장

출처: 군사비 지출 데이터는 전쟁 프로젝트의 연관성 중 물질적 역량 데이터 세트, 러시아의 GDP 데이터는 매디슨,『세계 경제 모니터링, 1820~1992)』186-187. 이봇슨 어소시에이츠의 수정 인자.

속되는 기간과 관계없이 가까운 미래의 장기적 강대국 지위는, 경제를 확장하고 무기를 개발하고 군사력에 충분한 투자를 할 수 있는, 인구가 많고 혁신적인 자유민주주의 국가의 배타적 영역이 될 것으로 보인다. 더욱이 그런 국가에서 정치적 힘을 얻은 유권자는 (예컨대 GDP의 10퍼센트 미만의) 군사비 지출을 용인할 수 있는 수준으로 유지함으로써 제국의 과잉팽창에 저항할 것이다.

프랜시스 후쿠야마도 다른 방식의 추론을 통해서 거의 같은 결론에 도달했다. 후쿠야마는 현대 세계에서 자유민주주의의 만만찮은 경쟁자가 없고, 가까운 미래에 경쟁자가 나타날 전망도 없다고 지적하면서 자신의 책에 도발을 의도한 제목을 붙였다. 역사는 군주제를 물리치고 파시즘과 공산주의의 오류를 입증했다. 이슬람이 세계 여러 지역에서 세력을 키우고 있지만 무슬림의 중심부 밖에서는 영향력이 제한적이다. 후쿠야마의 설명은 대체로 비경제적이다. 그는 오직 자유민주주의만이 긍지와 자부심에 대한 인류의 열망을 가장 잘 충족한다고 말한다. 후쿠야마는 종종 (어쩌면 너무 자주) 그러한 정서의 그리스어 티모스thymos를 언급한다.

물론 티모스는 단지 배가 부르고 머리 위에 지붕이 있는 사람들의 영역인 매슬로 피라미드 상층부를 지칭하는 다른 이름일 뿐이다. 최저생활 수준의 사회에는 후쿠야마가 말하는 사람들이 많지 않다. 기본적인 물질과 안전의 요구가 충족되는-그것도 작은 일이 아니다-곳에서만 티모스와 궁극적으로 자유민주주의가 번창한다. 억압적이지만 재산권을 존중하는 국가도 결국 번영하게 되고, 번영으로 힘을 얻은 국민의 티모스 충동이 커져서, 결국 민주주의로 이어지게 된다.

전체주의 국가도 잠시 세계적 파워를 획득할 수 있지만, 현대 세계에서는 1930년대의 일본과 독일에서 그랬던 것처럼 독재적 쿠데타가 크고 성공적인 자유시장경제를 납치한 곳에서만 그런 일이 일어난다. 독일과 일본 사이에는 놀라운 역사적 유사성이 있다. 두 나라 모두 낙후했던 체제가 1870년 직후에 정치적·경제적으로 개혁되었고, 결과적으로 극적인 경제성장이 이루어졌다.

전쟁 전의 일본과 독일이 제퍼슨식 민주주의 국가는 아니었지만, 세기가 바뀌면서 두 나라 모두 국민의 참정권을 크게 확대했다. 1870년과 1913년 사이에 독일과 일본은 각자 미국의 뒤를 이어 세계에서 두 번째와 세 번째로 빠른 경제성장을 기록했다. 결과적으로 두 나라 모두 지역의 강대국이 되었다. 1차 세계대전 전에도 독일은 유럽의 선도적인 산업 강국으로 군림했다. 1871년에 독일이 통일되었을 때 25세 이상의 모든 남성에게 투표권이 부여되었다. 1930년과 1934년 사이에 히틀러는 민주주의에 대항하는 수단으로 민주주의를 이용하는 복잡한 과정을 통해서 권력을 집중시켰다. 독재국가가 된 독일과 일본은, 민주주의에 내재하는 제국의 과잉팽창에 대한 저항이 사라지면서, 2차 세계대전에서 분쇄될 때까지 세계적 파워를 향하여 달려들었다.

나폴레옹과 마찬가지로 현대의 군사적·공격적 전체주의 국가는 끔찍한 선택에 직면한다. 독일과 일본이 그랬던 것처럼 전쟁이라는 도박을 선택하여 결국 더 강력한 민주주의 경쟁자들이 잠에서 깨어나 무기를 들도록 하거나, 소련에서 그랬던 것처럼 과도하고 장기적인 군사비 지출의 부담으로 경제가 침체할 위험을 감수해야 한다.

중국과 러시아가 계속해서 자유민주주의의 방향으로 나아
간다면, 아무것도 그들이 서구식 초강대국의 일원으로서 미국
의 헤게모니에 도전하는 것을 막을 수 없다. 유럽 국가들이 통
화를 통합한 것과 같은 방식으로 군사력을 진지하게 고려하고
일부 주권을 포기했다면 같은 일이 더 빨리 이루어질 수 있었
다. 이런 시나리오 중 어느 것도 즉시 가능해 보이지는 않지만,
역사는 우리에게 한 국가의 우위가 영원히 계속되지 않는다는
사실을 가르쳐준다. 향후 50년에서 100년 동안 미국의 영향력
은 쇠퇴할 가능성이 있다. 어느 방향에서 도전이 올지는 아직
명확하지 않다.

더 그럴듯하게 보이는 전망은 세계의 위대한 자유민주주의
국가들이 의지를 불러일으킬 수 있는 한 자유민주주의의 고유
한 경제적 이점이 그들의 집단적인 지정학적 우위를 보장하리
라는 것이다. 많은 국가가, 어쩌면 올바르게, 오늘날 미국의 선
제적·일방적 입장에 동의하지 않지만, 적어도 하나의 민주주의
강대국이 세계의 전체주의 국가들에 맞설 용의가 있다는 사실
만으로도 안심이 된다. 800파운드의 미국 고릴라가 지구의 나
머지 지역을 얼마나 놀라게 하든 간에, 피할 수 없는 전체주의
의 도전에 맞설 의지와 능력이 있는 자유민주주의 초강대국이
없는 세계는 훨씬 더 두려운 곳이 될 것이다.

13 성장의 미래에 대한 예측

　

지난 몇 세기의 관점에서 볼 때 기술의 진보와 그에 따른 경제 성장이 끊임없이 작동하는 엔진-멈추는 것은 고사하고 피로의 징후도 보이지 않는 경제적 영구운동 기계-처럼 보인다. 그러나 인류의 역사에 대한 초보적 이해만 있더라도 생각이 달라질 수 있다. 더 긴 시간의 척도에서 200년이란 눈 깜짝할 사이조차 아니고, 한 세대에게 영원하고 멈출 수 없게 보이는 것이 다음 세대에서 모래로 부서진다.

　얀 드 브리스Jan de Vries와 애드 반 데르 우드Ad van der Woude 의 탁월한 네덜란드 경제사『최초의 근대 경제The First Modern Economy』의 결론 부분에 있는 도발적인 글에서 저자들은 16세기에 본격적으로 시작된 네덜란드의 경제성장이 2세기 후에 허무하게 시들어버렸다고 지적한다.[1] 18세기 네덜란드의 침체 이야기가 이제 막 지속적 경제성장의 탄생 200주년을 맞은 서구에 대한 경고사격일까? 로버트 배로 교수의 말을 빌자면, 부유한 국가-또는 지구-가 얻는 것이 2퍼센트와 200년이 전부일까?

번내의 껭세싱껭네 의문을 셰기하는 깃은 위딤한 셰험이나. 1970년대에 로마 클럽Club of Rome이 이끈 한 세대의 비관론자들이 고정된 자원의 필연적인 결과로 성장의 절대적 한계를 주장하여 난처한 처지에 빠졌다.[2] 그들은 인구 증가와 토지, 식량, 목재, 석유의 제한된 공급으로 결국 게임이 끝나야 한다는 것이 분명하다고 말했다. 로마 클럽과 추종자들은 토머스 맬서스의 체면을 세워주었지만, 인간이라는 종족의 적응력과 창조적 천재성을 무시했다. 어떤 상품이 부족하거나 비싸질 때 혁신가들은 더 싸고 좋은 대체품을 고안해낸다. 100년 전까지만 해도 믿을만한 가치 저장수단이 토지와 금뿐이었지만 20세기 들어 토지와 금을 넘어서는 부의 척도가 마치 마술처럼 나타났다. 한 세기 반 전에 진지한 사색가들은 우리의 도시들이 곧 어둠 속으로 던져질 것으로 예측했다. 어쨌든 세계의 고래기름이 바닥나고 있었으니까.

경제사를 대충만 훑어보더라도 상품의 실질 가격이 점진적·일반적으로 하락한 것을 알 수 있다. 평균적인 사람의 소득에서 음식과 의복에 지출되는 부분이 한 세기 전보다 훨씬 적고 산업에 사용되는 원자재 가격도 마찬가지다.

경제사학자 사이먼 쿠즈네츠Simon Kuznets는 경제성장의 둔화가 공급과 수요라는 기본적 경제력 중 하나에서 올 수 있다고 지적했다. 그는 인간의 타고난 호기심과 산업이 주도하는 공급은 침체의 근원이 될 수 없다고 믿었고 수요가 성장의 암살자일 가능성이 크다고 판단했다.[3] 개인이 더 부유해짐에 따라 그들은 일과 소비보다 여가를 선호하게 될 것이다. 사람들이 물질적 부의 공허한 추구에 흥미를 잃을 것이 틀림없다. 경제사의 절묘한 아이러니의 하나로, 쿠즈네츠 교수는 홈쇼핑 네트워크가 전국적 케이블 TV에 등장한 해인 1985년에 사망했다.

성장의 장애물

인구통계학적 동력은 성장을 위협하는 요소로서 고려할 가치가 있다. 앞으로 수십 년 동안에 기대 수명의 증가와 젊은이들을 교육하고 훈련하는 비용의 지속적 증가가 나머지 노동 인구를 압박할 것이다. 생산자의 수가 감소하고 점증하는 부양 대상 인구를 지원하는 노동 인구의 비율이 점점 줄어들게 된다. 최근 수십 년 동안 세계에서 가장 선진적인 국가들의 예산이 사회복지 프로그램의 부속물이 되었다. 2003년도 미국 연방예산의 무려 60퍼센트가 4대 사회 프로그램, 즉 사회보장, 메디케어, 메디케이드, 일반 지원을 위한 지출로 구성되었다. 나머지 40퍼센트 중 18퍼센트가 국방비, 8퍼센트가 국가 부채에 지급되는 이자였고 법 집행, 사법, 퇴역군인 복지, 국가 인프라 항목(연방항공국, 기상서비스, 고속도로 및 공항의 보조금 등) 등 다른 모든 것을 위하여 남은 예산이 14퍼센트였다.

향후 몇 세대에 걸쳐서 4대 사회복지 프로그램에 투입되는 (절반 이상이 의료비 지출과 관련된) 예산 60퍼센트가 전반적 경제성장보다 훨씬 더 빠르게 늘어날 것이 예상되고, 거의 50조 달러에 달하는 미지급 부채에 직면한 정부가 채무불이행을 강요받고 파멸적인 인플레이션에 불을 붙이거나 감당할 수 없는 세금을 부과하는 '재정의 최후 심판일fiscal doomsday' 시나리오를 상상하는 것도 어렵지 않다.[4]

그러나 고통의 메뉴에서 조합해낸 세대간 갈등의 완화, 사회보장과 의료보험의 고통스러운 재평가, 유럽식의 높은 과세가 담긴 접시가 될 가능성이 더 크다.[5]

단기적 혼란은 고통스럽겠지만, 장기적으로는 이러한 인구통계학적 변화의 영향력이 그리 크지 않을 것이다. 연구원 로버트 아노트Robert Arnott와 앤 카셀스Anne Casscells는 복잡한 알고리즘을 사용하여 실질적인 부양비dependency ratio(각 근로자가 부양하는 사람 수)가 2010년부터 2030년까지 20년 동안 0.55에서 0.76으로 상승한 후에 안정될 것으로 추정했다. 이는 20년 동안 성장을 연간 약 0.6퍼센트 둔화시킬 것이다. 걱정스러운 일임은 분명하지만 일시적인 현상이고, 우리가 아는 번영의 종말이라고 할 수는 없다.[*]

따라서 생태학적·경제적·인구통계학적 동력은 성장에 걸림돌이 되는 요소가 아닌 것으로 보인다. 그렇다면 다음으로 확실한 후보가 군사적 재앙이다.* 폭력적인 죽음의 산업화는 군대뿐만 아니라 개인의 손에도 놀라운 파괴력을 부여한다. 게다가 성장 자체가 사회를 불안정하게 만든다. 국가 내부와 국가 사이에서 성장이 승자와 패자를 낳고, 부의 격차가 심화함에 따라 사회적 불화와 전쟁의 가능성이 생긴다. 1700년에 가장 부유한 국가 네덜란드의 1인당 GDP는 가장 가난한 국가의 5배였다. 1998년에는 가장 부유한 서구 국가들의 1인당 GDP가 가장 가난한 사하라 이남 아프리카 국가들의 40배가 넘었다.[6]

국내 및 국제적 혼란이 이론적으로는 세계를 더 위험한 곳으로 만들 수 있지만, 실제로는 정확히 반대되는 일이 일어나고 있는 것 같다. 1950년 이전 수천 년 동안에는 유럽 국가 간의 무력 충돌이 매우 흔한 일이었다. 오늘날에는 세계에서 가장 부유하고 강력한 국가들의 모임인 경제협력개발기구OECD에 속한 두 나라 사이의 대규모 전쟁조차 일어날 가능성이 거의 없어 보인다. 마찬가지로 테러의 위협도, 정서적 차원에서 두렵기는 하지만, 정량적 중요성이 크지 않다. 설령 테러리스트들이 9·11 테러와

---

* 각 근로자의 자신을 포함한 부양자 수가 20년 동안에 1.55명에서 1.76명으로 증가한다는 것은 1인당 GDP의 0.6퍼센트 감소를 시사한다: $(1.76/1.55)^{(1/20)}=0.006$. 로버트 D. 아노트와 앤 카셀스, 「인구통계학과 자본 시장 수익률(Demographics and Capital Market Returns)」《금융 분석 저널》59 (2003년 3/4월) 20-29 참조.

같은 규모의 사건을 정기적으로 일으킬 수 있다하더라도 대학 살의 규모가 에이즈$_{AIDS}$, 술, 담배, 교통사고, 또는 빅맥$_{Big\ Mag}$으로 인한 사망자보다 수백 수천 배 적을 것이다. 20세기 전반에는 피해가 훨씬 더 심각했다. 1939년 9월과 1945년 8월 사이에 하루 평균 약 2만 5,000명이 폭력적 죽음을 맞았다. 이는 6년 동안 매일같이 세 시간마다 9·11 테러가 발생한 것에 해당한다.

지속적인 생산성 향상이 미래 세대에 미치는 영향의 단순한 수학적 의미는 놀라울 정도다. 그리스도가 태어났을 때 연간 2퍼센트의 성장이 시작되었다면 오늘날 세계의 1인당 GDP가 60 퀸틸리언$_{quintillion}$(6 뒤에 0이 19개 붙는) 달러가 되었을 것이다. 성장률이 1퍼센트만 되었더라도 1인당 GDP가 약 2000억 달러에 도달했을 것이다. 우리가 상상할 수도 없는 부의 축복을 받은 긴 미래의 초입에 서 있는 것일지도 모르지만, 비틀거리고 넘어지는 것을 예측하는 데는 대단한 냉소주의(또는 역사학 석사학위까지도)가 필요치 않다. 알려지지 않은 것은 재앙의 정확한 성격뿐이다. 그리고 10장에서 제시된 바와 같이, 활기찬 성장이 아주 오랫동안 지속되더라도 우리를 훨씬 더 행복하게 만들지는 못할 것이다.

부국의 자격

가장 큰 잠재적 위협은 아마도 성장 자체의 필연적 요구에서 비롯될 것이다. 사회가 부유해짐에 따라 위험과 역경에 대한 내성이 줄어든다. 네덜란드와 영국에서 빈민의 구제가 공공의 책임이 된 것은 근대 이전 시대 말기에 이르러서였다. 1750년에는 보편적 공교육이라는 아이디어가, 설사 제기되었더라도, 부족한 정부 예산의 낭비처럼 보였을 것이다. 1900년까지는 보편적 공교육이 표준이 되었다. 1870년에는 오직 사회주의자만이 실업과 은퇴 보장에 대한 정부의 자금 지원을 지지했다. 2000년에는 모든 서구 국가가 이러한 혜택을 제공했다. 불과 한 세대가 지나기 전에 정부가 후원하는 보편적 의료 서비스가, 정부의 의무화된 의료 서비스를 모든 사람에게 확대하라는 외침이 귀를 먹먹하게 하는 미국을 제외하고, 몽상을 넘어서 값비싼 서구의 현실이 되었다.

점점 더 부유해지는 국가의 시민들이 보편적 의료 서비스를 정부에 부과되는 의무의 최종적 한계로 간주할지는 의문이다. 부가 증가함에 따라 정부가 소비하는 GDP의 비율(미국의 경우 연방, 주, 지방정부의 지출을 포함하여 30퍼센트이고 다른 서구 국가 대부분은 더 높은)도 증가하게 된다. 정부가 재정을 지원하는 대상의 목록이 끊임없이 늘어나기 때문이다. 재정 지원의 증가로 인한 경제적 어려움이, 부의 증가가 정부 서비스에 대한 수요 증가로

거의 즉시 상쇄되는, 일종의 맬서스적 성장 평형growth equilibrium
을 초래할지도 모른다.

공상과학 소설

우리는 또한 성장을 죽이는 도깨비만 걱정할 수도 없다. 배로의
2퍼센트 속도 제한이 빛의 속도 같은 경제 상수일까? 이러한
성장의 상한선은 부유하고 기술적으로 발전한 국가에만 적용
된다. 개발도상국과 전쟁의 파괴에서 회복 중인 선진국은 일시
적으로 훨씬 빠른 속도(따라 잡기)로 성장할 수 있다.

인간이라는 종에 대한 생물학적 수정을 통해서 생산성 성장
률을 높일 수 있다면 어떻게 될까? 더 높은 성장률을 향한 가장
가능성 있는 경로에는 성장의 주요 엔진인 인간의 뇌를 만지작
거리는 방법이 포함될 가능성이 크다.

유전공학의 발전이 머지않아 부모(그리고 국가)가 자손의 지
능을 높일 수 있게 해줄 것이다. OECD 국가가 임신과 출산의
통제권을 확보하여 국민의 평균 지능지수를 120이나 140으로
올린다고 상상해보라. 거기서 어려운 부분은 경제적 인센티브
가 온전하게 유지되도록 개인의 자유와 법의 지배를 보존하는
일일 것이다. 그런 국가는 곧 해마다 GDP의 몇 퍼센트씩 이웃
국가들을 능가하기 시작하고 각 세대마다 경쟁국에 비해 경제

가 두 배로 성장할 것이다. 어느 시점에서 다른 국가들이 급성장하는 이웃과 관련하여 내키지 않는 세 가지 대안 중 하나를 선택해야 할지도 모른다. 이웃 국가를 파괴하거나, 이웃 국가의 유전 정책을 채택하거나, 아니면 둘 다 하지 않고 경제적·군사적으로 점점 더 열등한 처지가 되거나. 부모가 지능을 높이는 유전공학 기술을 자발적으로 수용하고 그 과정에서 국가가 배제됨으로써 위에서 논의된 심각한 지정학적 결과를 피할 수도 있다.

오래된 농담이 말하듯이 예측 특히 미래에 대한 예측은 매우 어렵다. 이러한 추측은 공상과학 소설과 크게 다르지 않다. 미래의 경제적 실패 모드의 다양한 가능성은 상상력에 의해서만 제한되지만, 지난 500년 동안 서구 문명의 실패에 대한 베팅betting은 수지맞는 시도가 아니었다. 가장 재능있는 반 이상향적 예언자들인 오웰, 헉슬리, 그리고 브래드버리Bradbury의 정확성도 그다지 인상적이지 않았다. 지금으로부터 100년 후의 세계는 훨씬 더 풍요로운 곳이 될 가능성이 크고, 1000년 후 지구의 주민들은 오늘의 세기가 가난하고, 잔인하고, 박탈된 암흑시대였다고 판단할 것이다. 향후 100년 또는 1000년 동안 1인당 경제성장이 2퍼센트의 실질 비율로 계속될까? 더 느릴까? 더 빠를까? 우리는 그저 알지 못한다.

14 언제, 어디서,
   그리고 어디로

—

애덤 스미스가 번영의 필요조건으로 평화, 가벼운 세금, 적절한
사법 관리를 최초로 식별한 이후 250년 동안 경제학자들은 그
의 간단한 레시피를 계속 개선해왔다. 현대에는 기술의 진보가
성장의 궁극적 원천이라는 사실이 명백해졌다. 개념 형성, 개
발, 생산 및 궁극적인 소비를 통한 혁신의 과정을 추적함으로써
우리는 경제성장을 이해하기 위한 실용적 모델에 도달할 수 있
고, 성장을 이해할 수 있다면, 국가의 운명에 대한 희미한 윤곽
도 엿볼 수 있다.

　이 책의 가장 중요한 메시지는 한 나라의 장기적 번영과 미
래를 결정하는 것은 그 나라의 천연자원이나 문화적 자산도 아
니며 권력의식이나 경제적·정치적 희생정신, 심지어는 군사력
도 아닌, 국가의 제도와 관행이라는 것이다. 번영으로 가는 길

은 2장부터 5장까지 논의된 네 가지 제도와 관행을 통과한다. 각각의 제도나 관행의 결여는 말하자면 인류의 진보를 저해하는 관문이나 장벽이 되었다. 국가의 네 가지 제도와 관행이 모두 자리를 잡았을 때 인간의 천재성, 창의력, 야망을 가로막는 장벽이 무너지면서 활기찬 혁신이 이루어지고 국가의 번영이 뒤따랐다.

첫째로 정부는 기술의 창조자에게 적절한 인센티브를 제공해야 한다. 고대 중국에서처럼 혁신에 대한 보상이 국가에 의한 몰수라면 발전이 거의 이루어질 수 없을 것이다. 따라서 번영을 위하여 가장 중요한 요건이 재산권의 보호, 즉 스미스가 말한 적절한 사법 관리다.

기업의 성과가 합리적으로 보장되지 않는다면 혁신과 생산에 나설 기업이 거의 없을 것이다. 노동자가 임금의 대부분을 유지할 수 없다면 힘들게 일하려 하지 않을 것이다. 재산은 범죄자, 독재자, 그리고 극단적인 경우 복지국가 관료들의 악의는 없지만 잘못된 정책, 지출과 통화팽창을 통제하지 못하는 중앙은행과 같은 여러 방향의 위협을 받을 수 있다. 핵심적 개념은, 권력 분립으로 분리되고 법의 지배로 제한되는 정부만이 효과적으로 재산권을 집행할 수 있다는 것이다. 이유는 단순하다. 아무리 현명하고 정의로운 통치자라도 독단적 통치는 부패하고 적법성을 잃게 마련이다. 지배 기구와 분리된 사법 시스템의 비인격적 기구에서 나오는 정당성이 없이는 어떤 칙령도 집행될 수 없다. 통치자 자신을 포함하여 모든 시민에게 동등하게 적용되지 않는 법은 법이라 할 수도 없다.

법의 지배는 고대 그리스와 로마 공화정에서 처음으로 적용되었지만, 로마의 몰락으로 인하여 중세 영국에서 다시 나타날 때까지 500년 이상 중단되었다. 20세기의 불행한 정치적 실험을 통해 간단해 보이는 스미스의 말을 더욱 깊이 이해할 수 있었다. 법의 지배를 위해서 단지 효율적인 사법 기구의 존재만으로는 충분하지 않다. 사법부의 권력이 통치자의 권력과 완전히 분리되고 모든 사람에게 동등하게 적용되어야 한다.

세금은 스미스의 말대로 가벼워야 한다. 국가가 너무 많은 세금을 걷을 수 없다. 어느 정도가 너무 많은 것일까? 미국의 성공과 유럽 복지국가의 사회적 실험이 대략적인 근사치를 제공한다. 미국처럼 번영하는 국가에서는 경제 생산의 30퍼센트를 국가가 사용하는 것이 쉽게 용인될 수 있지만, 여러 북유럽 국가처럼 정부의 사용이 50퍼센트에 근접하게 되면 경제성장에 어려움을 겪기 시작한다.

둘째로 혁신가들에게 적절한 지적 도구가 있어야 한다. 가장 숙련된 목수라도 망치, 톱, 수평기level가 없이는 제대로 작업을 할 수 없는 것처럼, 주변 환경을 해석하는 효과적인 지적 모델이 없는 발명가는 무력하다. 1600년경 이전에는 가장 뛰어난 그리스, 로마, 중국, 인도, 유럽의 자연철학자까지도 올바른 지적 사고방식을 갖추지 못했다. 서구인의 영혼은 그리스-로마의 뿌리에서 비롯된 위대한 문학, 미술, 건축에 있는 것이 아니라 자신이 가장 소중히 여기는 믿음에 경험적 조사의 가혹한 빛을 비추려는 단순한 의지에 있다. 오늘날 서구와 나머지 세계를 진정으로 구분하는 것이 바로 이러한 의지다. 그리스인의 논리와 과학은 훌륭했지만, 그들은 현실 세계의 엄연한 사실에 쉽게 대응하지 못했고 유용하고 신뢰할만한 자연의 모델을 인류에게 제공하지 못했다.

적절한 도구-과학적 방법으로 뒷받침되는 경험적 사고방식-만으로는 충분치 않고 사회적·종교적 관용도 필요하다. 혁신은 대단히 파괴적인 과정이고, 반대 의견을 용납하지 않는 사회는 혁신을 좌절시킨다. 가톨릭교회는 500년이 넘는 세월 동안 지적·과학적 혁신을 억눌렀다. 마르틴 루터의 반란이, 자체적으로 숨 막히는 정통성을 만들어내기는 했지만, 유럽의 지적 생활에 대한 교회의 독점을 깨뜨리고 장기적으로 대륙 전체가 무엇이든 원하는 것을 탐구할 수 있는 창조적 에너지를 해방시켰다.

교회가 그리스-로마의 지적 유산을 관리하지 않았다면 어떻게 되었을까 하는 사후 과정에 의한 분석은 흥미로운 생각거리를 제공한다. 중세 초기에 교회가 유럽의 위대한 대학들을 설립하여 그리스와 로마의 지식이 살아남도록 한 것은 칭찬할 만하다. 고대의 지식에 대한 교회의 보호가 없었다면 서기 476년 이후 서구에 드리운 어두움이 훨씬 더 깊고 오래 지속되었을 것이다. 마찬가지로 반대의 경우-학문적 탐구에 대한 교회의 독점이 유럽의 지적 발전을 질식시켰다는 것—를 생각하는 것도 어렵지 않다. 교회의 죽은 손이 없었다면 20세기보다 몇 세기 앞서서 인간이 달 위를 걸었을 것이다.

셋째로 적절한 인센티브와 지적 도구를 확보한 발명가와 기업가가 자신의 발명품을 대중에게 전달하기 위아여 대규모 금융자본에 접근할 수 있어야 하고, 그러려면 자본을 보유한 사람들의 신뢰를 얻어야 한다. 16세기부터 네덜란드의 지방정부와 나중의 영국 왕실은 자신들에게 돈을 빌려주는 것이 좋은 아이디어라고 투자 대중을 설득했다. 대중이 정부에 대한 대출에 익숙해지자 일반 시민도 민간기업에 자본을 제공하기 시작했다. 19세기의 기업에 대한 유한책임의 출현은 거대한 비인격적 회사의 설립과 자본화가 가능하도록 했고, 좋든 나쁘든 현대 서구의 원동력이 되었다.

마지막으로, 자본의 흐름을 지시하고 새로운 상품을 광고하는 신속하고 믿을 수 있는 통신과 아울러 전국적으로, 더 나아가 전 세계로, 상품을 물리적으로 운반할 수 있는 운송 수단이 있어야 한다. 태곳적부터 인간과 동물의 보잘것없는 육체적 생산력이 인류의 성취에서 속도와 동력을 제한했다. 수차와 풍차가, 조건이 유리한 특정 장소에서 제조업에 이용할 수 있는 동력의 양을 늘렸지만, 상품과 정보의 흐름을 가속하는 데는 아무런 도움이 되지 않았다. 그러나 역사적인 순간에 와트의 증기기관이 등장하여 운송의 양과 속도를 열 배로 늘리게 된다. 한 세기 뒤에는 전신의 마법이 즉각적인 세계적 통신을 가능하게 했다.

네 가지 핵심적 제도와 관행-재산권, 과학적 합리주의, 효율적인 자본시장, 그리고 현대적인 동력, 운송, 통신-의 역사적 흐름을 보여주는 그림 14-1이 2장부터 5장까지의 요지를 요약한다. 이 역사적 도식은 19세기 초에 마지막 요소가 발전하고 성숙하면서 세계 경제의 폭발적 성장이 시작된 이유를 보여준다.

그림 14-1 | 경제성장을 만들어낸 네 가지 요소

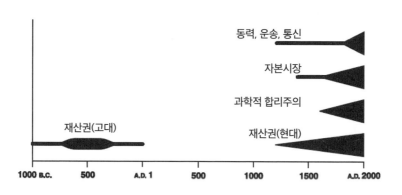

역사적으로, 안전한 재산권과 법의 지배가 필요하기는 하지만 그 자체로 번영을 보장하기에는 충분치 않다는 사실이 입증되었다. 아테네인과 중세 후기의 영국인은 탄탄한 법의 지배와 안전한 재산권을 확보했지만 활기찬 경제성장을 경험하지 못했다. 돌이켜보면 그들에게는 나른 세 가지 요소-적절한 지적 도구, 발명품의 대량 생산을 위한 충분한 금융자본, 최종 제품을 운반하고 광고하기 위한 운송과 통신-가 부족했다.

정교한 재산권 시스템이 그리스인과 중세기 영국인에게는 별다른 경제적 혜택을 제공하지 못했지만, 현대 세계에서는 다른 세 가지 요소-과학적 합리주의, 자본시장, 현대적 동력 생산과 운송 및 통신-가 자리를 잡으면서 재산권이 핵심적인 중요성을 얻게 되었다. 현대에 와서 다른 세 요소는 가용하게 되었을 뿐만 아니라 얻을 수 있는 대상으로 가용되었다. 물리학, 공학, 경제학, 법학을 어느 대학에서나 배울 수 있고 어느 서점에서든 구입할 수 있다. 자본은 도시 전역과, 가까운 곳에 없다면, 외국 은행에서 얻을 수 있다. 도로를 건설할 수 있고 자동차, 항공기, 컴퓨터, 휴대폰을 손쉽게 구입할 수 있다. 그러나 현대 서구인 대부분이 혜택을 누리고 코크, 로크, 스미스가 찬양한 재산의 보호는 그리 쉽게 이루어지지 않는다. 오늘날 전 세계적으로 가진 자와 못가진 자를 가장 확실하게 구분하는 것이 바로 재산권이다.

어디서

이 책의 1부에서는 성장이 왜 특정한 시기에 발생했는지를 설명했다. 네 가지 핵심 요소로 성장이라는 문제의 틀을 잡은 후에 우리는 어디서의 문제를 다룰 수 있었다. 제2부에서는 네 가지 제도적 요소의 측면에서 여러 국가의 성장 패턴을 살펴보았다. 이를 통해 우리는 각 국에서 네 가지 요인의 현존과 경제적 도약 사이에 거의 일대일 대응관계를 발견했다.

서기 1500년경에 수백 개의 작은 국가와 공국으로 이루어진 유럽이 경쟁적인 제도와 이념의 온상이 되었다. 이들 요소의 가장 유리한 조합이 있었던 두 나라, 영국과 네덜란드가 근대적 번영의 발상지가 된 것은 우연이 아니다. 16세기 네덜란드의 재산권, 과학적 합리주의, 자본시장, 운송과 통신의 발전이, 초보적임에도 불구하고, 거의 2세기 동안 느리지만 꾸준한 성장을 지속시켰다. 증기력과 운송 수단이 아직 가용하지 않았지만, 네덜란드에는 의심의 여지 없이 경제적 이점이 되는 자연적 특징, 즉 항해가 가능한 수로가 있는 평탄한 지형이 있었다. 반대쪽 극단에서 19세기 말 이전의 일본과 스페인에는 네 가지 요소 모두가 사실상 존재하지 않았다. 당연하게도 두 나라의 경제 발전은 그때까지 시작되지 않았다.

1800년이나 1900년과 마찬가지로 오늘의 세계에서도 네 가지 요소가 번창하는 곳에서 번영이 이루어진다. 홍콩과 싱가포르 모두 영국 관습법의 유산, 서구적 합리주의의 수용, 활기찬 자본시장, 선진적 운송과 함께 번창하고 있다. 두 도시 모두 지리적 복권의 승자(전략적 위치의 훌륭한 천연 항구를 보유한 작은 섬나라)라는 것도 나쁠 것이 없다.

당신이 잘 생긴 외모, 두뇌, 운동 능력을 어느 정도까지 부모로부터 물려받는 것처럼, 국가는 우수한 제도적 유전자의 혜택을 받는다. 영국인이 정착한 신세계 지역, 시민들이 관습법을 가슴에 품은 홍콩과 싱가포르처럼 제도적 유산이 풍부한 곳에서 번영이 넘쳐흘렀다. 정복, 불필요한 산인싱, 종교적 열정, 그리고 광물에 의한 일시적 부의 노다지에서 태어난 지대추구 사고방식 등 역기능적 이베리아 전통을 물려받은 남아메리카처럼 유전자가 불리했던 곳에서는 후진성과 빈곤이 피할 수 없는 결과였다.

극단적으로 사하라 이남의 아프리카는 네 가지 요소 모두의 거의 완벽한 결핍으로 고통받고 있다. 아프리카인의 부족 구조는 족장에게 행정권과 사법권을 모두 부여한다. 권력 분립의 결여로 인하여 이들 국가에는 재산권 유지의 기본 요건인 독립적 사법기구가 없다. 이같이 열악한 상황에 전통문화의 지적 무기력과 자본시장의 실질적 부재가 더해진 결과는 경제 침체의 확실한 레시피가 된다. 그에 따른 빈곤이 필연적으로 묵시록의 네 기사Four Horsemen를 풀어놓는다. 세계에서 경제적으로 가장 낙후한 대륙에서 HIV의 비극이 가장 심각하게 다가오고 있다는 것은 우연이 아니다.

아프리카에는 또한 다섯 번째 단점도 있다. 풍부한 광물자원에도 불구하고 경제적으로 중요한 물리적 자질 한 가지가 부족하다. 아프리카 대륙에는 항해가 가능한 수로가 존재하지 않는다. 매끄러운 아프리카의 해안선은 유럽의 해안보다 더 적은 피난처를 제공하고, 강의 대부분이 폭포가 많고 통과할 수 없는 모래톱으로 입구가 막혀있다. 그리고 유럽, 아시아, 북아메리카에서처럼 일년 내내 수위를 높게 유지해주는 눈 녹은 물의 공급이 전무하다. 일반적으로 아프리카의 수로는 우기 동안에만 유용한 수준의 교통량을 유지한다.[1]

어디로

우리는 경제성장을 이해하기 위하여 네 가지 요인이라는 틀을 얻고 그것을 특정한 국가와 문화에 어떻게 적용할 것인지를 배웠다. 이 네 가지 요소는 지속적인 번영, 민주주의, 그리고 세계의 지정학적 상황의 전망에 대하여 무엇을 말해줄까?

오늘날 세계의 모든 선진국에는 우리의 네 가지 요소가 모두 확고하게 확립되어 있고, 지구상에서 인간을 절멸시키는 파괴적인 세계종말적인 파국 없이는 이 요소들은 계속 작동할 것이다.

이는 과장이 아니다. 2차 세계대전으로 인하여 물리적으로 파괴되었을지는 몰라도 서구화된 제도적 영혼과 지식기반이 손상되지 않았던 일본과 독일의 경제가 빠르게 회복되었다. (1장과 8장에서 보았듯이 일본과 독일의 경제적 기적은 단지 승전국의 관대함의 결과가 아니었다. 독일은 1차 세계대전과 보복성의 베르사유 조약 이후에도 비슷한 회복세를 보였다.)

　인류는 이렇게 필수적인 기술적·제도적 레시피를 다시는 잃지 않을 것이다. 우리는 로마 제국의 멸망 이후 13세기 동안 그랬던 것처럼 허무하게 시멘트의 지식을 잃을 수 없다. 우리의 필수적인 모든 기술을 위한 실재뿐만 아니라 그 공식들로 너무나 많은 사람들과 책, 컴퓨터 하드드라이브 사이에 확산되었기 때문에, 로마의 멸망 이후 대부분의 선진적인 토목 기술이 그랬듯이, 그것들이 완전히 소실되는 일은 결코 없을 것이다. 더 나아가 서구는 그것의 번영을 위한 제도적 기초를 그것의 행동규범들에 너무나 강력하게 통합시켰기 때문에, 지속적인 성장은 불가피하고 인류 대부분을 절멸시킬 대파국 이외에는 모든 장애물에 저항할 것이다.

　10장에서 논의된 경제성장과 민주주의 발전의 관계는 대단히 낙관적이다. 최근의 사회학 연구가 시사하듯이 번영이 민주주의 발전의 주요 동력이라면, 자유민주주의의 지속적인 확산은 이미 필연적인 결론일 뿐만 아니라 이 부의 기계가 간직하고 있는 지정학적 힘이기도 하다. 이는 세계에서 가장 큰 자유민주주의 국가들이 상대적으로 온건한 헤게모니를 행사할 것임을 의미한다. 「뉴욕타임스」 칼럼니스트 토머스 프리드먼Thomas Friedman은 이를 '전쟁과 평화의 맥도날드 이론'이라고 풍자적으로 표현했다. 아주 최근까지도 맥도날드 체인이 있는 두 나라가 서로 전쟁을 벌인 적이 없었다는 것이다.[2] 물론 세계화가 공짜로 이루어지는 것은 아니다. 상호의존성이 증가함에 따라 세계가 다양한 유형의 전염, 즉 사회적, 환경적, 재정적, 또는 미생물학적 전염에 훨씬 더 취약하게 된다.

10장은 점점 번영하는 세계에서 인류의 총체적 행복에 대하여 그리 낙관적이지 않은 예측을 제시했다. 그러나 점점 더 물질주의 경향을 띠는 우리의 문화를 가장 냉소적으로 보는 이들도 1820년 이전 인류의 99퍼센트가 공유했던 최저 수준의 생존과 그것에 내재한 우려와 불안정성에 비하면 아무것도 아니라는 점을 인정해야 한다.

인류 역사상 처음으로 세계의 광대한 지역에서 지속적이고 극적인 부의 증가와 그에 따른 생활수준의 향상이 이루어지고 있다. 이러한 부의 네 가지 원천인 안전한 재산권, 과학적 합리주의, 활기찬 자본시장, 현대적 운송과 통신이 지난 세기 최악의 대격변에서 가장 심각하게 물리적 피해를 입은 서구 국가들까지도 쉽게 살아남을 정도로 서구의 생활방식에 깊게 뿌리박혔다. 좋든 싫든 인류는 기술 혁신이 촉발한 경제성장이 자체적으로 세계 무대의 주역이 되는 시대로 접어들었다. 산타야나 Santayana(스페인 출신의 미국 철학자, 옮긴이)의 말을 반복하자면, 경제의 역사에서 배우지 못한 사람들이 그 여파 속에 남겨지게 될 것이다.

참고문헌

서문
1. Jared Diamond, Guns, Germs, and Steel (New York: W. W. Norton, 1999), 13.14.

들어가는 글
1. Dava Sobel, Longitude (New York: Penguin, 1995), 11.14, 57.59.
2. Stephen E. Ambrose, Undaunted Courage (New York: Simon and Schuster, 1996), 52.

1장
1. "Conversations, The Long View; Covering 50 Years of War, Looking for Peace and Honoring Law," New York Times, 16 Dec. 2001.
2. Angus Maddison, The World Economy: A Millennial Perspective (Paris: OECD, 2001), 30, 264.
3. Ibid., 172, 231.
4. Douglass C. North, Structure and Change in Economic History (New York: W. W. Norton, 1981), 14.
5. Phyllis Deane, The First Industrial Revolution, 2d ed. (Cambridge: Cambridge University Press, 1979), 207.
6. Deane, 12.13.
7. T. S. Ashton, The Industrial Revolution, 1760.1830 (Oxford: Oxford University Press, 1967), 5.
8. E. L. Jones, Growth Recurring (Ann Arbor, Michigan: University of Michigan Press, 1988), 29.31.
9. Ashton, 42.
10. Angus Maddison, Explaining the Economic Performance of Nations (Cheltenham, England: Edward Elgar Publishing, 1995), 433.
11. Ibid., 438.39.
12. Ibid.
13. Maddison, The World Economy: A Millennial Perspective, 18.
14. E. L. Jones, Growth Recurring, 73.86, 149.67.
15. J. A. Goldstone, "Efflorescences and Economic Growth in World History," Working Paper, 2002.
16. E. L. Jones, The European Miracle (Cambridge: Cambridge University Press, 1987), 49.
17. Maddison, The World Economy: A Millennial Perspective, 264.
18. Adam Smith, An Inquiry into the Nature and Causes of the Wealth of Nations (Chicago:

University of Chicago Press, 1976), II: 436.

19. Eli F. Heckscher, Mercantilism, 2d ed. (New York: Macmillan, 1954), 140.

20. Barbara Tuchman, A Distant Mirror (New York: Alfred A. Knopf, 1978), 5.6.

21. Ibid., 19.20.

22. Ibid., 5.6, 9.

23. William Manchester, A World Lit Only by Fire (Boston: Back Bay Books, 1992), 6.

24. Paul Johnson, The Birth of the Modern (New York: HarperCollins, 1991), 865.

25. Manchester, 53.

26. Tuchman, 25.

27. Ibid., xix.

28. Matthew 22:21.

29. Manchester, 35.

30. Tuchman, 26.

31. Ibid., 26.28.

32. Ibid., 287, 339.

33. Manchester, 203.4.

34. E. William Monter, Calvin's Geneva (New York: John Wiley & Sons, 1967), 17, 83, 101, 152, 155.

35. Sidney Homer and Richard Sylla, A History of Interest Rates (New Brunswick, New Jersey: Rutgers University Press, 1996), 29.30.

36. 모두가 터크먼, 37에 인용됨.

37. Homer and Sylla, 69.72.

38. Laurence B. Packard, The Commercial Revolution (New York: Henry Holt & Co., 1927), 2.3.

39. Hechscher, 45.

40. Paul Johnson, 169.

41. Douglass C. North and Robert P. Thomas, The Rise of the Western World (Cambridge: Cambridge University Press, 1981), 102.119.

42. Robert Woodward, Maestro: Greenspan's Fed and the Economic Boom (New York: Simon and Schuster, 2000), 126.

43. Paul M. Romer, "Increasing Returns and Long-Run Growth," Journal of Political Economy 94 (Oct., 1986): 1002.1013.

44. Diamond, 45.

45. Charles C. Mann, "1491," Atlantic Monthly (Mar. 2002): 41.53.

46. Douglass C. North and Robert P. Thomas, "The First Economic Revolution," Economic History Review 30 (May 1977): 240.41.

47. Thomas Malthus, An Essay on the Principle of Population as it Affects the Future Improvement of Society, with Remarks on the Speculations of Mr. Godwin, M. Condorcet, and Other Writers (London: Printed for J. Johnson, 1798), from http://www.ac.wwu.edu/~stephan/malthus/malthus.0.html.

48. Walt W. Rostow, The Stages of Economic Growth (Cambridge: Cambridge University Press, 1961).

2장

1. P. J. O'Rourke, Eat the Rich (New York: Atlantic Monthly Press, 1988), 233.

2. Leon Trotsky, The Revolution Betrayed (New York: Doubleday, Doran & Co., 1937), 76.

3. Genesis 23.10.

4. Robert C. Ellickson and Charles DiA. Thorland, "Ancient Land Law: Mesopotamia, Egypt, and Israel," unpublished paper.

5. Victor D. Hanson, The Other Greeks (Berkeley: University of California Press, 1999), 1.22.

6. Ibid., 31, 35.

7. Aristotle, Politics, VI: 4.

8. Quoted in Hanson, 97.

9. David Johnson, Roman Law in Context (Cambridge: Cambridge University Press, 1999), 2.11, 30.44.

10. Marcel Le Glay et al., A History of Rome (Oxford: Blackwell, 1991), 96.97.

11. Bernard H. Siegan, Property Rights (New Brunswick, New Jersey: Transaction Publishers, 2001), 1.

12. Heckscher, 277.78.

13. Raghuram G. Rajan and Luigi Zingales, "The Great Reversals: The Politics of Financial Development in the Twentieth Century," 조사보고서, 2002, 37. 관습법과 시민법의 차이점에 대한 상세한 논의는 René David and John E. C. Brierley, Major Legal Systems in the World Today, 2d ed. (New York: Free Press, 1978) 참조.

14. 1215년 마그나 카르타의 번역은 http://www.bl.uk/collections/treasures/magnatranslation.html. 에서 찾을 수 있다.

15. Siegan, 5.11.

16. 시건, 9에 인용됨.

17. Ibid., 10.

18. Ibid.

19. Heckscher, 279.

20. Siegan, 12.

21. Ibid., 13.

22. Ibid.

23. Ibid., 15.

24. Ibid., 19.26.

25. Ibid., 17.

26. Heckscher, 286.87.

27. Encyclopedia Britannica (New York: Encyclopedia Britannica, 1911), 16: 844.

28. Tom Bethell, The Noblest Triumph (New York: St. Martin's Press, 1998), 86.87.

29. John Locke, "An Essay Concerning the True Original Extent and End of Civil Government,"1690, 222. Accessible at http://odur.let.rug.nl/~usa/D/1651-1700/locke/ECCG/governxx.htm.

30. Ibid., 87.

31. Ibid., 140.

32. Bruno Leoni, Freedom and the Law (Los Angeles: Nash, 1972), 10.

33. Hernando de Soto, The Mystery of Capital (New York: Basic Books, 2000), 179.182.

34. North, 5.6.

35. Etienne Balaszs, Chinese Civilization and Bureaucracy (New Haven: Yale University Press, 1964), 18.

36. Ibid., 22.

37. Ibid., 27.43.

38. Siegan, 22.23.

39. Bruce W. Bugbee, Genesis of American Patent and Copyright Law (Washington, D.C.: Public

Affairs Press, 1967), 38.

40. Ibid., 130.

41. Garrett Hardin, "The Tradegy of the Commons," Science 162 (1968): 1245.

3장

1. R. H. Popkin, ed., The Philosophy of the 16th and 17th Centuries (New York: Free Press, 1966), 63.

2. Ivar Ekeland, Mathematics and the Unexpected (Chicago: University of Chicago Press, 1990), 7–8.

3. Howard Margolis, It Started with Copernicus (New York: McGraw-Hill, 2002), 27–37.

4. A. C. Crombie, The History of Science, 2 vols. (New York: Dover Publications, 1970), I: 81–99.

5. Margolis, 91–102.

6. Ibid., 15–63.

7. Crombie, II:179–82.

8. Colin A. Ronan, Edmond Halley: Genius in Eclipse (New York: Doubleday, 1969), 10–23.

9. Max Caspar, Kepler (New York: Dover Publications, 1993), 190.

10. Francis Bacon, The New Organon, ed. Fulton Anderson (India napolis: Bobbs-Merrill, 1960), vii–xi.

11. Karen I. Vaughn, John Locke (Chicago: University of Chicago Press, 1980), 5.

12. Bacon, xix–xx.

13. Johan Huizinga, The Waning of the Middle Ages (Garden City, New York: Edward Arnold, 1954), 28.

14. Bacon, 49.

15. Ibid.

16. Ibid., 50.

17. Frank E. Manuel, A Portrait of Isaac Newton (Cambridge: Harvard University Press, 1968), 119.

18. Ibid.

19. Steven Shapin, The Scientific Revolution (Chicago: University of Chicago Press, 1998), 145.

20. Crombie, II:185–89.

21. Caspar, 34–38.

22. Ekeland, 6–14.

23. Crombie, II:189.

24. McClellan and Dorn, 224.

25. John J. Norwich, A History of Venice (New York: Alfred A. Knopf, 1982), 510–16.

26. McClellan and Dorn, 232.

27. Ibid., 233–34.

28. Manuel, 23.

29. Ronan, 1–27.

30. Ibid., 80–90.

31. Jay Pasachoff, "Halley and His Maps of the Total Eclipses of 1715 and 1724," Astronomy and Geophysics 40 (Apr. 1999): 18–21.

32. F. Richard Stephenson, "Historical Eclipses," Scientific American (Apr. 1982): 154–63.

33. McClellan and Dorn, 253.

34. Ronan, 130.

35. Nathan Rosenberg and L. E. Birdzell, How the West Grew Rich (New York: Basic Books, 1986), 246.

36. Crombie, II:176.

4장

1. Jean Strouse, Morgan: American Financier (New York: Harper Collins, 2000), 15.

2. Ibid., 314.

3. 애슈턴, 9에 인용됨.

4. Ibid., 9.10.

5. Homer and Sylla, 4.

6. Rosenberg and Birdzell, 38.

7. Jonathan B. Baskin and Paul J. Miranti, A History of Corporate Finance (Cambridge: Cambridge University Press, 1997), 313.

8. Ibid., 38.

9. Charles A. Kindleberger, A Financial History of Western Europe (London: George Allen and Unwin, 1984), 19.20.

10. Baskin and Miranti, 318.

11. Kindleberger, 36.39.

12. Norwich, 3.13.

13. Geoffrey Poitras, The Early History of Financial Economics, 1478.1776 (Cheltenham, England: Edward Elgar, 2000), 228.

14. Larry Neal, The Rise of Financial Capitalism (Cambridge: Cambridge University Press, 1993), 7.

15. Poitras, 229.231.

16. Homer and Sylla, 128.

17. J. de Vries and A. van der Woude, The First Modern Economy (Cambridge: Cambridge University Press, 1997), 113.19.

18. Neal, 18.

19. de Vries and van der Woude, 134.58.

5장

1. "The Daughter-in-Law Who Doesn't Speak," Wall Street Journal, 26 July 2002.

2. T. K. Derry and Trevor I. Williams, A Short History of Technology (New York: Dover Publications, 1960), 243.

3. Abbott P. Usher, A History of Mechanical Inventions (New York: Dover Publications, 1954), 165에서 인용됨.

4. Ibid., 157.

5. Derry and Williams, 243.

6. W. R. Paton, The Greek Anthology, 3 vols. (London: William Heinemann, 1916), 418.

7. Derry and Williams, 251.

8. Ibid., 253.

9. Ibid., 313.

10. Ibid., 315.

11. Usher, 351.

12. Mokyr, ed., The British Industrial Revolution, 21.

13. Usher, 252.

14. Derry and Williams, 322.

15. Paul Johnson, 191.92.

16. Chancellor, 123.

17. George R. Taylor, The Transportation Revolution (New York: Harper and Row, 1951), 33.36.

18. Ibid., 110.19.

19. Ibid., 113.

20. Paul Johnson, 191.

21. Thomas Sowell, Conquest and Culture (New York: Basic Books, 1998), 35.

22. John H. Clapham, An Economic History of Modern Britain, 3 vols. (Cambridge: Cambridge University Press, 1930), I: 390.

23. Tom Standage, The Victorian Internet (New York: Walker Publishing, 1998), 1.2.

24. Derry and Williams, 609.10.

25. Ibid., 40.51.

26. Ibid., 46.58.

27. John S. Gordon, A Thread Across the Ocean (New York: Walker and Co., 2002), 133.

28. Ibid, 139.

29. Maddison, The World Economy: A Millennial Perspective, 265.

6장

1. Paul Johnson, 191.92.

2. Rosenberg and Birdzell, 262.

3. Goldstone, "Efflorescences and Economic Growth in World History."

4. Bethell, 1.3.

5. de Soto, 157.59.

2부

1. Maddison, The World Economy: A Millennial Perspective, 264, 279, 327.

7장

1. Adam Smith, I: 102.

2. Maddison, The World Economy: A Millennial Perspective, 264.

3. Tuchman, 248.

4. de Vries and van der Woude, 9.20.

5. Simon Schama, The Embarrassment of Riches (New York: Alfred A. Knopf, 1987), 587.93.

6. Johan Huizinga, Dutch Civilization in the Seventeenth Century (London: F. Ungar Publishing Co., 1968), 11.

7. de Vries and van der Woude, 21.23.

8. Ibid., 27.33.

9. Maddison, The World Economy: A Millennial Perspective, 248.

10. Ibid., 241, 261.

11. de Vries and van der Woude, 348, extracted from Figure 8.11.

12. Paul Kennedy, The Rise and Fall of the Great Powers (New York: Random House, 1987), 78.

13. Alexander Hamilton and James Madison, Federalist Papers, No. 20.

14. 리차드 실라 교수, 개인적 통신.

15. Schama, 230.

16. Kenneth O. Morgan, The Oxford Illustrated History of Britain (Oxford: Oxford University Press, 1984), 330.37.

17. Douglass C. North and Barry R. Weingast, "Constitutions and Commitment: The Evolution of Institutional Governing Public Choice in Seventeenth-Century England," Journal of Economic History 49 (Dec. 1989): 803.32.

18. Erskine May, Parliamentary Practice, 1844, quoted in North and Weingast, 818.

19. T. S. Ashton, An Economic History of England (London: Methuen Publishing, 1955), 178.

20. 2장 참조.

21. "The Economy.Capital: Precepts from Professor Summers," Wall Street Journal, 17 Oct. 2002.

22. Deane, 42.45.

23. Ibid., 45.46.

24. J. D. Chambers, "Enclosure and the Small Landowner," Economic History Review 10 (Nov. 1940): 118.27.

25. Adam Smith, I: 8.9.

26. Mokyr, ed., The British Industrial Revolution, 106.8.

27. 사우스웨스트 항공사 2001년도 보고서.

28. Eric Hobsbawm, Industry and Empire: The Birth of the Industrial Revolution, rev. ed. (London: Penguin Group, 1990), 56.

29. Joel Mokyr, The Lever of Riches (Oxford, Oxford University Press, 1990), 96.98.

30. Ashton, The Industrial Revolution, 1760.1830, 53.

31. Derry and Williams, 557.58.

32. Deane, 90.97.

33. David Landes, "The Fable of the Dead Horse; or, The Industrial Revolution Revisited," in The British Industrial Revolution, ed. Joel Mokyr, 152.

34. Deane, 116.

35. Ashton, The Industrial Revolution, 1760.1830, 10.

36. Jan de Vries, "The Industrial Revolution and the Industrious Revolution," Journal of Economic History 54 (June 1994): 249.70.

37. Robert Uphaus, personal communication.

38. Friedrich Engels, The Condition of the Working Class in England in 1844, from http://www.marxists.org/archive/marx/works/1845/condition-working-class/ch02.htm.

39. Ibid., from http://www.marxists.org/archive/marx/works/1845/condition-working-class/ch04.htm.

40. Joyce Marlow, The Peterloo Massacre (London: Panther, 1971), 16.

41. E. J. Hobsbawm, "The British Standard of Living 1790.1850" Economic History Review 9 (Aug. 1957): 46.68.

42. Karl Marx and Frederick Engels, Selected Works, 3 vols. (Moscow: Progress Publishers, 1969), I: 163.

43. Deane, 286, 294.

44. Ashton, The Industrial Revolution, 1760.1830, 161.

45. Mokyr, ed., The British Industrial Revolution, 122.

46. Marlow, 93.103.

47. Ashton, The Industrial Revolution, 1760.1830, 5.

48. H. J. Habakkuk, "The Economic History of Modern Britain," Journal of Economic History 18 (Dec. 1958): 486.501.

632

49. Simon Kuznets "Economic Growth and Income Inequality," American Economic Review 45 (Mar. 1955): 1.28.

50. Mokyr, ed., The British Industrial Revolution, 6.

51. Deane, 1.

52. Rostow, xii, 7.

53. Ibid., 8.

54. David Halberstam, The Best and the Brightest (New York: Random House, 1972), 635.37.

55. de Vries and van der Woude, 712.

56. Robert J. Barro, Determinants of Economic Growth (Cambridge: MIT Press, 1999), 33.

57. Deane, 166.

58. Robert J. Irwin, Free Trade Under Fire (Princeton: Princeton University Press, 2002).

59. Adam Smith, I: 135.

60. Maddison, Monitoring the World Economy, 1820.1992 (Paris: OECD, 1995), 106, 182, 196.

8장

1. N. F. R. Crafts, "Industrial Revolution in England and France: Some Thoughts on the Question, 'Why was England First?'" Economic History Review 30 (Aug. 1977): 429.41.

2. H. Hauser, "The Characteristic Features of French Economic History from the Middle of the Sixteenth to the Middle of the Eighteenth Century," Economic History Review 4 (Oct. 1993): 271.72.

3. Jan de Vries, Economy of Europe in an Age of Crisis, 1600.1750 (Cambridge: Cambridge University Press, 1976), 200.2.

4. Hauser, 262.63.

5. de Vries, Economy of Europe in an Age of Crisis, 216.17.

6. North and Thomas, 120.22.

7. Hilton L. Root, "The Redistributive Role of Government: Regulation in Old Regime France and England," Comparative Studies in Society and History 33 (Apr. 1991): 350.51.

8. de Vries, Economy of Europe in an Age of Crisis, 177.

9. Heckscher, 154.

10. North and Thomas, 126.

11. de Vries, Economy of Europe in an Age of Crisis, 89.90.

12. Heckscher, 160.61.

13. Abbott Payson Usher, "Colbert and Governmental Control of Industry in Seventeenth Century France," Review of Economic Statistics 16 (Nov. 1934): 238.40.

14. Mokyr, ed., The British Industrial Revolution, 81.

15. N. F. R. Crafts, "Macroinventions, Economic Growth, and 'Industrial Revolution' in Britain and France," Economic History Review 48 (Aug. 1995): 591.98.

16. Heckscher, 170.71.

17. Rondo E. Cameron, "Economic Growth and Stagnation in France, 1815.1914," Journal of Modern History 30 (Mar. 1958): 5.6.

18. Hauser, 263.

19. de Vries, Economy of Europe in an Age of Crisis, 170.71.

20. Hechscher, 80.

21. North and Thomas, 122.23.

22. Packard, The Commercial Revolution, 55.56.

23. Hauser, 268.

24. Heckscher, 85.

25. Ibid., 108.

26. Cameron, 9.12.

27. Alfred De Foville, "The Economic Movement in France," Quarterly Journal of Economics 4 (Jan. 1890): 227.29.

28. Laurence B. Packard, "International Rivalry and Free Trade Origins, 1660.78," Quarterly Journal of Economics 37 (May 1923): 412.35.

29. Peter Bernstein, The Power of Gold (New York: John Wiley & Sons, 2000), 121.

30. Buchan, 80.

31. Bernard Moses, "The Economic Condition of Spain in the Sixteenth Century," Journal of Political Economy 1 (1893): 515.16.

32. North and Thomas, 128.

33. de Vries, Economy of Europe in an Age of Crisis, 49.

34. Earl J. Hamilton, "Revisions in Economic History: VIII. The Decline of Spain," Economic History Review 8 (May 1938): 176.

35. Moses, 523.

36. Earl J. Hamilton, "Revisions in Economic History: VIII. The Decline of Spain," 175.

37. Ibid., 175.

38. John H. Elliott, "The Decline of Spain," Past and Present 20 (Nov. 1961): 65.

39. Ibid., 68.

40. From "Spain under Charles II," Littell's Living Age, vol. 100, 467; quoted in Earl J. Hamilton, "Revisions in Economic History: VIII. The Decline of Spain," 174.

41. Hauser, 261.

42. Elliott, 67.

43. Homer and Sylla, 128, 130.

44. Moses, 528.

45. de Vries, Economy of Europe in an Age of Crisis, 169.170.

46. Elliott, 67.

47. North and Thomas, 131.

48. Packard, The Commercial Revolution, 26.27.

49. Jaime Vicens Vives, An Economic History of Spain (Princeton, Princeton University Press, 1969), 521.

50. Ibid., 625.43.

51. Elliott, 65.

52. R. P. Dore, Land Reform in Japan (Oxford: Oxford University Press, 1959), 3.

53. Irene B. Taeuber, "Population: Population Growth and Economic Development in Japan," Journal of Economic History 11 (Autumn 1951): 419.

54. Dore, 8.

55. Ibid., 8.10.

56. Sir George Sansom, quoted in Dore, 12.

57. Mataji Miyamoto et al., "Economic Development in Preindustrial Japan, 1859.94," Journal of Economic History 25 (Dec. 1965): 541.

58. G. C. Allen, A Short Economic History of Modern Japan (London: Allen and Unwin, 1962), 14.19.

59. Edwin O. Reischauer, The Japanese Today (Cambridge: Belknap/Harvard, 1978), 82.

60. Maddison, The World Economy: A Millennial Perspective, 264.

61. Allen, 20.

62. Thomas C. Smith, "Pre-Modern Economic Growth: Japan and the West," Past and Present 60 (Aug. 1973): 144.59.

63. Thomas Smith, 145.

64. Miyamoto et al., 542.

65. Allen, 20.21, 23.

66. Ibid., 20.26.

67. Reischauer, 129.38.

68. Ibid., 126.29.

69. Miyamoto et al., 549.51.

70. Frank B. Tipton, "Government Policy and Economic Development in Germany and Japan: A Skeptical Reevaluation," Journal of Economic History 41 (Mar., 1981): 139.42.

71. Allen, 136.

72. John W. Dower, Embracing Defeat: Japan in the Wake of World War II (New York: W.W. Norton, 1999), 546.

73. Dore, 55.114.

74. Allen, 156.

75. Dower, 533.

76. Reischauer, 107.

9장

1. Margolis, 133.36.

2. Jones, The European Miracle, 175.

3. Bernard Lewis, What Went Wrong? The Clash Between Islam and Modernity in the Middle East (New York: HarperCollins, 2002), 6.7.

4. Peter L. Bernstein, Against the Gods (New York: John Wiley & Sons, 1996), xxxii.xxxiii. 5. Jones, The European Miracle, 175.

6. Lewis, 11.12.

7. Ibid., 31.

8. Ibid., 22.23.

9. Ibid., 46.47.

10. Ibid., 36.

11. Bethell, 237.

12. Jones, The European Miracle, 181.

13. Lewis, 85.88.

14. Bethell, 226.

15. Lewis, 80.

16. Bethell, 228.29.

17. Rhoads Murphey, "The Decline of North Africa Since the Roman Occupation: Climatic or Human?" Annals of the Association of American Geographers 41 (June 1951): 116.132.

18. Lewis. 108.9.

19. Leonard Nakamura and Carlos E. J. M. Zarazaga, "Banking and Finance in Argentina in the Period 1900.35," Center for Latin American Economics, Working Paper No. 0501.

20. Paul Johnson, 627.51.

21. Janns J. Prem, "Spanish Colonization and Indian Property in Central Mexico, 1521.1620," Annals of the Association of American Geographers 82 (Sept. 1992). 444.59.

22. Lawrence E. Harrison, Underdevelopment is a State of Mind: The Latin American Case (Lanham, Maryland: Center for International Affairs, Harvard University and University Press of America, 1985), 48.54.

23. de Soto, 192.93.

24. Stephen H. Haber, "Industrial Concentration and the Capital Markets: A Comparative Study of Brazil, Mexico, and the United States, 1830.1930, Journal of Economic History 51 (Sept. 1991): 559.80.

25. Daron Acemoglu, Simon Johnson, and James A. Robinson, "Reversal of Fortune: Geography and Institutions in the Making of the Modern World Income Distribution," Quarterly Journal of Economics 117 (2002): 1231.94.

26. Sowell, 83.87.

10장

1. Seymour M. Lipset, "Some Social Requisites of Democracy: Economic Development and Political Legitimacy," American Political Science Review 53 (Mar. 1959): 69.105.

2. Anders Gade et al., "'Chronic Painter's Syndrome': A Reanalysis of Psychological Test Data in a Group of Diagnosed Cases, Based on Comparisons with Matched Controls," Acta Neurologica Scandinavica 77 (Apr. 1988): 293.306.

3. Max Weber, The Protestant Ethic and the Spirit of Capitalism (New York: Charles Scribner's Sons, 1958).

4. Mark Valeri, "Religion, Discipline, and the Economy in Calvin's Geneva," Sixteenth Century Journal 28 (Spring 1997): 123.42.

5. Ronald Inglehart and Wayne E. Baker, "Modernization, Cultural Change, and the Persistence of Traditional Values," American Sociological Review 65 (Feb. 2000): 19.51.

6. Lewis, 155.

7. Maxine Rodinson, Islam and Capitalism (Austin, Texas: University of Texas, 1978).

8. Matthew 22:21.

9. Tuchman, 37.

10. Christian Welzel and Ronald Inglehart, "Human Development and the Explosion of Democracy: Analyzing Regime Change across 60 Societies," European Journal of Political Research 42 (May 2003): 341.79.

11. Reischauer, 156.68.

12. Fukuyama, 120.

13. "Why People Still Starve," New York Times, 13 July 2003.

14. Inglehart and Baker, 23.24.

15. Ibid., 33.34.

16. Sean Formato, "Fukuyama Discusses the Role of Social Capital," Johns Hopkins Newsletter (Apr. 19, 2001).

17. Bradford DeLong and Andrei Schleifer, "Princes and Merchants: European City Growth Before the Industrial Revolution," Journal of Law and Economics 36 (Oct. 1993): 671.702.

18. Robert J. Barro and Xavier Sala-I-Martin, Economic Growth (New York: McGraw-Hill, 1995), 433.34.

19. Robert J. Barro, Determinants of Economic Growth, 2d ed. (Cambridge: MIT Press, 1999), 52.61.

20. Ibid., 47.

21. Hadley Cantril, The Pattern of Human Concerns (New Brunswick, New Jersey: Rutgers

University Press, 1965), 36.

22. Andrew J. Oswald, "Happiness and Economic Performance," Economic Journal 107 (Nov. 1997): 1815.31.

23. Robert H. Frank, "The Frame of Reference as a Public Good," Economic Journal 107 (Nov. 1997): 1833.

24. Ronald Inglehart, Culture Shift in Advanced Industrial Society (Princeton: Princeton University Press, 1990).

25. Richard A. Easterlin, "Does Economic Growth Improve the Human Lot? Some Empirical Evidence," in Paul A. David and Melvin W. Reder, eds., Nations and Households in Economic Growth (New York: Academic Press, 1974), 107.11.

26. Richard A. Easterlin, "Will Raising the Incomes of All Increase the Happiness of All?" Journal of Economic Behavior and Organization 27 (1995): 40.

27. Ronald Inglehart and Hans-Dieter Klingemann, "Genes, Culture, Democracy, and Happiness," in E. Diener and Mark Suh, eds., Culture and Subjective Well-Being, 165.84.

28. Karl Marx and Frederick Engels, Selected Works, 3 vols. (Moscow: Progress Publishers, 1969), I: 163.

29. Paul Krugman. See http://www.wws.princeton.edu/~pkrugman/incidents.html.

30. Robert J. Barro, June 2000 Fraser Institute Forum: Democracy and the Rule of Law. See http://oldfraser.lexi.net/publications/forum/2000/06/section_04_full.html.

31. See Cantril, footnote 27.

32. David Morawetz et al., "Income Distribution and Self-Rated Happiness: Some Empirical Evidence," Economic Journal 87 (Sept. 1997): 511.22.

33. Easterlin, "Will Raising the Incomes of All Increase the Happiness of All?" 35.

34. Philip Brickman and Donald T. Campbell, "Hedonic Relativism and Planning the Good Society," in M. H. Appley, ed., Adaptation Level Theory: A Symposium (New York: Academic Press 1971), 287.302.

35. Cantril, 205.

11장

1. Harold Demsetz, "Toward a Theory of Property Rights," American Economic Review 57 (May 1967): 347.59.

2. Mark Roe, Political Determinants of Corporate Governance, prepublication draft, used by permission of the author.

3. Thomas Piketty and Emmanuel Saez, "Income Inequality in the United States, 1913.98," NBER Working Paper No. 8467.

4. Marlow, 15.17.

5. Ibid., 13.

6. Deane, 208.37.

7. From Rexford G. Tugwell, "Roosevelt and the Bonus Marchers of 1932," Political Science Quarterly 87 (Sept. 1972): 364.

8. Ibid., 363.64.

9. John W. Killigrew, "The Army and the Bonus Incident," Military Affairs 26 (Summer 1962): 62에서 발췌.

10. Tugwell, 375.76.

11. Peter Flora et al., State, Economy, and Society in Western Europe, 1815.1975, 2 vols. (Chicago: Campus Verlag/Macmillan/St. James, 1983), I: 262.

12. Joel Slemrod and Jon Bakija, Taxing Ourselves (Cambridge: MIT Press, 1995), 266.

13. Peter H. Lindert, "Why the Welfare State Looks Like a Free Lunch," NBER Working Paper No. w9869, 1993.

14. Rafael Di Tella, "Preferences over Inflation and Unemployment: Evidence from Surveys of Happiness," American Economic Review 91 (Mar. 2001): 178.84.

15. "What I Learned in Bosnia," New York Times, 28 Oct. 2002.

16. 룩셈부르크 소득 연구 참조, http://www.lisproject.org/keyfigures/ineqtable.htm.

12장

1. Tuchman, 87.91, 583.85, 593.

2. Kennedy, 153.54.

3. D. Syrett, Shipping and the American War 1775.83 (London: University of London, Athlone Press, 1970), 243.

4. John Lukacs, Five Days in London (New Haven: Yale University Press, 2001).

5. R. H. Spector, Eagle Against the Sun (New York: Random House, 1985), 123.

6. B. H. Liddell Hart, History of the Second World War (New York: Perigee, 1982), 353.

7. Hanson, Carnage and Culture, 351.

8. Liddell Hart, 352.

9. Bernard Ireland, War at Sea 1914.45 (London: Cassell, 2002), 172.89.

10. Herodotus, History, 1.53.56.

11. Richard H. Thaler, The Winner's Curse (Toronto: Free Press, 1991).

12. Kennedy, 723.

13. Quoted from Dugald Stewart, Transactions of the Royal Society of Edinburgh, Mar. 18, 1793.

14. Earl J. Hamilton, "Imports of American Gold and Silver Into Spain, 1503.1660," Quarterly Journal of Economics 43 (May 1929): 464.

15. Kennedy, 48.

16. Ibid., 47.48.

17. Packard, The Commercial Revolution, 68.

18. The Oxford Dictionary of Quotations, 3rd ed. (Oxford: Oxford University Press, 1979), 531.

19. Kennedy, 58.62.

20. Maddison, The World Economy: A Millennial Perspective, 261; Kennedy, 77, 81.85, 121.

21. 프랑스의 이자율은 이전에 발표된 이자(rentes) 가격에서 산출. Homer and Sylla, 171–72 참조.

22. Kennedy, 133에 인용됨.

23. Homer and Sylla, 250, 287, 308, 343, 351.

24. Maddison, Monitoring the World Economy, 1820.1992, 180.

25. W. H. McNeill, The Pursuit of Power (Chicago: University of Chicago Press, 1983), 340.

26. Obituary, New York Times, 22 Apr. 1946.

27. Maddison, The World Economy: A Millennial Perspective, 264.

28. Kennedy, 242.45.

29. Maddison, The World Economy: A Millennial Perspective, 263.

30. Paul Bairoch, "International Industrialization Levels from 1750 to 1980," Journal of European Economic History 11 (Fall 1982): 304.

31. Stephen G. Brooks and William C. Wohlforth, "American Primacy in Perspective," Foreign Affairs 81 (July/Aug. 2002): 22. 이 기사는 http://www.foreign affairs.org/20020701faessay8517/stephen-g-brooks-william-c-wohlforth/american-

primacy-in-perspective.html 에서도 찾을 수 있다.

32. Ibid., 30.

33. D. Holloway, The Soviet Union and the Arms Race, 2d ed. (New Haven: Yale University Press, 1984), 114.

34. Kennedy, 384.

35. See Maddison, The World Economy: A Millennial Perspective, 274.75.

36. Michael Dobbs, Down with Big Brother: The Fall of the Soviet Empire (New York: Alfred A. Knopf, 1997), 129.130.

37. L. Brown, State of the World, 1986 (New York, Worldwatch Institute, 1986), 207.

13장

1. de Vries and van der Woude, 711.22.

2. Donella H. Meadows, ed., Limits to Growth: A Report for the Club of Rome's Project on the Predicament of Mankind (New York: Universe Books, 1972).

3. Simon Kuznets, Six Lectures on Economic Growth (Glencoe, Illinois: Free Press, 1959), 13.41.

4. Niall Ferguson and Laurence J. Kotlikoff, "Going Critical," The National Interest 73 (Fall 2003): 22.32.

5. Jagadeesh Gokhale and Ken Smetters, "Fiscal and Generational Imbalances: New Budget Measures for New Budget Realities," American Enterprise Institute Monograph, Working Paper, June 2003.

6. Maddison, The World Economy: A Millennial Perspective, 264, 322.27.

14장

1. Sowell, 101.6.

2. 프리드먼의 가설은 말한다. "일정 수준의 경제발전 단계에 도달하여 맥도날드를 지지할 만큼 큰 중산층이 생긴 국가는 맥도날드 국가가 된다. 그리고 맥도날드 국가의 국민은 전쟁을 좋아하지 않는다. 그들은 햄버거를 먹기 위해 줄을 서서 기다리는 것을 좋아한다." 포클랜드 분쟁에 대해 궁금해하는 독자를 위하여 말하자면, 아르헨티나는 분쟁 이후 4년이 지난 1986년까지도 첫 번째 맥도날드 가맹점을 열지 않았다. 프리드먼의 가설을 트집 잡기는 어렵지 않다. 예를 들어, 1990년대 말에 이스라엘과 NATO가 각각 베이루트와 베오그라드(모두 맥도날드 체인이 있었음)를 폭격함으로써 가설이 위반되었다고 주장할 수 있다. Thomas L. Friedman, The Lexus and the Olive Tree (New York: Farrar, Straus and Giroux, 1999) 참조.

옮긴이 장영재
서울대학교 원자핵공학과를 졸업하고 충남대학교에서 물리학 석사 학위를 받은 후 국방 과학 연구소 연구원으로 일했다. 글밥 아카데미 수료 후 「하버드 비즈니스 리뷰」 및 「스켑틱」 번역에 참여하고 있으며 현재 바른번역 소속 번역가로 활동하고 있다. 옮긴 책으로 『창발의 시대』 『인간 이하』 『기하학 세상을 설명하다』 『신도 주사위 놀이를 한다』 등이 있다.

부의 세계사

초판 1쇄 발행 2024년 01월 15일

지은이 윌리엄 번스타인
옮긴이 장영재
펴낸이 김선준

책임편집 이희산
편집팀 송병규, 이희산
마케팅팀 이진규, 권두리, 신동빈
홍보팀 한보라, 이은정, 유채원, 권희, 유준상, 박지훈
디자인 김세민
경영관리팀 송현주, 권송이

펴낸곳 (주)콘텐츠그룹 포레스트 **출판등록** 2021년 4월 16일 제2021-000079호
주소 서울시 영등포구 여의대로 108 파크원타워1 28층
전화 02) 2668-5855 **팩스** 070) 4170-4865
이메일 www.forestbooks.co.kr
종이 ㈜월드페이퍼 **인쇄·제본** 한영문화사

ISBN 979-11-93506-26-4 (03900)